Richard Reitzenstein

Epigramm und Skolion

Ein Beitrag zur Geschichte der alexandrinischen Dichtung

Richard Reitzenstein

Epigramm und Skolion
Ein Beitrag zur Geschichte der alexandrinischen Dichtung

ISBN/EAN: 9783743314672

Hergestellt in Europa, USA, Kanada, Australien, Japan

Cover: Foto ©Thomas Meinert / pixelio.de

Manufactured and distributed by brebook publishing software
(www.brebook.com)

Richard Reitzenstein

Epigramm und Skolion

EPIGRAMM und SKOLION.

EIN BEITRAG

ZUR

CHICHTE DER ALEXANDRINISCHEN DICHTUNG

VON

R. REITZENSTEIN.

GIESSEN.

J. RICKER'SCHE BUCHHANDLUNG.

1893.

Eduard Schwartz

gewidmet.

Lieber Freund, als ich vor mehr als zwei Jahren die Ergebnisse der nachfolgenden Untersuchungen in einem Vortrag vor grösserem Publikum, welcher sich doch im letzten Grund einzig an Sie und Prof. Körte richtete, darzulegen versuchte, da ahnte ich nicht, wie lange durch allerlei unvorhergesehene Zwischenfälle die Ausführung jenes Umrisses sich hinziehen würde, das aber stand mir sicher, dass auch diese an Sie sich wenden solle, der Sie in unserem συμφιλολογεῖν die ersten Ideen dazu kennen gelernt und oft genug wohl auch veranlasst haben. Wenn jetzt endlich das Buch zu Ihnen kommt und Ihnen, der Sie bis zur Korrektur der Druckbogen hin freundlich daran Teil genommen haben, nichts neues bringt, so soll es vor Allem den Dank aussprechen, welchen ich für eine wundervolle erste Zeit akademischen Wirkens Ihnen besonders schulde.

Ihr

R. R.

Inhalts-Übersicht.

Seite

Vorwort . . . . 1—2

I. Die Skolien: Grammatikerzeugnisse 3. Die attischen Skolien 13. Schilderungen in der Komödie 24 . . . . 3—44

II. Die Elegie: Die Elegie zum Vortrag beim Gelage bestimmt 45. Die sogenannten Theognis-
Sammlungen 52 . . . . 45—86

III. Das Epigramm: Zweck und Begriff bei den
Alexandrinern 87. Entwicklung des Epigramms
bis zum zweiten Jahrhundert v. Chr. 104 . . . . 87—192

IV. Die Bukolik: Ursprünge der bukolischen Dichtung 193. Die Dichter-γρῖφοι bei Theokrit 228.
Daphnis im bukolischen Lied 243 . . . . 193—263

Excurse: Theognis V. 19—26 für eine Buchausgabe
gedichtet 264. Lebenszeit und Heimat des Theognis 270. Die Epigrammsammlung Theokrits 274.
Die Marmorgruppe des Pan und Daphnis (von
Dr. Bruno Sauer) 279 . . . . 264—284

Register . . . . 285—288

Druckfehler.

S. 16, Z. 10 v. unten: Nemeen VII, nicht VIII.

S. 61, Z. 4 v. unten: 1179. 80, nicht 1170. 80.

S. 65, Z. 1 v. oben: tilge „ein".

S. 183, Z. 6 v. unten: der Arch., nicht des.

S. 191, Z. 1 v. unten: ἄλλᾳ, nicht ἀλλᾷ.

Fremdartig, ja rätselhaft steht die Poesie der alexandrinischen Zeit uns gegenüber, so viel uns auch von ihr erhalten ist. Wie die Dichter selbst für uns schemenhaft bleiben, weit mehr als irgend einer der attischen Tragiker, mehr als Pindar oder Simonides, mehr sogar als selbst der Homer, so gewinnen wir zu den von ihnen geschaffenen grossen Werken im Grunde kaum oder doch nur mühsam ein inneres Verhältnis. Es ist eine ähnliche Erfahrung, welche wir an den beiden Teilen des Faust machen. Der zeitlich fernere, aus fremdartigeren Bedingungen heraus geschaffene steht uns unendlich näher, und wie in einem gewaltigen, harmonisch sich entwickelnden Dichtergeist zu dem ersten der zweite Teil heranwuchs, kommt uns eben so schwer und unvollkommen zur inneren Anschauung, als wie das harmonisch sich auslebende Hellenenvolk von der Dichtung des fünften zu der des dritten Jahrhunderts gelangte.

Da es mir dabei von Vorteil gewesen ist, zunächst die äusseren Bedingungen zu betrachten, unter welchen die neue Dichtung in kleinem, eng geschlossenen Kreise erwuchs, so lege ich einen Teil der darauf zielenden Untersuchungen hier vor, welche von dem attischen Skolion und der ursprünglich ionischen Gelage-Elegie zu dem Epigramm und der Bukolik der Alexandriner führen wollen. Dass auch die grösseren Dichtungen derselben zum Vortrag, und zwar überwiegend zum Vortrag beim Gelage bestimmt sind, hat inzwischen auch der Verfasser der Aratea als Axiom aufgestellt; es ist, auch wenn das von ihm gewählte Beispiel nicht allen zwingend erscheinen sollte, wohl allgemeine Ueberzeugung. Und mit Recht. Wir wissen, dass der alexandrinische Dichter für buchmässige Verbreitung arbeitet, wie der moderne; aber wir dürfen nicht vergessen, dass er immer einen Vortrag fingiert, und lebendig wird uns sein Werk nur, wenn wir es wirklich vorgetragen denken, die Mimiamben des Herondas, welcher ja als seine Absicht angiebt μεθ' Ἱππώνακτα τὸν πάλαι ⟨κλεινὸν⟩ τὰ κύλλ' ἀείδειν Ξουθίδαις ἐπᾴουσιν wie die Iamben des Callimachus, welcher

1

(nach Herondas) sein Werk beginnt Ἀκούσαϑ᾽ Ἱππώνακτος· οὐ γὰρ ἀλλ᾽ ἥκω ἐκ τῶν, ὅκου βοῦν κολλύβου πιπρήσκουσι, φέρων ἴαμβον, und für seine grosse ἀοιδή, für die Αἴτια rühmt, dass er nicht ein zusammenhängendes langes Gedicht (wie Hermesianax und seine Nachahmer) den Hörern bringe, sondern nach Rhapsodenart einzelne Teile vortragen werde. Das „oft wieder-holte" Wort μέγα βιβλίον, μέγα κακόν ist weit besser vom Stand-punkt des Hörers als von dem des Bibliothekars oder Bücherfreundes zu erklären. Das dritte Gedicht Theokrits, das Ständchen des Ziegen-hirten, hat nicht die beim Gelage übliche Βαϑύλλειος ὄρχησις, welche Plutarch (quaest. conv. VIII 8, 3) schildert Ἠχοῦς ἤ τινος Πανὸς ἢ Σατύρου σὺν Ἔρωτι κωμάζοντος ὑπόρχημά τι δια-τιϑεμένην, hervorgerufen, sondern empfängt von ihr seine Erklärung. Derartige Darstellungen beim Gelage im Dichterwort oder Mimos sind alt. Verliebte Hirten haben ja im Dithyrambos schon Philoxenos und Lykophronides geschildert. Auf die Vorführung eines solchen mag sich Menander fr. 844 ἐλεεῖϑ᾽ ὁ ποιμὴν καὶ καλεῖται γλυκύτατος beziehen. Nur für das Gelage kann man sich einen derartigen Vortrag möglich denken.

Beweisen freilich kann man eine solche Behauptung immer nur für eine bestimmte Dichtungsart, und nur in engen Grenzen kann solche Betrachtung fruchtbar werden. Denn dass Ort und Art des Vortrags auch das Wesen der Dichtung mit beeinflussen müssen, ist selbstverständlich. Natürlich habe ich also auch auf die Gelagebräuche einzugehen, aber nur soweit sie für die Poesie Bedeutung haben, und auf die Poesie nur, soweit ich sie mit solchem Brauch in Zusammenhang zu bringen vermag.

Kapitel I.
Die Skolien.
§ 1.

Über die Skolien hat neuerdings fleissig aber nicht eindringend geaug A. G. Engelbrecht (*de scoliorum poesi*, Wien 1882) gehandelt. Da er in der Behandlung der Grammatikerzeugnisse und der Darstellung der Gelagebräuche und ihrer Entwicklung mir besonders unglücklich scheint, sei es gestattet, die Untersuchung für diese Teile neu zu beginnen.

Die beiden wichtigsten Zeugnisse, von Dikaiarch und Aristoxenos, finden wir vereinigt in dem Scholion zu Platos Gorgias 451 E, welches abgekürzt aus der gemeinsamen Quelle in Suidas und und Photios übergegangen ist: Σκόλιον· λέγεται ¹ ἡ παροίνιος ᾠδή. — ὡς μὲν Δικαίαρχος ἐν τῷ περὶ μουσικῶν ἀγώνων, ὅτι τρία γένη ἦν ᾠδῶν, τὸ μὲν ὑπὸ πάντων ᾀδόμενον ⟨τὸ δὲ⟩ .... καθ᾽ ἕνα ἑξῆς, τὸ δὲ ὑπὸ τῶν συνετωτάτων, ὡς ἔτυχε τῇ τάξει. ὃ δὴ καλεῖσθαι διὰ τὴν τάξιν² σκόλιον. — ὡς δ᾽ Ἀριστόξενος καὶ Φύλλις ὁ μουσικός, ὅτι ἐν τοῖς γάμοις περὶ μίαν τράπεζαν πολλὰς κλίνας τιθέντες παρὰ μέρος ἑξῆς μυρρίνας ἔχοντες ἢ δάφνας ³ ᾖδον γνώμας καὶ ἐρωτικὰ σύντομα. ἡ δὲ περίοδος σκολιὰ ἐγίνετο διὰ τὴν θέσιν τῶν κλινῶν ⁴ ἐπὶ οἰκημάτων πολυγωνίων οὐσῶν καὶ τούτῳ καὶ τὰς ἐπ᾽ αὐτὰς κατακλίσεις παραβύστους γίνεσθαι. οὐ διὰ τὴν μελοποιίαν οὖν διὰ δὲ τὴν τῆς μυρρίνης σκολιὰν διάδοσιν, ταύτῃ καὶ τὰς ᾠδὰς σκολιὰς καλεῖσθαι. Die Erklärung Dikaiarchs, welche uns zunächst interessiert, weil sie sämtliche Gesänge beim Gelage berücksichtigt, liegt uns bekanntlich in einem Auszug des Artemon bei Athenaios XV 694 A vor:

---

¹) λέγεται fehlt bei Photios und Suidas.

²) διὰ τὴν τάξιν fehlt im Scholion, ist aber notwendig.

³) ἢ δάφνας fehlt bei Photios und Suidas; die Echtheit der Worte und die Notwendigkeit von σύντομα (Codd. σύντονα) beweisen die Parallelberichte.

⁴) Suidas und Photios schliessen hiermit. Vorher σύνθεσιν Schol.

1*

σχόλια δὲ καλοῦνται οὐ κατὰ τὸν τῆς μελοποιίας τρόπον ὅτι σκολιὸς ἦν — λέγουσιν γὰρ ἐν ταῖς ἀνειμέναις εἶναι τὰ [1] σκόλια — ἀλλὰ τριῶν γενῶν ὄντων, ὥς φησιν Ἀρτέμων ὁ Κασανδρεὺς ἐν δευτέρῳ Βιβλίων Χρήσεως, ἐν οἷς τὰ περὶ τὰς συνουσίας ᾑν ᾀδόμενα, ὧν τὸ μὲν πρῶτον ἦν, ὃ δὴ πάντας ᾄδειν νόμος ἦν, τὸ δὲ δεύτερον, ὃ δὴ πάντες μὲν ᾖδον, οὐ μὴν ἀλλὰ ⟨καθ᾽ ἕνα⟩ γε [2] κατά τινα περίοδον ἐξ ὑποδοχῆς, ⟨τὸ⟩ τρίτον δὲ καὶ τὴν ἐπὶ πᾶσι τάξιν ἔχον, οἳ μετεῖχον οὐκέτι πάντες, ἀλλ᾽ οἱ συνετοὶ δοκοῦντες εἶναι μόνοι καὶ καθ᾽ ὅντινα τόπον ἀεὶ τύχοιεν ὄντες [3]· διόπερ ὡς ἀταξίαν τινὰ μόνον παρὰ τἆλλα ἔχον τὸ μήθ᾽ ἅμα μήθ᾽ ἐξῆς ᾀδόμενον [4] ἀλλ᾽ ὅπου ἔτυχεν εἶναι [5] σκόλιον ἐκλήθη. τὸ δὲ τοιοῦτον ᾖδετο ὁπότε τὰ κοινὰ καὶ πᾶσιν ἀναγκαῖα τέλος λάβοι· ἐνταῦθα γὰρ ἤδη τῶν σοφῶν ἕκαστον ᾠδήν τινα καλὴν εἰς μέσον ἠξίουν προφέρειν. καλὴν δὲ ταύτην ἐνόμιζον τὴν παραίνεσίν τινα καὶ γνώμην ἔχειν δοκοῦσαν χρησίμην εἰς τὸν βίον. Der Vergleich ergiebt, dass in dem Plato-Scholion zu ergänzen ist ⟨τὸ δὲ ὑπὸ πάντων μὲν ᾀδόμενον οὐχ ὁμοῦ δέ, ἀλλὰ⟩ καθ᾽ ἕνα ἐξῆς. Aus der Quelle des Athenaios schöpft, wie so oft, durch Pamphilos und Diogenian Hesych: σκόλια· τὴν παροίνιον ᾠδὴν [6] οὕτως ἔλεγον, οὐ διὰ τὸν τῆς μελοποιίας τρόπον, ὅτι σκολιὸς ἦν, ἀλλ᾽ ὅτι οὐχ ἅπαντες ᾖδον αὐτὰ ἀλλὰ μόνοι οἱ συνετοί. Eine weitere Angabe aus Dikaiarch über den zweiten Teil der Gesänge beim Gelage hat uns der Scholiast zu Aristophanes Wolken 1364 bewahrt: Δικαίαρχος ἐν τῷ περὶ μουσικῶν ἀγώνων „ἔτι δὲ κοινόν τι πάθος φαίνεται συνακολουθεῖν τοῖς διερχομένοις εἴτε μετὰ μέλους εἴτε ἄνευ μέλους ἔχοντάς τι ἐν τῇ χειρὶ ποιεῖσθαι τὴν ἀφήγησιν. οἵ τε γὰρ ᾄδοντες ἐν τοῖς συμποσίοις ἐκ παλαιᾶς τινος παραδόσεως κλῶνα δάφνης ἢ μυρρίνης λαβόντες ᾄδουσιν.“ Mit Absicht vermeidet Dikaiarch hier das Wort σκόλιον. Denn wie alle bisher aufgeführten Berichte erweisen, nennt er σκόλια nur die Lieder der συνετώτατοι, nur den letzten Teil der Gesänge

---

1) Cod. τὰ vor ἐν.
2) ἀλλ᾽ ⟨ἐφεξῆς⟩ γε vermutet Kaibel.
3) So Kaibel, καὶ κατὰ τόπον τινὰ εἰ τύχοιεν ὄντες Cod.
4) Cod. γινόμενον.
5) Vgl. oben ὡς ἔτυχε τῇ τάξει.
6) Vgl. das Plato-Scholion σκόλιον· λέγεται ἡ παροίνοις ᾠδή.

beim Mahl; die von allen Gästen gesungenen Einzellieder heissen bei ihm nicht Skolien.

Auf dieselbe Schilderung Dikaiarchs, aber mit Zusätzen aus
anderen Quellen, geht die von Engelbrecht durchaus missverstandene
und auf das Willkürlichste behandelte Auseinandersetzung Plutarchs
quaest. sympos. I 1, 5 = 615 B zurück: καὶ τὰ σκόλιά φασιν
οὐ γένος ᾀσμάτων εἶναι πεποιημένων ἀσαφῶς, ἀλλ' ὅτι πρῶτον
μὲν ᾖδον ᾠδὴν τοῦ θεοῦ κοινῶς ἅπαντες μιᾷ φωνῇ παιανίζοντες,
δεύτερον δ' ἐφεξῆς ἑκάστῳ μυρσίνης παραδιδομένης, ἣν αἴσακον
οἶμαι διὰ τὸ ᾄδειν τὸν δεξάμενον ἐκάλουν· ἐπὶ δὲ τούτῳ
λύρας περιφερομένης ὁ μὲν πεπαιδευμένος ἐλάμβανε καὶ
ᾖδεν ἁρμοζόμενος, τῶν δ' ἀμούσων οὐ προσιεμένων σκόλιον
ὠνομάσθη τὸ μὴ κοινὸν [(αὐτοῦ)] μηδὲ ῥᾴδιον.[1] ἄλλοι δέ φασι
τὴν μυρσίνην οὐ καθεξῆς βαδίζειν ἀλλὰ καθ' ἕκαστον ἀπὸ
κλίνης ἐπὶ κλίνην διαφέρεσθαι. τὸν γὰρ πρῶτον ᾄσαντα τῷ
πρώτῳ τῆς δευτέρας κλίνης ἀποστέλλειν, ἐκεῖνον δὲ τῷ πρώτῳ
τῆς τρίτης, εἶτα τὸν δεύτερον ὁμοίως τῷ δευτέρῳ, καὶ ⟨διὰ⟩
τὸ ποικίλον καὶ πολυκαμπὲς ὡς ἔοικε τῆς περιόδου σκόλιον
ὠνομάσθη.

Dass der erste Teil im Wesentlichen aus Dikaiarch ist, wird
von niemand bestritten; aber die Polemik wie die Erklärung sind
anders gewendet; nicht aus dem ἐπικαμπὲς τῆς τάξεως wird hier der

---

[1]) Den Plutarch schreibt mit sehr geringem Verständnis aus
Clemens Alexandrinus 72, 2—5 S. ἀλλὰ καὶ ἐν τοῖς παλαιοῖς Ἕλλησιν
παρὰ τὰς συμποτικὰς εὐωχίας καὶ τὰς ἐπιψεκαζούσας κύλικας Ἑβραϊκῶν
κατ' εἰκόνα ψαλμῶν ᾆσμα τὸ καλούμενον σκόλιον ᾔδετο κοινῶς
ἁπάντων μιᾷ (Doehner, Cod. ἅμα) φωνῇ παιανιζόντων, ἔσθ' ὅτε
δὲ καὶ ἐν μέρει περιελιττόντων τὰς προπόσεις τῆς ᾠδῆς. οἱ δὲ μουσικώτεροι
αὐτῶν καὶ πρὸς λύραν ᾖδον. Engelbrecht, welcher wunderlicher Weise
aus diesem Zeugnis weitgehende Schlüsse macht, sucht (S. 53) zu
erweisen, dass Plutarch nur zwei Arten der Gelageunterhaltung
unterscheide und baut hierauf weiter, während er S. 24 ihn in
diesem Teil ganz von Dikaiarch abhängen lässt, dessen Dreiteilung
auch für ihn ausser Zweifel steht. In wie weit Plutarch sich der
letzteren bewusst blieb, ist ebenso gleichgiltig wie die Frage, ob
Clemens einen einzigen Teil oder deren drei annimmt — keinesfalls zwei. Der Versuch mit Grammatikerzeugnissen in eine ältere
Zeit vorzudringen, als die von welcher Dikaiarch spricht, war von
vorn herein wenig aussichtsreich und ist in der Ausführung ganz
misslungen.

Name σκόλιον hergeleitet, sondern aus dem δύσκολον des Liedes. Dass dies nicht eine Neuerung Plutarchs ist, zeigen ähnliche Erklärungen bei anderen Schriftstellern, welche uns die Quelle Plutarchs reconstruieren lassen, zunächst Tzetzes ἴαμβοι τεχνικοὶ περὶ κωμῳδίας V. 82 ff.

σκαμβῶν μετ᾽ αὐτὰ νῦν μελῶν κλῆσιν μάθε.
λέγοντες ἦσαν ταῦτα καιροῖς τῶν πότων,
σκαμβὰ δ᾽ ἔφασκον ὡς ἁπλᾶ μᾶλλον τάδε. —
ἄλλοι δέ φασιν, ὡς ἀναγκαῖον πότοις
ᾄδειν ὑπῆρχε πρὸς ψαλάγματα λύρας·
ὅσοις ἐνῆν δὲ μηδαμῶς λύρας τέχνη,
δάφνης λαβόντες εἴτε μυρσίνης κλάδους
ᾖδον καλοῦντες σκαμβὰ τὰ λύρας μέλη. —
ἄλλοι δὲ τοὺς ᾄδοντας εἶπον τὴν λύραν
οὐχὶ κατ᾽ εὐθύ, συστροφαῖς δὲ λαμβάνειν.
οὕτω τὸ λοιπὸν κλῆσιν ἔσχε τὰ μέλη.

Dieselbe Quelle excerpiert, indem er die bei Tzetzes zweite Erklärung auslässt, der Scholiast zu Aristophanes Wespen 1239 οἱ δέ φασιν ὡς ἔθος ἦν τὸν μὴ δυνάμενον ἐν τοῖς συμποσίοις ⟨πρὸς λύραν⟩ ᾆσαι δάφνης κλῶνα ἢ μυρρίνης λαβόντα πρὸς τοῦτον ᾄδειν. — ἔνιοι δέ φασιν ὡς ἐκ τοῦ ἐναντίου προσηγορεύθησαν σκόλια τὰ παροίνια μέλη. ἁπλᾶ γὰρ αὐτὰ ἐχρῆν εἶναι καὶ εὔκολα ὡς παρὰ πότον ᾀδόμενα. οὐκ εὖ δὲ τοῦτο. τὰ γὰρ δύσφημα ἐπὶ τὸ εὐφημότερον μεταλαμβάνεται, οὐ μὴν τοὔμπαλιν. — ἄλλοι δ᾽ (ἀλλ᾽ Codd.) ὅτι οὐκ ἀπὸ τοῦ ἑξῆς ἡ λύρα τοῖς συμπόταις ἐδίδοτο, ἀλλ᾽ ἐναλλάξ, διὰ τὴν σκολιὰν τῆς λύρας περιφορὰν σκόλια ἐλέγετο. [1]

_____

1) Die in dem Scholion erste Erklärung ἔθος ἦν τὸν μὴ δυνάμενον ist aus einer Sprichwörtersammlung herübergenommen. Denn wörtlich und mit derselben Auslassung der für den Sinn unentbehrlichen Worte τὸν μὴ δυνάμενον ἐν τοῖς συμποσίοις ⟨πρὸς λύραν⟩ ᾆσαι finden sie sich in den Sprichwörtersammlungen (Zenob. I 19, Append. proverb. I 5, Apostol. I 33) und bei Hesych ᾄδειν πρὸς μυρρίνην wieder. Wahrscheinlich war dies der Grund, weshalb der Scholiast in dem folgenden Excerpt die hiermit übereinstimmende aus Dikaiarch weitergebildete Erklärung des Wortes σκόλιον ausliess. Dass die Erklärung des Sprichworts auf dieselbe Quelle zurückgeht, aus welcher die bei Tzetzes und Plutarch zweite Worterklärung genommen ist, leuchtet ein. Mit Unrecht verbinden

Dieselben drei Erklärungen kehren bei Plutarch wieder, nur dass die bei Tzetzes erste verkürzt, die dritte vollständiger ist. Der erste Teil würde voller lauten οὐ γένος ᾀσμάτων πεποιημένων ἀσαφῶς ἀλλ' ἁπλῶς, κατ' ἀντίφρασιν. οὐκ εὖ δὲ τοῦτο. Im dritten ist bei der fast wörtlichen Übereinstimmung des Anfangs und Schlusses nur die eine Discrepanz, dass Plutarch von dem περίοδος der μυρσίνη, Tzetzes und das Scholion von der περιφορά der λύρα reden.

Das Richtige scheint dabei Plutarch bewahrt zu haben, da seine Ausführung ein Singen aller Gäste voraussetzt und dies bei der λύρα unbezeugt, beim Gesang zur μυρρίνη aber notwendig ist. Der gemeinsame Autor hatte also hier die Erklärung eines Grammatikers, welcher unter σκόλιον den z w e i t e n Teil Dikaiarchs, das von allen der Reihe nach gesungene Einzellied, verstand, vor Augen. Der Irrtum des Tzetzes und des Scholiasten erklärt sich leicht aus dem Vorhergehenden; man empfand die Inconsequenz und verdeckte sie. Die erste dieser Erklärungen allein kehrt uns in doppelter Fassung wieder bei Suidas σκόλιον· τὸ ῥᾴδιον κατ' ἀντίφρασιν, μέλος τι ὀλιγόστιχον und in dem Oxforder Scholion zu Platos Gorgias 451 E Ἀθήνησιν ἐν τῷ πρυτανείῳ παρὰ πότον σκόλια ᾔδετο εἴς τινας ὥσπερ εἰς Ἁρμόδιον, Ἄδμητον, Τελαμῶνα· εἰρῆσθαι δὲ αὐτὸ σκόλιον κατ' ἀντίφρασιν ὅτι ῥᾴδια καὶ ὀλιγόστιχα ὡς ἐπιγράμματα aber verknüpft mit einer weiteren Etymologie, welche auf σχολή zurückgeht: .... ᾔδετο ἃ ἐκαλεῖτο σκόλια ἀντιπροτεινόντων ἀλλήλοις τῶν συμποτῶν καὶ ἠλέγχοντο οἱ μὴ ᾄδοντες ὡς ἄμουσοι. σκόλιον μὲν οὖν ἤτοι σχόλιον τοῦτο. Die Quelle ist eine Schrift περὶ παροιμιῶν vgl. Diogenian II 68 Ἁρμοδίου μέλος· ἐπὶ τῶν σκολιῶν· σκολιὰ γὰρ μέλη ᾖδε(το πρὸς Ἁρμόδιον fügt Arsenius zu). ταὐτὸ δὲ καὶ τὸ Ἀδμήτου μέλος. Die Collectionen B V haben Ἁρμοδίου μέλος ⟨καὶ⟩ Ἀδμήτου μέλος ἐπὶ τῶν σκολιῶν· τοιαῦτα γάρ ἐστι τὰ

Schneidewin und Leutsch hiermit die Glosse des Suidas „μυρρίνην λαβόντα τῶν Αἰσχύλου λέξαι τί μοι" (Aristoph. Wolken 1357) οἱ γὰρ παῖδες ἐν τοῖς συμποσίοις κλῶνα δάφνης ἢ μυρρίνης λαβόντες ᾖδον. Das Lemma selbst und der törichte Zusatz παῖδες beweist, dass dies ein in den Handschriften durch andere Faseleien verdrängtes Scholion zu der Aristophanes-Stelle ist. Sachlich ergiebt es nichts neues.

εἰς Ἁρμόδιον καὶ Ἄδμητον μέλη σκολιά· τινὲς δὲ κατ' ἀντί
φρασιν εἰρῆσθαι λέγουσιν ὅτι ῥᾴδια καὶ ὀλιγόστιχα ὡς ἐπι
γράμματα. διὸ καὶ ἐπὶ τῶν ῥᾳδίων εἰρῖ σθαι λέγουσιν. Vgl. Suidas
ἁρμόδιοι... καὶ παροιμία Ἁρμοδίου μέλος ἐπὶ τῶν δυσκόλων (?).
τὰ γὰρ εἰς Ἁρμόδιον μέλη τοιαῦτά ἐστιν. — Ἀδμήτου μέλος,
καὶ Ἁρμοδίου ἐπὶ τῶν ῥᾳδίων καὶ εὐκόλων. τοιαῦτα μὲν γὰρ
καὶ τὰ σκόλια λεγόμενα.

Endlich finden wir dieselbe Erklärung mit einer neuen Erweiterung wieder in des Proklos Chrestomathie (Phot. p. 321 A 3 ed.
Bekker) τὸ δὲ σκόλιον μέλος ᾔδετο παρὰ τοὺς πότους[1], διὸ
καὶ παροίνιον αὐτὸ ἔσθ' ὅτε καλοῦσιν· ἀνειμένον δέ ἐστι τῇ
κατασκευῇ καὶ ἁπλούστατον μάλιστα. σκόλιον δὲ εἴρηται
οὐχ ὡς ἐνίοις ἔδοξεν κατ' ἀντίφρασιν — τὰ γὰρ κατ' ἀντί
φρασιν ὡς ἐπίπαν τοῦ εὐφημισμοῦ στοχάζεται, οὐκ εἰς κακο
φημίαν μεταβάλλει τὸ εὔφημον[2] — ἀλλὰ διὰ τὸ προκατει
λημμένων ἤδη τῶν αἰσθητηρίων καὶ παρειμένων οἴνῳ τῶν
ἀκροατῶν τηνικαῦτα εἰσφέρεσθαι τὸν βάρβιτον εἰς τὰ συμπόσια
καὶ διονυσιάζοντα ἕκαστον ἀκροσφαλῶς συγκύπτεσθαι περὶ
τὴν προφορὰν τῆς ᾠδῆς· ὅπερ οὖν ἔπασχον αὐτοὶ διὰ τὴν
μέθην, τοῦτο τρέψαντες εἰς τὸ μέλος σκολιὸν ἐκάλουν τὸ
ἁπλούστατον.

Die von Proklos neu hinzugefügte Erklärung findet sich auch
im Etymol. Magn. 718, 55. Σκόλια· τὰ συμποτικὰ ᾄσματα. Δίδυμός
φησιν διαφόρους ἐτυμολογίας ἐν τῷ τρίτῳ τῶν Συμποσιακῶν.
Ὠρίων[3]. ἀπὸ τοῦ ⟨ἐν⟩ μεθύουσι καὶ σκολιῶς ἔχουσι τὰ αἰσθη
τήρια ᾄδεσθαι. Auch der Urheber dieser letzten Erklärung versteht unter σκόλια die von allen, nicht die von den συνετώτατοι
gesungenen Lieder. Die Stellung der Namen im Etymologicum
gestattet uns keinen Schluss darauf, ob die nachfolgende Worterklärung aus Didymos oder aus einer neuen Quelle zugefügt ist.
Aber bedenkt man, dass sich die Etymologie σκόλιον = δύσκολον
übereinstimmend in den Aristophanes-Scholien, in den Sprichwörtersammlungen, bei Proklos, endlich bei Plutarch in den ver

---

[1] Vgl. Tzetzes λέγοντες ἦσαν ταῦτα καιροῖς τῶν πότων.
[2] Vgl. das oben angeführte Scholion zu Aristophanes
Wespen 1239.
[3] Edit. Ὦρος. Engelbrecht schreibt die Glosse richtig dem
ursprünglichen Orion-Etymologicum zu.

schiedensten Umformungen und doch im Wortlaut so eng sich
berührend wiederfindet und dass Didymos $\delta\iota\alpha\varphi\delta\varrho\sigma\nu\varsigma$ $\dot{\epsilon}\tau\nu\mu\sigma\lambda\sigma\gamma\dot{\iota}\alpha\varsigma$
gegeben hat, so kann ich wenigstens nicht umhin, diese ganze
Reihe der Erklärungen dem Didymos zuzuschreiben, dessen verschiedene ältere Quellen für uns natürlich unbestimmbar bleiben,
zumal derselbe seine Ansicht sowohl in den von Plutarch benutzten
$\sigma\nu\mu\pi\sigma\sigma\iota\alpha\varkappa\dot{\alpha}$ als in dem Werk $\pi\epsilon\varrho\dot{\iota}$ $\pi\alpha\varrho\sigma\iota\mu\iota\tilde{\omega}\nu$ ähnlich geäussert
haben wird.

Eine Polemik gegen eine derselben oder besser gegen Didymos
selbst bietet Eustath. 1574, 14 (Schol. Inverniz. zu Aristoph.
Fröschen 1329) $\sigma\dot{\nu}\chi$ $\ddot{\sigma}\tau\iota$ $\sigma\chi\sigma\lambda\iota\dot{\alpha}$ $\epsilon\dot{\iota}\sigma\iota$ $\lambda\dot{\sigma}\gamma\omega$ $\psi\dot{\sigma}\gamma\sigma\nu$ $\dot{\alpha}\lambda\lambda\dot{\alpha}$ $\varkappa\alpha\tau\dot{\alpha}$
$\tau\iota\nu\alpha$ $\mu\epsilon\lambda\sigma\pi\sigma\iota\dot{\iota}\alpha\varsigma$ $\nu\dot{\sigma}\mu\sigma\nu$, $\ddot{\sigma}\varsigma$ $\sigma\dot{\iota}\alpha$ $\epsilon\dot{\iota}\varkappa\dot{\sigma}\varsigma$ $\sigma\dot{\nu}$ $\pi\varrho\dot{\sigma}\varsigma$ $\epsilon\dot{\nu}\vartheta\dot{\nu}$ $\dot{\epsilon}\mu\dot{\epsilon}\lambda\pi\epsilon\tau\sigma$
$\dot{\alpha}\lambda\lambda\dot{\alpha}$ $\pi\sigma\iota\varkappa\dot{\iota}\lambda\omega\varsigma$ $\dot{\epsilon}\sigma\chi\sigma\lambda\iota\sigma\tilde{\nu}\tau\sigma$. Die Vermutung liegt nahe, dass
da hier der rein etymologischen Erklärung der Plutarch-Quelle die
musikalische entgegentritt, Tyrannion, von welchem wir ja aus
Suidas ($\sigma\chi\sigma\lambda\iota\dot{\sigma}\nu$) wissen, dass er auf Befehl Cäsars ein Buch über
die $\mu\dot{\epsilon}\tau\varrho\alpha$ der Skolien schrieb [1] durch irgend welche Mittelquellen
benutzt ist. Doch das ist unbeweisbar, sicher nur das eine, dass
die schon von Aristoxenos zurückgewiesene Meinung, das Wort
sei mit Rücksicht auf eine besondere metrisch-musikalische Beschaffenheit der Lieder gewählt, später, nachdem eine Zeit lang
die Ableitung des $\sigma\chi\dot{\sigma}\lambda\iota\sigma\nu$ von der $\delta\nu\sigma\chi\sigma\lambda\dot{\iota}\alpha$ der Gedichte geherrscht hatte, noch einen Vertreter fand. Eben deshalb stellt
auch die Quelle des Athenaios diese neuste Ansicht an die Spitze,
um sie durch das Dikaiarch-Excerpt Artemons zu widerlegen [2].

Die Quelle Plutarchs enthielt an zweiter Stelle einen Auszug
aus Dikaiarch, zwar für die neue Etymologie umgeformt, aber im
Einzelnen reicher als das Plato-Scholion und Artemon. Wenn
jene betonen, dass die erste Liederart von Allen im Chor „nach
dem Gesetz" gesungen werde, so sagt er $\dot{\omega}\delta\dot{\eta}\nu$ $\tau\sigma\tilde{\nu}$ $\vartheta\epsilon\sigma\tilde{\nu}$
$\varkappa\sigma\iota\nu\tilde{\omega}\varsigma$ $\ddot{\alpha}\pi\alpha\nu\tau\epsilon\varsigma$ $\pi\alpha\iota\alpha\nu\dot{\iota}\zeta\sigma\nu\tau\epsilon\varsigma$, von der zweiten sagen jene,
dass sie $\varkappa\alpha\vartheta'$ $\ddot{\epsilon}\nu\alpha$ $\dot{\epsilon}\xi\tilde{\eta}\varsigma$ gesungen werde, er $\dot{\epsilon}\varphi\epsilon\xi\tilde{\eta}\varsigma$ $\dot{\epsilon}\varkappa\dot{\alpha}\sigma\tau\omega$
$\mu\nu\varrho\sigma\dot{\iota}\nu\eta\varsigma$ $\delta\iota\delta\sigma\mu\dot{\epsilon}\nu\eta\varsigma$, von der dritten Art wissen jene, dass

---

[1] Vgl. Immisch Rhein. Mus. 44, 563.

[2] Belanglos für uns und nur der Vollständigkeit halber zu
erwähnen ist die Bemerkung des Lucius Tarräus (Cramer An.
Ox. IV 314, 4 $\sigma\chi\dot{\sigma}\lambda\iota\dot{\sigma}\nu$ $\dot{\epsilon}\sigma\tau\iota$ $\pi\sigma\dot{\iota}\eta\mu\alpha$ $\pi\varrho\dot{\sigma}\varsigma$ $\sigma\nu\mu\pi\dot{\sigma}\sigma\iota\sigma\nu$ $\sigma\nu\nu\alpha\gamma\omega\gamma\dot{\eta}\nu$ $\epsilon\dot{\nu}\vartheta\dot{\epsilon}\tau\omega\varsigma$
$\ddot{\epsilon}\chi\sigma\nu$ $\iota\sigma\tau\sigma\varrho\dot{\iota}\alpha\iota\varsigma$ $\varkappa\alpha\dot{\iota}$ $\pi\alpha\iota\delta\iota\alpha\tilde{\iota}\varsigma$ $\sigma\dot{\iota}\varkappa\epsilon\dot{\iota}\alpha\iota\varsigma$ $\pi\dot{\sigma}\tau\omega$ $\sigma\nu\mu\pi\epsilon\pi\lambda\epsilon\gamma\mu\dot{\epsilon}\nu\sigma\nu$ (cod. -$\mu\dot{\epsilon}\nu\alpha\iota\varsigma$).
$\varkappa\alpha\lambda\epsilon\tilde{\iota}\tau\alpha\iota$ $\delta\dot{\epsilon}$ $\langle\varkappa\alpha\dot{\iota}\rangle$ $\dot{\epsilon}\pi\sigma\dot{\iota}\nu\iota\sigma\nu$ (cod. $\dot{\epsilon}\pi\dot{\iota}\nu\sigma\iota\sigma\nu$).

sie nur von den συνετοί gesungen sei, er λύρας περιφερομένης ὁ μὲν πεπαιδευμένος ἐλάμβανε καὶ ᾖδεν. Dass Dikaiarch
in demselben Buch, aus welchem der Plato-Scholiast schöpft die
μυρρίνη dem zweiten Teil ausdrücklich zugeschrieben hat, sahen
wir früher. Wir werden unbedenklich auch die Angaben Plutarchs
über die beiden andern auf Dikaiarch zurückführen. Die Quelle
Plutarchs geht unabhängig von dem Plato-Scholion auf Dikaiarch
selbst zurück.

Damit aber ist zugleich ein zweites mit Sicherheit gewonnen :
es ist nicht der geringste Anlass vorhanden, mit Engelbrecht in
der letzten Erklärung Plutarchs eine willkürliche Entstellung der
Ansicht des Aristoxenos zu sehen. Dass in dem zweiten Teil der
Gelageunterhaltung die für alle Gäste obligatorischen Einzellieder
von den Gästen nicht in einfacher Reihenfolge gesungen wurden,
sondern der Myrthenzweig von dem obersten Gast der ersten κλίνη
zu dem obersten der zweiten, von diesem zum obersten der dritten,
nunmehr zurück zum zweiten Gast der ersten κλίνη, von diesem
zum zweiten der folgenden u. s. w. wanderte, erzählt klar und
anschaulich Plutarch. Dagegen setzt die ganze befremdliche und
gewundene Erklärung des Aristoxenos voraus, dass zwar alle
Gäste in einfacher Reihenfolge sangen, der Myrthenzweig aber
wegen einer ganz absonderlichen Stellung der κλίναι nicht in
grader, sondern vielfach ausgebogener Linie gewandert sei. Plutarch
soll seine Darstellung sich rein aus einem Missverständnis der
Worte παρὰ μέρος bei Aristoxenos gebildet haben. Ein solches wäre
vielleicht denkbar; aber dass er dann die gesammte Begründung
und Darstellung desselben nicht etwa verdreht, sondern ignoriert,
dies anzunehmen liegt auch nicht der Schatten eines Grundes vor.
So konnte kein Grieche, so kann noch jetzt kein flüchtiger Schüler
den Aristoxenos missverstehen. Wohl aber zeigt uns das Scholion
zu Aristophanes Wespen 1222, auf welches ich später zurückkommen werde, dass über die Reihenfolge bei dieser zweiten Art
Skolien verschiedene Ansichten im Altertum bestanden. Eine neue,
uns unbekannte Quelle liegt also bei Plutarch vor, welche mit
Aristoxenos nur die Grundauffassung des Skolion gemeinsam hat.

Denn während Dikaiarch von drei Arten von Liedern beim
Gelage redet, erwähnt Aristoxenos nur eine Art, die wirklichen
σκόλια, deren Namen auch er von einer σκολιὰ τάξις herleitet.
Dass dies aber das von Dikaiarch so bezeichnete dritte γένος sei,

ist schon darum unmöglich anzunehmen, weil dann die Gegenüberstellung der beiden Berichte in dem Scholion sinnlos wäre. Auch entsprechen bei Aristoxenos die Worte παρὰ μέρος ἑξῆς genau der Angabe über das zweite γένος bei Dikaiarch καϑ᾽ ἕνα ἑξῆς wie die Erwähnung der μυρρίνη bei demselben. Aristoxenos den aus Dikaiarch entnommenen Worten der Plutarchquelle δεύτερον δ᾽ ἐφεξῆς ἑκάστῳ μυρσίνης παραδιδομένης. Endlich bedingt die Erklärung des Aristoxenos, dass a l l e Gäste sangen; bei einer beliebigen Auswahl aus denselben würden die παράβυστοι auf den Gang des Myrthenzweiges keinen Einfluss üben. Es folgt mit Notwendigkeit, dass Aristoxenos von dem bei Dikaiarch zweiten γένος der Lieder beim Gelage redet, dieses aber im Wesentlichen wie Dikaiarch beschreibt. Der Unterschied zwischen beiden liegt nur darin, dass sie ganz verschiedene Begriffe mit dem Namen σκόλιον verbinden. Das ist nicht wunderbar. Die Sitte des Skoliensingens war zur Zeit der beiden Schüler des Aristoteles noch nicht völlig erstorben — hatte doch noch ihr Meister ein Skolion gedichtet — nur die γένη waren, wie ich später darthun werde, nicht mehr recht geschieden, wie ja eben jene Geschichte von dem Skolion des Aristoteles lehrt (Athen. XV 696). Wenn Dikaiarch als σκόλια im eigentlichen Sinn nur die Lieder der συνετώτατοι gelten lässt, so mochten ihm die längeren uud kunstvollen Skolien eines Alkaios, Anakreon, Pindar vorschweben; wenn Aristoxenos diesen Namen den im allgemeinen Gebrauch cursierenden kurzen Liedchen giebt, so folgte er damit einfach dem Sprachgebrauch seiner Zeit. Um demselben aber folgen und dennoch dieselbe Worterklärung wie Dikaiarch geben zu können, ist Aristoxenos zu einer ebenso willkürlichen wie törichten Annahme gezwungen. Denn so nahe es liegt, die Worte ἐν τοῖς γάμοις für verderbt zu halten — sei es dass ein Schreiber γάμοις willkürlich für ἐράνοις oder κώμοις einsetzte, sei es dass ein schlimmbessernder Grammatiker aus den Worten παραβύστους und ἐρωτικὰ σύντομα verfehlte Folgerungen zog — so .unmöglich ist dies bei näherem Eingehen auf den Sinn der Stelle. Von einer bestimmten Art der συμπόσια muss vielmehr Aristoxenos sprechen, bei welcher besonders viel Gäste eingeladen werden, sodass um je einen Tisch mehr κλῖναι als gewöhnlich aufgestellt werden müssen. Dazu passen die γάμοι vorzüglich; man vergleiche nur die Schilderungen der Komiker über das Sicheindrängen der Parasiten bei Hochzeits-

festen wie Apollodoros und Machon bei Athenaios VI 243 D. E.
Ob Aristoxenos selbst angenommen hat, dass die für eine grössere
Zahl von Gästen berechneten Speisezimmer vielwinklig waren (die
οἶκοι ἑπτάκλινοι und ἐννεάκλινοι kommen bekanntlich schon in
der alten Komödie vor) oder ein Grammatiker οἰκήματα πολυγώνια
für ein ursprünglicheres τῶν σχημάτων πολυγωνίων ὄντων oder
dergleichen eingesetzt hat, lasse ich unentschieden. Sicher scheint
mir, dass im Folgenden zu schreiben ist καὶ τούτῳ (d. h. wegen
der vielwinkligen θέσις τῶν κλινῶν) καὶ τῷ ἐπ᾽ αὐτὰς κατακλίσεις παραβύστων γίνεσθαι (codd. καὶ τὰς ἐπ᾽ αὐτὰς . . .
παραβύστους). Man vergleiche Timotheos fr. 1 K. πειρώμεϑ᾽
ὑποδύντ᾽ ἐς τὸ δεῖπνον ἀπιέναι· εἰς ἑπτάκλινον δ᾽ἐστίν, ὡς
ἔφραζέ μοι, ἂν μὴ π α ρ ά β υ σ τ ό ς που γ έ ν η τ α ι Χαιρεφῶν
(vgl. Athenaios VI 257 A καλεῖται δ᾽οὗτος ὑπὸ τῶν ἐγχωρίων
παράβυστος). Weil man bei Hochzeiten und grossen Festen mehr
κλίναι als sonst um je einen Tisch stellte, sodass dieselben eine
vielwinklige Figur bildeten, und ausserdem neben denselben noch
einzelne (minder geschätzte) Gäste eindrängte, so musste, wenn
der Myrthenzweig in einfacher Abfolge von einem zum andern
ging, seine Bahn eine gekrümmte, regellose werden. Aber auch
nur dann. Die Schilderung des Aristoxenos setzt das Singen in
einfacher Reihenfolge voraus. Undenkbar, dass er auf die törichte
Herleitung der Skolien vom Hochzeitsgelage kommen konnte, wenn
ihm ein Brauch, wie ihn Plutarchs Quelle beschreibt, bekannt war.
Denn natürlich meint Aristoxenos nur, u r s p r ü n g l i c h sei das
Skolion nur bei diesen grossen Festen gesungen worden — eine
Bebauptung, welche er lediglich zum Zweck seiner Worterklärung
sich erfunden hat.

Ein letztes Zeugnis bietet der Scholiast zu den Wespen 1222
ἀρχαῖον ἔθος ἐστιωμένους ᾄδειν ἀκολούθως τῷ πρώτῳ, εἰ
παύσαιτο, τῆς ᾠδῆς τὰ ἑξῆς· καὶ γὰρ ὁ ἐξ ἀρχῆς δάφνην
ἢ μυρρίνην κατέχων ᾖδε Σιμωνίδου ἢ Στησιχόρου μέλη ἄχρις
οὗ ἤθελε, καὶ μετὰ ταῦτα ᾧ ἐβούλετο ἐδίδου οὐχ ὡς ἡ τάξις
ἀπῄτει· καὶ ἔλεγεν ὁ δεξάμενος παρὰ τοῦ πρώτου τὰ ἑξῆς
κἀκεῖνος ἐπεδίδου πάλιν ᾧ ἐβούλετο. διὰ τὸ πάντας οὖν
ἀπροσδοκήτως ᾄδειν καὶ λέγειν τὰ μέλη σκόλια εἴρηται διὰ
τὴν δυσκολίαν. Dass der Scholiast sich dies nicht selbst einfach aus
der Beschreibung des Aristophanes gebildet hat, glaube ich einerseits daraus entnehmen zu müssen, dass er die bekannte Erklärung

des Didymos σκόλιον διὰ τὴν δυσχολίαν freilich mit einer neuen Begründung vorträgt, andrerseits daraus, dass in Athen nachweislich die Lieder des Stesichoros und Simonides zum Gelage gesungen wurden, während der Text unserer Stelle nichts von ihnen sagt, und dass wenigstens für eine Art von Liedern ein derartiger Vortrag sich wirklich erweisen lässt. Weiter aber, als diese Nachweise führen, werden wir einem anonymen Scholiasten-Zeugnis nicht folgen und vor allem nie nach ihm die sich wechselseitig ergänzenden klaren Angaben des Dikaiarch und Aristoxenos abändern dürfen. Sie bilden für uns das einzige an sich unbedingt wertvolle Zeugnis; alle andern, auch des Didymos dritte Angabe (bei Plutarch) können in Frage nur kommen, wenn sie sich uns durch die Schilderungen der Komödie für irgend eine Zeit bestätigen. Von entscheidender Bedeutung ist dabei, dass Dikaiarch und Aristoxenos trotz ihrer verschiedenen Auffassung des Wortes σχόλιον darin übereinstimmen, dass sie den Begriff desselben nicht an eine bestimmte metrische Beschaffenheit der Lieder binden. Eine erwünschte Bestätigung dafür bietet sowohl die Komödie wie das älteste uns erhaltene Skolienbuch.

§ 2.

Athenaios hat uns an der bezeichneten Stelle (XV 694) eine Sammlung alter Skolien erhalten, welche er Ἀττικὰ σχόλια nennt. Die Bezeichnung, welche auch Dion Chrysostomus II § 63 kennt, erklärt sich durch die Sammlung selbst. Es sind 25 kurze Strophen aus einer einheitlichen Quelle; Verfassernamen oder Erklärungen waren in ihr nicht beigefügt; der Verweis auf Plato (694 E) ist offenbar von Athenaios selbst eingeschoben, ebenso am Schluss (695 F) das Skolion des Hybrias. Dass die Sammlung nicht von einem Grammatiker aus verschiedenen Quellen zusammengetragen ist, zeigt auch die auf wirklichen Gebrauch weisende Reihenfolge. Wir haben hier ein altes Commersbuch, welches später unter dem Titel Ἀττικὰ σχόλια umlief. Es ist sehr wahrscheinlich, dass Aristoteles, welcher in der Ἀθηναίων πολιτεία Cap. 19 und 20 die beiden einzigen historischen Skolien unserer Sammlung (23 und 24) als früher (nicht mehr zu seiner Zeit) gesungen erwähnt, eben dies ὑπόμνημα benutzte. Dasselbe gilt von Dion Chrysostomos, welcher im Titel mit Athenaios übereinstimmt und als Probe Skolion 17 und 18 in derselben Reihenfolge anführt. Dasselbe gilt ferner von Didymos vgl. das Scholion Ox. zu Plato Gorgias 451 E Ἀθήνησιν ἐν τῷ πρυτανείῳ παρὰ πότον σκόλια ᾔδετο εἴς τινας ὥσπερ εἰς Ἁρμόδιον, Ἄδμητον, Τελαμῶνα. Dem entspricht die Reihenfolge der Skolien 10—16 in unserer Sammlung, wenn wir 15. 16 einheitlich als Preis des Telamon fassen. [1] Mit dem Platoscholion stimmt überein der Scholiast zu Aristophanes Acharner 980 τὸν Ἁρμόδιον ᾄσεται· ἐν ταῖς τῶν πότων συνόδοις ᾠδόν τι μέλος Ἁρμοδίου καλούμενον, οὗ ἡ ἀρχὴ „φίλταθ' Ἁρμόδι' οὔ τί που τέθνηκας.“ ᾖδον δὲ αὐτὸ εἰς Ἁρμόδιον καὶ Ἀριστογείτονα, ὡς καθῃρηκότας τὴν τῶν Πεισιστρατιδῶν τυραννίδα. ἦν δὲ καὶ ἕτερα μέλη, τὸ μὲν Ἀδμήτου λεγόμενον, τὸ δὲ Τελαμῶνος[2]. Dass der Scholiast als Anfang den ersten Vers der zweiten Strophe (Skolion 11) citiert, erklärt sich leicht aus Vers 1093 der Acharner τὰ φίλταθ' Ἁρμοδίου, zu welchem er bemerkt τουτέστι τὰ εἰς Ἁρμόδιον σκόλια ᾄσματα ὅπερ ἀνωτέρω ἔφη „Ἁρμοδίου μέλος ᾄσεται.“ Irgendwelche Schlüsse auf eine andere Reihenfolge der Strophen in dem Exemplar des Scholiasten, oder seiner Quelle, sind daraus nicht zu machen, zumal da seine Inhaltsangabe die erste oder vierte Strophe (Skol. 10 oder 13) mit berücksichtigt.

Die Sammlung beginnt mit vier Liedern auf Götter, das erste auf Athene als die beschützende Herrin grade dieser Stadt (ὄρθου τήνδε πόλιν), dann auf Demeter und Persephone, welche ebenfalls besonders mit derselben verbunden erscheinen, das dritte auf Apollo und Artemis, das letzte auf Pan, den arkadischen Gott, welcher mit den Nymphen Reigentänze aufführt und an diesen heitern Liedern seine Freude haben soll. Demnach ist die Sammlung in Athen gemacht und zwar nach den Perserkriegen, in welchen der arkadische Pan zum Siege beigetragen hat. Dies bezeugt das unmittelbar anschliessende Lied Ἐνικήσαμεν ὡς ἐβουλόμεσθα, dessen Verbindung mit dem Pan-Lied jedem ins Auge fällt. Über die ohne fühlbaren Zusammenhang anschliessenden Lieder 6—9 ist später zu reden, mit 10 beginnt der Preis der Heroen, 10—13

---

[1]) Auch bei Aristophanes Wespen 1225 folgt, wie ich darthun werde, auf das Harmodios-Lied unmittelbar das Admetos-Lied.

[2]) Dass der letzte Satz dem alten Scholion zugehört, zeigt Suidas u. d. W. Παροίνιος (wo natürlich Τελαμῶνος für λάμπωνος zu schreiben ist) und der Verweis im Scholion zu Lysistr. 1237.

feiern Harmodios und Aristogeiton, 15 und 16 den Telamonier Aias und seinen Vater, die Heroen von Salamis. Die Einfügung des Admetos-Liedes an dieser Stelle beweist, dass trotz der Gnome in demselben ein Preis des thessalischen Heros empfunden wurde, dessen bestimmter Anlass uns nicht mehr erkenntlich ist. Es folgt in einigem Abstand der Preis der $\mathring{a}\nu\delta\varrho\varepsilon\varsigma$ $\mathring{a}\gamma\alpha\vartheta o\acute{\iota}$. Das Distichon auf Kedon (23), welches diesem eine hervorragende Stelle im Kreise derselben anweist, ist jetzt erklärt durch Aristoteles a. a. O. Er hatte noch vor dem Kampf der Alkmäoniden beim $\varLambda\varepsilon\iota\psi\acute{\upsilon}\delta\varrho\iota o\nu$ einen verunglückten Angriff auf des Peisistratos Söhne unternommen, war aber selbst, wie wir aus dem Skolión entnehmen, entkommen. Also schliesst in demselben Gedankenzusammenhang das vierundzwanzigste Lied auf das $\varLambda\varepsilon\iota\psi\acute{\upsilon}\delta\varrho\iota o\nu$ $\pi\varrho o\delta\omega\sigma\acute{\varepsilon}\tau\alpha\iota\varrho o\nu$ und die dort durch Verrat der Genossen gefallenen $\mathring{a}\nu\delta\varrho\alpha\varsigma$ $\mu\acute{\alpha}\chi\varepsilon\sigma\vartheta\alpha\iota$ $\mathring{a}\gamma\alpha\vartheta o\grave{\upsilon}\varsigma$ $\varkappa\alpha\grave{\iota}$ $\varepsilon\mathring{\upsilon}\pi\alpha\tau\varrho\acute{\iota}\delta\alpha\varsigma$ an. Dies führt ungezwungen zu dem letzten Lied, mit welchem die Sammlung ausklingt

$\mathring{O}\sigma\tau\iota\varsigma$ $\mathring{a}\nu\delta\varrho\alpha$ $\varphi\acute{\iota}\lambda o\nu$ $\mu\grave{\eta}$ $\pi\varrho o\delta\acute{\iota}\delta\omega\sigma\iota\nu$ $\mu\varepsilon\gamma\acute{\alpha}\lambda\eta\nu$ $\mathring{\varepsilon}\chi\varepsilon\iota$
$T\iota\mu\grave{\alpha}\nu$ $\mathring{\varepsilon}\nu$ $\tau\varepsilon$ $\beta\varrho o\tau o\widetilde{\iota}\varsigma$ $\mathring{\varepsilon}\nu$ $\tau\varepsilon$ $\vartheta\varepsilon o\widetilde{\iota}\sigma\iota\nu$ $\varkappa\alpha\tau'$ $\mathring{\varepsilon}\mu\grave{o}\nu$ $\nu\acute{o}o\nu$.

Auch die nichtpolitischen Lieder zeigen ähnliche innere Zusammenhänge. Lied 17 und 18 ($\varepsilon\mathring{\iota}\vartheta\varepsilon$ $\lambda\acute{\upsilon}\varrho\alpha$ $\varkappa\alpha\lambda\grave{\eta}$ $\gamma\varepsilon\nu o\acute{\iota}\mu\eta\nu$ und $\varepsilon\mathring{\iota}\vartheta'$ $\mathring{a}\pi\upsilon\varrho o\nu$ $\varkappa\alpha\lambda\grave{o}\nu$ $\gamma\varepsilon\nu o\acute{\iota}\mu\eta\nu$) berühren wie zwei Strophen eines Ganzen, Gedicht 19 mahnt zu gemeinsamem Leben und Freundschaft, 20 warnt vor Vertrauensseligkeit, die beiden auf einen überraschenden Vergleich und derben Witz auslaufenden Lieder 21 und 22 ($\mathring{a}$ $\mathring{\upsilon}\varsigma$ $\tau\grave{\alpha}\nu$ $\beta\acute{\alpha}\lambda\alpha\nu o\nu$ und $\pi\acute{o}\varrho\nu\eta$ $\varkappa\alpha\grave{\iota}$ $\beta\alpha\lambda\alpha\nu\varepsilon\acute{\upsilon}\varsigma$) stehen bei einander, und, wer will, mag dabei von „Stichwörtern" reden oder 6 und 7 verbinden durch Betonung der gemeinsamen Wörter $\mathring{a}\nu\delta\varrho\alpha$ $\varphi\acute{\iota}\lambda o\nu$ $\nu o\mu\acute{\iota}\zeta\varepsilon\iota\nu$ $\mathring{a}\delta\acute{o}\lambda\omega$ $\varphi\varrho\varepsilon\nu\acute{\iota}$ und $\pi\lambda o\upsilon\tau\varepsilon\widetilde{\iota}\nu$ $\mathring{a}\delta\acute{o}\lambda\omega\varsigma$... $\mathring{\eta}\beta\widetilde{\alpha}\nu$ $\mu\varepsilon\tau\grave{\alpha}$ $\tau\widetilde{\omega}\nu$ $\varphi\acute{\iota}\lambda\omega\nu$. Doch bedarf es solcher Klügeleien nicht, um neben sprunghaften Übergängen auch das allmähliche Fortspinnen eines Gedankens oder einer Stimmung, wie es bei derartig vorgetragenen Liedern nur natürlich ist, zu erkennen.

In den Adelskreisen Athens ist demnach unsere Sammlung entstanden. Dass sie kurz vor der Mitte des fünften Jahrhunderts ihren Abschluss gefunden hat, bestätigen uns zwei weitere Beobachtungen, dass nämlich einerseits Pindar benutzt ist, andrerseits in den der Praxilla zugeschriebenen $\pi\alpha\varrho o\acute{\iota}\nu\iota\alpha$ zwei dieser Lieder verwendet waren.

Dass der Eingang des vierten Skolions

ὦ Πὰν Ἀρκαδίας μέδων κλεεννᾶς
ὀρχηστὰ Βρομίαις ὀπαδὲ Νύμφαις
γελάσειας, ὦ Πάν, ἐπ' ἐμαῖς
εὔφροσι ταῖσδ' ἀοιδαῖς κεχαρημένος

aus einem weitberühmten pindarischen Jungfrauenlied zur Nacht-
feier für Pan entlehnt ist, sah schon Ilgen, vgl. fr. 95 B. Pindars
Lied begann ὦ Πὰν Ἀρκαδίας μεδέων καὶ σεμνῶν ἀδύτων
φύλαξ und schloss ματρὸς μεγάλας ὀπαδὲ σεμνῶν Χαρίτων
μέλημα τερπνόν. Auch dass Pan die Reigentänze der Nymphen
leitet, dass er Genosse des Bacchus ist, dass er der Lieder sich
freut, scheint bei Pindar gestanden zu haben. Den Ursprung des
Skolions ahnt noch Aristophanes, wenn er in den Thesmophoriazusen
die Frauen Athens bei ihrer geheimen Feier das Skolion benutzend
singen lässt (v. 977) Ἑρμῆν τε Νόμιον ἄντομαι καὶ Πᾶνα καὶ
Νύμφας φίλας ἐπιγελάσαι προθύμως ταῖς ἡμετέραισι χαρέντα
χορείαις [1].

Dass das Skolion 15

Παῖ Τελαμῶνος, Αἶαν αἰχμητά, λέγουσί σε
ἐς Τροίαν ἄριστον ἐλθεῖν Δαναῶν μετ' Ἀχιλλέα

auffallend übereinstimmt mit Alkaios fr. 48 A Κρονίδα βασιλῆος
γένος Αἶαν τὸν ἄριστον πεδ' Ἀχιλλέα ist allbekannt. Aber
verfehlt war der Versuch, dasselbe aus dem Skolion zu einem
zweizeiligen Kurzliedchen zu ergänzen. Das Scholion zu Aristophanes Lysistrate 1237 lässt uns erkennen, dass man im Altertum
unser Skolion nicht dem Alkaios, sondern dem Pindar zuschrieb.
Das ist natürlich für jeden, der Pindar kennt, undenkbar. Aber
den Anlass dazu können wir noch erkennen. Pindar sagt nämlich
Nemeen VIII 27 von Aias ὃν κράτιστον Ἀχιλέος ἄτερ
μάχᾳ ξανθῷ Μενέλᾳ δαμάρτα κομίσαι θοαῖς ἂν ναυσὶ
πόρευσαν εὐθυπνόου Ζεφύροιο πομπαὶ πρὸς Ἴλου

---

[1]) Der Schluss des Skolion — eine dem Hymnos eigentümliche
Formel — kehrt wieder in dem neugefundenen Asklepios-Hymnos
von Ptolemais, nach welchem Wilamowitz die bei Athenaios verderbten Worte emendiert hat (Revue archéologique 1889 p. 71 ff.
v. 21) χαῖρέ μοι ὦ Παιὰν ἐπ' ἐμαῖς εὔφροσι ταῖσδ' ἀοιδαῖς. Auch die
vorausgehenden drei Skolien zeigen mit den Hymnen manche
Berührung.

πόλιν.[1] Alles in dem Skolion, was bei Alkaios fehlt, kehrt bei Pindar wieder, und wenn es mir im folgenden Abschnitt gelingt zu erweisen, dass schon früh auch die Siegeslieder Pindars in Athen beim Gelage vorgetragen wurden, so legt das Wort λέγουσι die Annahme sehr nahe, dass der Verfasser des Skolions sowohl Alkaios als Pindar vor Augen hatte. Weil er in den Liedern grosser Dichter derartiges zum Lob des Aias gehört hatte, hebt er in einem kurzen Liedchen diesen Hauptruhm des heimischen Heros einfach hervor. Das Wesen unsrer Skolien zeigt sich vorzüglich an diesem Beispiel. Dasselbe giebt zugleich den Massstab für andere, ähnliche Angaben. So wird Skolion 6 (ὑγιαίνειν μὲν ἄριστον) zwar von Plato (Gorg. 451 E) und dem Komiker Anaxandrides (fr. 17 K) einem unbekannten Dichter zugeschrieben, aber der Platoscholiast sagt οἱ μὲν Σιμωνίδου φασὶν οἱ δὲ Ἐπιχάρμου; die einzelnen Vertreter der beiden Ansichten führt Bergk an, indem er mit Recht bemerkt, dass eine ähnliche Sentenz bei beiden den Anlass zu dieser für Epicharm unsinnigen, für Simonides unglaublichen Behauptung gegeben haben muss. Die Bestätigung giebt die oben angeführte Pindarstelle.

Für das vierzehnte Skolion (Ἀδμήτου λόγον), welches als allgemein üblich schon Kratinos in den Χίρωνες fr. 236 erwähnt, macht der Scholiast zu Aristophanes Wespen 1239 die Angabe τοῦτο οἱ μὲν Ἀλκαίου, οἱ δὲ Σαπφοῦς. οὐκ ἔστι δὲ ἀλλ' ἐν τοῖς Πραξίλλης φέρεται παροινίοις. Dieselbe Quelle benutzte Pausanias bei Eustath, 326, 36; sein Wortlaut weist auf Didymos, vgl. oben. Da der Scholiast ausdrücklich sagt „es steht, es findet sich bei Praxilla", so müssen wir allerdings annehmen, dass derselbe Vers — höchstens mit geringfügiger Umwandlung — wirklich in ihren παροίνια vorkam. Die nächstliegende Annahme wäre, dass Praxilla ihn erfunden hat. Dass dieselbe falsch wäre, lehrt Skolion 20:

---

[1] Alkaios wie Pindar haben Homer vor Augen Il. II, 768 ἀνδρῶν αὖ μέγ' ἄριστος ἔην Τελαμώνιος Αἴας ὄφρ' Ἀχιλεὺς μήνιεν. Da Pindars Lied i. J. 466 entstanden scheint, gewinnen wir für das Alter des Skolions einen Anhalt. Zu vergleichen ist das bei Aischines III, 184 und Plutarch Kimon 7 erhaltene athenische Grabepigramm von 470, welches Menestheus rühmt ὅν ποθ' Ὅμηρος ἔφη Δαναῶν πύκα θωρηκτάων κοσμητῆρα μάχης ἔξοχον ἄνδρα μολεῖν. Zweck und Bedeutung des λέγουσί σε im Skolion kann man nicht besser erklären.

ὑπὸ παντὶ λίθῳ σκορπίος ὦ ἑταῖρ' ὑποδύεται·
φράζευ μή σε βάλῃ· τῷ δ' ἀφανεῖ πᾶς ἕπεται δόλος.

Auf dasselbe nimmt bekanntlich Bezug Aristophanes Thesmophoriazusen 528 τὴν παροιμίαν ἐπαινῶ τὴν παλαιάν· ὑπὸ
λίθῳ γὰρ παντί που χρὴ μὴ δάκῃ ῥήτωρ ἀθρεῖν. Der Scholiast
bemerkt dazu (aus einem Paroimiographen, also aus Didymos): ἐκ
τῶν εἰς Πράξιλλαν ἀναφερομένων „ὑπὸ παντὶ λίθῳ σκορπίον
ὦ ἑταῖρε φυλάσσεο". καὶ ἑτέρα „πάντα λίθον κίνει".

Die uns erhaltenen Sprichwörtersammlungen führen an ὑπὸ
παντὶ λίθῳ σκορπίος oder ὑπὸ παντὶ λίθῳ σκορπίος εὕδει
(καθεύδει daneben ist wol Schreiberwillkür). Sophokles (fr. 34)
citiert in freier Umbildung ἐν παντὶ γάρ τοι σκορπίος φρουρεῖ
λίθῳ. Dass wirklich ein altes Sprichwort zu Grunde liegt, müssen
wir dem Aristophanes glauben; die Form desselben kann der
Sophoklesstelle nach wirklich nur ὑπὸ παντὶ λίθῳ σκορπίος
εὕδει, oder wahrscheinlicher einfach ὑπὸ παντὶ λίθῳ σκορπίος
gewesen sein. Der Verfasser des Skolions ergänzte nur drei für
den Sinn bedeutungslose Worte (ὦ ἑταῖρε ὑποδύεται) und fügte
einen zweiten, im Grunde inhaltsleeren Vers bei, um das alt-
bekannte Sprichwort einer schon bestehenden Liedform anzupassen —
ganz wie dies bei den Gnomen in elegischem Versmass oft genug
geschehen ist. Aristophanes nennt dies noch παροιμία, nimmt
aber schon auf die dichterische Erweiterung Bezug (μὴ δάκῃ
ἀθρεῖν). Der Vers der Praxilla ὑπὸ παντὶ λίθῳ σκορπίον α
ἑταῖρε φυλάσσεο setzt die metrische Form des Skolions voraus,
lässt sich aber unmöglich fortführen φράζευ μή σε βάλῃ. Was
im Skolion schleppend als zweiter Vers zugefügt ist, ist bei ihr
in den ersten mit aufgegangen; die Sentenz ist kürzer und ein-
heitlicher gestaltet; das Skolion ist benutzt und verbessert. Es
ist äusserst schwer, aus dem Sprichwort den Vers der Praxilla
und aus diesem das Skolion herzuleiten, leicht dagegen aus dem
Sprichwort das Skolion und aus diesem das Wort der Praxilla
zu erklären. Die notwendige Folgerung ist: die der Sikyonierin
Praxilla „zugeschriebenen" Skolien sind mit Benutzung der attischen
gemacht; gehören sie ihr wirklich, so müssen die beiden „attischen"
Lieder vor die Mitte des fünften Jahrhunderts fallen. Aber bei
den vorsichtigen Worten des Didymos ἐκ τῶν εἰς Πράξιλλαν
ἀναφερομένων ist ebensogut möglich, dass eine sikyonische
Skoliensammlung der einzigen älteren Dichterin der Stadt zuge-

schrieben ist. Die Beeinflussung dieser Sammlung von Athen könnte kaum befremden. Wie dem sei, verfehlt ist jeder Versuch, aus dem Metrum neue Gedichte der Praxilla zuzuweisen. Die Angaben über die Verfasser einzelner „attischen" Skolien sind damit bis auf eine Angabe des Hesych (unter dem Wort Ἁρμοδίου μέλος) als wertlos erwiesen.

Dass dies natürlich und notwendig ist, lehrt eine nähere Betrachtung dieser Skolien. Zu dem sechsten (εἴθ᾽ ἐξῆν ὁποῖος) giebt uns Eustath. 1574, 16 die Erklärung. Es nimmt Bezug auf einen alten Αἰσώπειος λόγος, wie solche zum Vortrag bei Gelagen ja auch Sokrates dichtete. Aber man versuche, unsere Strophe nach demselben zu ergänzen, den die Fabel enthaltenden Anfang so hinzuzudichten, dass die Worte dem Μῶμος selbst in den Mund gelegt werden, um das Unpassende zu empfinden. Aus einer allbekannten Fabel hat der Verfasser des Skolions nur den Kernpunkt, nur die Hauptsentenz herausgegriffen und in die Form eines lesbischen Liedes gegossen. Klarer ist derselbe Vorgang bei Skolion 9:

Ὁ δὲ καρκίνος ὧδ᾽ ἔφη
χαλᾷ τὸν ὄφιν λαβών·
„εὐθὺν χρὴ τὸν ἑταῖρον ἔμμεν
καὶ μὴ σκολιὰ φρονεῖν".

Das ist der Schluss einer Tierfabel, wie sie vor der Zeit des Aristophanes bei Gelagen oft vorgetragen wurden (Aristoph. Vespen 1182); fast wörtlich stimmt damit der Schluss der 346. aisopischen Fabel überein: τοῦ δὲ ὄφεως μετὰ θάνατον κταθέντος ἐκεῖνος εἶπεν· οὕτως ἔδει καὶ πρόσθεν εὐθὺν καὶ ἁπλοῦν εἶναι· οὐδὲ γὰρ ἂν ταύτην τὴν δίκην ἔτισας. Aber es ist kein selbständiges Lied. Wer es beim Gelage sang, hat entweder den Hauptteil der Fabel vorher in Prosa erzählt — das ist natürlich undenkbar — oder nur den Schluss eines altbekannten Liedes gesungen — aber eine Tierfabel im aiolischen Lied mit der Moral am Schluss scheint mir unglaublich, und wieder lässt sich keine Ergänzung so formen, dass der Krebs die Worte vernünftigerweise χαλᾷ τὸν ὄφιν λαβών spricht, das Gedichtchen ist also vollständig — oder er hat nur den Schluss einer allbekannten Fabel herausgehoben und zum Lied umgewandelt, indem er zugleich in die Situationsschilderung einen volkstümlichen Witz hineinbrachte. Aus der einfachen Fabel „der Krebs ärgerte sich über die Windungen der Schlange beim Kriechen und kniff sie tot; als sie nun grade dalag sagte er: so hättest du von Anfang an sein müssen" wird nun die Umbildnng „grad' soll mein Freund sein, sagte der Krebs, da kniff er die Schlange tot".[1]

Ähnlich ist es mit Skolion 14, dem schon besprochenen Lied auf Admet. Auch dies giebt sich wie die Moral, wie das Schlusswort einer längeren Dichtung über Admet; das bezeugen die Participia $\mu\alpha\vartheta\omega\nu$ und $\gamma\nuο\dot{\nu}\varsigma$; ein ganz selbständig gedachtes Lied hätte dafür „Gedenke des Admet" oder derartiges einsetzen müssen. Dass das Admetlied in demselben Versmass vorausging und nur ein Fragment erhalten ist, scheint mir nach den Parallelen nicht wahrscheinlich; es würde ohne Vergleich unter den lyrischen Dichtungen sein; zu welcher Art derselben sollte es auch gehören? An eine Prosa-Erzählung wird Niemand denken wollen; eine allbekannte Dichtung muss dem Verfasser vorschweben. Selbst wenn es sicher wäre, dass die Sage von Admet in den Eoien des Hesiod behandelt war, ein eigentlicher $\lambda\dot{ο}\gammaος$ $Ἀδμ\dot{\eta}του$ wäre Hesiods Dichtung nicht gewesen[2] und die Worte $\mu\alpha\vartheta\omega\nu$ und $\gamma\nuο\dot{\nu}\varsigma$ blieben unerklärt. Ich kann keine andere Dichtung und keine Dichtungsart finden, welche in Frage kommen könnte, als die Alkestis des Phrynichos; sie bot wirklich etwas jedem Athener Gegenwärtiges, und wenn die Schlussverse derselben diesen durch das Verhalten des Pheres naheliegenden Gedanken ausdrückten, so wäre dessen Umwandlung in die Form des Skolions leicht erklärlich. Die Einwirkungen der Tragödie auf die Lieder beim Gelage werde ich später zu verfolgen versuchen.

Eine andere litterarische Einwirkung kann man vielleicht in Skolion 19 ($\sigma\dot{\upsilon}\nu$ $\mu\omega$ $\pi\tilde{\iota}\nu\varepsilon$, $\sigma\upsilon\nu\dot{\eta}\beta\alpha$, $\sigma\upsilon\nu\dot{\varepsilon}\varrho\alpha$) finden. Das seltene Wort $\sigma\upsilon\nu\eta\beta\tilde{\alpha}\nu$ findet sich in demselben übertragenen Sinn zweimal bei Anakreon fr. 44 $\ddot{\varepsilon}\varrho\alpha\mu\alpha\iota$ $\langle\delta\dot{\varepsilon}\rangle$ $\tauο\iota$ $\sigma\upsilon\nu\eta\beta\tilde{\alpha}\nu$· $\chi\alpha\varrho\dot{\iota}\varepsilon\nu$ $\gamma\dot{\alpha}\varrho$ $\mathring{\eta}\vartheta\omega\varsigma$ $\langle\ddot{\iota}\sigma\chi\varepsilon\iota\varsigma\rangle$ und fr. 24 $ο\dot{\upsilon}$ $\gamma\dot{\alpha}\varrho$ $\dot{\varepsilon}\mu\omega\dot{\iota}$ $\langle\pi\alpha\tilde{\iota}\varsigma$ $\dot{\varepsilon}\rangle\vartheta\dot{\varepsilon}\lambda\varepsilon\iota$ $\sigma\upsilon\nu\eta\beta\tilde{\alpha}\nu$ sonst in der älteren Poesie nur noch in unserem Skolion. Für das Skolion 21 ($\dot{\alpha}$ $\tilde{\upsilon}\varsigma$ $\tau\dot{\alpha}\nu$ $\beta\dot{\alpha}\lambda\alpha\nuο\nu$) hat Wilamowitz Isyllos S. 125 überzeugend vermutet, dass der erste Vers zum Zweck der Parodie einem dorischen Dichter entlehnt und von dem Athener fortgesetzt ist.

---

[1]) Vgl. K. Bürger, Hermes XXVII, 359.
[2]) Vgl. Wilamowitz, Isyllos 70 ff.

Eine Nachbildung eines attischen Skolions, des Aias-Liedes, ist das 16., das Telamon-Lied:

$$\text{Τὸν Τελαμῶνα πρῶτον Αἴαντα δὲ δεύτερον}$$
$$\text{ἐς Τροίαν λέγουσιν ἐλϑεῖν Δαναῶν καὶ Ἀχιλλέα.}$$

Die zweite Strophe eines einheitlichen Ganzen kann dies nicht sein, weil dies ganze Lied sich weder auf Aias noch auf Telamon richtig beziehen könnte. Es stellt vielmehr dem abgeschlossenen Kurzlied von Aias einen neuen, aber in ähnliche Worte gekleideten Gedanken entgegen: Aias ist doch nur der zweite, vor ihm ist noch, zu allererst, sein Vater Telamon nach Troja gezogen, er, der heimische Heros, sogar früher als der oben am meisten gefeierte Achill. Aber der Gedanke ist unbeholfen und schief ausgedrückt; die Worte καὶ Ἀχιλλέα, welche den Hauptton tragen müssten, schleppen nach, der Genetiv Δαναῶν, welcher von πρῶτον abhängig sein muss, giebt diesem Wort eine unklare Doppelbedeutung; das im ersten Gedicht beziehungsreiche λέγουσιν wird matt und inhaltslos. Anzunehmen, dass Schreiberwillkür den zweiten Vers so entstellt hat, ist unmöglich; unter dem Zwang eines Gelagebrauches ist zu dem leidlich gelungenen ersten Gedicht eine Erwiderung gemacht, erträglich nur, weil sie nie allein gesungen werden sollte, Dilettanten-Flickwerk, nicht ein Gedicht. Danach sind die Skolien 17 und 18 zu beurteilen, in welchen ebenfalls ein Teil der Worte, doch glücklicher, sich wiederholt. Während 17 auf Knabenliebe deutet, spricht 18 von der καλὴ γυνή. Das ist keine Einheit, sondern Wunsch und Erwiderung. Ähnliches zeigen die Lieder der Hirten bei den Bukolikern, so Idyll V und VIII des Theokrit.

Einheitlich ist der Charakter dieser kurzen Lieder, welche in einfachster Form den Nachhall berühmter Dichtungen oder beim Gelage beliebter Erzählungen, kurze Ausführungen eines altbekannten Sprichworts oder einer Gnome bieten; ursprünglich sicher Improvisationen, gehen sie auf keinen bestimmten Verfasser zurück; es sind „Volkslieder".

Man vergleiche damit nur die umfangreichen Reste der Skolien Pindars, man vergleiche die auf längere Lieder deutenden Bruchstücke aus den Skolien des Alkaios, wie das von Aristoteles Polit. II, 14, 1285 A 37 erhaltene Fragment, welches an die politischen Elegieen des Solon und Theognis erinnert, den Anfang eines Skolions des Timokreon im Scholion zu den Acharnern 532 oder die breite Ausführung in den Liedern des Kreters Hybrias und des Aristoteles auf die *Ἀρετή*. So verschieden in Technik und dichterischem Schwung sie unter sich sind, scharf heben sie alle von den bisher besprochenen Liedchen nach Umfang und Ausdruck sich ab.

Ihnen ordnet sich bei das Lied auf Harmodios und Aristogeiton. Die oft berührte Frage, ob wir hier ein Lied von vier Strophen oder vier unabhängige Lieder anzunehmen haben, ist freilich in einer Art gegenstandslos. Sicher verstand der Ordner unserer Sammlung es als vier Lieder und sicher wurden sie nicht von einem, sondern von vier oder mehr Sängern vorgetragen. Ob sie zusammen gedichtet und gedacht sind, darüber ist danach zu entscheiden, ob man in ihrer Abfolge einen Plan erkennen kann.

Dass zunächst zwei Teile von je zwei Strophen einander gegenüberstehen, ist allgemein anerkannt. Beidemal ist der Anfang

ἐν μύρτου κλαδὶ τὸ ξίφος φορήσω
ὥσπερ Ἁρμόδιος καὶ Ἀριστογείτων.

Beidemal wird in der ersten Strophe die Tat, in der zweiten das Fortleben der Heroen gepriesen, und dies ist eine so einfache und natürliche Anordnung, dass wir auf jeden Fall nur z w e i besondere Gedichte von je zwei Strophen als ursprünglich annehmen müssten. Skolion 12. 13 müsste die Abwandlung von 10. 11 sein. Allein es ist doch wieder nicht eine einfache Abwandlung. Während Skolion 11 das Fortleben des Harmodios mit den Heroen der Vorzeit auf den seligen Inseln beschreibt, stellt Skolion 13 diesem persönlichen Fortleben den ewigen Ruhm auf Erden entgegen und fügt als Grund hinzu: *ὅτι τὸν τύραννον ἐκτανέτην ἰσονόμους τ' Ἀθήνας ἐποιησάτην.* Das ist der Schluss des e r s t e n dieser Skolien (10). Ist es zufällig, dass sich Anfang und Ende derart entsprechen? Man versuche die Reihe mit Skolion 12 zu schliessen *ὅτ' Ἀθηναίης ἐν θυσίαις ἄνδρα τύραννον Ἵππαρχον ἐκαινέτην,* um das unpassende matte Ausklingen des Liedes zu empfinden. Aber auch Skolion 11 kann nicht ein eigenes Lied beschliessen: wo bleibt Aristogeiton, der zweite Heros? und verläuft das Lied nicht auch dann matt im Sand? — Fassen wir dagegen die vier Strophen als ein zweiteiliges Ganze, so hebt der Schluss schön wieder die Hauptsache hervor *ἰσονόμους Ἀθήνας ἐποιη-- σάτην*; zwischenein fällt die Wiederholung im Anfang der beiden

Teile:[1] ἐν μύρτου κλαδὶ τὸ ξίφος φορήσω. Zeigt dies alles eine gewisse Kunst und Berechnung, so haben wir allen Grund, auf dies Ganze die Angabe des Hesych zu beziehen: Ἁρμοδίου μέλος· τὸ ἐπὶ Ἁρμοδίῳ ποιηθὲν σκόλιον ὑπὸ Καλλιστράτου οὕτως ἔλεγον. Wen die Wiederholungen, welche allerdings auf eine eigentümliche Art des Vortrags weisen, noch befremden, der vergleiche das doch sicher einheitliche Skolion des Hybrias:

> ἔστι μοι πλοῦτος μέγας δόρυ καὶ ξίφος
> καὶ τὸ καλὸν λαισήιον, πρόβλημα χρωτός·
> τούτῳ γὰρ ἀρῶ, τούτῳ θερίζω,
> τούτῳ πατέω τὸν ἀδὺν οἶνον ἀπ' ἀμπέλω
> τούτῳ δεσπότας μνοίας κέκλημαι. —
> τοὶ δὲ μὴ τολμῶντ' ἔχειν δόρυ καὶ ξίφος
> καὶ τὸ καλὸν λαισήιον, πρόβλημα χρωτός,
> πάντες γόνυ πεπτηῶτες ἐμὸν κυνέοντι, δεσπόταν
> καὶ μεγὰν βασιλῆα φωνέοντες.

Natürlich benutzt Hybrias hier des Archilochos fr. 2:

> Ἐν δορὶ μέν μοι μᾶζα μεμαγμένη, ἐν δορὶ δ'οἶνος
> Ἰσμαρικός, πίνω δ'ἐν δορὶ κεκλιμένος.

Aber es ist beachtenswert, wie er im Interesse des Skolions die einfache Sentenz erweitert und doppelt vorbringt

Ähnlich ist von den Gelageliedern in elegischem Mass Theognis V. 1253:

> Ὄλβιος, ᾧ παῖδές τε φίλοι καὶ μώνυχες ἵπποι,
> θηρευταί τε κύνες καὶ ξένοι ἀλλοδαποί. —
> Ὅστις μὴ παῖδάς τε φιλεῖ καὶ μώνυχας ἵππους
> καὶ κύνας, οὔποτέ οἱ θυμὸς ἐν εὐφροσύνῃ.[2]

---

[1]) Dass der Scholiast zu Aristophanes Acharner v. 980 nichts über die Abfolge der Verse lehrt, ist früher bemerkt. Einen fünften meint Bergk aus Aristophanes Wespen 1226 zu gewinnen: Οὐδεὶς πώποτ' ἀνὴρ ἔγεντ' Ἀθήναις. Aber Aristophanes verbindet an jener Stelle allbekannte und neu übertragene und gebildete Lieder; und selbst wenn es schon zu seiner Zeit eine so anfangende Harmodios-Strophe gab, so könnte sie nachträglich nach der Zusammenstellung des von Athenaios ausgeschriebenen Buches entstanden sein. In dem durch dasselbe überlieferten Liede wird nichts vermisst, ja noch mehr, wir können an keiner Stelle die Strophe einfügen. Auf keinen Fall dürfen wir daher den bei Athenaios erhaltenen Text aus Aristophanes interpolieren.

[2]) Das erste Distichon ist von Solon, das zweite sicher nicht er hätte sonst notwendig, wie Hybrias, Ὅς δὲ μή oder dergl. sagen

Überhaupt aber zeigt, wie schon öfters bemerkt ist, unsere Sammlung häufig zusammenstehende Liederpaare, so Skolion 1 und 2 an die Hauptgöttinnen von Athen und Eleusis *ὄρϑον τήνδε πόλιν — εὖ δὲ τάνδ' ἀμφέπετον πόλιν*; 3 und 4 an die Götter, des Liedes Apollo und Pan; 15 und 16 an Aias und Telamon; 17 und 18 die beiden Wünsche; 21 und 22 die Parodien. Dies weist mit Notwendigkeit auf eine eigentümliche Art des Vortrags derartiger Lieder, über welchen uns die Komödie wenigstens einigen Aufschluss giebt.

§ 3.

Zwei Stellen sind es, in welchen Aristophanes die Lieder beim Gelage näher beschreibt, Wespen 1217 ff. und Wolken 1358 ff. Die Angaben sind derartig verschieden, dass wir von vornherein annehmen müssen, dass es sich nicht um Beschreibung e i n e s Brauches handelt. Betrachten wir zunächst die erste Schilderung. Ein neumodisch feines Gelage beschreibt Bdelykleon dem Vater; nicht um veralteten Väterbrauch, um etwas, was im Jahr 422 zu Athen wirklich noch Sitte war, kann es sich nur handeln. Der Sohn fürchtet, dass der Vater etwas, was von jedem feinen Gast verlangt wird, nicht versteht[1] — *τὸ δέχεσϑαι τὰ σκόλια*. Dem allein gilt die Probe. Es ist demnach nicht befremdlich, dass nur ein Moment der Gelageunterhaltung herausgegriffen wird; weder der Lieder der *συνετώτατοι*, noch des Paian nach der *σπονδή* geschieht ausdrücklich Erwähnung, wiewol der letztere gesetzlich festgestellt und noch bei Plato und Xenophon erwähnt ist, also sicher nicht gefehlt haben kann. Die Stelle lautet:

B. δειπνοῦμεν· ἀπονενίμμεϑ'· ἤδη σπένδομεν. —

Φ. πρὸς τῶν ϑεῶν, ἐνύπνιον ἐστιώμεϑα ; —

B. αὐλητρὶς ἐνεφύσησεν. οἱ δὲ συμπόται
εἰσὶν Θέωρος, Αἰσχίνης, Φανός, Κλέων,

. . . .

müssen. Ein einzelner Spruch aus Solon scheint vielmehr von einem jüngeren Dichter erweitert, allerdings so, dass die beiden Teile selbständig von Verschiedenen vorgetragen werden sollten.

[1]) Andrerseits wird es schwerlich eine neue Erfindung sein, sonst müsste der Sohn, wenn Aristophanes konsequent ist, erst den Vater darüber belehren und dieser würde nicht gleich Meister darin sein. Die Fortbildung zeigt Kallimachos fr. 138, vgl. 113 B.

ξένος τις ἕτερος πρὸς κεφαλῆς Ἀκέστορος.
τούτοις ξυνὼν τὰ σκόλια πῶς δέξῃ; — Φ. καλῶς. —
B. ἄληθες; — Φ. ὡς οὐδεὶς Διακρίων δέξεται. —
B. ἐγὼ εἴσομαι· καὶ δὴ γάρ εἰμ' ἐγὰ Κλέων,
ᾄδω δὲ πρῶτος Ἁρμοδίου, δέξῃ δὲ σύ.
„οὐδεὶς πά'ποτ' ἀνὴρ ἔγεντ' Ἀθήναις" —
Φ. „οὐχ οὕτω γε πανοῦργος ⟨οὐδὲ⟩ κλέπτης". —
B. τουτὶ σὺ δράσεις; παραπολῇ βοώμενος·
φήσει γὰρ ἐξολεῖν σε καὶ διαφθερεῖν
καὶ τῆσδε τῆς γῆς ἐξελᾶν. — Φ. ἐγὰ δέ γε,
ἐὰν ἀπειλῇ, νὴ Δί' ἕτερον ᾄσομαι·
„ὤνθρωφ', οὗτος ὁ μαιόμενος τὸ μέγα κράτος,
ἀντρέψεις ἔτι τὰν πόλιν· ἃ δ' ἔχεται ῥοπᾶς". —
B. τί δ', ὅταν Θέωρος πρὸς ποδῶν κατακείμενος
ᾄδῃ Κλέωνος λαβόμενος τῆς δεξιᾶς·
„Ἀδμήτου λόγον, ὦ ἑταῖρε, μαθὼν τοὺς ἀγαθοὺς φίλει"
τούτῳ τί λέξεις σκόλιον; — Φ. ᾠδικῶς ἐγώ·
„οὐκ ἔστιν ἀλωπεκίζειν
οὐδ' ἀμφοτέροισι γίγνεσθαι φίλον". —
B. μετὰ τοῦτον Αἰσχίνης ὁ Σέλλου δέξεται,
ἀνὴρ σοφὸς καὶ μουσικός, κᾆτ' ᾄσεται·
„χρήματα καὶ βίον Κλειταγόρᾳ τε κἀμοὶ μετὰ Θετταλῶν"
Φ. „πόλλα δὴ διεκόμπασας σὺ κἀγώ". —
B. τουτὶ μὲν ἐπιεικῶς σύ γ' ἐξεπίστασαι.

Schon die Worte αὐλητρὶς ἐνεφύσησεν beweisen, dass die folgenden Lieder zur Flötenbegleitung gesungen sind. Bestätigt wird uns dies durch ein Fragment des Kratinos aus den Χίρωνες (fr. 236) Κλειταγόρας ᾄδειν, ὅταν Ἀδμήτου μέλος αὐλῇ. Eng verwandt damit ist Aristophanes Lysistrata 1236: νυνὶ δὲ ἅπαντ' ἤρεσκεν· ὥστ' εἰ μέν γέ τις ᾄδοι Τελαμῶνος Κλειταγόρας ᾄδειν δέον, ἐπηνέσαμεν ἂν καὶ προσεπιωρκήσαμεν. Der Zwang, das Telamon-Lied zu singen und das Unpassende des Kleitagora-Liedes liegt eben darin, dass das Metrum und demzufolge die Begleitung eine andere ist. Die Verwechselung war darum möglich, weil beide in demselben Rhythmus beginnen (χρήματα καὶ βίον — τὸν Τελαμῶνα πρῶτον). Da also die Lyra mit diesen Liedern nichts zu tun hat, folgt notwendig, dass sie zur μυρρίνη gesungen wurden. Dies bestätigt ein Fragment aus des Aristophanes Πελαργοί (430 K.): ὁ μὲν ᾖδεν Ἀδμήτου λόγον πρὸς μυρρίνην ὁ δ' αὐτὸν ἠνάγκαζεν Ἁρμοδίου μέλος. Der eine Gast will das Admetos - Lied singen, der andere (durch die Begleitung) ihn zwingen, das Harmodios-Lied anzustimmen. [1] Schon dadurch ist erwiesen, dass es sich hier um den in Dikaiarchs Schilderung zweiten Teil, die σκόλια, wie sie Aristoxenos versteht, handelt. In der Angabe der Gäste fehlt wahrscheinlich ein Vers, in welchem nach Kleon unser Philokleon und Akestor genannt waren. Kleon, der Vornehmste der Gäste, beginnt, und zwar mit einem Lied auf Harmodios; er bestimmt, Philokleon soll „aufnehmen". Er kann dies also nach Willkür. Denn ihm zur Rechten und also durch die Reihenfolge als nächster Sänger gekennzeichnet ist Philokleon nicht, das ist vielmehr Theoros (πρὸς ποδῶν κατακείμενος . . Κλέωνος), der Sänger des nächsten Liedes. Kleon beginnt ein Harmodios - Lied in demselben Versmass wie das bei Athenaios erhaltene, doch so, dass man den von ihm gesungenen ersten Vers auch auf Kleon selbst deuten könnte — sehr möglich, dass es zu diesem Zweck frei erfunden ist — οὐδεὶς πώποτ' ἀνὴρ ἔγεντ' Ἀθήναις. So versteht es Philokleon und „nimmt auf" οὐχ οὕτω γε πανοῦργος οἰδὲ κλέπτης. Er muss damit einem wirklich bestehenden Brauch bei Absingung dieses Liedes folgen, sonst ist nach dieser Einleitung die Stelle witzlos. [2] Mit seinen Worten verletzt er freilich ein athenisches Gesetz, welches uns Hypereïdes

---

[1]) Die Beziehung kann eine politische sein, denn das Admetos-Lied hat eine aristokratische Tendenz, Harmodios ist der Heros der Demokratie.

[2]) Er folgt damit freilich noch einem anderen Brauch, welcher auch in der späteren Schilderung des Gelages bei Aristophanes hervortritt, dem des Höhnens beim Trunk. Wenige Stellen mögen ihn näher erläutern: Hermes-Hymnos 54 ff.: θεὸς δ' ὑπὸ καλὸν ἄειδεν ἐξ αὐτοσχεδίης πειρώμενος ἠΰτε κοῦροι ἡβηταὶ θαλίῃσι παραίβολα κερτομέουσιν. Isokrates πρὸς Νικοκλέα 47: εὕροι δ' ἄν τις αὐτοὺς (τοὺς πολλοὺς) ἐν ταῖς πρὸς ἀλλήλους συνουσίαις ἢ λοιδοροῦντας ἢ λοιδορουμένους. Alexis bei Athenaios X, 421 A: φιλεῖ γὰρ ἡ μακρὰ συνουσία καὶ τὰ συμπόσια τὰ πολλὰ καὶ καθ' ἡμέραν ποιεῖν σκῶψιν, ἡ σκῶψις δὲ λυπεῖ πλεῖον ἢ τέρπει πολύ· τοῦ κακῶς λέγειν γὰρ ἀρχὴ γίνετ'· ἂν δ' εἴπῃς ἅπαξ, εὐθὺς ἀντήκουσας· ἤδη λοιδορεῖσθαι λείπεται κτλ. Vgl. Plut. Lyk. 12. Die von Hieronymos dem Rhodier (Athen. XIII, 604 D) dem Sophokles zugeschriebenen Verse, die „Neckereien" des Melanthios auf Kimon (fr. 3 B), der Spott des Theokrit von Chios über Aristoteles, das fingierte Grabepigramm auf Timokreon von Rhodos

in der neugefundenen Rede gegen Philippides bewahrt hat, Col. II, 33 ed. Kenyon: ἔπειθ' ὅτι ἐν νόμῳ γράψας ὁ δῆμος ἀπεῖπεν μήτε λέγειν ἐξεῖναι ⟨μηδενὶ⟩ κακῶς Ἁρμόδιον καὶ Ἀριστογείτονα μήτ' ᾆσαι ἐπὶ τὰ κακίονα. ἦ καὶ δεινόν ἐστιν, εἰ τοὺς μὲν σοὺς προγόνους ὁ δῆμος οὐδὲ μεθυσθέντι ᾤετο δεῖν ἐξεῖναι κακῶς εἰπεῖν, σὺ δὲ νήφων τὸν δῆμον κακῶς λέγεις. Dies Gesetz hat also vor 422 schon bestanden, [1] und die Strafen, welche es androhte, lehrt Aristophanes. Ein derartiges Verbot des ᾄδειν ἐπὶ τὰ κακίονα setzt voraus, dass dies Skolion zwar regelmässig gesungen wurde, der Erfindungskraft des einzelnen aber dabei Spielraum blieb, und begünstigt wenigstens die Annahme, dass dasselbe von Verschiedenen gesungen werden und bei dem „Aufnehmen" ein Verdrehen des ursprünglichen Sinnes stattfinden konnte. Die Schilderung des Aristophanes giebt ein Beispiel dessen, was das Gesetz verbot. Eine weitere Bestätigung giebt uns ein bei Athenaios I, 23 E angeführtes Fragment des Theopomp (64 K) κατακείμενοι μαλακώτατ' ἐπὶ τρικλινίῳ Τελαμῶνος οἰμώζοντες ἀλλήλοις μέλη. Selbst wenn wir das Aias- und Telamon-Lied unter den Τελαμῶνος μέλη verstehen wollen, ist die nächstliegende Deutung, dass die einzelnen Zeilen im Wechselgesang vorgetragen wurden; dieselbe Deutung ist die nächstliegende bei Platos Worten, Gorgias 451 E: οἶμαι γὰρ σε ἀκηκοέναι ἐν τοῖς συμποσίοις ᾀδόντων ἀνθρώπων τοῦτο τὸ σκόλιον, ἐν ᾧ καταριθμοῦνται

(Simonid. fr. 169 B) geben uns von der dichterischen Ausbildung dieser Art der Gelageunterhaltung eine Vorstellung. Das „Epigramm" des Sophokles erinnert an die „Neckereien" der Hirten in Theokrits fünftem Idyll. Solche Necklieder erwähnt als alte Sitte der Jünglinge beim Gelage allerdings noch in massvoller Form (ὅτ' ἕατος ὕβρις ἀπείη) Apollonios von Rhodos I, 457 ff. vielleicht mit direkter Benutzung des Hermes-Hymnos. Es ist interessant, dass auch in dieser Schilderung das Lied des συνετώτατος folgt, als ob die Schilderung aus Dikaiarch entnommen wäre.

[1] Wahrscheinlich ist es freilich sehr viel älter. Demosthenes περὶ παραπρεσβείας 280 erwähnt ein Gesetz, welches die religiöse Stellung der beiden Heroen festsetzt und eben darum sehr alt sein muss: οὓς (Ἁρμόδιον καὶ Ἀριστογείτονα) νόμῳ διὰ τὰς εὐεργεσίας, ἃς ὑπῆρξαν εἰς ὑμᾶς, ἐν ἅπασι τοῖς ἱεροῖς ἐπὶ ταῖς θυσίαις σπονδῶν καὶ κρατήρων κοινωνοὺς πεποίησθε καὶ ᾄδετε καὶ τιμᾶτε ἐξ ἴσου τοῖς ἥρωσι καὶ τοῖς θεοῖς. Mit diesem Gesetz mag das von Hypereides erwähnte μὴ ᾆσαι ἐπὶ τὰ κακίονα zusammenhängen.

ᾄδοντες, ὅτι ὑγιαίνειν μὲν ἄριστόν ἐστι κτλ. Mehrere Gäste singen jedesmal dies Lied.

Ob es dem allgemeinen Brauch entspricht, dass Kleon nun noch antwortet und Philokleon in einem neuen Liede repliciert, muss dahingestellt bleiben, gewiss wird ein Anlass dazu nicht oft vorgelegen haben.

Philokleon versteht auch die Drohung Kleons so, als ob dieser damit den Angriff auf seine Person erwidere, und wirft ihm daher in „einem anderen Skolion" Streben nach der Tyrannis vor. Der Scholiast belehrt uns, dass die zwei Verse aus den Skolien des Alkaios stammen; sicher bildeten sie bei ihm kein vollständiges Lied. Gleichberechtigt mit jenen kurzen „attischen" Skolien waren also auch Bruchstücke bekannter grösserer Lieder, und auch hierfür bietet uns Aristophanes selbst einen weiteren Beweis im Fr. 223 (aus den Daitaleis, d. h. aus der Schilderung der παράσιτοι des Herakles und ihres Gelages) ᾆσον δή μοι σκόλιόν τι λαβὼν Ἀλκαίου κἀνακρέοντος.[1] Kleon hat hierauf nichts zu erwidern und damit geht die Pflicht zu singen, oder besser, ein Thema anzugeben, an seinen rechten Nachbar Theoros über, welcher nun das Admet-Lied anstimmt. Es bestätigt sich damit die Darstellung des Dikaiarch und Aristoxenos; die bei Plutarch dritte Angabe ist, wenigstens für die ältere Zeit, widerlegt. Theoros mahnt den Kleon, da sich nun der alte Demokrat von ihm lossagt: habe die Guten, die Adligen lieb, halte dich zu ihnen; den Vers τῶν δειλῶν δ' ἀπέχου γνοὺς ὅτι δειλοῖς ὀλίγα χάρις singt er nicht mit, nicht seiner Grobheit wegen, denn jeder ergänzt ihn dazu, sondern, um ihn eben dem ἄχαρις δειλός zur Ergänzung zu übertragen; hätte er es selbst zu Ende gesungen, so konnte das „Aufnehmen" nicht von Philokleon, sondern wie das Folgende zeigt, nur von dem rechten Nachbar des Theoros, nämlich Aischines, geschehen; die politische Bedeutung der Wörter ἀγαθός und δειλός bei den Gelageliedern der Zeit kann durch kein klareres Beispiel gezeigt werden. Aber Philokleon setzt das angefangene Lied nicht fort, sondern antwortet auf den Angriff

---

[1] Für Anakreon schliesst dies Engelbrecht richtig aus Kritias bei Athenaios XIII, 600 D οὔ ποτέ σου φιλότης γηράσεται οὐδὲ θανεῖται ἔστ' ἂν ὕδωρ οἴνῳ συμμιγνύμενον κυλίκεσσι παῖς διαπομπεύῃ προπόσεις ἐπιδέξια νωμῶν.

mit einem Bruchstück eines anderen Liedes in neuem Versmass — auch dies muss also erlaubt sein — und dringt auf eine klare Entscheidung. Die folgenden Worte μετὰ τοῦτον Αἰσχίνης ὁ Σέλλου δέξεται zeigen klar, dass für die Reihenfolge der Lieder die Erwiderungen des „aufnehmenden" Philokleon gleichgiltig sind; auf Theoros folgt Aischines; auch von dieser regelmässigen Abfolge wird δέχεσθαι gesagt (auch der ausser der Reihe Aufnehmende durfte ja ein neues Lied anfangen). Der Zusatz ἀνὴρ σοφὸς καὶ μουσικός lässt erwarten, dass das folgende Lied moderner ist und für den Sänger schwieriger, als die früheren. Auch Aischines singt nur einen Teil χρήματα καὶ βίον Κλειταγόρᾳ τε κἀμοὶ μετὰ Θετταλῶν; die Fortsetzung enthielt offenbar gerade das Gegenteil von dem, was der wieder zum „Aufnehmen" herausgeforderte Philokleon singt. Da das Admetos-Lied vorher wörtlich angeführt ist, dürfen wir annehmen, dass uns hier der Anfang desselben Liedes erhalten ist, dessen Aristophanes in der Lysistrata 1237 und in den Danaides fr. 261 und Kratinos fr. 236 gedenken. Es ist das einzige uns verlorene Skolion, welches öfters erwähnt wird. Die Faselei der Grammatiker seit Artemidor (vgl. Schol. zu Aristophanes Wespen 1239) von einer Dichterin Kleitagora, welche nach Bedürfnis Thessalierin (Scholion zu Wespen 1243) oder Lakonin (Schol. zu Lysistrata 1237 = Suidas Κλειταγόρα) oder Lesbierin (Hesych Κλειταγόρα) genannt wird, dankt ihre Entstehung wol nur Wendungen wie Κλειταγόρας (μέλος) ᾄδειν und ist für uns wertlos.

Dass im wirklichen Leben nicht immer wieder derselbe Gast zum „Aufnehmen" aufgefordert sein wird, ist selbstverständlich. Auch werden wir ergänzend annehmen dürfen, dass, da das „Aufnehmen" desselben Liedes notwendig an die Aufforderung des zuerst Singenden geknüpft ist, dieser nach Laune wol auch die ganze Strophe zu Ende singen und den Myrthenzweig der eigentlichen Reihenfolge nach weitergeben konnte. Alle übrigen Züge in der Darstellung des Aristophanes stimmen zu den Besten unserer Grammatikerzeugnisse. Eine erwünschte Bestätigung erhält nun auch das Scholion zu Wespen 1222: ἀρχαῖον ἔθος ἑστιωμένους ᾄδειν ἀκολούθως τῷ πρώτῳ, εἰ παύσαιτο, τῆς ᾠδῆς τὰ ἑξῆς. καὶ γὰρ ὁ ἐξ ἀρχῆς δάφνην ἢ μυρρίνην κατέχων ᾖδε . . . . ἄχρις οὗ ἤθελε, καὶ μετὰ ταῦτα ᾧ ἐβούλετο ἐδίδου, οὐχ ὡς ἡ τάξις ἀπῄτει. καὶ ἔλεγεν ὁ δεξάμενος παρὰ τοῦ πρώτου τὰ ἑξῆς κἀκεῖνος ἐπεδίδου πάλιν ᾧ ἐβούλετο.

Während die uns vorliegenden Auszüge aus Dikaiarch und Aristoxenos nur von der Reihenfolge der die Themata angebenden Gäste sprechen,[1] ist hier nur von der Fortsetzung eines einzelnen Liedes die Rede. Natürlich hätte nichts gehindert, wenn Philokleon von dem angefangenen Harmodios - Liede nur einen Teil ergänzt und die weitere Fortsetzung einem dritten Gast übertragen hätte. Aber ein Missverständnis ist dem Scholiasten doch begegnet. An Stelle der Skolien nennt er Σιμωνίδου ἢ Στησιχόρου μέλη. Die Erklärung dafür giebt uns Aristophanes selbst in der oben erwähnten zweiten Stelle, in den Wolken 1354 ff.:

ΣΤ. . . . ἐπειδὴ γὰρ εἱστιάμεθ', ὥσπερ ἴστε,
πρῶτον μὲν αὐτὸν τὴν λύραν λαβόντ' ἐγὼ 'κέλευσα
ᾆσαι Σιμωνίδου μέλος, τὸν Κριόν, ὡς ἐπέχθη.
ὁ δ' εὐθέως ἀρχαῖον εἶν' ἔφασκε τὸ κιθαρίζειν
ᾄδειν τε πίνονθ', ὡσπερεὶ κάχρυς γυναῖχ' ἀλοῦσαν. —
Φ. οὐ γὰρ τότ' εὐθὺς χρῆν σ' ἄρα τύπτεσθαί τε καὶ πατεῖσθαι
ᾄδειν κελεύονθ' ὡσπερεὶ τέττιγας ἑστιᾶντα;
ΣΤ. Τοιαῦτα μέντοι καὶ τότ' ἔλεγεν ἔνδον οἷάπερ νῦν
καὶ τὸν Σιμωνίδην ἔφασκ' εἶναι κακὸν ποιητήν.
κἀγὼ μόλις μέν, ἀλλ' ὅμως ἠνεσχόμην τὸ πρῶτον·
ἔπειτα δ' ἐκέλευσ' αὐτὸν ἀλλὰ μυρρίνην λαβόντα
τῶν Αἰσχύλου λέξαι τί μοι· κᾆθ' οὗτος εὐθὺς εἶπεν
ψόφου πλέων, ἀξύστατον, στόμφακα, κρημνοποιόν.
κἀνταῦθα πῶς οἴεσθέ μου τὴν καρδίαν ὀρεχθεῖν;
[ἐγὼ γὰρ Αἰσχύλον νομίζω πρῶτον ἐν ποιηταῖς].[2]
ὅμως δὲ τὸν θυμὸν δακὼν ἔφην, σὺ δ' ἀλλὰ τούτων
λέξον τι τᾶν νεωτέρων, ἅττ' ἐστὶ τὰ σοφὰ ταῦτα.
ὁ δ' εὐθὺς ᾖσ' Εὐριπίδου ῥῆσίν τιν', ὡς ἐκίνει
ἀδελφός, ὠλεξίκακε, τὴν ὁμομητρίαν ἀδελφήν.
κἀγὼ οὐκέτ' ἐξηνεσχόμην, ἀλλ' εὐθὺς ἐξαράττω
πολλοῖς κακοῖς καἰσχροῖσι· κᾆτ' ἐντεῦθεν, οἷον εἰκός,
ἔπος πρὸς ἔπος ἠρειδόμεσθα.

---

[1] Nur in Artemons Dikaiarch-Excerpt könnte die umbestimmte und doch so wortreiche Angabe ⟨καθ' ἕνα⟩ γε κατά τινα περίοδον ἐξ ὑποδοχῆς auf etwas ähnliches weisen, doch sind die Worte zu unklar, um daraus auf Dikaiarchs Darstellung sichere Schlüsse zu machen.

[2] Cf. Aristophanes fr. 153 ἐν τοῖσι συνδείπνοις ἐπαινῶν Αἰσχύλον.

Neben Simonides nennt Eupolis an einer ähnlichen Stelle bei
Athenaios XIV, 638 E Stesichoros und Alkman (fr. 139 K.) ὁ τοὺς
Εἵλωτας δὲ πεποιηκώς φησιν

τὰ Στησιχόρου τε καὶ Ἀλκμᾶνος Σιμωνίδου τε
ἀρχαῖον ἀείδειν· ὁ δὲ Γνήσιππος ἔστ' ἀκούειν
ὃς νυκτερίν' εὗρε μοιχοῖς ἀείσματ' ἐκκαλεῖσθαι
γυναῖκας ἔχοντας ἰαμβύκην τε καὶ τρίγωνον.

Ähnliches berichtet aus Eupolis derselbe Athenaios I, 3 A: ὡς τὰ
Πινδάρου ⟨ὁ⟩ κωμῳδιοποιὸς Εὔπολίς φησιν ἤδη κατασεσιγα-
σμένα ὑπὸ τῆς τῶν πολλῶν ἀφιλοκαλίας (fr. 366 K.) wahrscheinlich, wie Meineke vermutet, aus demselben Zusammenhang.
Doch erwähnt noch Eupolis einen Vortrag aus Stesichoros fr. 361 K.:

δεξάμενος δὲ Σωκράτης τὴν ἐπιδέξι' ⟨ᾄδων⟩ [1]
Στησιχόρου πρὸς τὴν λύραν, οἰνοχόην ἔκλεψεν.

[1] τὴν ἐπίδειξιν haben die Handschriften, worin sicher τὴν
ἐπιδέξια (κύλικα) liegen muss. Vgl. Eupolis fr. 325: ὅταν δὲ δὴ
πίνωσι τὴν ἐπιδέξια. Die Hessychglosse τὴν ἐπιδεξιάν· περιέφερον
ἐν τοῖς συμποσίοις ἐπὶ δεξιὰ τὸ πάλαι κιθάραν εἶτα μυρρίνην πρὸς ἣν
ᾖδον ist wol auf Eupolis fr. 361 selbst zu beziehen und im Lemma
τὴν ἐπιδέξια zu schreiben. Eine Erklärung dazu giebt uns Dionysios
Chalkus, welcher seine Dichtung den Freund ansprechend beginnt:

. . . . . δέχου τήνδε προπινομένην
τὴν ἀπ' ἐμοῦ ποίησιν· ἐγὼ δ' ἐπιδέξια πέμπω
σοὶ πρώτῳ Χαρίτων ἐγκεράσας χάριτας·
καὶ σὺ λαβὼν τόδε δῶρον ἀοιδὰς ἀντιπρόπιθι,
συμπόσιον κοσμῶν καὶ τὸ σὸν εὖ θέμενος.

Das kühne Bild ist nur, wenn wirklich ein Becher herumgegeben
wird, verständlich. Auch im Gastmahl des Plato geht mit der
Pflicht zu reden der Becher nach rechts herum. Wenn Dionysios
dabei selbst die χάριτας einmischt, Sokrates bei dieser Gelegenheit
die οἰνοχόη stiehlt, so darf man annehmen, dass hierbei dieselbe
Sitte bestand, welche Kritias (Fragm. hist. gr. II, 68) beschreibt
ὁ παῖς ὁ οἰνοχόος ὅσον ἂν ἀποπίῃ ⟨ἐπιχεῖ⟩, nur dass vielleicht der
singende Gast selbst dies Zufüllen zu besorgen hatte. Die Sitte
erwähnt auch Pollux VI, 108: καὶ παροίνια δὲ ᾄσματα ἦν καὶ σκόλια
καὶ μυρρίνην ἐπὶ δεξιὰ περιφέροντές τινες καὶ ἔκπωμα καὶ λύραν ᾄδειν
ἠξίουν. Den Namen des Bechers nennt Tryphon bei Athenaios
XI, 503 E: Ὠιδός· οὕτως ἐκαλεῖτο τὸ ποτήριον, φησὶ Τρύφων ἐν τοῖς
Ὀνοματικοῖς, τὸ ἐπὶ τῷ σκολίῳ διδόμενον nach einem Antiphanes-
fragment, auf welches ich später zurückkommen werde. Bei den
Rätselspielen wanderte nach Klearch (Athen. X, 448 E) ebenfalls
der Becher. Ganz musste ihn leeren, wer das Rätsel verfehlte;

Die Stellen ergänzen sich gegenseitig. Es war gegen Anfang des peloponnesischen Krieges schon „veraltet", die Lieder der grossen Lyriker des Stesichoros, Simonides, Alkman, Pindar bei den Gelagen zur Lyra zu singen; vereinzelt geschah es noch immer und muss vorher in allgemeiner Übung gewesen sein. Auch beschränkten sich diese Vorträge durchaus nicht auf „Skolien". Das Lied des Simonides auf den Gegner des Krios (Bergk fr. 13) ist ein Siegeslied und wird von dem Scholiasten so genannt; die beiden ersten Eupolisstellen reden von der gesammten Poesie der betreffenden Dichter.[1] Die Verbreitung der Lieder des Pindar, Simonides, Stesichoros, Alkman sagen wir kurz, der chorischen Lyrik, geschah bis über die Mitte des fünften Jahrhunderts durch Einzelvorträge beim Gelage; noch mehr: ihre Kenntnis war so allgemein verbreitet, dass jeder feiner Gebildete eine grössere Anzahl derselben beim Gelage zur Lyra vortragen konnte. Die Schule hat auch hier nur für das Leben vorbereitet.[2]

Die Zeugnisse dafür sind allbekannt, aber die Wichtigkeit der Sache rechtfertigt es wol, wenn ich einige noch einmal anführe. Cicero *Tuscul.* I, 4 *summam eruditionem Graeci sitam censebant in nervorum vocumque cantibus; igitur et Epaminondas, princeps meo iudicio Graeciae, fidibus praeclare cecinisse dicitur Themistoclesque aliquot ante annos c u m i n e p u l i s r e c u s a r e t*

Einwirkungen grade des oben geschilderten Gelagebrauches auf die von Klearch unter dem Namen γρῖφος zusammengefassten Übungen des Scharfsinns und der Literaturkenntnis werden wir auch später begegnen.

[1]) Wir verstehen jetzt, wie ein Jungfrauenlied des Pindar das attische Skolion auf Pan, ein Siegeslied desselben das attische Aiaslied beeinflussen konnte, und können diese Skolien als Beweis für die aus der Eupolis-Stelle gemachten Schlüsse verwenden.

[2]) Eben darum vermag ich nicht zu glauben, dass die Schul-hefte, welche der Knabe sich für den Unterricht zusammenschreiben musste, die einzige Quelle waren, aus welcher der Mann später seine Kenntnis der Lieder nahm. Wurden in der ersten Hälfte des fünften Jahrhunderts die dorischen Chorlieder in Athen, und wahrscheinlich nicht nur hier, bei den Gelagen nicht von berufs-mässigen Sängern, sondern den einzelnen Gästen gesungen, so muss es auch von ihnen sehr bald schon Buchausgaben gegeben haben. Das allgemeine Bedürfnis zwang hierzu ebenso, wie bei der Tragödie, aus welcher ja auch Stücke vorgetragen wurden.

l y r a m est habitus indoctior. Vgl. Plutarch Themistokles Cap. 2: ὕστερον ἐν ταῖς ἐλευθερίοις καὶ ἀστείαις λεγομέναις διατριβαῖς ὑπὸ τῶν π ε π α ι δ ε ῦ σ θ α ι δοκούντων χλευαζόμενος κτλ. Die Quelle ist der kurz darauf genannte Stesimbrotos, aus welchem uns Plutarch Kimon Cap. 4 eine ähnliche Angabe erhalten hat: Στησίμβροτος δ᾽ ὁ Θάσιος περὶ τὸν αὐτὸν ὁμοῦ τι χρόνον τῷ Κίμωνι γεγονώς φησιν αὐτὸν οὔτε μουσικὴν οὔτ᾽ ἄλλο τι μάθημα τῶν ἐλευθερίων καὶ τοῖς Ἕλλησιν ἐπιχωριαζόντων ἐκδιδαχθῆναι. Was ursprünglich in ganz Griechenland üblich war, hat sich in dem Bergland Arkadien bis in des Polybios Zeit erhalten, welcher uns IV, 20 berichtet, der Unterricht in der μουσική daure bei den Arkadern bis zum dreissigsten Jahre und umfasse zunächst die Hymnen und Paiane auf die heimischen Götter, später die Chorlieder des Philoxenos und Timokreon. ὁμοίως γε μὴν καὶ παρ᾽ ὅλον τὸν βίον τὰς ἀγωγὰς τὰς ἐν ταῖς συνουσίαις οὐχ οὕτω ποιοῦνται διὰ τῶν ἐπεισάκτων ἀκροαμάτων ὡς δι᾽ αὐτῶν ἀνὰ μέρος ᾄδειν ἀλλήλοις προστάττοντες ..... τὴν .. ᾠδὴν οὔτ᾽ ἀρνηθῆναι δύνανται διὰ τὸ κατ᾽ ἀνάγκην πάντας μανθάνειν, οὔθ᾽ ὁμολογοῦντες ἀποτρίβεσθαι διὰ τὸ τῶν αἰσχρῶν παρ᾽ αὐτοῖς νομίζεσθαι τοῦτο.

Die Sitte spiegelt sich bekanntlich wieder in dem Sprichwort: Οὐδὲ τρία τῶν Στησιχόρου γιγνώσκεις (Crusius Comm. Ribb. 1): Hesych: Τρία Στησιχόρου· ἔθος ἦν παρὰ πότον ᾄδεσθαι ὡς καὶ τὰ Ὁμήρου. Zenobios I, 23 (bei Miller): Οὐδὲ τρία τῶν Στησιχόρου γινώσκεις· ἐπὶ τῶν ἀπαιδεύτων καὶ ἀμούσων εἴρηται ἡ παροιμία, ἐπειδὴ δύο ἀντιστρόφους ᾖδον καὶ μίαν ἐπῳδόν· ὅθεν ὀνειδίζοντες ἀπαιδευσίαν εἰώθασι λέγειν „οὐδὲ τρία τῶν Στησιχόρου γινώσκεις·“ εὐδόκιμος γὰρ ἦν οὗτος ὁ ποιητής.

Zur Lyra werden diese Lieder gesungen, wie die Natur der Sache und das ausdrückliche Zeugnis des Aristophanes und Eupolis verbürgen; natürlich sollten sie einst von jedem Gast gesungen werden, aber schon zu der Zeit des Themistokles und Kimon mussten einzelne „Nichtgebildete“ ablehnen und es sang nur ein Teil der Gäste. Vergleichen wir nun, was Dikaiarch über den dritten Teil der Gelage-Unterhaltung sagt. Es wurden Lieder zur Lyra gesungen, nicht mehr von allen, sondern nur von den συνετώτατοι oder, wie des Didymos Dikaiarch-Excerpt sagt, von den πεπαιδευμένοι, wo sie auch immer ihren Platz hatten. Wenn Artemons Dikaiarch-Auszug zufügt, dass diejenigen Lieder bevorzugt wurden, welche eine Gnome und für das Leben nützliche Mahnung enthielten, so steht auch das nur im Einklang mit den Liedern Pindars oder den Fragmenten des Simonides. Der Schluss ist nicht abzuweisen, dass Dikaiarch von dieser Art der Unterhaltung beim Gelage spricht und ihr den Namen σκόλιον giebt. Dass auch hierbei nach des Eupolis Zeugnis die Aufforderung zu singen nach rechts herumging, widerspricht der Darstellung des Dikaiarch nicht, da er nur angiebt, dass nicht jeder Gast der Reihe nach sang.

Als sich in Athen das Drama entwickelte, wandte sich das Interesse der Singenden ihm notwendig mehr zu als der fremdartigen, z. T. durch ihre Stoffe ferner liegenden dorischen Lyrik. Wir dürfen annehmen, dass es zunächst die lyrischen Partien der Komödie und Tragödie waren, welche herangezogen wurden. So sagt Aristophanes bekanntlich zum Beweis für die Gunst, deren sich Kratinos einst erfreute (Ritter 529):

ᾆσαι δ' οὐκ ἦν ἐν ξυμποσίῳ πλήν „Δωροῖ συκοπέδιλε“
καὶ „τέκτονες εὐπαλάμων ὕμνων“· οὕτως ἤνθησεν ἐκεῖνος.

und Eupolis klagt, dass die Lieder der dorischen grossen Dichter verdrängt seien von den buhlerischen Liedern des Tragikers Gnesippos. Auch Meletos, dessen σκόλια in den Chorliedern nachgeahmt zu haben Aristophanes dem Euripides vorwirft (Frösche 1302), ist Tragödiendichter.[1] Von dem Drama unabhängige lyrische Lieder werden bald nicht gefehlt haben; Nachahmer der lasciven Weisen des Kolophoniers Polymnestos erwähnen Aristophanes Ritter 1287 und Kratinos fr. 305. Das erotische Element drängt sich dabei, wie alle diese Anspielungen zeigen, mehr und mehr vor.

Aber auch ausser den zur Lyra gesungenen Chorliedern wurden Stücke aus den Dramen beim Gelage vorgetragen. Dem Pheidippides, welcher ein Lied des Simonides zur Lyra zu singen für altväterisch und beschwerlich erklärt hat, befiehlt der Vater: sage etwas von Aischylos her zum Myrthenzweig. Der Sohn verweigert auch dies; erst auf die Aufforderung λέξον τι τῶν νεωτέρων, ἅττ' ἐστὶ τὰ σοφὰ ταῦτα „singt“ er eine ῥῆσις aus

---

[1] Möglich natürlich, dass Meletos neben den Tragödien auch besondere σκόλια dichtete. Immer müssen sie dann nach Aristophanes zu den kunstvolleren, zur Lyra gesungenen Liedern gehört haben. Ihn erwähnt noch Epikrates fr. 4 K: τἀρωτίκ' ἐκμεμάθηκα ταῦτα παντελῶς Σαπφοῦς Μελήτου Κλεομένους Λαμυνθίου.

den Aiolos des Euripides, welche den Vater in seiner Hoffnung, eine „für's Leben nützliche Ermahnung" zu hören, allerdings arg enttäuscht. Dass es sich hier um einen kunstloseren Vortrag, welcher der einfachen Recitation nahe stand, handelt, zeigt die Stelle selbst nicht minder wie Ephippos fr. 16 K.:

Διονυσίου δὲ δράματ' ἐκμαϑεῖν δέοι
καὶ Δημοφῶντος ἅττ' ἐποίησεν εἰς Κότυν
ῥήσεις τε κατὰ δεῖπνον Θεόδωρός μοι λέγοι.[1]

Dass Jemand sich, um sie für's Gelage auswendig zu lernen, eine Rede des Tragikers Morsimos ausschrieb (aus einem Buchexemplar), erwähnt als schlimmstes Verbrechen Aristophanes in den Fröschen 151: ἢ Μορσίμου τις ῥῆσιν ἐξεγράψατο. Dass diese ῥήσεις aus Tragödien zur Zeit des Demosthenes schon für langweilig und quälend galten, oder wenigstens, dass die ῥήσεις der Komödie beliebter waren, zeigt Ephippos, dessen Spott sich nicht gegen den hochberühmten Schauspieler, sondern gegen die Sache selbst richten muss.

Ausgestorben freilich sind sie darum noch nicht; noch Theophrast (Charact. 27) erwähnt in der Schilderung des ὀψιμαϑής die Sitte als allgemein üblich. Nicht mehr, als dass jeder besser Gebildete derartige ῥήσεις schon in der Jugend lernte, vermag ich der Schilderung zu entnehmen: ὁ δὲ ὀψιμαϑὴς τοιοῦτός τις οἷος ῥήσεις μανϑάνειν ἑξήκοντα ἔτη γεγονὼς καὶ ταύτας λέγων παρὰ πότον ἐπιλανϑάνεσϑαι. Es kann daher nicht befremden, dass wir aus dem Anfang des dritten Jahrhunderts noch eine solche ῥῆσις, allerdings zum Buch ausgebildet und deshalb viel verkannt, besitzen, noch weniger, dass das dem Gelage eigentümliche γρῖφος-Spiel, welches wohl aus dieser Verwendung der ῥήσεις zunächst in die jüngere Tragödie (wie bei Ion und Dionys auch in die Elegie) eingedrungen ist, in ihr zum Hauptzweck geworden ist. Eingekleidet ist sie in die Form des Botenberichts — sicher den Lieblingsstoff dieser ῥήσεις — einem Herrscher, einem δεσπότης, giebt sie Antwort auf seine Frage und wünscht demselben am Schluss das Fortbestehen der Macht seines Hauses. Denn Alexandriner kennt und versteht nicht, wer dies im Anfang und Schluss der Alexandra Lykophrons nicht heraushört. Den Titel

---

[1] Nach dem Wort selbst und der Erwähnung bei Aristoteles Poetik Kap. 18 also Dialogpartien, Iamben.

„König" trägt er nicht; zu leicht hätte sich sonst dem Boten eine Glosse für die Anrede „o König" geboten, und was für die Diadochenzeit an jenem Worte haftet, ist bekannt. Nicht in Alexandrien, sondern innerhalb der makedonischen Machtgrenze haben wir ihn zu suchen, das hat Wilamowitz zwingend erwiesen. Das auffällige Schweigen über Kassanders Gräueltbaten trotz der gehässigen Erwähnung des Polyperchon kann nicht grundlos sein. Ein kleiner Gewaltherrscher aus Altgriechenland war es nicht, das darf man nach Ton und Inhalt des Gedichtes auch hinzufügen. [1]

---

[1]) Weiter führt allerdings nur kecke Hypothese, doch sei sie versucht. Finden Andere neue Argumente, so mag auch aus solch unsichern Vermutungen ein wissenschaftliches Erkennen erwachsen. Nicht zufällig scheint es, dass wir gerade am makedonischen Hofe damals eine besondere Vorliebe für derartige Rätselspiele nach weisen können. Von dem Bruder des Königs, Alexarchos, dem Sohn des Antipater, erzählt bekanntlich Herakleides (bei Athenaios III, 98 E), er habe sich eine eigene Art Sprache gebildet und z. B. ὀρθροβόας den Hahn, βροτοκέρτης den Scherer, ἀργυρίδα die Drachme, ἡμεροτροφίς die χοῖνιξ und ἀπύτης den Herold genannt. Ein Beleg dafür sei sein nachfolgender Brief an die Archonten der Stadt Kassandreia, welchen Athenaios selbst in seinem Ärger für unverständlich erklärt. Gelingt es denselben, als historisches Dokument zu erklären, so versteht sich von selbst, dass er für den Geschichtsschreiber die Hauptsache war und die anderen γρῖφοι nur ἐν παρέργῳ angeführt waren, um den von Wilamowitz glücklich hergestellten γρῖφος Ὁμαιμέων πρόμοις zu erklären. Dann ist für den Historiker natürlich herzustellen τοιαῦτα τότε ἐπέστειλε. Athenaios, der den Anlass schon in seiner Quelle nicht mehr fand, setzt ποτέ ein (I, 226, 27 der Ausgabe Kaibels). Betrachten wir den Brief, wie er, abgesehen von der glänzenden Emendation des zweiten Wortes, der neueste Herausgeber nach der Handschrift bietet: Ἀλέξαρχος Ὁμαιμέων (Cod. ὁ μάρμων) πρόμοις γαθεῖν. τοὺς ἡλιοκρεῖς οἰῶν οἶδα λιπουσαθεωτων ἔργων κρατιτορας μορσίμῳ τύχᾳ κεκυρωμένας θεουπογαις χυτλώσαντες αὐτοὺς καὶ φύλακας ὀριγενεῖς. Der Mittelsatz: die durch das Todesgeschick Festgemachten und das Wort χυτλώσαντες beweisen zur Genüge, dass wir von Tötung irgendwelcher Gegner hören; indem ich den Namen zunächst unberücksichtigt lasse, schreibe ich: τοὺς ἡλιοκρεῖς οἰωνοὶ δάπτουσιν (so E. Schwartz, ich hatte nur dem Sinn nach διαλέπουσιν oder διέπουσιν vermutet) ἀθεάτων ἔργων κρατήτορας μορσίμῳ τύχᾳ κεκυρωμένους θεοῦ παγαῖς χυτλώσαντες αὐτοὺς καὶ φύλακας ὀριγενεῖς: die ἡλιοκρεῖς zerfleischen jetzt die Vögel, ihre ἔργα sind unsichtbar, d. h. zerstört (sie sind jetzt Besitzer unsichtbarer ἔργα, man denke

Es ist nicht wunderbar, dass das für's Gelage gedichtete Werk gerade die für Gelage bestimmten späteren Dichtungen so gewaltig beeinflusste.

Länger erhielten sich die ῥήσεις der Komödie, für welche ich ein altes Zeugnis freilich nicht kenne.[1] Aber Plutarch

---

an das homerische ἔργα ἀνδρῶν), im Todesgeschick sind sie versiegelt. Dass von den Vögeln selbst gesagt wird „sie lassen sich die Leiber der Erschlagenen waschen durch des Gottes Quellen, d. h. durch den Thau", ist allerdings sehr kühn. Wer Anstoss nimmt, mag annehmen, dass mit den Worten θεοῦ παγαῖς ein neuer Satz beginnt, welchen Athenaios nicht vollständig herübergenommen hat. Doch scheint mir die Kühnheit des Bildes für den verschrobenen Stil des Ganzen nicht zu gross: die Geier als die einzigen Leichenbestatter haben für die Erschlagenen nur die eine Waschung, des Himmels Thau. Die φύλακες ὀρειγενεῖς sind natürlich die φρουροί einer Bergbevölkerung, welche in der unglücklichen Stadt lagen, vielleicht Aitoler. Für ἡλιοχρεῖς liegt es nahe, ἡλιοκαεῖς zu vermuten. Ob das freilich auf einen Ort wie Θέρμος gehen kann, wage ich nicht zu entscheiden; erinnert man sich des γρῖφος Θεόκριτος für Πάρις, so wäre vielleicht auch Ἰλιοκαεῖς für Ἰλιοκαῖσται möglich. Vielleicht finden Andere hier die Lösung. Für die Geschichte gewinnen wir nichts; für die Kulturgeschichte scheint mir das mit raffiniertem Pomp und doch so rohem Empfinden geschriebene Siegesbulletin nicht uninteressant. Von den Ausdrücken ist besonders zu beachten θεοῦ παγαῖς χυτλώσαντες. Dass das Quellwasser wie jedes Nass von Dichtern als δρόσος bezeichnet wird, ist ja allbekannt. Hier haben wir eine Umkehrung. Der δρόσος ist die von Gott, vom Himmel sprudelnde Quelle; der Ausdruck selbst erinnert an Lykophron V. 322: πρὶν ἐκ λοχείας γυῖα χυτλῶσαι δρόσῳ. Aber da bei Lykophron das Bild noch einfacher und den übrigen Dichterstellen entsprechender ist, glaube ich, dass nicht der Dichter auf das Bulletin anspielt, sondern umgekehrt Alexarchos seinen Vokabelschatz dem Lykophron entnimmt (vgl. πρόμος, δάπτω, κυρόω) und keck weiterbildet. Ein Verhältnis des Alexarchos zu Lykophron steht auf jeden Fall sicher; das wunderlichste Werk der Alexandrinerzeit findet in dem Geschmack des einen der Diadochenfürsten seine letzte Erklärung. Und eben dieser Alexarchos kann nunmehr auch sehr wol der Adressat des Gedichtes sein.

[1] Denn als sicheres Zeugnis darf Isokrates πρὸς Νικοκλέα 43 nicht gelten, so wahrscheinlich mir auch ist, dass der Vergleich (eine Auswahl der kunstvollen Gnomen der besten Dichter Hesiod, Theognis, Phokylides hören die meisten nicht so gern als die

(*quaest. sympos.* VII, 8, 3) genügt allein. Er erklärt zwar die ῥήσεις des Aristophanes und der anderen Vertreter der alten Komödie für die Gelage seiner Zeit nicht mehr für passend; der Ernst und Freimut der Parabasen sei zu gedrungen und zu herb-kräftig, der Dialog unfein und unflätig, die Beziehungen der Witze nicht mehr recht klar; dagegen sei die jüngere Komödie mit dem Gelage untrennbar verbunden, οὕτω γὰρ ἐγκέκραται τοῖς συμποσίοις, ὡς μᾶλλον ἂν οἴνου χωρὶς ἢ Μενάνδρου διακυβερνῆσαι τὸν πότον. Leicht für Jeden, auch den schon Berauschten, ergötzlich dem Nüchternen, biete sie γνωμολογίαι χρησταὶ καὶ ἀφελεῖς ὑπορρέουσαι, um sittlich läuternd zu wirken, und Heiterkeit und Scherz genug, um auch dem vom Wein erregten Hörer Vergnügen neben der Förderung zu bringen. Die köstliche Lobrede auf die weise Mischung von Lascivität und Moral in dem erotischen Teil, in welchem doch jede Verführung mit der Heirat ende, der liederliche Jüngling zum Schluss Reue zeige, die „gute Hetäre" ihren Vater oder einen ständigen Liebhaber finde — das Alles zeigt, wie ernst es noch zu Plutarchs Zeit die Besseren unter den Griechen damit nahmen, dass das Lied zum Gelage παραίνεσίν τινα καὶ γνώμην χρησίμην εἰς τὸν βίον enthalten müsse.

Aber es zeigt wohl noch etwas mehr: den Anlass für die ältesten Florilegien, wie solche für Euripides und Menander sehr frühzeitig entstanden sein müssen, vgl. Wilamowitz, Herakles I, 172. Der begüterte Literaturfreund mochte das Drama - Buch ganz kaufen; die Mehrzahl der Gebildeten machte es gewiss, wie der von Aristophanes in den Fröschen 151 geschilderte „Frevler"

---

schlechteste Komödie) durch die Erfahrungen bei der Gelage-Unterhaltung hervorgerufen ist. Der sicilisch-italiolische μῖμος ist jedenfalls sehr früh zu derselben verwendet worden. Wo die Mimiamben des Herondas erklungen sind, zeigt uns Plutarch (*quaest. conv.* VII, 8, 4): οὐκοῦν, ἔφην ἐγώ, μῖμοί τινές εἰσιν, ὧν τοὺς μὲν ὑποθέσεις, τοὺς δὲ παίγνια καλοῦσιν· ἁρμόζειν δ' οὐδέτερον οἶμαι συμποσίῳ γένος, τὰς μὲν ὑποθέσεις διὰ τὰ μήκη τῶν δραμάτων καὶ τὸ δυσχορήγητον. τὰ δὲ παίγνια πολλῆς γέμοντα βωμολοχίας καὶ σπερμολογίας οὐδὲ τοῖς τὰ ὑποδήματα κομίζουσι παιδαρίοις, ἄν γε δὴ δεσποτῶν ᾖ σωφρονούντων, θεάσασθαι προσήκει. οἱ δὲ πολλοί, καὶ γυναικῶν συγκατακειμένων καὶ παίδων ἀνήβων, ἐπιδεικνύνται μιμήματα πραγμάτων καὶ λόγων, ἃ πάσης μέθης ταραχωδέστερον τὰς ψυχὰς διατίθησιν. Unsere Mimiamben gehören der zweiten, nicht dramatisch aufgeführten Gattung. Es sind παίγνια, Scherzvorträge beim Gelage.

($Mo\varrho\sigma\ell\mu ov$ $\dot\varrho\tilde\eta\sigma\iota v$ $\dot\varepsilon\xi\varepsilon\gamma\varrho\dot\alpha\psi\alpha\tau o$) und schrieb sich nur geeignete Bruchteile aus, oder erwarb ein $\dot\upsilon\pi\dot o\mu\nu\eta\mu\alpha$, welches eine Zusammenstellung derartiger $\dot\varrho\dot\eta\sigma\varepsilon\iota\varsigma$ bot, um die eigne Mühe zu sparen.[1]

Eine Einwirkung der Vortragsart der „attischen" Skolien auf den Vortrag dieser $\dot\varrho\dot\eta\sigma\varepsilon\iota\varsigma$ sehe ich in dem eigentümlichen Brauch, welchen Klearch bei Athenaios X, 457 E als in früheren Zeiten üblich erwähnt: $\tau\tilde\omega$ $\pi\varrho\dot\omega\tau\omega$ $\check\varepsilon\pi o\varsigma$ $\langle\tilde\eta\rangle$ $\iota\alpha\mu\beta\varepsilon\tilde\iota ov$ $\varepsilon\dot\iota\pi\dot o v\tau\iota$ $\tau\dot o$ $\dot\varepsilon\chi\dot o\mu\varepsilon-v ov$ $\check\varepsilon\kappa\alpha\sigma\tau o v$ $\lambda\dot\varepsilon\gamma\varepsilon\iota v$ $\kappa\alpha\dot\iota$ $\tau\tilde\omega$ $\kappa\varepsilon\varphi\dot\alpha\lambda\alpha\iota o v$ $\varepsilon\dot\iota\pi\dot o v\tau\iota$ $\dot\alpha v\tau\varepsilon\iota\pi\varepsilon\tilde\iota v$ $\tau\dot o$ $\dot\varepsilon\tau\dot\varepsilon\varrho o v$ $\pi o\iota\eta\tau o\tilde v$ $\tau\iota v o\varsigma$ $\langle\ddot o\tau\iota\rangle$ $\varepsilon\dot\iota\varsigma$ $\tau\dot\eta v$ $\alpha\dot\upsilon\tau\dot\eta v$ $\varepsilon\dot\iota\pi\varepsilon$ $\gamma v\dot\omega\mu\eta v\cdot$ $\check\varepsilon\tau\iota$ $\delta\dot\varepsilon$ $\lambda\dot\varepsilon\gamma\varepsilon\iota v$ $\check\varepsilon\kappa\alpha\sigma\tau o v$ $\iota\alpha\mu\beta\varepsilon\tilde\iota o v$.[2] Auch wenn jeder Gast eine $\dot\varrho\tilde\eta\sigma\iota\varsigma$ ganz vortrug, wie nach Aristophanes und Ephippos zweifellos in älterer Zeit üblich war, mag zwischen den einzelnen $\dot\varrho\dot\eta\sigma\varepsilon\iota\varsigma$ eine gewisse Gleichartigkeit geherrscht haben; darauf weisen die „attischen Skolien" und Theognis, und jedenfalls ist es das Natürlichste.

Das Eintreten der Recitation zum Myrthenzweig an Stelle des schwierigeren Liedes zur Lyra erklärt uns die bei Hesych in den Worten $\tau\dot\eta v$ $\dot\varepsilon\pi\iota\delta\varepsilon\xi\iota\dot\alpha v$ und $\mu\upsilon\varrho\varrho\dot\iota v\eta\varsigma$ $\kappa\lambda\dot\alpha\delta o\varsigma$ auftretende Behauptung, das Herumtragen der Lyra sei älter als das des Myrthenzweigs, und dieser vertrete nur die Stelle der Lyra; sie erklärt uns ferner, wie Didymos dazu kam, Dikaiarchs Erklärung dahin umzubilden, die nur zum Myrthenzweig Singenden hätten die Lieder zur Lyra schwierig genannt.

Eine weitere Fortbildung zeigt uns Platos Symposion. An Stelle der Dichterworte ist die kunstvolle Rede getreten, welche zunächst in Athen mehr und mehr das Interesse auf sich lenkt und auf mehr als einem Gebiet die Dichtung verdrängt. Freilich

---

[1]) Auch hierzu bot allerdings der Jugendunterricht die Parallelen. Die berühmte Plato-Stelle *de legibus* VII, 810 E ist ja allbekannt, nach welcher die meisten Lehrer $\tau o\dot\upsilon\varsigma$ $\dot o\varrho\vartheta\tilde\omega\varsigma$ $\pi\alpha\iota\delta\varepsilon v o\mu\dot\varepsilon v o\upsilon\varsigma$ $\tau\tilde\omega v$ $v\dot\varepsilon\omega v$ eine möglichst grosse Zahl der verschiedensten Dichtungen ganz auswendig lernen liessen, andere nur $\dot\varepsilon\kappa$ $\pi\dot\alpha v\tau\omega v$ $\kappa\varepsilon\varphi\dot\alpha\lambda\alpha\iota\alpha$. $\dot\varepsilon\kappa\lambda\dot\varepsilon\xi\alpha v\tau\varepsilon\varsigma$ $\kappa\alpha\dot\iota$ $\tau\iota v\alpha\varsigma$ $\ddot o\lambda\alpha\varsigma$ $\dot\varrho\dot\eta\sigma\varepsilon\iota\varsigma$. Wie lange sich dieser Brauch in den Schulen hielt, zeigen die Papyri. Eine $\dot\varrho\tilde\eta\sigma\iota\varsigma$ des Publilius trägt noch der biedere Trimalchio vor.

[2]) Die Frage darf wenigstens aufgeworfen werden, ob mit einer Wiederbelebung dieser Sitte die Sammlungen von $\mu o v\dot o\sigma\tau\iota\chi\alpha$ zusammenhängen.

den Paian singen auch Agathons Gäste noch, jedenfalls auch einige von den kurzen „attischen" Skolien; denn Platos Worte (176 A): *καὶ ᾄσαντας τὸν θεὸν καὶ τἆλλα τὰ νομιζόμενα* lassen eine andere Deutung kaum zu.[1] Der Brauch ist schon ohne rechte Bedeutung und Interesse, nur in Verbindung mit dem Paian noch erhalten. Danach wird die Flötenspielerin wieder fortgeschickt, *διὰ λόγων* soll die weitere Unterhaltung geschehen.[2] *Δοκεῖ γάρ μοι χρῆναι ἕκαστον ἡμῶν λόγον εἰπεῖν ἔπαινον Ἔρωτος ἐπὶ δεξιὰ ὡς ἂν δύνηται κάλλιστον.* Als später Alkibiades den Vorsitz übernommen hat und den grossen Becher herumschicken will, erhebt sich nochmals die Frage, ob Lied oder Rede mit ihm umkreisen soll: *πῶς οὖν ποιοῦμεν; οὕτως οὔτε τι λέγομεν ἐπὶ τῇ κύλικι οὔτ' ἐπᾴδομεν, ἀλλ' ἀτεχνῶς ὥσπερ οἱ διψῶντες πιόμεθα;*[3] es folgt der Vorschlag, dass jeder eine Lobrede auf seinen rechten Nachbar halten soll. Dass dies in Athen im Anfang des vierten Jahrhunderts nicht ungebräuchlich war, lehrt uns Anaxandrides fr. 1:

> *τίνα δὴ παρεσκευασμένοι*
> *πίνειν τρόπον ἐστὲ νυνί, λέγεθ'. — ὅντινα τρόπον*
> *ἡμεῖς; τοιοῦτον οἷον ἂν καὶ σοὶ δοκῇ. —*
> *βούλεσθε δήπου τὸν ἐπιδέξι', ὦ πάτερ,*
> *λέγειν ἐπὶ τῷ πίνοντι; — τὸν ἐπιδέξια*
> *λέγειν; Ἄπολλον, ὥσπερ ἐπὶ τεθνηκότι.*

ὁ *ἐπιδέξια* (*λόγος*) ist ähnlich abgekürzt wie ἡ *ἐπιδέξια* (*κύλιξ*), dass es sich um Lobreden handelt, zeigt der ablehnende Vergleich „wie für einen Gestorbenen". Wer getrunken hat, giebt den Becher weiter und hält, während der Nächste schon trinkt, die Lobrede auf ihn.

---

[1]) Das Harmodios-Lied ist ja ebenfalls gesetzlich angeordnet.

[2]) Dasselbe verlangt (freilich mit Rücksicht auf philosophische Unterhaltung) für den echten *πεπαιδευμένος* Sokrates im Protagoras 347 C.

[3]) Vgl. Kock, Adespota 1216 b: *διψῶντι γάρ τοι πάντα προσφέρων σοφὰ οὐκ ἂν πλέον τέρψειας ἢ 'μπιεῖν διδούς*, wo *σοφὰ* natürlich kunstvolle Lieder bedeutet. Man vergleiche für den früheren Brauch Anakreon fr. 63, 7: *Ἄγε δηὖτε μηκέτ' οὕτω πατάγῳ τε κἀλαλητῷ Σκυθικὴν πόσιν παρ' οἴνῳ μελετῶμεν ἀλλὰ καλοῖς ὑποπίνοντες ἐν ὕμνοις.*

Ein Familien - Symposion, bei welchem alle diese Reden den liiderlichen Erbsohn vermahnen und bessern sollen, beschreibt ergötzlich Menander fr. 923:

ἔργον ⟨ἐστὶν⟩ εἰς τρίκλινον συγγενείας ἐμπεσεῖν·
οὗ λαβὼν τὴν κύλικα πρῶτος ἄρχεται λόγου πατὴρ
καὶ παραινέσας πέπωκεν, εἶτα μήτηρ δευτέρα,
εἶτα τηθὶς παραλαλεῖ τις, εἶτα βαρύφωνος γέρων,
τηθίδος πατήρ, ἔπειτα γραῦς καλοῦσα φίλτατον·
ὃ δ' ἐπινεύει πᾶσι τούτοις.

Wie die Lieder der συνετοί, so scheinen um die Mitte des vierten Jahrhunderts auch die „attischen" Skolien veraltet und im Absterben. Dies sagt mit dürren Worten Antiphanes bei Athen. XI, 503 E (= fr. 85 K):

Τί οὖν ἐνέσται τοῖς θεοῖσιν; — οὐδὲ ἕν,
ἂν μὴ κεράσῃ τις. — ἴσχε, τὸν ᾠδὸν λάμβανε·
ἔπειτα μηδὲν τῶν ἀπηρχαιωμένων
τούτων περάνῃς, τὸν Τελαμῶνα, μηδὲ τὸν
Παιῶνα, μηδ' Ἁρμόδιον. [1]

Die „attischen" Skolien und der Paian — denn das muss das Lied auf den Παιών doch sein — sind schon ineinander übergegangen; kein Wunder, da jene Skolien, wie Aristophanes in den Wespen und Plato zeigen, ganz zu Anfang des Gelages und unmittelbar nach dem Paian gesungen werden. Dies beweist uns auch derselbe Antiphanes fr. 4, 1:

Ἁρμόδιος ἐπεκαλεῖτο, παιὰν ᾔδετο.

Neue Lieder scheinen zum Teil dafür eingetreten. Ein solches lehrt uns Ameipsias fr. 22 K. kennen:

αὔλει μοι μέλος
σὺ δ' ᾆδε πρὸς τήνδ', ἐκπίομαι δ' ἐγὼ τέως. —
αὔλει σύ, καὶ ⟨σὺ⟩ τὴν ἄμυστιν λάμβανε·
„οὐ χρὴ πόλλ' ἔχειν θνητὸν ἄνθρωπον,
ἀλλ' ἐρᾶν καὶ κατεσθίειν· σὺ δὲ κάρτα φείδῃ". [2]

---

1) Der Sinn kann nur sein: Ist nichts mehr in dem Becher für ein Lied auf die Götter? — Nichts, wenn nicht neu zugefüllt wird — Nimm den Becher und singe nun ein neues Lied, keins von jenen veralteten. Dass auch bei den kunstvollen Skolien der Becher kreiste, ist auch aus Kritias bei Athenaios XIII, 600 D zu entnehmen.

2) Ein Gast, welcher selbst nicht singen will, trinkt demzufolge den Becher ganz und bittet den Nächsten inzwischen zu singen;

Ein uns verlorenes Skolion erwähnt ferner Hesych unter dem Wort *Βορέας*.

Die Vermischung der εἴδη zeigt am besten das berühmte Skolion des Aristoteles Ἀρετὰ πολύμοχθε, welches er ἐν τοῖς συσσιτίοις ὁσημέραι gesungen haben soll. Dem Paian nahestehend und doch kein wirklicher Paian, auch nicht im Chor von allen gesungen, kann es doch auch nicht mit den lyrischen Liedern, welche in älterer Zeit die συνετώτατοι sangen, verglichen werden; das bezeugt die Anklage selbst und die regelmässige Wiederholung desselben Liedes, ein charakteristisches Kennzeichen der „attischen" Skolien, deren freie Weiterbildung es ist. Nicht lange nach ihm scheinen die „attischen" Skolien ganz verstummt zu sein. [1]

Die Vermischung dieser Skolien mit dem Paian war um so leichter, als auch dieser zum Becher und zum Lorbeerzweig gesungen wurde, vgl. Kock, Adespota 1203:

die Flötenspielerin (ἥδε) soll ihn dazu begleiten. Dieser erklärt sich willig und sagt zu der Flötenspielerin: αὔλει σύ, zu dem ersten: καὶ σὺ τὴν ἄμυστιν λάμβανε, dann hebt er ein Lied in freierem Rhythmus und ähnlich den alten „attischen" Skolien an. Natürlich singt er damit nicht die Flötenspielerin an. Eine gewisse Verwandtschaft des Sinns zeigt das Liedchen des Asklepiades (Anth. V, 85): Φείδῃ παρθενίης· καὶ τί πλέον; οὐ γὰρ ἐς Ἅιδην ἐλθοῦσ' εὑρήσεις τὸν φιλέοντα, κόρη, κτλ. Dass es ein Skolion ist, hoffe ich später zu erweisen.

[1] Ich schliesse das daraus, dass sich in der gesammten neueren Komödie keinerlei Hinweis auf dieselben mehr findet, während die ältere noch oft, die mittlere vereinzelt ihrer gedenkt. Vgl. Plato fr. 69, 10: σπονδὴ μὲν ἤδη γέγονε καὶ πίνοντές εἰσι πόρρω, καὶ σκόλιον ᾖσται; denselben in dem von Diels hergestellten Fragment (Hermes XXIII, 28): ἵναπερ ποδώκης Ἀχιλεὺς ὅ τε Μίνων (vgl. das Harmodios-Lied); Kallias fr. 20: μετὰ μαινομένων φασὶν χρῆναι μαίνεσθαι πάντας ὁμοίως (vgl. Skolion 19: σύν μοι μαινομένῳ μαίνεο). Auf das Telamon-Lied nimmt Bezug Theopomp fr. 64, auf das siebente Skolion Anaxandrides fr. 17, siehe oben. Wenn daher Plutarch *quaest. symp.* I, 5 das Skolien-Singen wie eine noch manchmal geübte Sitte erwähnt und wegen des Zwanges, welchen es dem Einzelnen auferlegt, missbilligt, und wenn bei Athenaios die einzelnen Gäste jeder ein Skolion aus der alten Sammlung singen, so handelt es sich hierbei nur um die gelehrte Wiederbelebung eines längst erstorbenen Brauches.

ὑμνεῖτο δ' (Cod. ὑμνεῖ δ') αἰσχρῶς κλῶνα πρὸς καλὸν
δάφνης
ὁ Φοῖβος οὐ προσῳδά. [1]
Hesych: Αἴσακος· ὁ τῆς δάφνης κλάδος ὃν κατέχοντες
ᾖμνουν τοὺς θεούς.
Pherekrates 131, 5:
ἔγχει κἀπιβόα τρίτον Παιῶν' ὡς νόμος ἐστίν. [2]

Dikaiarchs Schilderung der drei γένη passt auf den Brauch
zu Athen im fünften Jahrhundert. Zwei derselben werden wir auch
im übrigen Griechenland wiederfinden: die Paiane und Einzellieder
ler Gäste, und zwar in beliebigem Umfang. Schon jetzt drängt
sich die Frage jedem auf, worin der wesentliche Unterschied
zwischen den „attischen" Skolien aller Gäste und den Liedern der
συνετοί liegt. Auch sie sollte ja ursprünglich Jeder vortragen,
nur die technische Schwierigkeit schuf in der Praxis eine gewisse
Beschränkung; nur ihr musikalischer Charakter in älterer Zeit
bedingte die Verwendung der Lyra, für welche bald auch der
Myrthenzweig eintrat. Dass die „attischen" Skolia mehr religiöse
Beziehungen enthalten — auch ihre Vortragsart mag sich aus
solchen erklären — kann ebenfalls kein entscheidender Unterschied
sein; Gnome und Scherz zeigen sich gleichberechtigt auch in ihnen.
Beide Skolienarten müssen unabhängig aus demselben Brauch entwickelt sein, und zwar zeigen die kürzeren und einfacheren
Gedichte, welche eben darum die Priorität gehabt haben müssen,
den Einfluss der aiolischen und ionischen Lyrik, das zweite und
spätere γένος zunächst den der dorischen. Kurze Lieder in
aiolischem Rhythmus sind nach dem Paian in Athen in älterer
Zeit allein gesungen worden und nahmen darum am Reichsten den
religiösen Stoff in sich auf. Schon während der Kämpfe gegen
die Peisistratiden bestand diese Art in Athen heimisch gewordenen
„Volksliedes" und zeigt den Einfluss der mächtigen Poesie der

---

[1]) Anders Kock, Hermes XXII, 145 ff., welcher mich nicht
überzeugt hat.
[2]) Dass auch der Paian zur Flöte gesungen wurde, beweist
Plato und Archilochos fr. 76.

Insel-Griechen auf das geistige Leben des noch unentwickelten Athen — viel aiolische, wenig ionische Einwirkungen; aber die Form der ionischen Kurzelegie ist doch schon populär und Anakreons Einfluss fühlbar; von hoher Poesie ist wenig zu merken, Sprache und Gedanken sind nüchtern.[1] Als dann andere Bildungskreise, die erblühende dorische Poesie, auf Athen zu wirken begannen, ist die heimische Entwicklung im Wesentlichen abgeschlossen, wohl entstehen noch einzelne Kurzlieder unter ihrem Einfluss, aber eine Mischung des Alten und Neuen ist in der Hauptsache nicht möglich und als dritter Teil fügen sich die „Lieder der Gebildeten" an, weil sie sich dem zweiten nicht mehr einfügen können. Dass die weitere Entwicklung sich dann gerade in diesem dritten Teil vollzieht, ist nur natürlich.

[1] Ich glaube weder an die „unzählig" vielen attischen Skolien, von denen nur Eustathios, welcher in allem Übrigen den Athenaios ausschreibt, zu berichten weiss, noch kann ich mit Christ eine besondere Schönheit in ihnen entdecken. Ihr hoher historischer Wert liegt gerade in ihrer Armut.

Kapitel II.

Die Elegie.

§ 1.

Athenaios XIV, 630 F erwähnt bei Gelegenheit der πυρρίχη, deren Erfindung Aristoxenos den Lakonen zuschrieb, zunächst aus unbekannter Quelle: καὶ αὐτοὶ οἱ Λάκωνες ἐν τοῖς πολέμοις τὰ Τυρταίου ποιήματα ἀπομνημονεύοντες ἔρρυθμον κίνησιν ποιοῦνται. Nach den vorausgehenden Worten des Athenaios und der Natur der Sache kann sich dies nur auf die ἐμβατήρια oder ἐνόπλια μέλη beziehen. Danach schiebt Athenaios nach seiner Gewohnheit in den Gang der Hauptdarstellung einen Zusatz ein, welcher sich garnicht auf jene Tanzweisen beziehen kann und daher auf die Elegieen gehen muss: Φιλόχορος δέ φησιν κρατήσαντας Λακεδαιμονίους Μεσσηνίων διὰ τὴν Τυρταίου στρατηγίαν ἐν ταῖς στρατείαις [1] ἔθος ποιήσασθαι, ἂν δειπνοποιήσωνται καὶ παιωνίσωσιν, ᾄδειν καθ' ἕνα ⟨τὰ⟩ Τυρταίου· κρίνειν δὲ τὸν πολέμαρχον καὶ ἆθλον διδόναι τῷ νικῶντι κρέας.

Die Stelle bedarf nach den Schilderungen des attischen und arkadischen Gelagebrauches keines besonderen Kommentars. In der That weicht von jenem nur ab, dass hier ein Urteil über die beste Leistung gefällt wird und dass für dieselbe ein Preis ausgesetzt ist. Aber auch Dikaiarch erwähnt den Gelagebrauch in einem Buch περὶ μουσικῶν ἀγώνων und Spuren eines wirklichen Wettkampfes mit Preisen werden uns auch ausserhalb Spartas noch

---

[1]) Natürlich soll die Sitte nicht bloss für das Lager und Kriegszeit gelten. Sie ist ganz allgemein. Sonst müssten die Worte ἐν ταῖς στρατείαις anders stehen. Nicht zu verwechseln ist damit Lykurg *Leokrat.* 107 die Angabe, dass vor dem Auszug zur Schlacht das Heer zum Königszelt gerufen wird, um statt der Mahnrede einen Abschnitt aus Tyrtaios zu hören. Vorausgehen mochten bei den Gelagen die Paiane oder σπονδεῖα etwa Terpanders, über welche Immisch Rhein. Mus. 44, 558 ff. zu vergleichen ist. Solche Paiane erwähnt bekanntlich schon Alkman fr. 22.

begegnen. Auch für die „Skolien" der Spartiaten gab es also ein officielles Textbuch, welchem in historischer Zeit die einzelnen Lieder entnommen werden mussten, τὰ Τυρταίου. Es war nicht das Werk e i n e s Mannes; der zugewanderte Berufssänger und der Spartiat, welcher im Kampf gegen Messenien selbst ein Heer geführt hatte,[1] haben zu ihm beigetragen — das aus Ionien übertragene Lied hat in Sparta selbst Nachhall, wir wissen nicht bei wie vielen, gefunden — und neben Fragmenten voll individueller Züge und Beziehungen stehen Lieder, welche für jede Stadt gleichmässig passen würden und alle Kunstmittel einer ausgebildeten Dichtungsart, eines schulmässigen Gesanges, entfalten.[2]

[1]) Dass „der Tyrtaios" aus der Fremde eingewandert sei, eine Tradition, welche weit über Plato hinausreicht, rechtfertigt sich derartig durch die Natur der Sache, dass ich daran ebensowenig zu zweifeln vermag, wie an der aus den Elegieen selbst geschöpften Angabe, dass der Verfasser der Eunomia Heerführer und Spartiat war (Strabon VIII, 362 aus Apollodor. Volumin. Hercul. XI, 89).

[2]) Dies gilt natürlich am meisten für fr. 12: Οὔτ' ἂν μνησαίμην οὔτ' ἐν λόγῳ ἄνδρα τιθείμην. Es spricht der Sänger, dessen Beruf es ist, κλέα ἀνδρῶν zu feiern, dem ein reicher mythologischer Apparat zur Verfügung steht, dem der Goldschatz des Midas und Kinyras und die schmeichelnde Rede des Adrast preiswert erscheinen. Klar heben sich zwei Teile ab, 1—22, alle andern Vorzüge verschwinden gegenüber der Tapferkeit, welche nun näher geschildert wird, ἥδ' ἀρετή, τόδ' ἄεθλον ἐν ἀνθρώποισιν ἄριστον; V. 23—44 wird dies ἄεθλον näher beschrieben für den Gefallenen wie für den Überlebenden; der Schluss ταύτης νῦν τις ἀνὴρ ἀρετῆς εἰς ἄκρον ἱκέσθαι πειράσθω θυμῷ μὴ μεθιεὶς πολέμου weist wieder auf jenen Hauptgedanken ἥδ' ἀρετή ihn fortbildend zurück. Das Lied muss vollständig sein; weder am Anfang noch Schluss können wir etwas anfügen. Jeder der beiden Teile zeigt je zwei Glieder. Die Gesammtanschauung ist, wie Plato empfand, nicht die eines Spartaners, sondern die eines Ioners, welcher Sparta lobt. Die Beziehung auf die Festspiele in den ersten Versen beleuchtet gut ein Vergleich mit Xenokrates fr. 2. Ähnlich gebaut ist des Xenokrates einziges vollständiges Gedicht (1 Bergk): V. 1—12 beschreiben die Vorbereitungen, 13—24 geben die Vorschriften für die nun kommende Gelageunterhaltung. Der Schluss des zweiten Teils wiederholt den Anfang desselben. Ähnlich gebaut ist des Tyrtaios Lied 10 Τεθνάμεναι γὰρ καλόν auf die allgemeine Ermahnung zur Tapferkeit, 1—14, folgt ein specieller Teil an die Jünglinge, 15—30, dessen Schluss καλὸς δ' ἐν προμάχοισι πεσών auf den Anfang zurückgreift;

Beim Mahl wurden diese Lieder bis in späte Zeit vorgetragen, weil sie hier zuerst erklungen sind, weil dies für sie der naturgemässe Ort war. Was die Elegie ihrem Hauptteil nach ist und will, brauche ich nach der Darstellung von Wilamowitz nicht mehr langatmig darzulegen. Überwiegend lehrhaft ist sie im letzten Grund nur die Rede, welche mahnend und belehrend, stets auf die Gegenwart bezogen, in unmittelbarer Ansprache den Hörern

ir beiden Teilen ist dem Hauptgedanken eine etwas abschweifende Begründung eingefügt: 3—10 und 20—27. Die Verse 31. 32 scheinen auch mir späterer formelhafter Zusatz. Auch Solons einzige vollständig überlieferte Elegie ist in zwei Teile gegliedert, deren erster, 1—32, das Walten der Götter, von welchen der Diehter Reichtum erfleht, schildert, während V. 33—64 die Schwäche der irrenden Menschen hervorheben. Das Gedicht kann nur mit fühlbarem Verweis auf den Anfang schliessen δῶρα δ' ἄφυκτα θεῶν γίγνεται ἀθανάτων. Das grosse Gedicht 4 desselben Ἡμετέρα δὲ πόλις ist zu unvollständig, als dass ich eine Teilung wagen möchte. Dass dies nicht zufällige Erscheinungen sind, lehrt uns die Betrachtung der späteren Elegie, welche nur in dem Einen abweicht, dass sich an dem Berührungspunkt beider Teile, im Centrum des ganzen Gedichts, ein Hauptgedanke zum selbständigen Teil entwickelt. Wenige Beispiele werden genügen. Des Kallimachos Lied auf die Locken der Berenike (Catull. 66) gliedert sich in zwei Hauptteile: 1—38 nach kurzer Einleitung die Erzählung, warum Berenike die Locken sich abschnitt (drei Unterabtheilungen sind fühlbar: 1—14 Exposition, 15—32 Reflexion, die Begründung des Gelübdes, 33—38 Gelübde und Erfüllung); den Mittelpunkt bildet die Sentenz *invita, o regina, tuo de vertice cessi* und ihre etwas steife, schulmässige Ausführung 39—50; mit 51 beginnt der zweite Teil: die Erhebung der Locken zum Himmel, (51—68 die Erzählung, 69—78 Reflexion, 79—92 kunstvoll durch die Erwähnung der *unguenta* angeschlossen die Aufforderung zur Verehrung), ihn beschliesst eine kurze Sentenz, welche den Gedanken des Mittelstückes (V. 39 ff.) steigernd wiederholt. Nach alexandrinischem Muster ist Catull 68b künstlich gebaut; die bewunderungswürdig feine Durchführung der Zweiteilung erkennt jeder; man vergleiche in dem Centrum des Gedichtes selbst, wie sich um V. 93—96 die entsprechenden Disticha gruppieren, 91.92: 97.98—89.90: 99. 100—78. 88: 101. 102. Die Hauptteile gruppierte m. E. schon Westphahl, allerdings von einem falschen Princip ausgehend, richtiger als neuerdings Skutsch, Rhein. Mus. 47, 138, nämlich 41—50 Prooemium, 51—72 Erzählung Catulls von seiner Liebe, 73—88 Vergleich mit Laodamia; es folgt das Mittelstück 89—100 Troia und der Bruder;

den Sinn des Dichters mitteilen will. [1] Aus den Reden des Epos
erwachsend und oft genug an sie anlehnend, kann sie in ihrer
künstlerischen Fortbildung mythische Erzählungen als Einlagen
aufnehmen — ihr Wesen ist doch nicht das der Erzählung,
sondern der Rede, aber der Rede nicht wie sie auf dem Markt-
platz, sondern wie sie beim Festmahl erschallt; sie bereitet die
Entwicklung der kunstmässigen Prosa vor, aber sie ist nie für
die Prosa eingetreten. Wohl ist in jedem jugendlichen Volk der
$\varkappa\acute{o}\sigma\mu o\varsigma$ $\grave{\epsilon}\pi\acute{\epsilon}\omega\nu$ unlöslich mit dem Metrum verbunden, aber doch
nur, weil er nur dann erstrebt wird, wenn eines Gottes Gegenwart
beim Fest oder bei der Becher Klang die Herzen erweitert und
die Rede über das Mass des alltäglichen Bedürfens hinaushebt.
Mag wirklich in einem besondern Fall und unter dem Zwang
bestimmter Umstände ein Staatsmann sie auf dem Markt gebraucht
haben, dass dies jemals in irgend einer Stadt allgemeine Sitte
war, dafür sehe ich weder in den Fragmenten der alten Elegie

101—130 weitere Erzählung von Laodamia, 131—148 Rückkehr zur
Erzählung seiner Liebe (131 schliesst an 72, wie Sk. zugiebt; also
stehen 119—130 im Laodamia-Teil ohne direkten Bezug auf Lesbia;
57—66 stehen in einem andern Teil; die Begrenzung 57—72 war
willkürlich), 149—160 Schlusswort. Auch hier glaube ich, mit
Notwendigkeit 7 Teile zu erblicken; nur die Grenzen des Mittelstückes sind vom Dichter halb verdeckt. Doch da die Hauptsache, die Zweiteilung, sicher steht, ist es überflüssig, den nimmer
endenden Streit über die Einheit von 68, zu welcher weiteres
Eingehen auf die Grenzen der Unterabteilungen führen muss,
hier wieder aufzunehmen; die Zahlenreihen Skutschs fallen mit
den Sinnesabschnitten nicht zusammen und bringen deshalb kein
zwingendes Argument. Manch anderes Beispiel ähnlichen Baus
aus Tibull und Properz lasse ich für jetzt bei Seite. Verwahren
möchte ich mich nur gegen den Verdacht, als bestimme mich
irgend eine Erinnerung an rein musikalische Gesetze, denen
gerade die ältere Elegie nicht entspricht und für deren Einwirkung
ich keinen Anlass sehe; die Zweiteilung nicht die Siebenteilung
scheint mir wichtig. Sie gehört der ältesten Rhetorik.

[1]) Das sollte sich gegenwärtig halten, wer über den edlen
Charakter des Minmermos und seinen Schmerz über die Ver-
weichlichung seiner Mitbürger deklamiert, ohne die historisch so
wichtige Thatsache zu würdigen, dass uns in ihm ionische Frivolität
lehrhaft entgegentritt, dass er der Prediger und Verkünder einer
Lebensanschauung ist, ebenso oder in höherem Grade wie Tyrtaios
oder Solon.

noch in der Art ihrer Überlieferung genügenden Anhalt.[1] Nicht die geschäftsmässige, die festliche Vereinigung der Männer ist der natürliche Ort für das Auftreten des Dichters; eine Dichtart, welche von den Hochfesten der Götter im Wesentlichen ausgeschlossen ist, an viele Hörer sich wenden will und dennoch auf mündliche Verbreitung angewiesen ist, hat in Wahrheit nur einen Ort, die Zusammenkunft der Männer zum Festmahl.

Dem entsprechen die Reste der alten Elegie. Für das Mahl ist gleich die älteste, die Mahnrede des Archilochos an Perikles, gedichtet; das zeigt ebenso ihr Anfang (tr. 9):

Κήδεα μὲν στονόεντα, Περικλέες, οὐδέ τις ἀστῶν
μεμφόμενος θαλίῃ τέρψεται οὐδὲ πόλις

wie die auf denselben Bezug nehmenden, ihn corrigierenden und daher den Schluss bildenden Worte (fr. 13):

οὔτε τι γὰρ κλαίων ἰήσομαι οὔτε κάκιον
θήσω τερπωλὰς καὶ θαλίας ἐφέπων.[2]

---

[1]) Reden an das Volk im Iambos oder Distichon hätten, da für die Zeit des Tyrtaios und Solon wohl Niemand mehr an eine nachträgliche Publikation in Flugblättern durch den Autor oder einen Stenographen glaubt, für uns spurlos verklingen müssen; einmal gesprochen, haben sie ihre Aufgabe erfüllt. Hingegen hat das Mahnlied, welches in dem engern Kreis der Standesgenossen oder Freunde von einem hervorragenden Mann gesungen wird, von Anfang an die Bestimmung, wenn es gefällt und wirkt, von diesen wiederholt und in weitere Kreise getragen zu werden. Wer dies will, macht sich ein ὑπόμνημα, und aus solchem ὑπομνήματα erwächst später die Sammlung, das Buch.

[2]) Es ist mir unfassbar, wie man in Litteraturgeschichten immer wieder von einer threnodischen Elegie reden und diese zu starkem Lebensmut, zum Bergen des Wehs in tiefem Herzen ohne Jammer und Klage, während man doch sich wieder zu den θαλίαι und τερπωλαί wendet, mahnenden Verse zum Trauerliede umzudeuten versuchen kann. Wenn des Nestor verständiger Sohn mahnt (Od. IV, 193): οὐ γὰρ ἔγωγε τέρπομ᾽ ὀδυρόμενος μεταδόρπιος, aber doch hinzufügt, dazu sei ja der Morgen, νεμεσσῶμαί γε μὲν οὐδὲν κλαίειν ὅς κε θάνῃσι βροτῶν καὶ πότμον ἐπίσπῃ, so will gerade dies (in fühlbarer Beziehung) Archilochos wehren οὔτε τι γὰρ κλαίων ἰήσομαι κτλ. einem empfindsamen Epigonengeschlecht allerdings zu schwerem Anstoss. Von ihm hängt ab Stesichoros fr. 50. 51. Ein weiteres Beispiel der Trauerelegie könnte man nur in des Archelaos Lied an Kimon, welches ihn über den Tod der Isodike trösten sollte, finden.

Für ein Gelage passt der gewaltige Eingang des ersten Fragmentes des Kallinos μέχρις τεῦ κατάκεισθε; wo die Elegieen des Xenophanes zuerst vorgetragen sind, lehrt das erste Gedicht, welches gerade seine σοφίη für die Gelage empfiehlt im Gegensatz zu dem Epos, zu den Mythen der Vorzeit. Wenn ein Lied des Xenophanes begann (fr. 6): νῦν αὖτ' ἄλλον ἔπειμι λόγον δείξω δὲ κέλευθον, so. giebt uns dies die Erklärung zu Theognis 1055:

ἀλλὰ λόγον μὲν τοῦτον ἐάσομεν, αὐτὰρ ἐμοὶ σὺ
αὔλει καὶ Μουσῶν μνήσομεθ' ἀμφότεροι.

Dem längeren Vortrag beim Symposion, dem λόγος, soll das kurze Lied zur Flöte folgen. Das Gegenstück zu des Xenophanes Einleitungsgedicht giebt uns Anakreons fr. 94 B:

Οὐ φιλέω ὃς κρητῆρι παρὰ πλέῳ οἰνοποτάζων
νείκεα καὶ πόλεμον δακρυόεντα λέγει,
ἀλλ' ὅστις Μουσέων τε καὶ ἀγλαὰ δῶρ' Ἀφροδίτης
συμμίσγων ἐρατῆς μνήσκεται εὐφροσύνης.

Auch er wendet sich gegen den Vortrag der alten Epen beim Gelage, nur dass er statt der λόγοι περὶ ἀρετῆς das Liebeslied bevorzugt; dem entsprechen fr. 95. 96. Die Elegieen Ions brauche ich nur zu erwähnen. Der Schluss der ersten

δίδου δ' αἰῶνα, καλῶν ἐπιήρανε ἔργων,
πίνειν καὶ παίζειν καὶ τὰ δίκαια φρονεῖν

erklärt sich durch des Xenophanes Vorschrift für das Gelage (1,13 ff.):

χρὴ δὲ πρῶτον μὲν θεὸν ὑμνεῖν εὔφρονας ἄνδρας
εὐφήμοις μύθοις καὶ καθαροῖσι λόγοις,
σπείσαντας δὲ καὶ εὐξαμένους τὰ δίκαια δύνασθαι
πρήσσειν κτλ.

Es ist eine alte, halb-sacrale Formel, welche regelmässig das Lied an Dionysos schliesst. Wenn derselbe Xenophanes weiter vorschreibt (V. 19):

ἀνδρῶν δ' αἰνεῖν τοῦτον, ὃς ἐσθλὰ πιὼν ἀναφαίνει,
ὥς οἱ μνημόσυν' ᾖ, καὶ τὸν ὃς ἀμφ' ἀρετῆς,

so bietet zahlreiche Parallelen dazu die sogenannte Theognis-Sammlung, oder vielmehr, das ganze Buch ist selbst die beste Parallele und erfüllt auch die Bedingung, welche Xenokrates anknüpft,

θεῶν δὲ προμηθείην αἰὲν ἔχειν ἀγαθόν.

Wo sollen wir uns ferner des Kritias Lehren über den spartanischen Zechbrauch oder gar sein Lied auf des Kleinias Sohn Alkibiades vorgetragen denken? Ist es nicht das reine Gegenbild zu den Lobreden beim Symposion, wie sie Plato und Anaxandrides (fr. 1) erwähnen? Dass derartige Elegieen nicht ungewöhnlich waren, lehrt ja Plato (Republik II, 368 A) durch die Erwähnung der Elegie auf Glaukon und Adeimantos und bezeugt Kritias selbst mit den Worten *νέοισιν ὑμνήσας τρόποις· οὐ γάρ πως ἦν τοὔνομ' ἐφαρμόζειν ἐλεγείῳ*. Nur weil in dem allgemeinen Brauch ein Zwang vorlag, das elegische Versmass zu wählen, greift Kritias zu seiner Neuerung. Ein frei für jeden beliebigen Anlass erfundenes Lied konnte die Schwierigkeit durch Wahl eines anderen Metrums umgehen. [1]

Dass die Elegieen des Dionysios Chalkus sich als ganz für die Gelage bestimmt ausgeben und auf den bekannten Brauch des *ἐπιδέξια ᾄδειν* Bezug nehmen, habe ich schon früher betont. Wie im Moment entstanden geben sie sich; in einen (poetischen) Streit der Zecher ruft der Dichter hinein:

Ἀγγελίας ἀγαθῆς δεῦρ' ἴτε πευσόμενοι
καὶ κυλίκων ἔριδας διαλύσατε καὶ κατάθεσθε
τὴν ξύνεσιν παρ' ἐμοὶ καὶ τάδε μανθάνετε.

„Aufnehmen" soll seine Dichtung ein Anderer, „aufgenommen" wird er sie von Andern haben. Daraus ist wohl auch der Anfang einiger dieser Gedichte [2] mit dem Pentameter zu erklären; an ein Zurückgreifen auf Orakelverse oder Inschriften, oder gar das Fortwirken „uralter Selbständigkeit" des Pentameters vermag ich bei der seit Jahrhunderten den Gelagen eigenen festen Form der Elegie nicht zu glauben. Die engste Verwandtschaft zeigen die Lieder mit Ions Dionysos - Lied.

Unberücksichtigt sind bisher noch einige Fragmente der ältesten Elegie geblieben, welche nicht den Charakter der lehrhaften Rede tragen, so bei Archilochos die Erzählung von dem Verlust des Schildes (fr. 6), die Beschreibung des bevorstehenden

---

[1] Kritias ahmt dabei natürlich ein ähnliches Lied des Sophokles nach, Hephaest. 8 = fr. 1 Bergk: *τὸ τοῦ Ἀρχελάου ὄνομα Σοφοκλῆς ἐν ταῖς ἐλεγείαις οὐκ ᾤετο ἐγχωρεῖν οὔτε εἰς ἔπος οὔτε εἰς ἐλεγεῖον· φησὶ γοῦν „Ἀρχέλεως· ἦν γὰρ σύμμετρον ὧδε λέγειν"*. „Weder in den Hexameter noch in den Pentameter" passt der Name Ἀρχέλαος; die elegische Form muss auch für ihn die gegebene sein.

[2] Mehr besagt Athenaios XIII, 602 C nicht.

Kampfes mit den Euboeern (fr. 3) oder der weinfrohen Wacht auf dem Schiffe (fr. 4), kurze Liedchen, wie:

ἐν δορὶ μέν μοι μᾶζα μεμαγμένη ἐν δορὶ δ' οἶνος
Ἰσμαρικός, πίνω δ' ἐν δορὶ κεκλιμένος.

oder das berühmte

Εἰμὶ δ' ἐγὼ θεράπων μὲν Ἐνυαλίοιο ἄνακτος
καὶ Μουσέων ἐρατὸν δῶρον ἐπιστάμενος,

von denen wenigstens das erste so in sich abgeschlossen und vollendet ist, dass es schwerlich je länger war. Wo sie zuerst erklungen sind, zeigt die Übertragung im Skolion des Hybrias und das attische Liedchen auf Kedon. Nicht bloss die kunstvolle lehrhafte Rede, auch jede Unterhaltung und Plauderei beim Gelage nimmt die ionische Elegie in sich auf. Nur eins kann ich als Grundcharakter derselben erkennen, sie ist die metrische Form der Unterhaltung beim Trunk, der Rede beim Gelage.[1]

Für alle Arten derselben bietet uns reiche Belege das sogenannte Theognis-Buch. Aus ihm muss die ältere Elegie beurteilt werden. Gerecht wird ihm freilich nur werden, wer Entsagung genug besitzt, von dem Titel abzusehen.

§ 2.

Kaum ein Dichter des Altertums hat philologischen, oder eigentlich recht unphilologischen Phantasieen mehr Spielraum geboten als der unglückliche Theognis, und leider muss, wer auch

---

[1]) Wie sie entstanden ist, lassen die inhaltlich so verwandten rein hexametrischen Kurzliedchen und Sprüche z. B. des Phokylides ahnen. Das Distichon giebt nur ihre epodische Weiterbildung. Ich vermag nicht zu erkennen, welche Brücke uns von hier zu den „Liedern orgiastischer Trauer und orgiastischen Sinnengenusses", wie Immisch sie wieder aus der Etymologie von ἔλεγος gewinnen möchte, führen soll. Wenn man von irgend einer Dichtungsart sagen kann, dass sie allem orgiastischen Spuk entgegengesetzt und fremd ist, so ist dies die Elegie. Der Vergleich mit der Entwicklung des Iambos passt desswegen nicht, weil einerseits für diesen die sacrale Verwendung bezeugt ist, andrerseits die Iamben des Archilochos in ihrem Grundcharakter noch einigen Anklang an die Tradition von sacralen Iamben-Liedchen zeigen. Eine Hypothese, welche diesen beiden Grundbedingungen nicht gerecht wird, bringt, ob richtig oder falsch, unserem Wissen keine wirkliche und wirksame Erweiterung.

nur eine kleine Beobachtung hinzufügen will, auf alle Fragen eingehen und in eine weitschweifige Polemik eintreten, welche dadurch
nicht erfreulicher wird, dass sie sich oft gegen die Ansichten
nahestehender oder verehrter Forscher wenden muss. Aber eine
Grenze darf man im Interesse des Lesers und des Papiers wohl
ziehen. Ist es wirklich noch nötig, sich mit den älteren Gelehrten
auseinanderzusetzen, welche die einzelnen Heftchen, in denen die
Gedichte des Theognis flugblattartig zuerst erschienen, wiederzu-
finden und über den hochachtbaren Charakter der Megarer und
die geistige Entwicklung des talentvollen und liebenswürdigen
Dichterjünglings Auskunft zu geben wussten? oder soll ich auf
die neueren Träume von der Parteistellung und Politik des für
mich gänzlich schemenhaften Dichters eingehen? oder untersuchen,
ob Thaletas, Chilon, Panyassis u. A. die Verse landläufigsten
Inhalts, welche ihnen der *horror vacui* früherer Herausgeber zu-
wies, wirklich verfasst haben? Auch die modernen „Entdeckungen"
der eigentlichen Heimat des Dichters in Makedonien, oder des
byzantinischen Ursprungs des zweiten Buches, oder gar der metrischen
und sprachlichen Eigenheiten der „attischen" Periode der Elegie
(500—300) scheinen mir nur für die glücklichen Finder Interesse
zu haben. Es sei mir gestattet, derartigen unfruchtbaren Erörterungen aus dem Wege zu gehen, zunächst auf die allbekannten
Thatsachen kurz zu verweisen und die engen Grenzen, welche
sich nach ihnen für mein bescheidenes Erkennen bisher ziehen,
zu bezeichnen. Dass ich dabei beständig an frühere Darlegungen
und besonders an Bergks Untersuchungen mich anschliessen muss,
ist natürlich. Beständiges Citieren wäre in diesem Fall um so
weniger am Platze. Wer die Literatur kennt, ergänzt die Namen
leicht; wer sie nicht kennt, mag lieber eine geringfügige Zuthat,
welche auf meine Rechnung kommen könnte, auf die Anderer
schreiben und sich mit dem Generalbekenntnis begnügen: *Nullumst
hic dictum, quod non dictum sit prius.*

Die allbekannte Suidas - Stelle lautet, soweit sie aus alter
Quelle ist: *Θέογνις Μεγαρεὺς τῶν ἐν Σικελίᾳ Μεγάρων,
γεγονὼς ἐν τῇ νθ´ Ὀλυμπιάδι* (544—540), *ἔγραψεν ἐλεγείαν εἰς
τοὺς σωθέντας τῶν Συρακουσίων ἐν τῇ πολιορκίᾳ, γνώμας δι'
ἐλεγείας εἰς ἔπη βω´ καὶ πρὸς Κύρνον τὸν αὐτοῦ ἐρώμενον
γνωμολογίαν δι' ἐλεγείων, καὶ ἑτέρας ὑποθήκας παραινετικάς —*

τὰ πάντα ἐπικῶς.[1] So unklar diese Angaben für uns sind, soweit sie sich interpretieren lassen, haben wir kein Recht, sie durch willkürliche Hypothesen zu beseitigen. Dass ein Compilator aus drei verschiedenen Quellen den Titel desselben Werkes in dreifach verschiedener Fassung wiederholt habe, ist an sich unwahrscheinlich und durch den Zusatz τὰ πάντα ἐπικῶς ausgeschlossen. Verschiedene Sammlungen sind vielmehr bezeugt, und wenn dreimal das elegische Versmass angegeben, nach den ἕτεραι ὑποθῆκαι keine metrische Anmerkung gemacht, sondern zusammenfassend bemerkt ist τὰ πάντα ἐπικῶς, so folgt notwendig, dass diese letzteren nicht in elegischem Versmass geschrieben waren (sonst musste ein nicht absolut törichter Autor τὰ πάντα δι' ἐλεγείων einmal setzen), sondern, dass sie, wie wir ergänzen dürfen, in Hexametern oder Iamben oder beiden Versarten verfasst waren. Die Bestätigung giebt uns Plato im Menon 95 D: καὶ Θέογνιν τὸν ποιητὴν οἶσθ' ὅτι ταὐτὰ ταῦτα λέγει; — ἐν ποίοις ἔπεσιν; — ἐν τοῖς ἐλεγείοις, οὗ λέγει κτλ. Die Zwischenfrage ist sinnlos, wenn Plato nicht auch andere Gedichte als „die elegischen" kennt.[2] Dass. wir irgend eine der von Suidas erwähnten Sammlungen in unserem Buch vollständig haben, ist schon, wenn man die Worte des Suidas mit demselben vergleicht, ausgeschlossen.

---

[1]) Den Zusatz über den Wert seiner παραινέσεις in welchen mitten eingestreut seien μιαραὶ καὶ παιδικοὶ ἔρωτες καὶ ἄλλα ὅσα ὁ ἐνάρετος ἀποστρέφεται βίος brauchen wir durchaus nicht auf das zweite Buch zu beziehen; es ist eine christliche Überarbeitung desselben Vorwurfs, welchen auch Athen. VII, 310 A erhebt, und passt sogar besser, wenn wir das erste Buch allein betrachten.

[2]) Eine Spur derartiger Gedichte sehe ich in dem Citat des Clemens Alexandrinus 326 S.: Ὑμεῖς δ', ὦ Μεγαρεῖς, οὔτε τρίτοι οὔτε τέταρτοι οὔτε δυωδέκατοι οὔτ' ἐν λόγῳ οὔτ' ἐν ἀριθμῷ, ein Spruch dessen Beziehung auf die Megarer Theokrit (14, 48) Kallimachos (ep. 26) Deinias (schol. Theokr. 14, 48) schon kennen, (Crusius Anal. 144 vermutet aus Demon). Die Paroimiographen bieten bekanntlich eine andere Fassung Ὑμεῖς δ', Αἰγιέες, οὔτε τρίτοι οὔτε τέταρτοι und führen als Beleg dafür Ions ἐγκώμιον auf Skythiades an. Recht unglücklich war der Versuch Ungers (Philol. 45, 29), dies für die jüngere Version zu erklären, weil die Paroimiographen eine Erklärung des Mnaseas anführen und diese auf späte Ereignisse Bezug nehme; auch Ion müsse ein jüngerer sein; denn nicht er, sondern Mnaseas sei die Hauptautorität. Aber

Der Dichter war um die Wende des vierten und fünften Jahrhunderts in Athen allgemein bekannt; Kritias ahmt ihm nach, Plato citiert ihn in den Gesetzen und dem Menon, Antisthenes überschreibt das vierte und fünfte Buch περὶ δικαιοσύνης καὶ ἀνδρείας mit dem Sondertitel περὶ Θεόγνιδος und ein anderes Buch Κύρνος ἢ ἐρώμενος.[1] Endlich Xenophon, dessen Autorschaft ausser Frage gestellt zu haben Immischs grosses Verdienst ist,[2] widmet ihm ein eigenes Buch und citiert ihn ausserdem im Symposion und den Memorabilien.

Eben diese Stellen beweisen aber, dass uns ausser der ursprünglichen Reihenfolge echt theognideisches Gut mit sehr vielem ihm sicher fremden in jener Sammlung vorliegt, welche in der Classe der jüngeren Handschriften ohne eigentlichen Titel, wie es scheint, nur mit dem Namen des Theognis bezeichnet (zu welchem die einzelnen Schreiber aus Suidas oder eigener Vermutung beliebige Zuthaten fügten), umlief, in der ältesten freilich einen wirklichen Titel trägt: Θεόγνιδος ἐλεγείων α΄. Aber es folgt,

Mnaseas wird vorausgestellt, weil er eine Erklärung bot; Ion hat in dem ἐγκώμιον das Orakel nur erwähnt und bezeugt, dass es auf die Aigier, nicht aber auf die Megarer sich bezieht. Dass die Erklärungen und Datierungen der Sprichwörter — auch wenn sie nicht der Flunkerer Mnaseas gab — für uns nicht verbindlich sind und deren Alter bestimmen, dürfte wohl allgemein zugegeben sein. Gerade was nun Unger über die Stellung von Megara im Altertum anführt, macht für die frühe Zeit des Orakels die Beziehung auf Megara unmöglich, also die auf Aigion sicher, und dafür, nicht aber dagegen, spricht gerade der metrische Anstoss in Αἰγιέες. Dann aber muss ein namhafter Mann zuerst das Wort auf die Megarer höhnend übertragen haben; für keinen liegt das näher als für Theognis, und wenn irgend ein Citat des Altertums ihn hierfür nennt, dürfen wir es nicht ohne Grund in Frage ziehen. Denn auch aus einer früh verschollenen Sammlung konnte sich gerade ein derartiges Wort erhalten. Weil die alexandrinischen Dichter Theognis kennen und benutzen, ist die Anspielung bei Kallimachos und Theokrit dann genügend erklärt.

[1]) Auch er bezeugt uns also, nach dieser von Vielen gemachten, sicheren Konjektur, dass Κύρνος Name ist. Der sprachwidrigen Deutung „der Adlige“ könnte dieselbe wohl endlich den Rest geben.

[2]) *Commentationes philologae, quibus Ottoni Ribbeckio congratulantur discipuli Lipsienses* 71 ff.

und zwar hier allein, ein Buch ἐλεγείων β', vor welchem der
Name des Theognis fehlt, welches theognideische Bestandteile
wenig oder gar nicht zu enthalten scheint, welches endlich niemals
für theognideisch gegolten hat. Die Vermutung liegt nahe, dass
hier zwei ursprüngliche Angaben ἐλεγείων α' und Θεόγνιδος
vereinigt sind. Dass dies Buch nicht eine einfach durch Inter-
polationen erweiterte Abschrift einer echten Theognis-Sammlung
ist, zeigen, mit einander verglichen, zwingend die Stellen des
Plato und Xenophon. Die Worte ὀλίγον μεταβάς bei ersterem [1]
genügen allein, um alle Interpretationskunststücke, durch welche
Sitzler das Zeugnis des Xenophon zu beseitigen versucht, wertlos
zu machen. In der von Plato benutzten Sammlung stand nicht
weit nach V. 33 ff. und vielleicht in anderer Form (man vergleiche
die Änderungen des Tyrtaios 12, 37 = Theogn. 933 ff.), was wir
V. 429—438 lesen; in der von Xenophon erläuterten Sammlung
bildete nach 19—26 [2] den Anfang der eigentlichen Lehrsprüche
V. 183—196. Es ist wahrscheinlich, dass trotzdem in ihr nach
V. 26 noch (in erweiterter Fassung) die von Plato bezeugten
Verse 27—38 standen und von Xenophon als für ihn unwichtig
übersprungen wurden, möglich aber an sich auch, dass beide verschiedene Sammlungen benutzten. Aber wer nicht sämmtliche
Sprüche zwischen V. 39 und 182 (von denen doch 77. 78 durch Plato,
119—128 und 177. 178 durch Aristoteles bezeugt sind), sowie den
grössten Teil der zwischen 197 und 428 stehenden dem Theognis
absprechen will, muss unbedingt zugeben, dass unsere Sammlung
von jener alten (bezw. jenen alten) unabhängig ist und nur aus
sich selbst erklärt und beurteilt werden kann.

Ist dies an sich so unwahrscheinlich? Vereinigt sind in ihr
die Werke der verschiedensten Verfasser in oft ganz willkürlich
herausgelösten Bruchstücken. Wer bürgt uns dafür, dass eine
bestimmte Sammlung des Theognis notwendig den Rahmen abgeben
musste? [3] Wir können in ihr von den wenigen erhaltenen Bruch-

---

[1]) Man vergleiche im Protagoras 344 B: λέγει γὰρ μετὰ τοῦτο
ὀλίγα διελθών. Es ist allerdings leicht, sich darüber hinwegzusetzen
mit dem Befehl: „Darüber mag reden, wer des Plato Handexemplare
des Theognis gesehen hat“.

[2]) Vgl. über diese Verse und ihre Bedeutung Excurs I.

[3]) Gab sie ihn freilich nicht ab, so ist der Titel „Theognis“ unberechtigt und rein zufällig. Seine Entstehung ist später zu erklären.

stücken aus Solon, Tyrtaios und Mimnermos eine verhältnissmässig grosse Zahl nachweisen und erkennen neben diesen, trotz der wenigen persönlichen Anspielungen, eine ganze Reihe für uns namenloser Dichter: 1209—1210 spricht ein in Theben weilender verbannter *Αἴθων* (sicher kein Aithiker!), 1211—1216 ein aus der Stadt im Lethaiosgefilde Verbannter, 891—894 ein Euboeer, 879—884 ein Lakone (mit Benutzung des Tyrtaios), ebenso 1087—1090 und 997—1002 (es folgt ein Abschnitt aus Tyrtaios); einer Frau gehört 579—580, 861—864 und fast sicher 257—260 (vgl. 579).[1] Altes sprichwörtliches Gut erscheint in dürftiger Überarbeitung; einen Spruch unserer Sammlung kennt Aristoteles (*Eth. Nikom.* I, 8; *Eth. Eudem.* I, 1) als *Δηλιακὸν ἐπίγραμμα*, als Aufschrift im Apollo-Tempel zu Delos, und sicher ist er hierher nicht aus einer theognideischen Sammlung gelangt (255. 256). Endlich ist uns für ein langes Gedicht (467 ff.) durch denselben Aristoteles Euenos, der Zeitgenosse des Sokrates, als Verfasser verbürgt. Denn wenn bei Aristoteles *πρᾶγμα*, in unserer Sammlung V. 472 *χρῆμα* überliefert ist, so hat dies gar nichts zu sagen, da sich derartige Abweichungen auch in den aus Solon und Tyrtaios entnommenen Stücken zur Gentige finden. Es ist aber bei einer Sammlung, in welcher neben Theognis noch mindestens sieben andere Dichter benutzt sind, methodisch richtiger, wenn ein Vers bei dem zuverlässigsten Autor mit einem an sich möglichen Dichternamen versehen erscheint, das ganze Lied diesem zuzuweisen, als ohne jeden Anhalt anzunehmen, das Gedicht sei von Theognis oder einem Unbekannten und Euenos habe nur einen Vers daraus abgeschrieben, oder der fragliche Pentameter sei ein altes Sprichwort, welches ausser von Euenos noch von andern elegischen Dichtern benutzt sei.[2]

---

[1]) Wieder ein anderer erscheint in V. 1044, wo für *ἀστυφελῆς* in der That ein Stadtname einzusetzen scheint. An Philetas konnte freilich nur denken, wer die Alexandriner nicht kennt.

[2]) Dass Aristoteles an allen Stellen (vgl. fr. 7. 8. 9 B) denselben Euenos meint, ist sicher; ebenso, dass er einen zweiten des Namens wenigstens als Elegieendichter nicht kennt; seine Leser konnten nur an den Zeitgenossen des Sokrates, dessen Gedichte Plato erwähnt, denken. Die Untersuchung über *μελέτη* und *φύσις* (fr. 9) berührt sich eng mit Kritias fr. 6; auch was uns Stobaios und

Endlich müssen wenigstens alle diejenigen, welche an der
von Suidas und Eusebios überlieferten Blütezeit des echten Theognis
um die Mitte des sechsten Jahrhunderts festhalten, neben allen
Genannten noch einen uns unbekannten jüngeren Dichter aus dem
nisäischen Megara annehmen. Denn V. 773—82 fleht ein Dichter

Athenaios unter des Euenos Namen erhalten haben, passt zu den Resten
des Sophisten; fr. 1 klingt an Protagoras an (Anthol. XI, 49 war freilich
ganz auszusondern; es stammt aus einer Philippos-Reihe und ist um
400 Jahre jünger). Dies kann nur der von Eratosthenes (Harpokration
Εὔηνος) als γνώριμος bezeichnete, auf keinen Fall dessen älterer
Landsmann sein, von welchem der gelehrte Alexandriner nichts
besass und nichts wusste und welcher überdies offenbar als Not-
helfer in einer chronologischen Schwierigkeit erfunden ist. Ich
vermag nicht einzusehen, wie dagegen die Schilderung des Pherekrates oder Nikomachos bei Athen. VIII, 364 C = fr. 153 K sprechen
und ein höheres Alter dieser Verse darthun soll. Parodie nach
Hesiod ist, wie Athenaios bezeugt, die Ausführung der Scenerie;
aber da dem ganz anderen Wesen der Vorfahren der ungastliche
und niedere Sinn gerade der Jetztlebenden, der ἡμεῖς, entgegengestellt wird, so kann das Lied sehr wohl ein modernes sein;
oder vielmehr, erst dadurch empfängt die Stelle die volle komische
Wirkung; Euenos selbst wird mit verspottet und die neue Urbanität,
welche die Parole „genötigt wird nicht" ausgab; zu dem Zweck
wird die Mahnung des Gastes, der fortgehen will, dem Wirt in
den Mund gelegt, die Situation aber gewahrt. Mit dem Lied selbst,
welches natürlich mit Erinnerung an Odyssee XV, 67—74 gedichtet
ist, vgl. Kritias fr. 2. Dann muss demselben Euenos freilich auch
das Lied 667—682 mit der offenkundigen Nachahmung des Alkaios
gehören, und trefflich würde die Anknüpfung an diesen und die
politischen Anspielungen auf Athen (etwa nach der Verbannung
des Alkibiades ?) passen. Dass die Erwähnung des „melischen
Meeres" den Euboeer verrate, ist ganz unsicher, mag man den
malischen Meerbusen oder das Kykladenmeer bei Melos verstehen.
V. 1345—50 mit der unverkennbaren Parodie theognideischer Verse
(vgl. 191 ff. Welcker S. 137) kann um so leichter demselben Euenos
gehören, als von ihm, wie es scheint, recht leichtfertige ἐρωτικά
bezeugt sind. Auch von einem andern Sophisten der sokratischen
Zeit lässt sich, wie später auszuführen, ein Lied in unserer Sammlung nachweisen. Auch dieser Euenos rechnet sich übrigens zu
den „Optimaten", auch er ist arm und der Heimat fern. Gerade
die „charakteristischen Merkmale des Theognis", nach welchen
man so gern ihm Gedichte zuspricht, Armut, Hass gegen die
Menge u. A. passen ebenso gut auf Andere der nachweislich benutzten Dichter und gewiss auf eine Menge uns unbekannter Dichter
und Dichterlinge des fünften Jahrhunderts.

zu Apollo, welcher ja selbst für Alkathoos die Hochburg getürmt habe, er solle der Meder frevelndes Herr der Stadt fern halten, damit ihm im Frühling wieder die Geretteten das frohe Hochfest feiern können; denn in Angst schwebt der Dichter, wenn er die Thorheit und den Hader der Hellenen sieht; möge Apollo wenigstens diese seine Stadt retten. Für dies Gebet giebt es nur eine passende Zeit, die des zweiten Perserzuges; für diesen giebt es, selbst in der kleinlichen Beschränkung des letzten Wunsches, ein wundervolles Stimmungsbild. Allen Gesetzen der Kritik und Interpretation spricht es Hohn, dies Gedicht auf die Zeit des ionischen Aufstandes zu beziehen und dem weitschauenden Dichter ein geschichtlich undenkbares Lob zu spenden, um nur bei einer derartigen Überlieferung alles Widerstreitende zu versöhnen.

Doch mag auch die Zahl der in unserer Sammlung benutzten Dichter ungewiss bleiben, dass sie nicht gering ist, giebt jeder zu. Dass sie alle mit einer ausgebildeten Kunstsprache und Tradition arbeiten, zeigen besonders die formelhaften Pentameter - Schlüsse und die allen in gleichem Grade gemeinsamen Anleihen bei Homer und Hesiod. Mag in einem einzelnen Teil wirklich theognideisches Gut überwiegen, in anderen häufen sich dafür die sicher ihm fremden Bestandteile und keiner ist anerkanntermassen von ihnen frei. [1] Giebt es ein untrügliches Kriterium für die von Theognis

---

[1] Von den zehn Theogniscitaten bei älteren Autoren (Plato, Xenophon, Aristoteles) entfallen bekanntlich acht auf V. 1—196, zwei weitere auf V. 429—38, weiter hinaus keines. Als echt theognideisch sind durch sie bezeugt, wenn wir den Umfang der citierten Lieder so weit als möglich ausdehnen, V. 1—14. 19—26. 31—36. 77—78. 119—128. 177—178. 183—196 und 429—438. Hinzutreten würden, wenn wir die Autoren bis zu dem des Irrtums schwer verdächtigen Didymos exclusive hinzunehmen, nur noch 105—112 (aus Teles); unsicher ob auf 210. 211 oder 509. 510 zu beziehen ist das Zeugnis des Pseudo-Aristot. Probl. I, 17 (über 145—148 vgl. später). Jeder Zufall ist hier ausgeschlossen. Aber auch V. 1—196 ist nicht, von der Anordnung abgesehen, ganz reines Theognis-Excerpt; V. 153. 154 gehört dem Solon (vgl. jetzt Aristoteles Ἀθηναίων πολ. C. 12), V. 145—148 einem jüngeren Nachahmer. Unter den übrig bleibenden etwa 124 Versen wird darnach allerdings die Mehrzahl theognideisch sein; mehr zu behaupten haben wir nicht das Recht. — Dass Sitzler auch die von Aristoteles ausdrücklich als theognideisch bezeichneten Verse 11—14 zu den unechten rechnet, bemerke ich als eine der vielen kleinen Freuden, welche sein Buch dem Leser bringt, beiläufig.

herrührenden? Der allgemeinen Überzeugung nach allerdings. An Kyrnos ist ja eine Spruchsammlung des Theognis (und zwar die von Plato und Xenophon benutzte) gerichtet. Wo er angeredet wird, haben wir echte Theognis - Lieder. [1] Freilich — streng genommen — haben diejenigen, welche V. 237 ff. dem Theognis absprechen, zu dieser Behauptung nicht mehr das volle Recht, um so weniger, je älter sie sich die Fälschung denken. Noch weniger, wer mit Sitzler wieder $K\acute{v}\varrho\nu\varepsilon$ als Appellativ „O Adliger" fasst. Allein auch ohne diese geringfügigeren Einwendungen lässt sich die Unsicherheit jener Behauptung aus den wiederholten Liedern darthun. Dass in diesen der Schlüssel zum Verständnis des Buches liegt, haben Jordan und Studemund erkannt; letzterer hat nach der ersten, wenig ergebenden Untersuchung seines Schülers H. Schneidewin (*de syllogis Theognideis*, Strassburg 1878) selbst eine rein mechanische Erklärung im *Index lection. Vratisl.* 1889/90, S. 34 ff. vorgetragen. [2] Neuerdings hat die Untersuchung M. Schäfer in der manchmal zu weit gehenden, aber sehr tüchtigen Dissertation *De iteratis apud Theognidem distichis*, Halle 1891 wieder aufgenommen. Aber wenn sich Jordan und Schäfer gar nicht genug thun können, den Urheber dieser Wiederholungen, den elenden Schreiber, anzuklagen, und Hiller sogar bestimmen möchte, wieviel.Buchstaben seiner Vorlage ihm undeutlich geworden waren und mit sinnlosen Flicken ersetzt wurden, so habe ich für dieselben eine andere, mehr von Studemund beeinflusste Auffassung und möchte fragen, zu welchem Zweck der „elende Schreiber" sich solche Mühe gab. Betrachten wir nur zwei derartige Paare:

---

[1]) Dass mir der Schluss von Cauers Theognis - Studien erst, nachdem dieser Aufsatz geschrieben war, in die Hände kam, mag dem Leser einige Wiederholungen von Ausführungen, welche C. ähnlich bietet, entschuldigen. Vermeiden hätte ich sie ohnedies kaum können, da wir die Theognis-Sammlung so durchaus verschieden betrachten; eine nachträgliche Polemik einzufügen, sehe ich noch weniger Anlass. Stets wird eine lebhafte Phantasie versuchen, aus einer derartigen Überlieferung doch noch ein einheitliches Bild zu gewinnen — möge man wenigstens dem gegenüber der Resignation auch ihre Berechtigung zugestehen.

[2]) Sie erklärt freilich nicht alle Wiederholungen, sondern nur 17 von 22 und hat eben darum mich nicht überzeugt. Die Gestaltung des Theognis-Buches scheint der Überlieferung durch Membran-Codices weit vorauszuliegen.

39. Κύρνε, κύει πόλις ἥδε, δέδοικα δὲ μὴ τέκῃ ἄνδρα
εὐθυντῆρα κακῆς ὕβριος ἡμετέρης·
ἀστοὶ μὲν γὰρ ἔθ᾽ οἵδε σαόφρονες, ἡγεμόνες δὲ
τετράφαται πολλὴν ἐς κακότητα πεσεῖν. —
1081 a. Κύρνε, κύει πόλις ἥδε, δέδοικα δὲ μὴ τέκῃ ἄνδρα
ὑβριστήν, χαλεπῆς ἡγεμόνα στάσιος·
ἀστοὶ μὲν γὰρ ἔασι σαόφρονες, ἡγεμόνες δὲ
τετράφαται πολλὴν ἐς κακότητα πεσεῖν.

Dass beides nicht von e i n e m Mann herrühren kann, ist selbst-
redend; die Unterschiede hat Schäfer richtig erklärt, und doch
sagt er, während Jordan eine Art Glossem zu dem Worte εὐθυντήρ
annimmt, *„pentameter immutatus variandi pruritui debetur“*. Als
ob hier nicht eine durchaus verschiedene Auffassung der Tyrannis vor-
liege, welche sich in unserer Sammlung öfters zeigt. Man vergleiche:
823. Μήτε τιν᾽ αὖξε τύραννον ἐπ᾽ ἐλπίδι, κέρδεσιν εἴκων,
μήτε κτεῖνε θεῶν ὅρκια συνθέμενος.
1179. Κύρνε, θεοὺς αἰδοῦ καὶ δείδιθι· τοῦτο γὰρ ἄνδρα
εἴργει μήθ᾽ ἔρδειν μήτε λέγειν ἀσεβῆ.
δημόφαγον δὲ τύραννον, ὅπως ἐθέλεις, κατακλῖναι
οὐ νέμεσις πρὸς θεῶν γίνεται οὐδεμία.[1]

V. 39 ff. spricht ein Mann, welcher in dem Tyrannen den zwar
unerwünschten, aber notwendig kommenden strengen Richter und
Bändiger seiner frevelnden Standesgenossen sieht, V. 1081 a ff.
bingegen ein echter Demokrat, für welchen der Tyrann nur der
Frevler, der Erreger des Bürgerkrieges, der Zerstörer des δῆμος
ist, der unter den verderbten ἡγεμόνες, den Adligen, erstehen wird.
Wohl hat auch der erste Dichter Solons Worte vor Augen (fr. 4,5):
αὐτοὶ δὲ φθείρειν μεγάλην πόλιν ἀφραδίῃσιν
ἀστοὶ βούλονται, χρήμασι πειθόμενοι,
δήμου θ᾽ ἡγεμόνων ἄδικος νόος οἷσιν ἕτοιμον
ὕβριος ἐκ μεγάλης ἄλγεα πολλὰ παθεῖν.
Aber er formt sie nach seinem politischen Standpunkt um; treuer
spiegelt die solonische Grundauffassung der zweite Dichter wieder,
dessen Ansichten ungefähr V. 1179—82 entsprechen mögen.[2]

---

[1]) Die Worte ὅπως ἐθέλεις nehmen Bezug auf θεῶν ὅρκια συνθέμενος. Eben darum muss man 1170. 80 wirklich mit 1181. 82
verbinden.

[2]) Mit den Versen 823. 824 und 1179—82 sind zu vergleichen
364. Εὖ κώτιλλε τὸν ἐχθρόν· ὅταν δ᾽ ὑποχείριος ἔλθῃ τεῖσαί νιν,

Zu ähnlichem Ergebnis führt uns die Betrachtung des folgenden Liederpaares:

53. *Κύρνε, πόλις μὲν ἔθ' ἥδε πόλις, λαοὶ δὲ δὴ ἄλλοι·*
οἳ πρόσθ' οὔτε δίκας ᾔδεσαν οὔτε νόμους,
ἀλλ' ἀμφὶ πλευρῇσι δορὰς αἰγῶν κατέτριβον,
ἔξω δ' ὥστ' ἔλαφοι τῆσδ' ἐνέμοντο πόλεος —
καὶ νῦν εἰσ' ἀγαθοί, Πολυπαΐδη· οἱ δὲ πρὶν ἐσθλοὶ
νῦν δειλοί. τίς κεν ταῦτ' ἀνέχοιτ' ἐσορῶν;
ἀλλήλους δ' ἀπατῶσιν ἐπ' ἀλλήλοισι γελῶντες,
οὔτε κακῶν γνώμας εἰδότες οὔτ' ἀγαθῶν.[1]

πρόφασιν μηδεμίαν θέμενος: 815 *Βοῦς μοι ἐπὶ γλώσσης κρατερῷ ποδὶ λὰξ ἐπιβαίνων ἴσχει κωτίλλειν καίπερ ἐπιστάμενον.* 1041 *Δεῦρο σὺν αὐλητῆρι· παρὰ κλαίοντι γελῶντες πίνωμεν, κείνου κήδεσι τερπόμενοι:* 1217 *Μήποτε παρ κλαίοντα καθεζόμενοι γελάσωμεν τοῖς αὐτῶν ἀγαθοῖς, Κύρν', ἐπιτερπόμενοι.* 949 *Νεβρὸν ὑπὲξ ἐλάφοιο:* 889 *Ἀλλ' αἰσχρὸν παρεόντα.* 531—534: 825—830 und ähnliche. Zu vergleichen sind derartige Stellen mit den kurzen Liedern des Solon gegen Mimnermos. Die Sitte, „offene Briefe" zu senden, ist doch wohl noch nicht erfunden; wenn doch der kolophonische Dichter persönlich angeredet wird, so kann die Erklärung nur sein, dass seine Lieder in Athen beim Gelage gesungen wurden und hierbei Solon seinen Einspruch that. Lied und Antwort erkennen wir trotz der Stellung auch in den Versen der Theognis-Sammlung.

[1]) Auch hier hat man, wie in den Versen 19—26 (vgl. Excurs I) zwei Teile geschieden und V. 57—60 einem andern Dichter zugesprochen. Dass V. 53—56 einen Nachsatz, der im Allgemeinen V. 57—60 entspricht, verlangen, diese aber einen Vordersatz, ähnlich dem erhaltenen, voraussetzen, entscheidet freilich nicht. Dennoch halte ich die Einheit des Ganzen für sicher. Noch ist die Stadt eine solche im wahren Sinn (mit Recht und Gesetz, vgl. Herondas 2, 55 *ᾤκει πόλιν γὰρ* und Ähnliches) aber die Bürger sind andere (*λαοί* wie 776); denn diejenigen, welche vorher von der *πόλις*, von Recht und Gericht, keine Ahnung hatten, vielmehr scheu wie Hirsche ausserhalb der Mauern flüchtig umherschweiften — man erwartet als Fortsetzung: „die sind jetzt in die Stadt gezogen und haben als Vollbürger die Entscheidung in Händen"; aber der Dichter verletzt in seiner Entrüstung die Construction und verfolgt den Nebengedanken „die sind nun tapfer und stolz, die echten *ἄνδρες ἀγαθοί*, und die früher Tapferen feige. Wer kann das mit ansehen?" Dass ihm dennoch der Hauptgedanke noch in der Erinnerung schwebt, zeigt die Fortsetzung: „jetzt kennen sie freilich Gesetz und Gericht, als Vollbürger — darum betrügen sie sich darin unter

1109. Κύρν' οἱ πρόσϑ' ἀγαϑοὶ νῦν αὖ κακοί, οἱ δὲ κακοὶ πρὶν
νῦν ἀγαϑοί· τίς κεν ταῦτ' ἀνέχοιτ' ἐσορῶν,
τοὺς ἀγαϑοὺς μὲν ἀτιμοτέρους, κακίους δὲ λαχόντας
τιμῆς; μνηστεύει δ' ἐκ κακοῦ ἐσϑλὸς ἀνήρ.
ἀλλήλους δ' ἀπατῶντες ἐπ' ἀλλήλοισι γελῶσιν,
οὔτ' ἀγαϑῶν μνήμην εἰδότες οὔτε κακῶν.

A ich hier verstehe ich nicht, wie man einem boshaften Schreiber
di: Änderungen zuweisen kann; sie sind dazu viel zu einschneidend.
U:n den Gegensatz des alten Stadtadels zu einem früher *de facto*
rechtlosen Landvolk handelt es sich in dem ersten Gedicht; um
pclitische Bewegungen innerhalb der verschiedenen Bürgerklassen
einer Stadt im zweiten; daher ist V. 53—56 in der Nachbildung
kɛum berücksichtigt. Das Wort ἀγαϑοί aber hat eine andere Bedeutung empfangen, wie uns schon der matte Zusatz τοὺς ἀγαϑοὺς
μὲν ἀτιμοτέρους, κακίους δὲ λαχόντας τιμῆς und mehr noch
der Flickvers μνηστεύει δ' ἐκ κακοῦ ἐσϑλὸς ἀνήρ zeigt. Es

einander; denn für das wirklich sittlich Gute und Böse haben sie
doch kein Verständnis". Eben darum aber ist, trotz der fortbe-
stehenden νόμοι und δίκαι, die πόλις nur noch äusserlich, was sie
war. So stellt sich οὔτε κακῶν γνώμας εἰδότες οὔτ' ἀγαϑῶν inhaltlich
dem οὔτε δίκας ᾔδεσαν οὔτε νόμους gegenüber (vgl. 832 γνώμη ἀμφοτέρων die scheidende Erkenntnis und richtige Würdigung). Ich
würde eher zwischen V. 56 und 57 den Ausfall eines Distichons
annehmen, als die beiden Teile trennen. Aber auch dies scheint
nicht nötig und der zu ergänzende Gedanke (die sind jetzt die
λα:οί oder ἀστοί) so kurz und selbstverständlich, dass ein volles
Distichon eher Störendes hineinbringen müsste; die Ausführung
des ersten Relativsatzes in V. 55. 56 (ἔξω δὲ) erklärt genugsam das
Aufgeben der Construction in V. 57; die Schwierigkeiten, welche
V. 60 bietet, bleiben genau so gross, ob wir ihn dem Dichter der
ersten Hälfte oder einem wenig jüngeren Fälscher zuweisen. Denn
genau wie V. 23—26 könnte auch V. 57—60, wenn nicht von dem
ersten Dichter (Theognis) nur von einem planmässigen Fälscher
herrühren, einem Fälscher, welcher doch noch etwas anders ver-
fuhr, als wer etwa einen Spruch in des Theognis Art dichtend
mit der Anrede Κύρνε versah. Und dieser Fälscher müsste vor
Xenophon und für diesen unerkennbar gearbeitet haben (vgl.
V. 23 ff. 191 ff. und Excurs I). Dies aber zu erweisen sind die
bisher vorgebrachten Argumente viel zu schwach. Die Identität
des Πολυπαΐδης mit Κύρνος steht, seit wir auf Xenophon zurückgehen können, absolut sicher; der Dichter von 1109—1114 setzt sie
übrigens auch voraus.

bezeichnet die herrschende Classe, die von der Väter Erbschaft her auf die τιμή Anspruch hat, die äussere Stellung des Adels, während es an der ersten Stelle überwiegend tapfer, selbstvertrauend heisst. Die politische Bedeutung der Worte κακός und ἀγαθός ist hier fühlbar; sie aber bringt kein elender Schreiber, sondern nur ein alter Nachdichter herein.[1]

Sind die Verse 39—42 und 53—60 von Theognis — und dies ist nach den früheren Ausführungen und inneren Gründen recht wahrscheinlich — so stammen 1080 a—d und 1109—14 von einem andern Dichter, welcher Sentenzen des Theognis für andere politische Verhältnisse und vielleicht für eine andere Stadt zurechtschnitt.[2] Aber auch er gebraucht ruhig beide Male den Namen

---

[1]) Allerdings ist mit dieser politischen Bedeutung der beiden Wörter sehr viel Unfug getrieben worden; aber ganz leugnen hätte sie Hiller (Jahrb. 1881, S. 461) nicht dürfen. Man vergleiche die Verwendung des Admetos-Liedes bei Aristophanes, welcher auf politische Parteien deutet; man vergleiche vor allem des Euenos Lied bei Theognis 667—682.

[2]) Es ist mit Theognis selbst dann ähnlich gegangen wie z. B. mit Tyrtaios, welcher von dem heimkehrenden Helden singt (12, 37): πάντες μιν τιμῶσιν ὁμῶς νέοι ἠδὲ παλαιοί, πολλὰ δὲ τερπνὰ παθὼν ἔρχεται εἰς Ἀΐδην, γηράσκων ἀστοῖσι μεταπρέπει, οὐδέ τις αὐτὸν βλάπτειν οὔτ᾽ αἰδοῦς οὔτε δίκης ἐθέλει. πάντες δ᾽ ἐν θώκοισιν ὁμῶς νέοι οἵ τε κατ᾽ αὐτὸν εἴκουσ᾽ ἐκ χώρης οἵ τε παλαιότεροι. Der für eine andere Stadt und minder kriegerische Gesellschaft dichtende Nachahmer setzt für das Heldentum nur die in ihrer Farblosigkeit charakteristischen Worte ἀρετὴ καὶ κάλλος ein und vermeidet nach Kräften die schleppenden Wiederholungen des Originals; vgl. V. 933: παύροις ἀνθρώπων ἀρετὴ καὶ κάλλος ὀπηδεῖ· ὄλβιος, ὃς τούτων ἀμφοτέρων ἔλαχεν. πάντες μιν τιμῶσιν· ὁμῶς νέοι οἵ τε κατ᾽ αὐτὸν χώρης εἴκουσιν, τοί τε παλαιότεροι. γηράσκων ἀστοῖσι μεταπρέπει, οὐδέ τις αὐτὸν βλάπτειν οὔτ᾽ αἰδοῦς οὔτε δίκης ἐθέλει. So wenig, wie man hier das Hereinbringen der καλοκαγαθία einem „Schreiber" zuweisen darf, so wenig auch die oben besprochenen Änderungen theognideischer Verse. Der Übergang von derartigen Änderungen zu solchen wie 1069: Ἄφρονες ἄνθρωποι καὶ νήπιοι, οἵ τε θανόντας κλαίουσ᾽, οὐδ᾽ ἥβης ἄνθος ἀπολλύμενον und 1039: Ἄφρονες ἄνθρωποι καὶ νήπιοι, οἵτινες οἶνον μὴ πίνουσ᾽ ἄστρου τοῦ κυνὸς ἀρχομένου ist nicht mehr gross. Das Tyrtaios-Beispiel ist übrigens lehrreich auch für die Behandlung von V. 429—438, bei welchen Bergks Vermutung doch etwas zu siegesgewiss von Heimsoeth, Krüger u. A. zurückgewiesen und die Übereinstimmung des Plato und Aristoteles mit den jüngeren Zeugen gar zu leicht genommen wird.

Kyrnos ein. Die dadurch entstehende Unsicherheit erhöht sich, wenn wir die übrigen wiederholten Gedichte, deren Verzeichnis Schneidewin, Studemund und Schäfer geben, ebenso auffassen. Auch in ihnen sind öfters noch individuelle Züge verwischt, so in V. 1071—74 die in dem letzten der beiden Gedichte 213. 14 und 215—18 unverkennbare Entlehnung aus der allbekannten Vorschrift eines Liedes aus dem thebanischen Sagenkreis.[1] Ist aber somit ein ziemlich freies Schalten verschiedener jüngerer, namenloser Dichter mit theognideischen Gut erwiesen, so führt dies notwendig weiter. So lange man in den wiederholten Liedern noch naiver Weise die naive Freude des Theognis selbst an einem besonders fein gelungenen Gedanken sah, mochte man auch die Wiederholung eines Verses in ganz verschiedenen Gedichten als eine beabsichtigte Feinheit, eine Nachahmung Homers, rühmen. Wir werden jetzt in all diesen Fällen lieber verschiedene Dichter annehmen, so wenn 539. 540 der einzig erhaltene Schluss eines längeren Gedichts und das kurze Liedchen 549—554 mit demselben Vers enden: εἰ μὴ ἐμὴν γνώμην ἐξαπατῶσι θεοί, welcher an erster Stelle volle Bedeutung zu haben scheint, an zweiter leerer Flickvers ist. Und doch sind beide Lieder an Kyrnos gerichtet! Ähnlich betrachte ich sogar Wiederholungen, wie:

219. Μηδὲν ἄγαν ἄσχαλλε ταρασσομένων πολιητέων,
        Κύρνε, μέσην δ᾽ ἔρχευ τὴν ὁδόν, ὥσπερ ἐγά.[2]

---

[1]) Wahrscheinlich wirkte auf den Verfasser von 215—218 auch Pindar fr. 43 (bei Athen. XII, 513 C aus derselben Quelle wie VII, 317, nämlich aus Klearch; es ist leicht erkennbare Einlage. Vgl. ausserdem Vol. Hercul. VIII, 51, wo in Pindars Worten προστρέπων für προσφέρων überliefert ist), vgl. ὁμίλει — προσομιλήσῃ, ἀλλοῖα φρόνει — σοφίη, προστρέπων — ἀτροπίης. Enger ist natürlich der Anschluss an das epische Stück; er erklärt uns auch die schleppende Zufügung des matten letzten Pentameters. Es ist hier ähnlich wie mit V. 15—18 gegangen, welche aus Hesiod entlehnt sind (vgl. Usener, Altgriech. Versbau S. 53). Der letzte Pentameter ist etwas geschickter, aber doch auch nur metri causa angefügt. Über V. 621 vgl. Usener S. 52. Ob das wenig gelungene Lied 215—18 dem Theognis gehört, ist natürlich ganz unsicher; mit dem an Kyrnos gerichteten 213. 214 hängt es nicht zusammen, doch kannte beide neben einander der Verfasser von 1071—1074.

[2]) Der Hauptton liegt auf μηδὲν ἄγαν und μέσην ἔρχευ. Aber beide Sprüche sind, echt poetisch, auf einen bestimmten Fall bezogen.

335. *Μηδὲν ἄγαν σπεύδειν, πάντων μέσ' ἄριστα· καὶ οὕτως,*
Κύρν', ἕξεις ἀρετήν, ἥντε λαβεῖν χαλεπόν.

Individuelle Färbung trägt das erste, verallgemeinert ist die Sentenz
im zweiten, welches lediglich drei Sprüche der sieben Weisen zu
einem Ganzen componiert, doch so, dass noch jetzt die matte Zufügung der letzten Gnome fühlbar bleibt. Ein Gegenstück zu dem
zweiten ist 401—406 (vgl. Diog. Laert. I, 41; Schol. zu Eur.
Hippolyt. 264). Ähnlich scheint mir die breite und individuelle
Ausführung V. 65—68 verkürzt zu 235. 236. Auf den Untergang
der mächtigen Stadt Magnesia, dessen schon Archilochos (fr. 20,
vgl. Suidas *Μαγνήτων κακά*) gedenkt, bezieht sich ein offenbar
sehr altes Distichon:

603. *Τοιάδε καὶ Μάγνητας ἀπώλεσεν ἔργα καὶ ὕβρις,*
οἷα τὰ νῦν ἱερὴν τήνδε πόλιν κατέχει.

Denselben Gedanken, aber erweitert durch die Erwähnung einer
andern vernichteten Stadt, deren Geschick ebenfalls sprichwörtlich
geworden war, zeigt mit Ansprache an Kyrnos V. 1103:

Ὕβρις καὶ Μάγνητας ἀπώλεσε καὶ Κολοφῶνα
καὶ Σμύρνην. πάντως, Κύρνε, καὶ ὕμμ' ἀπολεῖ.

Vgl. Diogenian V, 79 *Κολοφωνία ὕβρις* mit den Zusätzen der
Sylloge V B. Aber das Loos der ionischen Städte ist für das
eigentliche Griechenland viel zu fernliegend. Mit Erinnerung an
das allbekannte homerische Wort *οἶνος καὶ Κένταυρον* (Od. XXI,
295) und den für sein Publikum anschaulicheren Mythos macht
daher daraus im Mutterland ein anderer Dichter:

541. *Δειμαίνω μὴ τήνδε πόλιν, Πολυπαΐδη, ὕβρις,*
ἥπερ Κενταύρους ὠμοφάγους ὄλεσεν.

Von Theognis kann vielleicht das letzte Distichon sein; sicher
dann nicht zugleich V. 1103. 1104. Das gehört einem ionischen
Dichter, ist aber durch Zufügung des Wortes *Κύρνε* nachträglich
zum theognideischen umgearbeitet. Es folgt unmittelbar 1104a—b,
eine Umbildung des Spruches 571. 572.

Klarer und entscheidender ist ein anderes Verspaar, dessen
Bedeutung Usener (Jahrbücher 117, 69) hervorgehoben hat:

147. *ἐν δὲ δικαιοσύνῃ συλλήβδην πᾶσ' ἀρετή ἐστιν·*
πᾶς δέ τ' ἀνὴρ ἀγαθός, Κύρνε, δίκαιος ἐών.

Mit Recht nennt er den Hexameter reine Prosa, den Pentameter
mit dem Kennwort *Κύρνε* inhaltleer. Da nun Aristoteles (Eth.
Nik. V, 3. Vgl. die Scholien) den Hexameter als altes Sprichwort,

Theophrast denselben einmal als phokylideisch, einmal als theognideisch erwähnt, die metrische Gestaltung des Hexameters aber
von den überwiegend in der Sammlung befolgten Regeln abweicht,
so ist in der That der Schluss kaum abzuweisen, „dass ein als
Sprichwort umlaufender alter Hexameter durch Anfügung eines
inhaltlosen Pentameters mit Anrede an Kyrnos zu einem theognideischen Distichon gestempelt worden ist."

Dann ist freilich die notwendige Folgerung, dass zwar nicht
Aristoteles, wohl aber schon Theophrast nicht mehr den echten
Theognis, sondern einen interpolierten oder gar unsere Sammlung
als Theognis las. Das führt notwendig zu der Frage: wann
sollen die nicht von Theognis stammenden Stücke in unsere
Sammlung gekommen sein?

Die Beantwortung dieser Frage, welche zuerst Welcker versuchte, hat auch in neuerer Zeit wieder Beifall und bei Nietzsche
und Sitzler ungefähr folgende Darstellung gefunden. Weil Plutarch
in der Lebensbeschreibung Solons die diesem gehörigen Gedichte
(aus Aristoteles)[1] als solonisch anführt, trotzdem sich Bruchstücke
daraus in unserer Sammlung finden, weil er ferner an anderem
Ort (nach Aristoteles) Vers 472 derselben dem Euenos zuschreibt,
und weil dagegen zwei Stellen, welche er als theognideisch erwähnt (175—178. 215. 216), wirklich in derselben stehen, so sind
die Lieder jener Dichter nach Plutarchs Zeit von einem Schulmeister
in die Sammlung eingetragen! Hierzu muss Dion Chrysostomos,
welcher die Sprüche des Phokylides und Theognis als δημοτική
nicht aber βασιλικὴ ποίησις erwähnt, das „entscheidende Zeugnis"
fügen, dass zu seiner Zeit in unserer Sammlung noch keine Trink-
und Liebeslieder enthalten waren, und Kaiser Julians Vergleich
des Theognis, Phokylides, Isokrates mit den Sprüchen Salomos und
Kyrills Kritik, jene seien nützlich, aber trivial, wie für Kinder berechnet, müssen dasselbe sogar für das vierte Jahrhundert bezeugen.[2]

---

[1]) So glaube ich trotz Bruno Keils Buch, auf welches ich an diesem
Ort nicht eingehen kann, noch jetzt. Für die Frage selbst ist es
natürlich gleichgiltig, ob Plutarch die Gedichte einem Autor, welcher
vor Aristoteles oder zwischen Aristoteles und ihm steht, verdankt.

[2]) Unbequem blieb dabei natürlich Athenaios VII, 310 A, welcher
ja ausdrücklich bezeugt, dass er ἡδυπαθητικά und παιδικά in seinem
Theognis gelesen hat und 997 ff. 993 ff. als Proben anführt. Ein
Trost nur, dass er wenigstens das zweite Buch (welches doch als

Freilich zu des Stobaios Zeit war die Sammlung schon arg interpoliert, aber auch er kannte doch wenigstens das zweite Buch
noch nicht! Dies ist erst zwischen dem sechsten und zehnten
Jahrhundert zugefügt. Natürlich musste es demzufolge auch als
Machwerk byzantinischer geiler Dichterlinge erwiesen werden. —
Merkwürdig ist dabei nur, dass alle diese Interpolatoren vom
fünften bis vielleicht zum neunten Jahrhundert n. Chr. noch Verse
aus der kyklischen Ödipodie oder Lieder, welche tanagräische
Zecher im fünften Jahrhundert v. Chr. sangen, benutzen, dass ihre
wenig früheren Genossen Einlagen aus den Elegieen uns spurlos
verschollener euboeischer, thebanischer, spartanischer Dichter
machen, dass sie um die lelantische Flur oder Magnesias Geschick
sich härmen, ihrer Zeit aber nie gedenken, dass sie als Vorbilder
nur Homer und die Homeriden, Hesiod, Solon, Tyrtaios nehmen,
wogegen uns keine Spur auf die Glossenspielerei der Alexandriner
oder ihres späten Nachfolgers Nonnos weist, keiner der Dichter
der Sammlung des Agathias mit ihnen auch nur die entfernteste
Verwandtschaft zeigt. Sprache, Metrik, Art der Dichtung und
Interessenkreis aller Dichter in unserer Sammlung, im ersten wie
im zweiten Buch, weisen zwingend auf die Zeit vor Alexander;
dies Fehlen aller jüngeren Spuren muss die Sammlung datieren.
Es ist Hillers Verdienst, diesen Grundsatz Bergks wieder scharf
betont zu haben. Dann war sie freilich nicht bestimmt, eine
Ausgabe des Theognis zu bieten, und damit sind alle Folgerungen
aus den von Nietzsche und Sitzler angeführten Stellen wertlos.
Nicht einmal das können dieselben bei besonnener Abwägung ergeben, dass Dion, Julian oder gar Kyrill noch den echten Theognis

theognideisch nie ausgegeben ist) nicht kannte; er hätte es ja
sonst notwendig erwähnen müssen! Man übersieht dabei die
Anlage der Stelle, dass nämlich Athenaios in seine lexikalische
Quelle ohne Anlass einen recht boshaften Zusatz, ein beliebiges
Theognis-Gedicht, welches ihm gerade einfällt, einreiht und aus
weiterer Bosheit das nächststehende hinzufügt. Eine Folgerung *ex silentio* wäre dabei unter allen Umständen unmöglich, der
einzig sichere Schluss ist der, dass Athenaios unsere Sammlung
als Theognis las. Im Ganzen ergeben übrigens die angeführten
Stellen weit mehr eine Abneigung des überreizten Geschmackes
der Zeit gegen die trivial gewordenen alten Weisheitssprüche,
als Vorliebe für sie und erklären die angenommenen späten Inter-
polationen nicht, sondern machen sie unverständlich.

lasen. Wohl aber steht für uns vollkommen sicher, dass ausser Stobaios und Athenaios auch Clemens von Alexandrien unsere Sammlung irrtümlich für „den Theognis" hielt.[1] Ich glaube, die Existenz derselben schon im Anfang des dritten Jahrhunderts v. Chr. durch die Nachahmungen wahrscheinlich machen zu können. Ich habe im *Index Lection. Rostoch.* 1891/92, p. 8, darauf hingewiesen, dass Epigramm 28 des Kallimachos

Ἐχϑαίρω τὸ ποίημα τὸ κυκλικόν, οὐδὲ κελεύϑῳ
χαίρω, τίς πολλοὺς ὧδε καὶ ὧδε φέρει·
μισέω καὶ περίφοιτον ἐρώμενον οὐδ' ἀπὸ κρήνης
πίνω· σικχαίνω πάντα τὰ δημόσια.
Λυσανίη, σὺ δὲ ναιχὶ καλὸς καλός — ἀλλὰ πρὶν εἰπεῖν
τοῦτο σαφῶς, Ἠχώ φησί τις „ἄλλος ἔχει".

zu erklären ist aus Theognis 959 ff.:

Ἔστε μὲν αὐτὸς ἔπινον ἀπὸ κρήνης μελανίδρου
ἡδύ τέως ἐδόκει καὶ καλὸν εἶμεν ὕδωρ·
νῦν δ' ἤδη τεϑόλωται, ὕδωρ δ' ἀναμίσγεται ἰλυῖ·
ἄλλης δὴ κρήνης πίομαι ἢ ποταμοῦ.

Aber verbunden mit dem Verweis auf 959 scheint bei Kallimachos auch eine Anspielung auf V. 579 ff.: Ἐχϑαίρω κακὸν ἄνδρα καλυψαμένη δὲ πάρειμι σμικρῆς ὄρνιϑος κοῦφον ἔχουσα νόον. — Ἐχϑαίρω δὲ γυναῖκα περίδρομον κτλ. Wenigstens scheint Antipater von Thessalonike es in der beissenden Antwort XI, 31, 3 so verstanden zu haben: ὡς κακὸν ἄνδρα ταρβέω καὶ μύϑων μνήμονας ὑδροπότας. Theognideischer Ursprung ist für 959 ff. wenig wahrscheinlich, für 579 ff. ausgeschlossen. — Kallimachos in dem Gedicht auf das Haar der Berenike fr. 35c: ⟨Ζεῦ φίλε, πᾶν⟩ Χαλύβων ὡς ἀπόλοιτο γένος bildet V. 894 unserer Sammlung nach: ὡς δὴ Κυψελιδῶν Ζεὺς ὀλέσειε γένος, welcher von Theognis kaum herstammen kann. Kallimachos fr. 460: Μουσέων δ' οὐ μάλα φειδὸς ἐγώ ahmt V. 769 unserer Sammlung

---

[1] Für Stobaios selbst ist dies von Bergk endgiltig erwiesen, wenn auch natürlich nicht notwendig folgt, dass einzelne Disticha bei ihm nicht durch ältere Quellen aus dem echten Theognis hinzugekommen sein mögen. Für Clemens folgt es aus Strom. VI, 263 S., wo dem echten Solonwort die in unserer Sammlung erhaltene Umbildung als theognideisch gegenübergestellt wird. Über das Urflorilegium ist bei den starken Discrepanzen der Lesungen bei Clemens und Stobaios ein Urteil nicht möglich.

nach: *Χρὴ Μουσῶν θεράποντα καὶ ἄγγελον, εἴ τι περισσὸν εἰδείη, σοφίης μὴ φθονερὸν τελέθειν,* welche kaum aus Theognis stammen. Auch Kallimachos Epigr. VII, 1: *Ἦλθε Θεαίτητος καθαρὴν ὁδόν* kann mit Erinnerung an V. 945 *Εἶμι παρὰ σταθμὴν ὀρθὴν ὁδόν* gedichtet sein, bei welchem nichts für theognideischen Ursprung spricht. Das Gleichnis des Kallimachos Epigr. XLV, 3: *ἦλθεν ὁ βοῦς ὑπ᾽ ἄροτρον ἑκούσιος* kann an V. 371 erinnern: *Μή μ᾽ ἀέκοντα βίῃ κεντῶν ὑπ᾽ ἄμαξαν ἔλαυνε, εἰς φιλότητα λίην, Κύρνε, προσελκόμενος.* Desselben Epigramm XXVI, 1 klingt an V. 1156 unserer Sammlung an. Poseidipps Epigr. XII, 168, 4: *ὅστις ἐρῶν ἔτυχεν* erinnert an V. 256: *τοῦ τις ἐρῷτο τυχεῖν*, also einen nichttheognideischen Vers; Diotimos von Athen Anth. VII, 420 bildet mit dem Epigrammanfang: *Ἐλπίδες ἀνθρώπων, ἐλαφραὶ θεαί* Vers 729 nach *Φροντίδες ἀνθρώπων ἔλαχον πτερὰ ποικίλ᾽ ἔχουσαι*, welcher durchaus unbestimmter Herkunft ist. Auch Catull 85: *Odi et amo; quare id faciam, fortasse requiris. Nescio, sed fieri sentio et excrucior* scheint durch Vermittelung eines alten alexandrinischen Liedes zusammenzuhängen mit V. 1091: *Ἀργαλέως μοι θυμὸς ἔχει περὶ σῆς φιλότητος· οὔτε γὰρ ἐχθαίρειν οὔτε φιλεῖν δύναμαι, γινώσκων χαλεπὸν μέν, ὅταν φίλος ἀνδρὶ γένηται, ἐχθαίρειν, χαλεπὸν δ᾽ οὐκ ἐθέλοντα φιλεῖν.* Ich erwähne endlich noch Meleager V. 184, welcher in einzelnen Worten V. 599—602 nachzuahmen scheint. [1]

Dass manche der angeführten Stellen unsicher sind, weiss ich ebensowohl, wie dass ich niemand widerlegen kann, der annimmt, Kallimachos habe nicht unsere Sammlung, sondern deren Quellen, die Elegieen des Euboeers, der Frau u. s. w. direkt benutzt, oder Poseidipp kenne das *Δηλιακὸν ἐπίγραμμα* aus Aristoteles. Wer sich aber erinnert, dass nach Useners Schlüssen aus V. 147 hoch wahrscheinlich ist, dass schon Theophrast unsere Sammlung las und für Theognis hielt, wird diesen Stellen wenigstens einiges Gewicht beimessen, umsomehr, wenn sich unser Theognis-Buch als Sammlung von Liedern für das Gelage dartun und die Epigrammatik der älteren Alexandriner als Fortbildung dieser Gelage-Elegieen erweisen lässt.

---

[1] Eine Benutzung des echten (?) Theognis zeigt wohl auch Simmias VII, 193, 4 *τερπνὰ δι᾽ ἀγλώσσου φθεγγομένα στόματος* (benutzt von Antiphilos VII, 641, 2 *ἀγλώσσῳ φθεγγόμενον στόματι*) vgl. V. 1230 *τεθνηκὼς ζωῷ φθεγγόμενος στόματι.*

Die herrschende Meinung betrachtet allerdings die uns vor-liegende Sammlung als misslungenes Schulbuch (zu welchem das zweite Buch etwa die Parodie giebt) und meint, dadurch seine wunderliche Anlage erklären zu können.[1] Ich bin der Meinung, dass keine Vermutung über Theognis je so willkürlich war und die Forschung so verhängnisvoll aufgehalten hat, als diese Schulbuch-Hypothese, welche nichts erklärt, wohl aber unlösliche Schwierig-keiten schafft.

Soweit ich sehe, fand sie ihren Ausgangspunkt und Anhalt an zwei eng übereinstimmenden Stellen des Isokrates und Plato. Ersterer schildert bekanntlich in der Rede an Nikokles § 43 die durchgängige Abneigung des grossen Publikums gegen alles Lehr-hafte und Sententiöse; Gedichte oder Prosaschriften dieses Inhalts lobe jeder, aber keiner höre sie gern. Wenn etwa Jemand aus Hesiod, Theognis und Phokylides, welche doch allgemein die besten Berater für's Leben hiessen, die Gnomen, also die Kern-punkte ihrer Dichtung, auswählte und vereinigte — das Publikum würde die schlechteste Komödie lieber als einen derartigen Vortrag hören. Isokrates spricht also nicht im geringsten von der Schule und dem Jugendunterricht,[2] nicht von einer Sammlung, welche er erwartet und anrät — der Rhetor, welcher so oft mit den Dichtern rivalisiert, braucht zur Vergleichung für seine Kunstrede einen durchaus fingierten Fall, ein literarisches Unternehmen, dessen notwendigen Misserfolg jeder voraussieht — endlich nicht von einer Sammlung in bestimmten Metrum. Es ist unmöglich, aus diesen Worten für unsere Sammlung irgendwelche Folgerung zu

---

[1]) Nur Bergk hält ausserdem mit unklaren Worten Benutzung beim Gelage für möglich, und Hiller weist zwar jede Verbindung mit der Schule ohne nähere Begründung zurück, will aber dafür, recht wenig überzeugend, aus dem gelehrten Interesse eines Lite-rators, welcher über allerart handschriftlichen Nachlass aus des Theognis Privatbesitz geriet, unser Buch erklären. Da er selbst nicht näher hierauf eingegangen ist, verzichte auch ich auf den Versuch einer Widerlegung. Hätte man Welckers Andeutungen folgen wollen, so hätte man von Anfang an die allmähliche Um-wandlung einer Art von Lehrbuch zum Commersbuch annehmen müssen, aber eben dann auch das Unpassende der Voraussetzung und die Grundlosigkeit und Unmöglichkeit der „Interpolations-Theorie" empfunden.

[2]) Weit eher, oder vielmehr sicher, von der Unterhaltung der Männer.

ziehen. Nicht mehr ergiebt die Platostelle (*de leg.* VII, 810 E):
λέγω μὴν ὅτι ποιηταί τε ἡμῖν εἰσί τινες ἐπᾶν ἐξαμέτρων
πάμπολλοι καὶ τριμέτρων καὶ πάντων δὴ τῶν λεγομένων
μέτρων, οἱ μὲν ἐπὶ σπουδὴν οἱ δ' ἐπὶ γέλωτα ὡρμηκότες. ἐν
οἷς φασι δεῖν οἱ πολλάκις μύριοι τοὺς ὀρθῶς παιδευομένους
τῶν νέων τρέφειν καὶ διακορεῖς ποιεῖν, πολυηκόους τ' ἐν ταῖς
ἀναγνώσεσι ποιοῦντας καὶ πολυμαθεῖς, ὅλους ποιητὰς ἐκμαν-
θάνοντας· οἱ δὲ ἐκ πάντων κεφάλαια ἐκλέξαντες καί τινας
ὅλας ῥήσεις εἰς ταὐτὸ ξυναγαγόντες ἐκμανθάνειν φασὶ δεῖν
εἰς μνήμην τιθεμένους, εἰ μέλλει τις ἀγαθὸς ἡμῖν καὶ σοφὸς
ἐκ πολυπειρίας καὶ πολυμαθίας γενέσθαι. Hier handelt es
sich allerdings um Jugendunterricht und wirklichen Brauch, aber
Plato bezeugt, dass die überwiegende Mehrzahl der Lehrer den
Jünglingen möglichst viele der verschiedensten Dichtungen vollständig
in die Hand giebt, während einige dagegen aus allen Dichtern
und Dichtungsarten, ernsten wie heitern, Epos, Lyrik und Drama
einzelne Hauptstücke herausheben, wobei der Neigung der Zeit
entsprechend das Drama besonders stark herangezogen scheint,
und diese Anthologie auswendig lernen lassen. Von Theognis ist
keine Rede, die Beschränkung auf ein Metrum mit klaren Worten
ausgeschlossen. [1]   Nichts hat die von Plato geschilderte Schul-
Anthologie mit unserer Sammlung gemeinsam. Die Beschränkung
auf die Elegie wäre für eine Sammlung von Weisheitsprüchen für
die höhere Jugend zwecklos, für eine Sammlung der für jeden
Gebildeten notwendigen Hauptstücke der heimischen Literatur in
Athen (und eine solche scheint Plato zu beschreiben), wäre sie
wahnsinnig gewesen. Aber wollte wirklich ein Schulmeister für
ein solches Florilegium (nach dem unpassendsten Gesichtspunkt)
die Sprüche des Theognis zu Grunde legen und durch metrisch
gleichartige Zutaten aus anderen „*auctores idonei*" erweitern, so
mussten diese Erweiterungen für die Schule doch wenigstens einen
Zweck haben.   Man lese nun daraufhin einmal gerade die sicher
nicht-theognideischen Stücke, z. B.:

---

[1]) Noch weniger könnte natürlich aus den Worten des Kyrill
geschlossen werden, die Lieder des Phokylides und Theognis
seien wie Ammengeschwätz zu kleinen Mädchen oder der Pädagogen Mahnreden an die Knaben. Nicht einmal für seine Zeit ist
damit die Benutzung des Theognis in der Schule bezeugt, und
wäre sie es, so ergäbe sich hieraus gar nichts.

1209. *Αἴϑων μὲν γένος εἰμί, πόλιν δ' εὐτείχεα Θήβην*
οἰκῶ πατρῴας γῆς ἀπερυκόμενος.

Oder das folgende Lied des Verbannten vom Lethaios - Gefilde
1211—1216, das Lied des Euboeers 891—894, die des Lakonen
879—884 und 997—1002, oder gar die Lieder der Frau 579—580.
851—864. 257—260. Erkennt man hier Erweiterungen einer
Theognis-Sammlung für die Schule? Oder besser man vergleiche:

939. *Οὐ δύναμαι φωνῇ λίγ' ἀειδέμεν ὥσπερ ἀηδών·*
καὶ γὰρ τὴν προτέρην νύκτ' ἐπὶ κῶμον ἔβην.
οὐδὲ τὸν αὐλητὴν προφασίζομαι· ἀλλά με γῆρυς
ἐκλείπει σοφίης οὐκ ἐπιδευόμενον. —

943. *Ἐγγύϑεν αὐλητῆρος ἀείσομαι ὧδε καταστὰς*
δεξιός, ἀϑανάτοις ϑεοῖσιν ἐπευχόμενος. —

993. *Εἰ ϑείης, Ἀκάδημε, ἐφίμερον ὕμνον ἀείδειν,*
ἆϑλον δ' ἐν μέσσῳ παῖς καλὸν ἄνϑος ἔχων
σοί τ' εἴη καὶ ἐμοὶ ἀρετῆς πέρι δηρισάντων,
γνοίης χ' ὅσσον ὄνων κρέσσονες — ἡμίονοι.

Genug der Beispiele! Ich müsste den dritten Teil der ganzen
Sammlung ausschreiben, um alle Lieder anzuführen, welche gar
nicht für die Schule, sondern allein für das Gelage passen.

Dass für die Schule geschrieben wird, was für den Schüler
nicht passt, soll freilich auch in neuerer und neuester Zeit vorkommen. Aber dann lehrt uns leider der Titel, welchem wir
ungern glauben müssen, dass irgend ein missratenes Lehr- und
Lesebuch für höhere Lehranstalten bestimmt ist. Hier fehlt dafür
gerade dieser Anhalt. Nichts in der Tradition, nichts im Titel,
Einleitung oder Schluss spricht irgend dafür. Nur aus der Auswahl
und Art der Lieder kann ihre Bestimmung gefolgert werden.
Dass *ὑπομνήματα* oder Bücher mit Vortragstücken für die Gelage-
unterhaltung denkbar, ja wahrscheinlich sind, habe ich früher erwiesen. Aus unserer Sammlung ist jetzt zu entscheiden, ob sie
mit diesen oder mit Schulheften identisch war; aber aus der ganzen
Sammlung. Denn eine späte Interpolation, welche an sich unbe-
greiflich wäre und durch keinerlei Zeugnis, durch keinen Anhalt
der Tradition wahrscheinlich gemacht wird, anzunehmen, heisst
willkürlich die entscheidende Frage umgehen. Nun sagt aber schon
Theognis selbst, wo seine Lieder erklingen sollen, V. 239 ff.:

ϑοίνης δὲ καὶ εἰλαπίνῃσι παρέσσῃ
ἐν πάσαις, πολλῶν κείμενος ἐν στόμασιν·
καί σε σὺν αὐλίσκοισι λιγυφϑόγγοις νέοι ἄνδρες
ἐν κώμοις ἐρατοῖς καλά τε καὶ λιγέα
ᾄσονται.

Auch für denjenigen, welcher das Lied einem auf des Theognis
Namen fälschenden etwas jüngeren Dichter zuschreibt, bezeugt es,
dass in alter Zeit die Lieder des megarischen Dichters beim Gelage
gesungen wurden. Wenn uns nun die nicht-theognideischen Stücke
ebenfalls auf das Gelage weisen, so ist Ursprung und Zweck der
Sammlung handgreiflich. Dass unsere Sammlung nicht ein wunderbarer und unerhörter Weise später zu literarischer Verbreitung
gelangtes Schulheft ist, zeigt doch Jedem, der nicht blind sein
will, ihr Eingang. Man vergleiche die vier an Hymnen erinnernden Eingangslieder mit den vier ersten „attischen" Skolien. Wenn
dort zuerst Athene, die Hauptgöttin der Stadt, angerufen wird, so
hier Apollo, der Schirmherr von Megara; dem dritten attischen
Skolion ἐν Δήλῳ ποτ' ἔτικτε τέκνα Λατώ entspricht durchaus
V. 5 ff.: Φοῖβε ἄναξ ὅτε μέν σε ϑεὰ τέκε πότνια Λητώ κτλ.
Wenn in jenem Artemis sofort mit Apollo verbunden ist, so
empfängt sie hier ein eigenes Kurzlied 11—14, und wenn Pan an
den attischen Skolien, welche nunmehr folgen werden, als Gott
heiteren Gesanges selbst seine Freude haben soll, so werden hier
Musen und Charitinnen angerufen, welche ja selbst gesungen haben
ὅττι καλόν, φίλον ἐστί (vgl. V. 1047 καλὰ λέγοντες), und welche
daher alles Schöne freuen muss. Die Vorausstellung dieser vier
Lieder bezeugt, dass unsere Sammlung entweder ein einheitliches, für
literarische Publikation berechnetes Werk oder als Textbuch für einen
bestimmten Anlass gemacht ist, bei welchem Lieder auf die Hauptgottheiten einer Stadt den Eingang bildeten. Ersteres ist unmöglich.
Also ist sie für den Vortrag beim Gelage zusammengestellt. Nun ist
das Dritte dieser Lieder für Megara gemacht (dort hat nach Pausanias
I, 43, 1 Agamemnon den Tempel der Artemis gegründet) und als
theognideisch bezeugt durch Aristoteles. Dem Lied entspricht im
Eingelnen genau V. 1—4, das Lied an Apollo, den Schirmherrn
von Megara, also ist auch dies von Theognis. Natürlich standen
sie auch bei ihm im Eingang selbst, wie wahrscheinlich auch das

folgende Lied 19—26.[1] Also hat auch Theognis selbst sein Buch für die Gelage bestimmt. Damit erklärt sich ebenso einfach einerseits, wie die echte Theognis-Sammlung zu einer allgemeinen Sammlung von ἐλεγεῖα umgestaltet werden konnte, andererseits warum diese neue Sammlung schon von Theophrast und vielen Späteren für Theognis gehalten wurde; die Eingangsgedichte (sowie der grösste Teil von V. 27—189) waren eben von dem megarischen Dichter und wenigstens jene entsprachen dem Eingang der echten Sammlung an Kyrnos. Wir erklären uns dann leicht die Umwandlungen theognideischer Verse in einem anderen Zecherkreis, etwa in Athen, und die Existenz zweier derartiger Sammlungen sowie ihre schliessliche Vereinigung.[2] Auch die Aufnahme von Bruchstücken, manchmal mitten aus einem Satz, ist uns dann ebenso erklärlich (vgl. die attischen Skolien), wie die Nachbildung im zweiten Buch, welches den alten Titel ἐλεγείων β' noch trägt. Denn natürlich kann die Unterhaltung sich auch ein bestimmtes Thema nehmen, wie dies Anakreon fr. 94 andeutet:

Οὐ φιλέω, ὃς κρητῆρι παρὰ πλέῳ οἰνοποτάζων
νείκεα καὶ πόλεμον δακρυόεντα λέγει,
ἀλλ' ὅστις Μουσέων τε καὶ ἀγλαὰ δῶρ' Ἀφροδίτης
συμμίσγων ἐρατῆς μνήσκεται εὐφροσύνης.

Vgl. Poseidipp Anthol. V, 134:

Κεκροπὶ ῥαῖνε λάγυνε πολύδροσον ἰκμάδα Βάκχου,
ῥαῖνε, δροσιζέσθω συμβολικὴ πρόποσις·
σιγάσθω Ζήνων ὁ σοφὸς κύκνος, ἅ τε Κλεάνθους
μοῦσα· μέλοι δ' ἡμῖν ὁ γλυκύπικρος ἔρως.[3]

---

[1] Dies wird notwendig annehmen müssen, wer 237 ff. für echt hält, und wird letztere etwa dem Schluss zuweisen. Aber auch hiervon abgesehen, spricht alles dafür, dass 19—26 nach den Eingangsliedern auf die Heimatsgötter der abgeschlossenen Dichtung vorausgestellt ist. So erklärt sich auch das Praesens σοφιζομένῳ (σοφία heisst die Dichtung) neben τοῖσδε ἔπεσιν.

[2] Die Grenzen der beiden (falls es nicht gar mehrere sind) freilich zu bestimmen, ist unmöglich, da wir uns über das dabei beobachtete Verfahren keine Gewissheit verschaffen können. Ein Zusammenordnen des Gleichartigen ist ja offenbar wenigstens erstrebt.

[3] Der Hymnos des Kleanthes auf Zeus, welcher den beim Anfang des Gelages üblichen Lobgesang in stoische Formen kleidet, giebt die Erklärung. Ist er beim Gelage gesungen, so ist er natürlich auch für dasselbe gedichtet; die Stoiker behielten bei, was die

Nehmen wir also an, die ganze Sammlung sei für das Gelage bestimmt und aus verschiedenen namhaften und wohl auch namenlosen Dichtern zusammengelesen: was würde widersprechen? Die politischen Lieder sicher nicht; die politischen Skolien des Alkaios wurden in Athen beim Gelage noch zu des Aristophanes Zeit gesungen. Oder die kurzen Sentenzen? Sie stimmen zum Teil ja auf das Engste mit den attischen Skolien überein, und Xenophanes verlangt ja gerade für das Gelage ἀνδρῶν δ᾽ αἰνεῖν τοῦτον, ὃς ἐσθλὰ πιὼν ἀναφαίνει, ὥς οἱ μνημόσυν᾽ ἦ καὶ τὸν ὃς ἀμφ᾽ ἀρετῆς und wird nicht in unserer Sammlung Kyrnos immer wieder ermahnt, sich beim Trunk zu den Weisen zu setzen, welche ihm gute Lehren geben können? Auch dass einzelne Gedichte länger sind, kann nicht befremden; wir werden an die Vorträge der συνετώτατοι bei Dikaiarch und die λόγοι des Xenophanes denken (vgl. V. 1055: ἀλλὰ λόγον μὲν τοῦτον ἐάσομεν).

Entscheidend ist für mich, dass sich uns nun auch die schon von Leutsch beobachtete Erscheinung erklärt, dass öfters in unserer Sammlung ein Lied durch das unmittelbar daneben stehende eines anderen Dichters beantwortet oder fortgeführt wird.

579. Ἐχθαίρω κακὸν ἄνδρα, καλυψαμένη δὲ πάρειμι
σμικρῆς ὄρνιθος κοῦφον ἔχουσα νόον. —

581. Ἐχθαίρω δὲ γυναῖκα περίδρομον ἄνδρα τε μάργον,
ὃς τὴν ἀλλοτρίην βούλετ᾽ ἄρουραν ἀροῦν.

595. Ἄνθρωπ᾽ ἀλλήλοισιν ἀπόπροθεν ὦμεν ἑταῖροι ·
πλὴν πλούτου παντὸς χρήματός ἐστι κόρος. —

597. Δὴν δὴ καὶ φίλοι ὦμεν · ἀτάρ τ᾽ ἄλλοισιν ὁμίλει
ἀνδράσιν, οἳ τὸν σὸν μᾶλλον ἴσασι νόον. [1]

Epikureer verschmähten (Athen. V, 179 D). Dann müssen freilich auch von Zenon Skolien oder Ähnliches in der Schule üblich gewesen sein; die Gedichte des Krantor werden wir entsprechend auffassen dürfen. Die Ähnlichkeit des Zeus-Hymnos mit späteren orphischen Gedichten macht uns den Spott des Sositheos (fr. 4) erklärlich οὓς ἡ Κλεάνθους μωρία βοηλατεῖ. Als orphischer βουκόλος wird er damit bezeichnet. Das Epigramm des Poseidipp ist leider nicht zu datieren, sicher nur, dass es in Athen und zwar nach der ersten alexandrinischen Zeit des Epigrammatikers gedichtet ist. Dass Zenon noch am Leben sein muss, folgt daraus durchaus nicht.

[1]) Die Responsion der Verspaare hat weder Bergk noch Schneidewin verstanden, sonst hätte ersterer nicht καὶ durch das

Die tiefernsten Worte Solons, dass der Väter Sünden heimgesucht werden an den Kindern (fr. 13, 31 ἀναίτιοι ἔργα τίνουσιν ἢ παῖδες τούτων ἢ γένος ἐξοπίσω) beschäftigen den Dichter von V. 731—742. Noch bewegt ihn kein Zweifel, oder vielmehr, noch wird der Zweifel nur in der scheuen Form der Bitte „ändere dies, Vater Zeus; lass den Frevler seine Schuld selbst, nicht aber seine gerechten und frommen Kinder für ihn büssen" ausgesprochen; die Worte νῦν δ᾽ ὁ μὲν ἔρδων ἐκφεύγει (Solon εἰ δὲ φύγωσιν) τὸ κακὸν δ᾽ ἄλλος ἔπειτα φέρει scheinen ein passender Abschluss eines vollständigen Liedes. An sie knüpft verallgemeinernd in herber Schroffheit ein anderer Dichter 743—752:

Καὶ τοῦτ᾽, ἀθανάτων βασιλεῦ, πῶς ἐστὶ δίκαιον;
Nicht der Vater Zeus, der Herrscher der Unsterblichen ist es, welchem er Ungerechtigkeit vorwirft, an den Göttern und ihrem Wesen wird er irre; das „Aufnehmen" des vorausgehenden Liedes ist durch den Anfang selbst und die Verweisungen (740 μή τιν᾽ ὑπερβασίην: 745 μή τιν᾽ ὑπερβασίην. 738 σὸν χόλον ἀζόμενοι: 748 ἄζοιτ᾽ ἀθανάτους. 736 πατρὸς ἀτασθαλίαι: 749 ἀτάσθαλος. 734 θεῶν μηδέν᾽ ὀπιζόμενος:[1] 750 οὔτε τευ ἀθανάτων μῆνιν ἀλευόμενος) leicht erkennbar. Wohl ist solche bange Frage über die Rätsel des Menschendaseins zu keiner Zeit ganz unmöglich; aber für welche sie am besten passt, zeigt wohl Euripides.

Was wahre ἀρετή, was das des Strebens werteste ἄεθλον sei, fragt Tyrtaios (fr. 12) und antwortet „nicht der Füsse Schnelligkeit, nicht schmeichelnde Rede, Schönheit, Körperkraft — nichts ausser der Tapferkeit". Seine Ausführungen berücksichtigt, aber mit ganz anderer Pointe der Dichter von 699—718 Πλήθει δ᾽

---

unmögliche παῖ ersetzen können, während doch V. 1243 jede Änderung ausschliesst. Das Wort καὶ erklärt sich genau wie V. 581 δέ. A. sagt: ἑταῖροι wollen wir sein, aber von fern, ich bin deiner überdrüssig; B. antwortet: sogar φίλοι wollen wir also sein, und zwar lange, aber du musst nicht mit mir verkehren; geh zu Andern, welche dich Wankelmütigen besser kennen. ἀτάρ ist gar nicht zu entbehren.

[1]) So muss man des entsprechenden Verses halber notwendig schreiben, und darauf, nicht auf μηδέν, weisen die zahlreichen Parallelstellen. Die Echtheit der Verse 732. 733 erweisen 744 ἔργων ἀδίκων, 745 ἀλιτρόν, 751 ὑβρίζῃ. Der Ausdruck ist freilich wenig geschickt.

ἀνθρά πων ἀρετὴ μία γίνεται ἥδε πλουτεῖν (vgl. Tyrtaios V. 13 ἤδ᾽ ἀρετή. — 714 γλῶσσαν ἔχων ἀγαθὴν Νέστορος ἀντιθεοῖ : Tyrt. 8 γλῶσσαν δ᾽ Ἀδρήστου μειλιχόγηρυν ἔχοι — 715 ὠκύτερος δ᾽ εἴησθα πόδας ταχέων Ἁρπυιῶν καὶ παίδων Βορέω: Tyrt. 4 νικῴη δὲ θέων Θρηΐκιον Βορέην). Wir sind gewöhnt, entsprechend dem allgemeinen Streben, die alten Dichter zu Tugendmustern herauszuputzen, in derartigen Versen Ironie zu sehen. Aber vergleichen wir näher und besonders mit Berücksichtigung des Tyrtaios, was dem Dichter sonst ἀρετή scheint, nach der flüchtigen Erwähnung der σωφροσύνη die schlaue Erfindungskraft des Sisyphos, welcher selbst die Persephone zu überreden weiss, das ψεύδεα ποιεῖν ἐτύμοισιν ὁμοῖα, des göttergleichen Nestor Beredsamkeit; erwägen wir die freche Benutzung Homers und der Heroenvorbilder, so ist der Eindruck kaum abzuweisen, dass wir ein Werk der Sophistenzeit, einen Preis des Reichtums mit ebensoviel Ernst, wie etwa die Rede des Thrasymachos in Platos erstem Buch vom Staat vor uns haben.[1] Die Antwort ist das solonische Bruchstück V. 719—728.

Ähnlich glaube ich sophistische Einwirkungen in V. 903—930, einem der interessantesten Lieder der Sammlung, zu empfinden:

Ὅστις ἀνάλωσιν τηρεῖ κατὰ χρήματα θηρῶν (?)
κυδίστην ἀρετὴν τοῖς συνιεῖσιν ἔχει.

Wie der bekannte Herakles des Sophisten steht der Dichter am Scheidewege (V. 911); zwei Bahnen liegen vor ihm, die eine zum Wohlleben und Genuss, aber da niemand den Todestag voraus weiss, führt sie vielleicht zur Armut, die andere zu harter Arbeit und Erwerb, aber wer weiss, ob ihm später noch Freude an dem Erworbenen beschieden ist. Wieder ist die ἀρετή dieselbe, der Reichtum und sein rechter Genuss; wieder ist die Antwort aus Solon entnommen. Denn der Gedanke εἰ μὲν γὰρ πλουτεῖς, πολλοὶ φίλοι, ἢν δὲ πένηαι παῦροι im Schluss des Liedes und die Erinnerung an Solons Spruch Μηδέ μοι ἄκλαυστος θάνατος μόλοι, ἀλλὰ φίλοισιν, ποιήσαιμι θανὼν ἄλγεα καὶ στοναχάς führen zu dem höhnischen Entscheid eines Anderen:

931. Φείδεσθαι μὲν ἄμεινον, ἐπεὶ οὐδὲ θανόντ᾽ ἀποκλαίει
    οὐδείς, ἢν μὴ ὁρᾷ χρήματα λειπόμενα.[2]

---

[1]) In V. 700 scheint das Skolion des Pythermos (Athen. XIV, 625 C) benutzt οὐδὲν ἦν ἄρα τἄλλα πλὴν ὁ χρυσός.

[2]) Eigentümlich ist in dem sophistischen Gedicht, wie der Wortgebrauch (917 ἐκτελέσαι. 907 αἶσαν ἔμιμνεν. 925 κάματον παρα-

Ich verzichte darauf, weitere Beispiele derartiger Liederpaare zusammenzustellen; deutlicher noch als sie spricht zu uns die ganze Anlage der Sammlung. Denn so verkehrt und unglücklich die Ausdehnung war, welche Nietzsche (Rhein. Mus. 22, 161) der „Stichworttheorie" gegeben hat — dass einzelne Gruppen von Sprüchen wegen des ähnlichen Inhalts vereinigt sind, hat niemand bestritten, und dass oft ein besonders wichtiges und entscheidendes Wort die Anknüpfung der nächsten Sentenz erklärt, und wieder die in dieser stark betonten Ausdrücke in der folgenden wiederkehren u. s. f. ist für mich unbestreitbar. Dies erklärt sich leicht, wenn wir an die Vortragsart der Lieder beim Gelage und an die Schilderung in den Wespen des Aristophanes denken; der Zweck des Buches hat seine Anlage beeinflufst. Ein klassisches Beispiel auch hierfür bieten die „attischen" Skolien.

Damit aber gewinnen wir für unser Buch eine Zeitbestimmung. Zusammengestellt muss es sein, als die Sitte derartige Elegieen beim Gelage zu singen, noch herrschend war, also zunächst, ehe die kunstvolle Rede, das rhetorische παίγνιον, wie es schon Plato schildert, die dichterische Übung beim Gelage verdrängt hatte. Als allgemein üblich bezeugt die Elegie noch Pherekrates (oder Nikomachos) in dem früher erwähnten fr. 153 und manche Anspielungen bei Aristophanes lassen uns eben darauf schliessen, so V. 1362 der Vögel σοὶ δ', ὦ νεανίσκ', οὐ κακῶς ὑποθήσομαι, ἀλλ' οἷάπερ αὐτὸς ἔμαθον ὅτε παῖς ἦν verglichen mit V. 27 unserer Sammlung Σοὶ δ' ἐγὼ εὖ φρονέων ὑποθήσομαι, οἷάπερ αὐτός, Κύρν', ἀπὸ τῶν ἀγαθῶν παῖς ἔτ' ἐὼν ἔμαθον (vgl. V. 1049); Plutos V. 188 ὥστ' οὐδὲ μεστὸς σοῦ γέγον'

δοίης, freilich nach Odyss. XIV, 417. 926 δουλοσύνην τελέοις. 928 ἐν τοιῷδε γένει), so die Disposition; V. 923. 924 nimmt bestätigend den Anfang 903. 904 wieder auf, V. 925—930 entspricht genau 915—922, der Schluss verweist in leichter Umbildung des Gedankens auf den Eingang und begründet das Wort ἀρετή. Eine gewisse Ähnlichkeit damit zeigt allerdings 699—718; enger verwandt aber scheint in der Anlage Kritias fr. 2. Auch die, trotz aller homerischen Anleihen, stark an die Prosa erinnernde Darstellung von 903—930 lässt sich mit der des Kritias vergleichen. — Als durchaus ernst gemeint fasse ich auch 1063—1068, dessen Schluss vielleicht dem Mnasalkas bei seiner vielbesprochenen Parodie des Asklepiades (Athen. IV, 163 A) vorschwebte. Auch die Anspielung auf das schon allgemein übliche Wort φιλόσοφος, V. 1160, weist uns in jüngere Zeit.

οὐδεὶς πώποτε, τῶν μὲν γὰρ ἄλλων ἐστὶ πάντων πλησμονή
vgl. V. 596 πλὴν πλούτου παντὸς χρήματός ἐστι κόρος (vgl.
1158). Über die Benutzung des Theognis bei den Tragikern
hier zu handeln, würde zu weit führen; über die Nachahmung bei
Kritias und die Schriften des Antisthenes und Xenophon ist schon
gesprochen. Die Gedichte des Sokrates, das προοίμιον an Apollo
wie der aisopische Spruch berühren sich mit unserer Sammlung
wie mit den „attischen" Skolien. Dagegen zeigt uns schon Isokrates in den Reden an Demonikos und Nikokles das Eindringen
der Prosa-Rede auch in den von der Gelage-Elegie behandelten
Stoff und die philosophischen Unterhaltungen beim Mahl, wie sie
Platos Dialoge abspiegeln, haben sicher ebenfalls zur Verdrängung
der Elegie beigetragen. Endlich bezeugt ja Isokrates eine allgemeine Abneigung im Publikum gegen den Vortrag von Weis-
heitssprüchen, wie die des Theognis und Phokylides. Es ist also
nicht zufällig, dass uns ausser Philiskos, dem Zeitgenossen des
Isokrates, welcher zum letzten mal die Elegie an Stelle der Rede
gebraucht, aus dem vierten Jahrhundert kein Elegieendichter älteren
Stils bekannt ist. Die Elegie, wie sie im Mutterlande, allerdings
nach ionischen Vorbildern, sich entwickelt hatte, hat sich überlebt
und ist in die kunstvolle Prosa aufgegangen. Nur in dem engen
Kreis einzelner Philosophen-Schulen scheint sie sich weiter zu
halten; von Aristoteles, dessen Skolion ich früher schon erwähnte,
sind uns ἐλεγεῖα mit einem ähnlichen Anfang, wie der unserer Sammlung und der „attischen" Skolien bezeugt, und der Hauptteil einer
Elegie auf Plato erhalten, von Krates kennen wir ἐλεγεῖα mit
Nachahmungen Solons und der älteren Dichter; des Hymnos des
Kleanthes und ähnlicher Lieder in der älteren Stoa und Akademie
ist schon früher gedacht. [1] Es ist bedeutungsvoll, dass der Dichterkreis, von welchem eine neue „weltliche" Poesie beim Gelage
ausging, von einem Philosophen, Philetas, hauptsächlich beeinflusst
war. Aber inzwischen hatte, wieder von Ionien angeregt, die
Elegie ein neues Gebiet, das der kurzen Erzählung oder Novelle
sich erworben. Die Einwirkungen des Mimnermos auf das Mutterland scheinen gering, in Ionien müssen sie fortgelebt haben. Aus

---

[1] Die sympotische Literatur der Philosophen hat, wie ich
nachträglich sehe, auch Immisch im Rhein. Mus. 44, 567 als Nach-
folgerin der Skolienpoesie bezeichnet.

den erzählenden Einlagen in des Mimnermos Elegieen erwächst unter Mitwirkung der Novelle die mythologische Elegie des Antimachos. Dass die koische Schule (Hermesianax und Asklepiades) ihn als Muster annimmt, entscheidet die weitere Geschichte der Elegie. Aber schon vor dieser Schule, oder doch mit ihrem frühsten Auftreten gleichzeitig, hat in Athen Hedyle die mythologische Romanze Σκύλλα in elegischen Distichen verfasst. Da nun unsere Sammlung auf diese neue Art der Elegie gar keine Rücksicht nimmt, sicher nicht für eine Philosophenschule verfasst ist und allgemeine Beteiligung voraussetzt (man vgl. z. B. die Entschuldigung des Gastes, welcher nicht singen kann, 939), so werden wir ihre Entstehung ums Jahr 400 ansetzen müssen. Nicht viel später fällt auch das sogenannte zweite Buch, dessen Anlage nun ohne weiteres erklärt ist und welches wohl niemand mehr mit Hiller als zweckloses Parodienspiel e i n e s Dichters betrachten wird. [1]

Genau wie die erste Sammlung beginnt auch sie mit der Anrufung des Gottes, in dessen Hut sich dieser Zecherkreis stellt, die Anlage ist die völlig gleiche, die dichterischen Vorbilder ebenfalls, Homer und die Homeriden, Solon, Theognis selbst (vgl. z. B. 1265 mit 253) und neben ihm sicher eine Anzahl anderer in der ersten Sammlung benutzter Dichter; Euenos scheint nicht nachgeahmt, sondern ausgeschrieben, ebenso einmal Solon. Den älteren Alexandrinern könnten vorgelegen haben V. 1231—1234, vgl. Apollonios Argonaut. IV, 445—447 (doch hat Corsenn wohl mit Recht vermutet, dass beide Dichter von einem älteren Epiker abhängen) und V. 1278 c—d:

Νεβρὸν ὑπὲξ ἐλάφοιο λέων ὡς ἀλκὶ πεποιθὼς
ποσσὶ καταμάρψας αἵματος οὐκ ἔπιον.

vgl. Rhian XII, 146, 1:

Ἀγρεύσας τὸν νεβρὸν ἀπώλεσα.

Allerdings könnte Rhian auch Vers 949 der ersten Sammlung vor Augen haben, aber da er von Knabenliebe spricht und das Bild auf die Knabenliebe bezieht, ist die Benutzung des zweiten Buches wahrscheinlicher.

---

[1] Vgl. dagegen z. B. die offenbar aus grösseren Zusammenhängen excerpierten Verse 1367. 1368; 1359. 1360; 1241. 1242 und einander entgegenstehende Sentenzen, wie 1247. 1248 und 1279—1282.

Weiter führt uns ein tanagräisches Thongefäss, etwa aus dem Anfang des 5. Jahrhunderts v. Chr., dessen hohe Bedeutung U. Köhler[1] richtig erkannt, Corsenn und Schäfer mit verfehlten Argumenten bestritten haben. Die Schale zeigt einen zum Symposion gelagerten singenden Mann, dessen Blick in die Ferne gerichtet ist. Die Worte, welche aus seinem Munde hervorgehen, ὦ παίδων κάλλιστε, bilden den Anfang des kurzen, prooimionartigen Liedes 1365. 1366:

$$\text{Ὦ παίδων κάλλιστε καὶ ἱμεροέστατε πάντων,}$$
$$\text{στῆθ' αὐτοῦ καί μου παῦρ' ἐπάκουσον ἔπη.}$$

Köhler schloss, dass diese Verse schon dem Bildner des Thongeschirrs bekannt waren. Dagegen wurde eingewendet, sie seien vielmehr Parodie der Verse 1116. 1117 der ersten Sammlung:

$$\text{Πλοῦτε, θεῶν κάλλιστε καὶ ἱμεροέστατε πάντων,}$$
$$\text{σὺν σοὶ καὶ κακὸς ὢν γίνεται ἐσθλὸς ἀνήρ.}$$

setzten also die jüngsten Teile derselben voraus und könnten daher nicht so alt sein.

Nun ist aber, wie schon Küllenberg (de imitatione Theognidea p. 23) bemerkte, V. 1365 aus der kyklischen Ödipodie umgebildet, wo von Haimon gesagt war:

$$\text{ἀλλ' ἔτι κάλλιστόν τε καὶ ἱμεροέστατον ἄλλων}$$
$$\text{παῖδα φίλον Κρείοντος ἀμύμονος Αἵμονα δῖον.}$$

In der epischen Vorlage waren die Epitheta κάλλιστος καὶ ἱμεροέστατος von einem schönen Knaben gebraucht; es ist das auch das einzig naturgemässe — also ist der Vers der ersten Sammlung Πλοῦτε, θεῶν κάλλιστε καὶ ἱμεροέστατε πάντων, gerade umgekehrt eine Nachbildung von 1365 und bezeugt dessen höheres Alter.[2] Es ist eine geistreiche Spielerei, wenn dem blinden Plutos, welchen schon Timokreon kennt und dessen volkstümliches Bild Aristophanes uns malt, die Epitheta des schönen

---

[1]) Mitteilungen des deutsch. arch. Inst. zu Athen IX, S. 1—4 Tafel I. Vorgeschwebt könnte dem Dichter Sapphos Lied (fr. 29) haben, welches Athenaios XIII, 564 D, leider unvollständig, so mitteilt: καὶ ἡ Σαπφὼ δὲ πρὸς τὸν ὑπερβαλλόντως θαυμαζόμενον τὴν μορφὴν καὶ καλὸν εἶναι νομιζόμενόν φησιν „στᾶθι κἄντα, φίλος, καὶ τὰν ἐπ' ὄσσοις ἀμπέτασον χάριν.“

[2]) Willkür war es überhaupt, wenn Corsenn bei j e d e r Übereinstimmung der ersten und zweiten Sammlung das höhere Alter jener annahm, so sicher es auch für einzelne Stellen ist.

Knaben, des ἐρώμενος, gegeben werden; das umgekehrte Verfahren wäre einfach unsinnig gewesen. Existiert im fünften Jahrhundert wirklich ein Gelage - Lied auf einen schönen Knaben, in dessen Anfang ein Vers der Ödipodie nachgebildet ist, und finden wir im fünften Jahrhundert durch eine bildliche Darstellung, welche nach Köhlers schöner Auseinandersetzung ganz dem Sinn des Liedes entspricht, die drei ersten Worte dieses Anfangs als allbekannt und beim Gelage gesungen bezeugt, so sehe ich keinen Anlass, dieselben nicht eben auf jenes Lied zu beziehen. Dass V. 1365. 1366 natürlich auch der Anfang eines grösseren Liedes gewesen sein kann, beeinflusst das Resultat nicht im geringsten. [1] Wie V. 1254. 1255 aus Solon, sind auch diese Verse aus einem älteren Elegieendichter entnommen. Sie bezeugen uns freilich nur, dass derartige Gedichte schon im sechsten und fünften Jahrhundert gesungen wurden, und dies bestätigt uns Plato, wenn er *de rep.* II, 368 A den Anfang einer Elegie des ἐραστής auf Glaukon und Adeimantos anführt, einer Elegie, welche zwar einen höhern Ton anschlägt und für eine andere Gesellschaft gemacht ist, den allgemeinen Brauch aber nicht minder bezeugt. [2]

---

[1]) Den Anfang einer verlorenen Gelage-Elegie erkennen wir auf einer rotfigurigen Schale von Vulci (Monum. d. Inst. V, 5), einen Sänger auf einer Tribüne und neben ihm einen Flötenspieler darstellend; von seinem Gesang ist angegeben „ὦδέ ποτ' ἐν Τίρυνθι"; vergl. Theognis 943 ἐγγύθεν αὐλητῆρος ἀείσομαι ὦδε καταστὰς δεξιός. Einen völlig entsprechenden Elegie-Anfang kenne ich nicht; eine gewisse Ähnlichkeit zeigt allerdings Theogn. 15. 16, enger verwandt könnten Skolien wie Nr. 3 bei Athenaios (Ἐν Δήλῳ ποτ' ἔτικτε τέκνα Λατώ) oder Gelageunterhaltungen wie die bei Aristophanes Wespen 1446 (vgl. 1435. 1427 u. a.) geschilderten gewesen sein. Dass es derartige kurze Elegieen gab, zeigt ihre Nachwirkung in einer Reihe später zu besprechender Epigramme, wie VII, 513 Φῆ ποτε Πρωτόμαχος, VII, 647 Ὕστατα δὴ τάδ' ἔειπε.

[2]) Mit einem Vers unserer Sammlung scheint auch Aristophanes zu spielen, wenn er Wespen 1342 den Alten sagen lässt:

ἀνάβαινε δεῦρο, χρυσομηλολόνθιον,
τῇ χειρὶ τουδὶ λαβομένη τοῦ σχοινίου.
ἔχου, φυλάττου δ' ὡς σαπρὸν τὸ σχοινίον.

vergl. Theogn. V. 1361:

Ναῦς πέτρῃ προσέκυρσας ἐμῆς φιλότητος ἁμαρτών,
ὦ παῖ, καὶ σαπροῦ πείσματος ἀντελάβου.

Die endgiltige Datierung unseres Buches ergiebt sich — abgesehen von dem Fehlen aller alexandrinischen Züge — daraus, dass die sententiöse Gelage-Elegie noch allbekannt sein musste und in mannigfacher Weise benutzt wird. Wir schliessen daraus mit Sicherheit, dass auch diese Sammlung um 400, oder doch nicht lange danach zusammengestellt sein muss.[1] Zu vergleichen ist das Überhandnehmen des erotischen Elements in den eigentlichen Skolien.

Der Dichter Theognis bleibt für uns ein wesenloser Schatten; nur dass er aus dem nisäischen Megara stammt und um die Zeit des zweiten Perserzuges dichtete, können wir noch erkennen[2] und etwa 80 bis 100 Verse ihm mit voller Sicherheit zusprechen, im übrigen aber nur feststellen, dass noch sehr viel mehr in der ersten Sammlung auf ihn zurückgehen muss. Die Sammlungen selbst aber gewinnen bei dieser Betrachtung einen neuen Wert und verbürgen uns die Ausbreitung der Gelage-Elegie fast über das ganze Griechenland. Sie bestätigen uns durchaus die aus den Grammatikerberichten und aus Aristophanes gewonnenen Anschauungen. Jeder Gast, welcher nicht ganz $\sigma o \varphi \acute{\iota} \eta \varsigma$ $\dot{\epsilon} \pi \iota \delta \epsilon \nu \acute{o} \mu \epsilon \nu o \varsigma$ ist (vgl. die Entschuldigung V. 939), muss singen, die Begleitung wenigstens zu den kürzeren Liedern giebt der $\alpha \dot{\upsilon} \lambda \eta \tau \acute{\eta} \varsigma$ (beim attischen Gelage die $\alpha \dot{\upsilon} \lambda \eta \tau \varrho \acute{\iota} \varsigma$), ungezwungen schliessen die verschiedenen Lieder sich in Bestätigung und Widerspruch zusammen,

[1]) Ist dies richtig, so ergeben sich daraus wichtige Schlüsse für die alexandrinische Liebeselegie und das sympotische Epigramm. Denn so wenig auch das Lied 1283—1294 selbst alexandrinischen Charakter trägt (vgl. Corsenn S. 12, welcher gut zum Vergleich V. 1123—1128 heranzieht), so empfindet doch jeder leicht, dass Dichtungen, wie die Vorbilder des Properz gewesen sein müssen, die kunstmässige Weiterbildung dieses Typus sind. Ähnlich sind V. 1299—1304 oder 1329—1334 oder 1353—1356 gewiss nicht „Epigramme" im späteren Wortsinn und nach anderen Vorbildern gemacht, aber sie nähern sich doch in den Grundzügen schon den erotischen Epigrammen eines Asklepiades oder Kallimachos, welche nun nicht mehr ohne jedes Vorbild als Rätsel für uns dastehen. Umgekehrt, an diese Kurzlieder erinnert im Ton noch z. B. Anth. XII, 103. Gerade das zweite Buch der sogenannten Theognis-Sammlung ist für das Verständnis der alexandrinischen Poesie von entscheidender Bedeutung. Doch dies ist später noch eingehender zu erweisen.

[2]) Vgl. Excurs II.

ur.d wenn bei den spartanischen Syssitien die Vortragenden um
eir.en festgesetzten Preis vor einem bestimmten Richter wetteiferten,
so bezeugt uns V. 993 unserer Sammlung auch Dichterwettkämpfe
ur.a einen von beiden Rivalen eingesetzten Preis und giebt so die
Erklärung zu den späteren Wettkämpfen der koischen Dichter:

Εἰ θείης, Ἀκάδημε, ἐφίμερον ὕμνον ἀείδειν [1]
ἆθλον δ' ἐν μέσσῳ παῖς καλὸν ἄνθος ἔχων
σοί 'τ' εἴη καὶ ἐμοὶ σοφίης πέρι δηρισάντων,
γνοίης χ' ὅσσον ὄνων κρέσσονες — ἡμίονοι.

„Die Pflege des Epos und, im Anschluss daran, die der Elegie
und des Iambos hatte in den Händen eines Standes gelegen" —
das ist allerdings wahr, nur darf man man dabei nicht übersehen,
dass, was ursprünglich Dichtung des berufsmässigen Sängers war,
schon im sechsten Jahrhundert von nichtzünftigen Dichtern aufgenommen und im Laufe des fünften zum Volkseigentum geworden ist. Die Elegie eignete sich zu dieser Entwicklung; die
kurzen Liedchen des Archilochos, wie manche Disticha des Solon
liessen sich leicht von jedem Gebildeten nachahmen, und wie früh
dies geschah, zeigt das Skolion auf Kedon. Aber den vollen Beweis
für die obige Behauptung liefern erst die sogenannten Theognis-
Bücher. Aus den grösseren Sammlungen des megarischen Dichters,
aus den langen Elegieen eines Tyrtaios, Solon und Mimnermos
und den Versen uns unbekannter Sänger haben namenlose Gäste
beim frohen Gelage Stücke herausgelöst, nach den eignen Anschauungen umgebildet und mit ähnlichen, eigenen Neuschöpfungen
vermischt. Wie aus pindarischen grossen Chorliedern oder gar
aus aisopischen Fabeln attische Skolien, so sind aus den erwähnten Vorlagen oder gar aus ein Paar Versen eines kyklischen
Epos diese kleinen Gedichte herausgewachsen, oft in Gedanken
und Form den Skolien ähnlich. Die Elegie wird eine allgemein
angenommene und geübte Form der Gelage-Unterhaltung,
sie wird Volkslied, um diesen, allerdings nicht ganz treffenden
Ausdruck zu gebrauchen. Nur in dieser Umbildung, aber eben

---

[1]) Vgl. Theokr. 1,61 αἴκα μοι τύ, φίλος, τὸν ἐφίμερον ὕμνον ἀείσῃς.
Vgl. 5, 21. 8, 6.

durch sie kaum erkennbar, ist in unserem Buch auch Theognis erhalten.

Es war dies das naturgemässe Ende der alten Elegie; wir verstehen jetzt wie die allgemein übliche und verbreitete Form einen neuen Inhalt aufnehmen konnte, welcher durch neue Schwierigkeiten den Dichter wie den Dilettanten lockte; an Stelle der Elegie tritt schon im vierten Jahrhundert das Epigramm.

Kapitel III

Das Epigramm.

§ 1.

Wenn Kallimachos (Anth. VII, 415) sein (fingiertes) Grabmal
z1 dem Vorüberwandernden sagen lässt:

*Βαττιάδεω παρὰ σῆμα φέρεις πόδας, εὖ μὲν ἀοιδὴν
εἰδότος, εὖ δ᾽ οἴνῳ καίρια συγγελάσαι.*[1]

so will er natürlich damit nicht seiner gesammten dichterischen
Thätigkeit das Talent, Schnurren beim Mahl vorzutragen, entgegenstellen, sondern´ bezeichnet sich als den Meister in beiden Arten
der Poesie, dem ernsten und erhabenen Lied, wie den heiteren
Gesängen beim Mahl. *Οἴνῳ καίρια συγγελάσαι* muss für den
terminus technicus παίζειν stehen, der *ἀοιδή* ist entgegengesetzt das
παίγνιον.[2] Das Gedicht wird noch beziehungsreicher, wenn die

---

[1] Nachgeahmt ist es von Leonidas von Tarent VII, 440, welcher
an dem Redner Aristokrates rühmt: *ᾔδει Ἀριστοκράτης καὶ μείλιχα
δημολογῆσαι . . . ᾔδει καὶ Βάκχοιο παρὰ κρητῆρος ἄδηριν ἰθῦναι κείνην
εἰκυλίκην λαλιήν.* Politische Rede und Rede beim Gelage sind sich
entgegengestellt; daher *λαλιά* fast wie in der *κοινή*. Vgl. VII, 355
(Damagetos).

[2] Der Gegensatz ist, wie Maass Hermes 22, 575 richtig bemerkt, bei den alexandrinischen Dichtern derselbe wie der des
παίζειν und *σπουδάζειν* bei den Rednern (vgl. Demetrios *περὶ ἑρμη-
νείας* 120. Isokrates Hel. § 11 *ὅσῳ περ τὸ σεμνύνεσθαι τοῦ σκώπτειν
καὶ τὸ σπουδάζειν τοῦ παίζειν ἐπιπονώτερόν ἐστιν*). Bei ihnen hat Maass
den Ausdruck bis zum Beginn aller Rhetorik zurückverfolgt; des
Gorgias *ἐγκώμιον Ἑλένης* ist ein *παίγνιον*, die Sammlung von Reden
des Thrasymachos ist *παίγνια* betitelt. Aber falsch scheint mir die
Behauptung, dass die Alexandriner von Philetas an ihren *terminus*
der gorgianischen Prosa entnommen haben. Das alexandrinische
παίγνιον hat mit dem rhetorischen nichts gemein; der Weg des
Ausdrucks geht vielmehr in umgekehrter Richtung, und die Alexandriner nehmen einen sehr viel älteren, dichterischen *terminus*
auf. Das kunstvolle, ganz in *γρῖφοι* verfasste Lied des Ion auf
Dionysos bezeichnet sich selbst im Schluss deutlich als *παίγνιον*
(vgl. 1, 16 *πίνειν καὶ παίζειν καὶ τὰ δίκαια φρονεῖν*; vgl. 2, 7 *πίνωμεν,
παίζωμεν, ἴτω διὰ νυκτὸς ἀοιδή*) und Pindar nennt *παίζειν* das Lieder

fingierte Grabschrift selbst unter derartigen παίγνια stand (etwa wie des Meleager fingierte Grabschriften, über welche später, am Schluss der einzelnen Bücher der Sammlung), oder mit anderen Worten, wenn für Kallimachos das Epigramm eben das παίγνιον beim Gelage ist. Unter dieser Voraussetzung würden sich uns von selbst die Liebeslieder in seiner Sammlung von ἐπιγράμματα erklären — denn dieser Titel ist für ihn ja genügend bezeugt, und natürlich hat Meleager für seinen Kranz die Sammlung der ἐπιγράμματα benutzt — die wiederholte Benutzung des unter dem Namen des Theognis gehenden Trinklieder-Buches wäre leicht zu verstehen; wir würden endlich eine Frage, welche wohl nicht mich

beim Gelage singen, Ol. I, 14 ἀγλαΐζεται δὲ καὶ μουσικᾶς ἐν ἀώτῳ, οἷα παίζομεν φίλαν ἄνδρες ἀμφὶ θαμὰ τράπεζαν (berufsmässiges, erhabenes Lied, ἀοιδή, kann er natürlich an Hieron nicht loben. Die Entwickelung ist die nämliche wie bei σοφός, σοφία, doctus poeta). Ist aber παίζειν und παίγνιον in diesem Sinne technisch gebraucht, so haben die Alexandriner ihre Bezeichnung aus der alten Lyrik, und die Rhetoren haben ihren terminus entweder unabhängig gebildet, oder sie haben ihre Reden, soweit dieselben die Gelage-Lieder verdrängten, eben nach diesen παίγνια genannt. Letzteres möchte ich glauben. Isokrates erwähnt als Muster rhetorischer παίγνια die Lobreden auf τοὺς βομβυλίους καὶ τοὺς ἅλας. Ist es zufällig, dass auch Plato seinen Prunkreden beim Gelage entgegenstellt die Lobreden auf die ἅλες und anderes derart? Oder nehmen beide auf eine Mustersammlung, welche eben dadurch zu unsern Gelagelieder-Sammlungen eine gewisse Analogie gewinnt, Bezug? Die Anklage und die Vertheidigung des Palamedes, der Streit um die Waffen des Achill und manches andere würde ein Bild entsprechender Sammlungen geben können und die Ähnlichkeiten erhöhen. Vortrag beim Gelage werden wir für solche Reden danach doch jedenfalls annehmen müssen. Wieweit auf die rhetorische wie philosophische Gelage-Unterhaltung das Vorbild der älteren dichterischen einwirkt, zeigt ein hübsches Beispiel, Plato de republ. I, 337 D, wo Thrasymachos sich erbietet, auf die Fragen nach dem Wesen der Gerechtigkeit eine alle übertreffende Antwort zu geben; nur soll Sokrates, sein Rival, eine Geldsumme geben, wenn er durch sie überwunden ist. Nicht um das Lehrgeld des Schülers handelt es sich, sondern um ein ἆθλον σοφίης, wie es der Dichter der Theognis Verse 993—996 oder die bukolischen Sänger verlangen. Die letzte Fortbildung dieser Gelage-Rede zeigt die köstliche Parodie der Gerichtsrede bei Herondas; die Zechgenossen redet er an: Ἄνδρες δικασταί. Antwort erwartet er. Dann gewinnt der Kos preisende Schluss seine volle Bedeutung.

allein lange beschäftigt hat, ohne Schwierigkeit beantworten: wie konnte das Gedicht ξεῖνος Ἀταρνείτης (Anth. VII, 89) von dem Dichter selbst und allen Späteren als Epigramm aufgefasst werden? Wir brauchen nur an die von Aristophanes in den Wespen V. 1381 ff., 1401 ff., 1410 ff., 1427 ff., 1435 ff., 1446 ff. so anmutig geschilderte Art der Gelage-Unterhaltung zu denken.[1] Aber so einfach dies scheinen mag, es ist für unsere Auffassung des Epigramms von so entscheidender Bedeutung, dass ich ausführlicher darauf eingehen muss.

Aus den ἐπιγράμματα des Hedylos führt Athenaios XI, 473 A an:

Πίνωμεν· καὶ γάρ τι νέον, καὶ γάρ τι παρ᾽ οἶνον
εὕροιμ᾽ ἂν λεπτὸν καί τι μελιχρὸν ἔπος.
ἀλλὰ κάδοις Χίου με κατάβρεχε καὶ λέγε „παῖζε
Ἡδύλε“. μισῶ ζῆν ἐς κενόν, οὐ μεθύων.

Und ebendaselbst führt er weiter als „Epigramm“ an:

Ἐξ ἠοῦς εἰς νύκτα καὶ ἐκ νυκτὸς πάλι Σωκλῆς
εἰς ἠοῦν πίνει τετραχόοισι κάδοις·
εἶτ᾽ ἐξαίφνης που τυχὸν οἴχεται. ἀλλὰ παρ᾽ οἶνον
Σικελίδου παίζει πουλὺ μελιχρότερον.
ἐστὶ δὲ δὴ πολὺ ⟨καὶ⟩ στιβαρώτερος,[2] ὡς δ᾽ ἐπιλάμπει
ἡ χάρις· ὥστε φίλει καὶ γράφε καὶ μέθυε.

Man kann die Lieder gar nicht anders als als παίγνια selbst betrachten. Dennoch heissen sie Epigramme. Der Vergleich „er dichtet noch anmutiger als Asklepiades“ lässt uns annehmen, dass ein Kreis von Dichtern beim Gelage sich seine derartigen παίγνια oder ἐπιγράμματα vortrug. Zu derselben Annahme führt uns Poseidipp, · für welchen der Buchtitel ἐπιγράμματα uns durch Aristarch (Schol. zur Il. XI, 101), Athenaios X, 415 A und den Scholiast zu Apollonios von Rhodos I, 1289 bezeugt ist:

---

[1]) Auch die Frage konnte sehr wohl in epigrammatischer Form gestellt sein. Das Schwanken des Dichters zwischen zwei Mädchen (allerdings meist der ἑταίρα und παρθένος) ist oft im Epigramm behandelt. Frage und Antwort sahen wir auch bei Theognis 903—930. und 931. 932.

[2]) στιβαρώτερος wird man hier wohl, wegen des Vorhergehenden und Folgenden, auf den kräftigen, gedrungenen Stil beziehen müssen, nach welchem ja auch in der That Asklepiades und seine Nachahmer streben.

Κεκροπὶ ῥαῖνε λάγυνε πολύδροσον ἰκμάδα Βάκχου,
ῥαῖνε· δροσιζέσθω συμβολικὴ πρόποσις. [1]
σιγάσθω Ζήνων, ὁ σοφὸς κύκνος, ἅ τε Κλεάνθους
μοῦσα, μέλοι δ' ἡμῖν ὁ γλυκύπικρος ἔρως.

Für Asklepiades selbst ist uns ein Titel *ἐπιγράμματα* zwar nicht bezeugt, aber durch seine Nachahmer Poseidipp, Hedylos, Kallimachos dennoch sicher. Dass auch seine Epigramme als *παίγνια* beim Gelage aufzufassen sind, lehrt das Lied des Hedylos und ihre eigene Anlage leicht. Ich führe nur eines (Anth. XII, 50) an:

Πῖν', Ἀσκληπιάδη· τί τὰ δάκρυα ταῦτα; τί πάσχεις;
οὐ σὲ μόνον χαλεπὴ Κύπρις ἐληίσατο,
οὐδ' ἐπὶ σοὶ μούνῳ κατεθήξατο τόξα καὶ ἰοὺς
πικρὸς Ἔρως. τί ζῶν ἐν σποδιῇ τίθεσαι;
πίνωμεν Βάκχου ζωρὸν πόμα· δάκτυλος ἀώς·
ἦ πολυκοιμιστὰν [2] *λύχνον ἰδεῖν μένομεν;*
πίνωμεν, δυσέρως, μετά τοι χρόνον οὐκέτι πουλύν,
σχέτλιε, τὴν μακρὰν νύκτ' ἀναπαυσόμεθα.

Längst bemerkt ist die Benutzung der Skolien des Alkaios fr. 41, 1: *πίνωμεν· τί τὸ λύχνον μένομεν; δάκτυλος ἀμέρα* (vgl. fr. 40: *πίνωμεν, τὸ γὰρ ἄστρον περιτέλλεται*). Dass Stücke aus denselben in Athen beim Gelage noch zu des Aristophanes Zeit gesungen wurden, ist früher dargelegt. Von einem jüngeren Nachahmer des Kallimachos, Alkaios dem Messenier, besitzen wir ein „Epigramm" (IX, 519):

Πίομαι, Ἕλληνες, [3] *πολὺ πλέον ἢ πίε Κύκλωψ*
νηδὺν ἀνδρομέων πλησάμενος κρεάων·

---

[1] Die Ausdrücke in ihrer für Poseidipp befremdlichen Fülle erinnern an die gerade bei Gelagen so beliebten *γρῖφοι* wie die von Athenaios X, 449 C erwähnten *λιβάδα νυμφαίαν δροσώδη* oder *Βρομιάδος ἱδρῶτα πηγῆς.*

[2] Cod. *πάλι κοιμιστάν.* Vom Tode muss, mit leichter Umbiegung des bei Alkaios vorliegenden Gedankens, die Rede sein. Im folgenden Vers bietet der Codex *πίνομεν οὐ γὰρ ἔρως,* wofür Kaibel *Ind. Lect. Gryphisw.* 1885 S. XI kühn *πίνωμεν δυσέρως* schreibt; den zu erwartenden Hauptgedanken *ἕως ἔτι καιρός* weiss ich durch keine Änderung hereinzubringen.

[3] Gerade die Berufung auf die Griechen, welche sich gegen den Barbaren, den Kyklop Philippos, empören sollen, scheint mir hier passend; die zweite Lesart *ὦ Λήναιε* matt. Das letzte Distichon ist, um das Wort *Κύκλωψ* zu rechtfertigen, notwendig und daher echt.

πίομαι· ὡς ὄφελόν γε καὶ ἔγκαρον ἐχϑροῦ ἀράξας
βρέγμα Φιλιππείης ἐξέπιον κεφαλῆς,
ὅσπερ ἑταιρείοιο παρὰ κρητῆρι φόνοιο
γεύσατ᾽ ἐν ἀκρήτῳ φάρμακα χευάμενος.
Zu vergleichen ist Theognis V. 349: τῶν εἴη μέλαν αἷμα πιεῖν.
Derselbe Alkaios zeigt an einem berühmten Beispiel, wie auch
das scheinbare Grabepigramm auf mündliche Verbreitung berechnet
sein kann, in dem Liede Ἄκλαυστοι καὶ ἄϑαπτοι (VII, 247), von
welchem Plutarch vit. Flam. C. 9 bezeugt, dass es in aller Munde
war und eben dadurch den eitlen Römer noch mehr als den König
kränkte (vgl. auch die Antwort des Philippos und Anth. IX, 520).[1]
Dass sowohl die eigentlichen „Aufschriften" als diese freien
Gelagelieder als gleichartig, zu ein und demselben γένος gehörig
betrachtet wurden, lehrt uns ein interessantes Liederpaar, auf
welches ich noch öfters zurückkommen werde, nämlich Anth. XII,
135 (Asklepiades) und V, 199 (Hedylos):
Οἶνος ἔρωτος ἔλεγχος· ἐρᾶν ἀρνεύμενον ἡμῖν
ἤτασαν ἐν πολλοῖς[2] Νικαγόρην προπόσεις·
καὶ γὰρ ἐδάκρυσεν καὶ ἐνύστασε καί τι κατηφὲς
ἔβλεπε, χὠ σφιγχϑεὶς οὐκ ἔμενε στέφανος. —
Οἶνος καὶ προπόσεις κατεκοίμισαν Ἀγλαονίκην
αἱ δόλιαι· καὶ ἔρως ἡδὺς ὁ Νικαγόρεω.   ·
ἧς πάρα Κύπριδι ταῦτα μύροις ἔτι πάντα μυδῶντα
κεῖνται, παρϑενίων ὑγρὰ λάφυρα πόϑων,
σάνδυξ[3] καὶ μαλακαὶ μαστῶν ἐνδύματα μίτραι,
ὕπνου καὶ σκυλμῶν τῶν τότε μαρτύρια.
Οἶνος καὶ προπόσεις haben den Nikagoras einst geschädigt, ihn
verraten im grossen Zecherschwarm, sie bringen ihn das andere

---

[1] Natürlich sind V. 3 und 4, welche die Beleidigung für den
Römer enthielten, echt und über jeden Zweifel erhaben; aber
schwerlich fehlen sie zufällig in der Anthologie. Gerade der Wider-
ruf des Dichters (XVI, 5, 2), der den einen derselben zum Lobe
des Flaminin verwendet, legt die Vermuthung nahe, dass er selbst
sie später unterdrückt hat.

[2] Über die Schreibung vgl. Ind. Lection. Rostoch. 1891/92 p. 7.
im folgenden muss ἐνύστασε (falls es nicht ganz allgemein unauf-
merksam sein bedeuten kann, vgl. V, 162, 4) verderbt sein, doch
ist eine Emendation noch nicht gefunden, vgl. Hermes 22, 510.

[3] Der Cod. σάνδαλα. Man erwartet als ὑγρὰ λάφυρα vielmehr
ein Unterkleid, vgl. die Ὀαριστύς.

mal zum ersehnten Ziel; wie der Verräter der Liebe, so ist der Wein auch ihr Erfüller. Dass das zweite Epigramm bestimmt ist, das erste fortzusetzen, empfindet wohl jeder Leser und erkennt leicht, dass derartige Epigrammreihen uns die Erklärung für den bisher ohne Vorbild dastehenden und darum rätselhaften Cyclus der Sulpicia - Elegieen des Tibull bieten (Tib. IV, 2. IV, 4. IV, 6 berühren wie erweiterte Weiheepigramme, welchen die Form der Aufschrift abgestreift ist). Wenn nun das Gedicht des Asklepiades ein „sympotisches Kurzlied" ist, seine Fortsetzung aber die Form der Aufschrift bewahrt, so verbürgt uns dies, genau entsprechend dem für beide giltigen Titel ἐπίγραμμα, dass auch die scheinbaren „Aufschriften" für das Gelage bestimmt waren, dass das alte Epigramm sich mit dem kurzen elegischen Lied beim Gelage zu einer Einheit verbunden hat.

Eine weitere Bestätigung werden wir darin finden, wenn sich uns nun ungezwungen die verschiedenen Arten des alexandrinischen Epigramms erklären. So entsprechen den früher erwähnten, beim Gelage üblichen Recitationen aus der Komödie die kleinen Genrebilder, wie sie im Epigramm schon Asklepiades und Poseidipp zeichnen, so V. 185:

Εἰς ἀγορὰν βαδίσας, Δημήτριε, τρεῖς παρ' Ἀμύντου
γλαυκίσκους αἴτει καὶ δέκα φυχίδια,
καὶ κυφὰς καρῖδας (ἀριθμήσει δέ σοι αὐτός)
εἴκοσι καὶ τέτορας δεῦρο λαβὼν ἄπιθι·
καὶ παρὰ Θαυβορίου ῥοδίνους ἓξ πρόσλαβε . . . .
καὶ Τρυφέραν ταχέως ἐν παρόδῳ κάλεσον.

Vgl. besonders das leider schwer entstellte Lied V, 181 und V, 183. Die weitere Fortbildung zeigen Philodems und seiner Nachfolger reizende Strassenbilder. — Die ebenfalls früher besprochenen Neck- und Hohnlieder beim Gelage erklären uns die skoptischen Epigramme, wie jene drei auf ὀψοφάγοι gedichteten Liedchen des Hedylos, welche Athenaios VIII, 344 F—345 B erhalten hat,[1] oder das Spottlied des Poseidipp auf den hochgelehrten

---

[1] Athenaios führt sie ein mit den Worten: Ἡδύλος δ' ἐν ἐπιγράμμασιν ὀψοφάγους καταλέγων. Es sind, soweit wir sehen können, Leute seiner Zeit. Das Gegenstück dazu bilden die echten „Aufschriften" des Poseidipp bei Athen X, 412 E (der Anfang fehlt) und X, 414 D. 415 B. Auf die Berührungen mit (längeren) Gedichten des Alexander Aitolos habe ich a. a. O. S. 6 aufmerksam gemacht und werde später auf sie zurückkommen.

Dichter, welcher, jetzt von Eros entflammt, sich vergebens ab-
quält, sein Liebesleid in leichten Epigrammen auszusprechen (Anth.
XII, 98, vgl. *Ind. Lection. Rostoch.* 1891/92, p. 7).[1] Mit den
Skolien 17 und 18 bei Athenaios:

Εἴθε λύρα καλὴ γενοίμην ἐλεφαντίνη,
καί με καλοὶ παῖδες φέροιεν Διονύσιον ἐς χορόν. —
Εἴθ᾽ ἄπυρον καλὸν γενοίμην μέγα χρυσίον
καί με καλὴ γυνὴ φοροίη καθαρὸν θεμένη νόον.

sind zu vergleichen zwei namenlose, aber sicher alte „Epigramme"
V, 83. 84:

Εἴθ᾽ ἄνεμος γενόμην, σὺ δὲ ⟨δὴ⟩ στείχουσα παρ᾽ αὔρας
στήθεα γυμνώσαις, καί με πνέοντα λάβοις. —
Εἴθε ῥόδον γενόμην ὑποπόρφυρον, ὄφρα με χερσὶν
ἀρσαμένη χαρίσῃ στήθεσι χιονέοις.

Die epigrammatische Fortbildnng zeigt Pseudo-Plato VII, 669:

Ἀστέρας εἰσαθρεῖς, ἀστὴρ ἐμός· εἴθε γενοίμην
οὐρανός, ὡς πολλοῖς ὄμμασιν εἰς σὲ βλέπω.[2]

---

[1]) Von den skoptischen Epigrammen der älteren Alexandriner
hat Meleager wenig oder nichts aufgenommen. Ihre Existenz
verbürgen die Nachahmungen der *poetae νεώτεροι* zu Rom, welche
allerdings ihren Vorbildern an Kühnheit und Gehässigkeit weit
überlegen waren. Aber immer erscheint der Spott gegen bestimmte
Personen gerichtet. Der widrige Spott über Typen, über den
faulen Barbier, den langsamen Läufer, den zerhauenen Athleten,
den schlechten Arzt, den Geizigen, den *fellator* u. s. w. finden
wir, abgesehen von ganz schüchternen Anfängen im Philipposkranz
(Zeit des Caesar bis Caligula), zuerst bei zwei von Nero begünstigten
Dichtern Lucilius und Leonidas von Alexandria; er ist Einwirkung
der römischen *satura* und des Geschmackes des Kaisers. Damit
zusammen hängt die stärkere Ausbildung des Witzes im Epigramm.
Unser heutiges Epigramm dankt dem Kaiser Nero seinen Hauptinhalt.

[2]) Die weitere Fortbildung zeigen die Anakreonteen (Ἀνακρέοντος
τοῦ Τηΐου συμποσιακὰ ἡμίαμβα, vgl. 2,8 τὸ παροίνιον βοήσω). Vgl. 22,5
ἐγὼ δ᾽ ἔσοπτρον εἴην, ὅπως ἀεὶ φορῇς με u. s. w. Die anmutigen Spielereien
eines vielleicht noch dem dritten Jahrhundert v. Chr. angehörigen
Zecherkreises, in welchem jeder Dichter die Maske des greisen
Anakreon annahm, wie an anderen Orten jeder die des Hirten,
bieten uns, freilich verbunden und durchsetzt mit jungen und
jüngsten Zuthaten, oft erweitert und verwässert, die einzigen Reste
einer alexandrinischen Sammlung von παίγνια in lyrischen Metren.
Die mancherlei Berührungen mit dem sympotischen Epigramm sind
daher leicht erklärlich, verdienen aber noch immer eine eingehende

Als altes γρῖφος-Spiel beim Gelage erwähnt Klearch bei Athenaios X, 457 E: ὁμοίως δὲ τοῖς εἰρημένοις (ἀπὸ γραμμά-των) ἡγεμόνος ἑκάστου λέγειν ὄνομα τῶν ἐπὶ Τροίαν ἢ τῶν Τρώων καὶ πόλεως ὄνομα τῶν ἐν τῇ Ἀσίᾳ λέγειν ἀπὸ τοῦ δοθέντος γράμματος, τὸν δ᾽ ἐχόμενον τῶν ἐν τῇ Εὐρώπῃ καὶ τοὺς λοιποὺς ἐναλλάξαι, ἄν τε Ἑλληνίδος ἄν τε βαρβάρου τάξῃ τις. ὥστε τὴν παιδιὰν μὴ ἄσκεπτον οὖσαν μηνύματα γίνεσθαι τῆς ἑκάστου πρὸς παιδείαν οἰκειότητος· ἐφ᾽ οἷς ἆθλον ἐτίθεσαν στέφανον καὶ εὐφημίαν, οἷς μάλιστα γλυκαίνεται τὸ φιλεῖν ἀλλήλους. Die zuerst geschilderte Unter-haltung verlief also so, dass zunächst Gast A einen mit einem bestimmten Buchstaben beginnenden Namen eines der Griechen vor Troja nannte, Gast B im Wettstreit den eines Troers entgegenstellte. Da nun der vor Troja gefallenen heimischen Heroen im Skolion zu gedenken alte Sitte ist (vgl. von den „attischen" Skolien 15 und das anschliessende 16), so lag es für die alexandrinischen Dichter nahe, das γρῖφος-Spiel dahin zu erweitern, dass jeder beim Gelage statt des einfachen Namens eine Grabaufschrift auf den betreffenden Heros vortrug.   Schon Asklepiades und Poseidipp

Behandlung, welche sowohl die ekphrastischen Epigramme auf den greisen Anakreon als stoffliche Uebereinstimmungen (z. B. Leonidas IX, 179, Anakr. 10 B) berücksichtigen müsste. Eine Fälschung an sich liegt hier so wenig vor, wie etwa Kallimachos dadurch zum Fälscher wird, dass er die Maske des Hipponax vornimmt. Dass die eigentlichen Verfassernamen bei den Ge-dichten nicht standen, erklärt sich durch die Anlage derartiger Symposien-Bücher (Gedicht 2 ist natürlich nicht τοῦ αὐτοῦ Βασιλλου, sondern τοῦ αὐτοῦ (Ἀνακρέοντος) βασιλικὸν oder βασιλικώτερον zu betiteln). Der stumpfe Gellius mag freilich den echten Anakreon zu lesen geglaubt haben. Aber lehrhaft ist doch selbst seine Schilderung, wenn auch bei ihm (XIX, 9, 4) an Stelle des Gesangs der Dichter schon der berufsmässiger Sänger vor geladenen Gästen getreten ist: ac posteaquam introducti pueri puellaeque sunt, iucun-dum in modum Anacreontea pleraque et Sapphica et poetarum quoque recentium ἐλεγεῖα quaedam ἐρωτικά dulcia et venusta cecinerunt. Es wäre nicht undenkbar, dass hiermit die Sammlung beschrieben würde, welche Gellius vor sich liegen hatte und der er das dritte Anakreonteion entnahm. Doch findet sich vielleicht an anderm Ort einmal Gelegenheit, hierauf und auf die Sapphica einzugehen. Die Gleichstellung von μέλη und ἐπιγράμματα ist hier für mich einzig von Wichtigkeit.

haben dies gethan. Dem Asklepiades ist bekanntlich in der Anthologie das berühmte Grabepigramm auf Aias (VII, 145) zugeschrieben, welches auch in die pseudo-aristotelische Sammlung übergegangen ist, sich dort aber durch Umfang und Stil als Einschub verrät. Mit Unrecht hat E. Wendling neuerdings dasselbe dem genialen Samier abzusprechen versucht (de peplo Aristotelico Strassb. 1891 S. 51). Schon dadurch, dass der getreue Nachahmer und Gegenpart des Asklepiades, Poseidipp, derartige Stoffe behandelt, und dass die Nachahmung des Antipater von Sidon (VII, 46) und die Parodie des Mnasalkas auf einen berühmten Autor des Vorbildes schliessen lassen, ist uns Asklepiades gesichert. Wir besitzen aber von demselben noch ein Fragment eines ähnlichen Gedichtes. Das Etymol. Magn. 157, 33 berichtet aus Herodian περὶ παϑῶν (vgl. Stephanos von Byzanz), dass die von Homer Ἀσπληδών genannte Stadt bei Späteren Σπληδών heisse und führt als Beleg an: καὶ Ἀκληπιάδης οὕτως λέγει „Σπληδόνα τ᾽ ἠγα-ϑέην". Mit diesem Rest eines epischen oder elegischen Liedes vergleiche man Il. II, 510 οἳ δ᾽ Ἀσπληδόνα ναῖον ἰδ᾽ Ὀρχομενὸν Μινύειον τῶν ἦρχ᾽ Ἀσκάλαφος καὶ Ἰάλεμος, υἷες Ἄρηος, und die Umbildung, welche die Homer-Verse Il. II, 824 ff. οἳ δὲ Ζέλειαν ἔναιον . . . τῶν αὖτ᾽ ἦρχε Λυκάονος ἀγλαὸς υἱὸς Πάνδαρος in dem früher vierzeiligen Grabgedicht des Poseidipp auf Pandaros (bei Steph. v. Byzanz Ζέλεια) gefunden haben: . . . . . .

οὐδὲ Λυκαονίη δέξατό σε Ζελίη,
ἀλλὰ παρὰ προχοῇ Σιμοεντίδι τοῦτό σοι Ἕκτωρ
σῆμα καὶ ἀγχέμαχοι ϑέντο Λυκαονίδαι.

Es spricht alle Wahrscheinlichkeit dafür, dass der Vers des Asklepiades ⟨Ὀρχομενὸν⟩ Σπληδόνα τ᾽ ἠγαϑέην aus einem ähnlichen Grabepigramm auf Askalaphos (oder Ialemos oder beide) entnommen ist. Weiter führt uns ein zweites Fragment des Poseidipp beim Scholiasten zur Ilias XI, 101 μὴ ἐμφέρεσϑαι δέ φησιν ὁ Ἀρίσταρχος νῦν ἐν τοῖς Ποσειδίππου ἐπιγράμμασι τὸν Βήρισον ἀλλ᾽ ἐν τῷ λεγομένῳ σωρῷ εὑρεῖν· εὔλογον δέ φησιν ἐλεγχόμενον αὐτὸν ἀπαλεῖψαι. Wie Poseidipp darauf kommen konnte, gerade den Berisos sich zu erwählen, zeigt uns Klearch: er musste einem Gedicht auf einen mit dem Buchstaben B beginnenden Griechen ein solches auf einen ebenso beginnenden Troer entgegenstellen; die Wahl war nicht gross; so kam der Bastard des Priamos zu dieser Ehre. Wir werden die

Mehrzahl der älteren Grabepigramme auf Dichter der Vorzeit als in ähnlichen γρῖφος-Spielen entstanden betrachten dürfen.

Der Kreis der von Asklepiades und seinen Kunstgenossen behandelten Epigramme ist damit — bis auf Kleinigkeiten, welche ich später erklären werde — geschlossen, sie ergeben ein einheitliches Bild, sobald wir sie als Lieder beim Gelage auffassen. Aber ehe ich auf diesem Resultat weiterbaue, sei eine Abschweifung zu einer früher von mir ausser ihrem Zusammenhang ausgesprochenen und daher heftig bestrittenen Behauptung gestattet.

Von Asklepiades sind uns zwei Epigramme auf Griechen, von Poseidipp zwei ähnliche auf Troer bezeugt. Hätten sie jemals im Wettstreit bei e i n e m Gelage diese Lieder vorgetragen, so wäre dies nach Klearchs Darstellung so geschehen, dass zunächst Asklepiades einen Griechen, dessen Name mit A begann, besang und Poseidipp unmittelbar danach das Thema „aufnahm" und den entsprechenden Troer entgegenstellte. Die Lebenszeit beider Dichter würde einer derartigen Annahme nicht widersprechen: sollten vielleicht ihre Gedichte weitere Beweise dafür bieten?

Es ist bekannt, wie oft einer der beiden ein Thema aufbringt, der andere es weiter fortführt oder paraphrasiert; man vergleiche Asklepiades XII, 75:

Εἰ πτερά σοι προσέκειτο, καὶ ἐν χερὶ τόξα καὶ ἰοί,
οὐκ ἂν Ἔρως ἐγράφη Κύπριδος ἀλλὰ σὺ παῖς

mit XII, 77, welches zwar Ἀσκληπιάδου ἢ Ποσειδίππου überschrieben ist, sicher aber nicht ersterem, sondern nur dem Poseidipp gehören kann:

Εἰ καθύπερθε λάβοις χρύσεα πτερὰ καί σευ ἀπ᾽ ὤμων
τείνοιτ᾽ ἀργυρέων ἰοδόκος φαρέτρη
καὶ σταίης παρ᾽ Ἔρωτα φιλάγλαον, οὐ μὰ τὸν Ἑρμῆν,
οὐδ᾽ αὐτὴ Κύπρις γνώσεται ὃν τέτοκεν.

Von ähnlichen Paaren führe ich an: Asklepiades V, 167 (der ungeduldige Liebhaber, der durch Nacht und Sturm zur Thür der Geliebten gekommen ist), Poseidipp V, 213 (ein ähnliches Thema, aber mit schalkhaftem Gleichmut behandelt). — Asklepiades V, 185 (vgl. 181: Die Bestellungen der Zurüstungen für's Gelage), Poseidipp V, 183. — Asklepiades V, 158 (die Hetäre mahnt, nicht eifersüchtig zu sein), Poseidipp V, 186 (der Dichter ist nicht eifersüchtig, vgl. ἤν τις ἔχῃ μ᾽ ἕτερος und εἰ δ᾽ ἕτερός σε εἶχε). — Asklepiades V. 203, parodisch, Poseidipp V. 202 (Cod. ἀσκληπιάδου

ἢ ποσειδίππου, auch hier ist der Sprache und der Gegenüberstellung nach Poseidipp wohl der Verfasser) — Asklepiades VII,
234, Poseidipp VII, 267 — Asklepiades XVI, 120 (Cod. ἀρχελάου
οἱ δὲ ἀσκληπιάδου, die Gegenüberstellung Poseidipps spricht für
den Samier), XVI, 119 Poseidipp. Charakteristisch ist besonders
das Paar XII, 166 (Asklepiades), XII, 45 (Poseidipp):

Τοῦθ' ὅ τι μοι λοιπὸν ψυχῆς, ὅ τι δή ποτ', Ἔρωτες,
τοῦτό γ' ἔχειν πρὸς θεῶν ἡσυχίην ἄφετε·
ἢ μὴ δὴ τόξοις ἔτι βάλλετέ μ' ἀλλὰ κεραυνοῖς
καὶ (Cod. ναὶ) πάντως τέφρην θέσθε με κἀνθρακιήν.
ναὶ ναὶ βάλλετ', Ἔρωτες· ἐνεσκληκὼς γὰρ ἀνίαις
ἐξ ὑμέων τοῦτ' οὖν, εἴ γέ τι, βούλομ' ἔχειν. —
Ναὶ ναὶ βάλλετ', Ἔρωτες· ἐγὼ σκοπὸς εἰς ἅμα πολλοῖς
κεῖμαι· μὴ φείσησθ', ἄφρονες· ἢν γὰρ ἐμὲ
νικήσητ', ὀνομαστοὶ ἐν ἀθανάτοισιν ἔσεσθε
τοξόται, ὡς μεγάλης δεσπόται ἰοδόκης.

Es liegt hier doch etwas mehr vor als eine einfache Nachahmung
oder Entlehnung eines halben Verses. Die volle Pointe des zweiten
Gedichts kann nicht verstehen, wer das erste nicht kennt; nur
als Gegenstück zu diesem will es in seiner Plattheit betrachtet sein.
Wieder erhebt sich hier die Frage, ob es eine Ausgabe gab, in
welcher der Leser Poseidipps Gedicht an der Stelle, welche ihm allein
volle Beziehung geben konnte, fand. Nun zeigen gerade die Namen
dieser beiden Dichter in der Anthologie ein befremdliches Schwanken:
von den zwanzig Epigrammen, welche dem Poseidipp zugeschrieben
werden, zeigen nicht weniger als sechs seinen Namen mit dem
eines andern Dichters verbunden, und zwar immer mit dem des
Asklepiades. Um die Bedeutung dieser Thatsache zu würdigen,
müssen wir auf die Doppeltitel der Anthologie etwas näher eingehen. Unter den 3456 Epigrammen der Kapitel V—VII, IX—XII,
XVI finde ich 54 mit doppeltem Titel, also auf je 65 eines;
völlig frei von denselben ist der Agathias-Kranz, wiewohl doch
auch bei ihm die Autorenbezeichnungen im Palatinus und bei
Planudes nicht immer übereinstimmen, im Meleager-Kranz kommt
auf je 32 Epigramme ein Doppeltitel. Die Epigramme VII, 170.
IX, 122. IX, 123 mussten ausgeschieden werden, weil sie uns
zwei mal an verschiedenen Stellen der Sammlung begegnen, das
erste mal mit den Aufschriften ποσειδίππου, ἀδέσποτον,
ἀδέσποτον, das zweite mal καλλιμάχου, εὐήνου, λεωνίδου

ἀλεξανδρέως,[1] zeigen aber gut, wie ein Schreiber oder der
Ordner der Sammlung derartige Doppeltitel einführen konnte und
nachweislich zum Teil eingeführt hat. Prüfen wir nun die doppelten
Autorenlemmata näher. V, 308 betitelt Schreiber A richtig τοῦ
αὐτοῦ (d. h. Ἀντιφίλου), Schreiber C fügt wegen der Nachahmung
Philodems, welche er noch empfindet, hinzu: ἢ μᾶλλον φιλοδήμου.[2]
VII, 237 ist überschrieben φιλίππου θεσσαλονικέως, aber nach V. 3
beginnt auf einer neuen Seite ἀλφιοῦ μιτυληναίου; dies Lemma
gehört als *varia lectio* zu dem folgenden Gedicht ἀδδαίου. VII, 352
trägt die Aufschrift ἀδέσποτον εἰς τὰς αὐτὰς λυκαμβίδας· οἱ δέ
φασὶ μελεάγρου αὐτὸ εἶναι. Natürlich ist die Unsicherheit auch hier
jüngeren Datums, Meleager selbst konnte über seine Autorschaft
nicht zweifeln; dass in einer alten Handschrift nur der erste Teil
des Lemmas stand, lehrt Planudes durch die Aufschrift ἄδηλον.
VII, 405 ist von A richtig dem Philippos zugeschrieben; μιμνέρμου
οἱ δὲ φιλίππου schreibt C hinzu (Plan. ἄδηλον). VII, 650 hat
C in einer Meleagerreihe φλάκκου ἤ, φαλαίκου, wir erkennen
sofort, dass der Schreiber den Namen in der Vorlage verderbt
vorfand; die Bestätigung giebt des Planudes Aufschrift φακέλλου.
VII, 647 ist die Aufschrift σιμωνίδου οἱ δὲ σιμμίου ähnlich zu
erklären; Planudes hat σαμίου, ob die Vorlage des Palatinus
σιμίδου oder irgend eine Abbreviatur hatte, bleibt dahingestellt.
IX, 55 ist im Text λουκιλλίου richtig betitelt, am Rand steht
λουκιλλίου οἱ δὲ μενεκράτους σαμίου, was sich dadurch erklärt, dass ein Epigramm des Menekrates von Samos vorausgeht;
das Lemma am Rand ist herabgerutscht. Auch IX, 203 φωτίου
πατριαρχου κωνσταντινουπόλεως εἰς τὴν βίβλον λευκίππης·
ἄλλοι δέ φασιν λέοντος τοῦ φιλοσόφου und IX, 387 ἀδριανοῦ
καίσαρος εἰς τὸν ἕκτορα· οἱ δὲ γερμανικοῦ. ἡσύχιος δὲ
εἰς τιβέριον καίσαρα ἀναφέρει αὐτό erklären sich leicht und
zeigen die Quellen derartiger Lemmata und die sorgsame und be-
dächtige Art des Schreibers. Aber nicht bewiesen wird dadurch,
dass alle Doppeltitel so entstanden und jungen Ursprungs sein
müssen. Wenn die Grammatiker oft genug für ein Dichtwerk die

---

[1]) Ähnlich kehrt V, 161: ἡδύλου οἱ δὲ ἀσκληπιάδου später mit
der verkehrten Aufschrift σιμωνίδου wieder.

[2]) Der Schreiber verrät sich hier wie VII, 650 gerade als sehr
gewissenhaft, indem er seine Conjecturen als solche auch kenntlich
macht.

Namen zweier Verfasser, über welche sie nicht entscheiden wollen, rennen, so konnte auch Meleager aus ähnlichen Gründen für ein und dieselbe Gedichtsammlung oder ein und dasselbe Epigramm zwischen zwei Verfassern schwanken. Wenn wir z. B. einen Dichter Artemon nur zwei mal angeführt finden, XII, 55 ἄδηλον οἱ δὲ ἀρτέμωνος und XII, 124 ἄδηλον οἱ δὲ ἀρτέμωνος, so ist die Annahme, dass diese Lemmata durch Schreiberwillkür entstanden sind, fast ausgeschlossen und die Erklärung gar nicht abzuweisen, dass beide Epigramme aus einer Sammlung stammen, welche zu Meleagers Zeit ohne Verfassernamen umlief; von Einigen wurde sie allerdings dem Artemon zugeschrieben, und dies daher im Lemma vermerkt, aber von wem als von Meleager selbst? Man versuche nur einmal, den Hergang anders darzustellen! Einen weiteren Doppeltitel ϑεοκρίτου οἱ δὲ λεωνίδου ταραντίνου habe ich im Excurs III eingehender behandelt. Es ist mir mehr als wahrscheinlich, dass Meleager selbst über den Ursprung der dem Theokrit zugeschriebenen Epigramm - Sammlung in Zweifel war.

Dass eine nicht unbedeutende Anzahl dieser doppelten Titel bei Planudes gleichlautend wiederkehren, ist wichtig; dass öfter noch freilich der eine Zweig unserer Überlieferung zwei Namen, der andere nur einen derselben bietet, weit weniger. Es ist an und für sich viel leichter zu erklären, dass bei einem doppelten Lemma in der gemeinsamen Quelle ein Schreiber den einen Namen fortliess, als dass er zu einem einfachen Lemma den zweiten Namen willkürlich zufügte. Auch hierbei verweise ich auf die Ausführungen in Excurs III. Gar nicht betonen kann man endlich diejenigen Fälle, in welchen die eine Quelle zwei Angaben, die andere ἄδηλον hat (VII, 5. 315. 431. 671; XII, 17), da das Wort ἄδηλον hier gerade dies Sachverhältnis ausdrücken und für die Quelle beglaubigen k a n n. Der Versuch Finsler's, auch in solchen Sachen Schreiber C und dessen Vorlage, das Exemplar Michaels, zu verdächtigen, ist willkürlich und verfehlt und kommt überdies gerade für Asklepiades und Artemon nicht in Frage. Ob die einzelnen Doppellemmata alten oder jungen Ursprungs sind, ist von Fall zu Fall zu prüfen. Finden wir, dass zwei Namen besonders oft und auffällig mit einander verbunden werden, oder dass andere Tradition eine frühzeitige Ungewissheit über den eigentlichen Verfasser eines Gedichtes erraten lässt, so ist es

Willkür, die Doppellemmata den Schreibern und nicht vielmehr dem ersten Sammler zuzuweisen.

Man vergleiche nun die sechs von den zwanzig Epigrammen des Poseidipp, welche Doppeltitel tragen. Es stehen in dem Palatinus und bei Planudes: XII, 77 ἀσκληπιάδου ἢ ποσειδίππου Pal. Plan. V, 194 ποσειδίππου ἢ ἀσκληπιάδου Pal. Plan. V, 209 ποσειδίππου ἢ ἀσκληπιάδου Pal. ποσειδίππου Plan. XII, 17 ἄδηλον Pal. ἀσκληπιάδου ἢ ποσειδίππου Plan. — Nur im Pal. steht V, 202 ἀσκληπιάδου ἢ ποσειδίππου, nur im Plan. XVI, 68 ἀσκληπιάδου, οἱ δὲ ποσειδίππου. Die Lemmata sind im Palatinus alle von erster Hand. Die Thatsache ist äusserst auffällig und verlangt eine Erklärung.[1]

Ebenso auffällig ist die Stellung dieser Epigramme, auf welche zuerst Sternbach, *Appendix Anthologiae Planudeae* p. 81 aufmerksam gemacht hat: V, 185 Asklepiades, V, 186 Poseidipp — V, 202 Poseidipp (ποσειδίππου ἢ ἀσκληπιάδου), V, 203 Asklepiades — V, 209 Poseidipp (nach Plan. ποσ. ἢ ἀσκληπ. Pal.), V, 210 Asklepiades, V, 211 Poseidipp — XVI, 119 Poseidipp, XVI, 120 Asklepiades (ἀρχελάου οἱ δὲ ἀσκληπιάδου) — XII, 45 Poseidipp, XII, 46 Asklepiades. Diese Reihen werden noch klarer, wenn wir die von Meleager eingesetzten Nachahmungen des Asklepiades aussondern dürfen: V, 181 Asklepiades [V, 182 Meleager], V, 183 Poseidipp [V, 184 Meleager], V, 185 Asklepiades, V, 186 Poseidipp [V, 187. 188 Meleager; des Leonidas Name ist irrtümlich hereingebracht], V, 189 Asklepiades. — V, 207 Asklepiades [V, 208 Meleager], V, 209 Poseidipp (vgl. oben), V, 210 Asklepiades, V, 211 Poseidipp [V, 212 Meleager], ..., V, 213 Poseidipp. — XII, 75 Asklepiades [XII, 76 Meleager], XII, 77 Poseidipp (ἀσκληπιάδου ἢ ποσειδίππου Pal. Plan., siehe oben). — XII, 166 Asklepiades [XII, 167 Meleager], XII, 168 Poseidipp. Auch hierbei ist Walten des Zufalls ganz ausgeschlossen.

Eigenartig ist ferner die Art, wie Meleager der beiden Dichter im Vorwort gedenkt, IV, 1, 45:

ἐν δὲ Ποσείδιππόν τε καὶ Ἡδύλον ἄγρι' ἀρούρης
Σικελίδεώ τ' ἀνέμοις ἄνθεα φυόμενα.

---

[1] Die Annahme, je ein Name sei immer von dem benachbarten Gedicht hereingekommen, würde für V, 194. XII, 17. XII, 77 nicht genügen und ist schon wegen des Zahlenverhältnisses 6 zu 20 undenkbar.

Die Lieder aller drei Dichter sind die auf dem Feld wachsenden von keines Gärtnors Hand gesäten Blumen. Man vergleiche das ganze übrige Proömium, nirgends sind mehrere Dichter mit einer Blumenart verglichen; dass Mnasalkas oder Nikias ganz von Anyte, Antipater der Sidonier von Leonidas abhängt, hat auf die Stellung der Dichter und die Wahl der Epitheta keinen Einfluss geübt.

Nun muss aber auch Hedylos in irgend einer Weise mit Asklepiades zusammenhängen. Nur drei Epigramme kommen für uns in Frage, da XI, 123 und 414 nach Umgebung und Stil von einem um etwa 400 Jahre jüngeren Namensvetter, vielleicht dem Grammatiker (Etym. magn. 72, 16), stammen. V, 161 trägt die Doppelaufschrift: $\dot{\eta}\delta\dot{\nu}\lambda ov\ o\dot{\iota}$ $\delta\dot{\epsilon}\ \dot{\alpha}\sigma\varkappa\lambda\eta\pi\iota\dot{\alpha}\delta ov$, es folgt unmittelbar darauf ein Gedicht des Asklepiades. Man kann natürlich hier von Zufall sprechen, aber eigentümlich ist doch, dass ein Gedicht des Hedylos von Strabon XIV, 683 mit den Worten citiert wird: $\ddot{\eta}\delta\eta\ o\dot{\tilde{v}}v\ \pi\dot{\alpha}\varrho\varepsilon\sigma\tau\iota\ \sigma\varkappa o\pi\varepsilon\tilde{\iota}v\ \tau\dot{\eta}v\ \dot{\varrho}\alpha\vartheta v\mu\dot{\iota}av$ $\tau o\tilde{v}\ \pi o\iota\dot{\eta}\sigma av\tau o\varsigma\ \tau\dot{o}\ \dot{\epsilon}\lambda\varepsilon\gamma\varepsilon\tilde{\iota}ov\ \tau o\tilde{v}\tau o,\ o\dot{\tilde{v}}\ \dot{\eta}\ \dot{\alpha}\varrho\chi\dot{\eta}\ ,,\dot{\iota}\varrho\alpha\dot{\iota}\ \tau\tilde{\omega}\ \Phi o\dot{\iota}\beta\omega$ $\pi o\lambda\lambda\dot{o}v\ \delta\iota\dot{\alpha}\ \varkappa\tilde{v}\mu\alpha\ \vartheta\dot{\epsilon}ov\sigma\alpha\iota\ \tilde{\eta}\lambda\vartheta o\mu\varepsilon v\ \alpha\dot{\iota}\ \tau\alpha\chi\iota v\alpha\dot{\iota}\ \tau\dot{o}\xi\alpha\ \varphi v\gamma\varepsilon\tilde{\iota}v\ \ddot{\epsilon}\lambda\alpha\varphi o\iota''$ $\varepsilon\dot{\iota}\vartheta'\ \Pi\dot{o}\upsilon\lambda o\varsigma\ \dot{\varepsilon}\sigma\tau\dot{\iota}v\ \varepsilon\dot{\iota}\vartheta'\ \dot{o}\sigma\tau\iota\sigma o\tilde{v}v\ \cdot\ \varphi\eta\sigma\dot{\iota}\ \mu\dot{\varepsilon}v\ \gamma\dot{\alpha}\varrho\ \dot{o}\varrho\mu\eta\vartheta\tilde{\eta}v\alpha\iota\ \varkappa\tau\lambda.$ Dass Strabon (oder seine Quelle, Eratosthenes?) aus dem Gedächtnis citiert und sich nicht mehr des Verfassers entsinnt, ist nach der langen Ausführung und dem Wortlaut unwahrscheinlich; er citiert nach einem Exemplar, aus welchem die Autorschaft des Hedylos nicht unzweifelhaft festzustellen war; man konnte auch an verschiedene andere Dichter denken. Vergleichen wir nun V, 199 die Fortsetzung des von Asklepiades herrührenden Liedes auf Nikagoras (XII, 135): seinen vollen Sinn erlangt es nur, wenn es mit diesem in einer Sammlung vereinigt war, ebenso wie das Lied des Poseidipp XII, 45 nur nach Asklepiades XII, 166 publiciert sein kann. So führt alles zu der Annahme, dass die Lieder der drei Dichter vereinigt und ohne Autoren-Bezeichnungen zuerst erschienen und dass Meleager diese Sammlung benutzte, indem er aus der Stellung und dem Stil, vielleicht auch aus Sonderausgaben zu den einzelnen Gedichten die Lemmata fügte. [1] Hierfür ist ein direktes Zeugnis

---

[1]) Manches hat vielleicht auch er als $\ddot{\alpha}\delta\eta\lambda ov$ gelassen. So bietet XII, iii eine Antwort auf Asklepiades XII, 75 (über die Schreibung später) mit der Aufschrift $\ddot{\alpha}\delta\eta\lambda ov$. Die in Cap. V und XII enthaltenen $\ddot{\alpha}\delta\eta\lambda\alpha$ der Meleager-Reihen sind z. gr. T. sehr alt. Dass schon Meleager selbst $\ddot{\alpha}\delta\eta\lambda\alpha$ in seinem Kranz hatte, beweist das über Artemon oben gesagte. Ihr Vorkommen in demselben würde sich

durch Aristarch in dem oben angeführten Scholion zu Ilias XI, 101 erhalten. Das Epigramm auf Berisos, welches von Poseidipp herrühren soll, fand sich nicht in der Sonderausgabe der ἐπιγράμματα desselben, wohl aber in dem früher erschienenen Σωρός. Die Entgegenstellung der beiden Werke wie der Titel des zweiten spricht dafür, dass in dem Σωρός die Werke verschiedener Dichter vereinigt waren; viel unwahrscheinlicher ist die Annahme, der ganze Σωρός sei von dem einen Poseidipp verfasst. Der Σωρός tritt damit für uns in die nächste Verwandtschaft zu den beiden älteren Sammlungen von ἐλεγεῖα für das Gelage. Von jüngeren Parallelen erwähne ich nur das sogenannte vierte Buch des Tibull und vor allen die Sammlung der Priapea. Ist diese Vermutung richtig, so giebt sie uns natürlich ein neues Argument dafür, dass Asklepiades und seine beiden Genossen und ausserhalb ihres Kreises Kallimachos und Alkaios das Epigramm im wesentlichen zur dichterischen Unterhaltung beim Gelage verwendeten.

Dies zieht natürlich, wenn z. B. bei Kallimachos e i n e Sammlung die erotischen und sympotischen Gedichte wie die „Aufschriften" umschloss, die Folgerung nach sich, dass auch die Letzteren nicht für den Stein, sondern für den Vortrag beim Gelage gedichtet sind. Mochte der Battiade wirklich — was ich übrigens für ihn anzunehmen keinen Anlass sehe — vielleicht ein oder das andere mal bei demselben wiederholt haben, was er aus besonderem Anlass in einem bestimmten Fall vorher für praktische Verwendung gedichtet hatte, die überwiegende Mehrzahl seiner Epigramme ist freies Phantasiespiel mit einer hergebrachten Form, echte „Aufschrift" so wenig, wie etwa des Asklepiades Grabgedicht VII, 284 oder des Poseidipp entsprechendes „Epigramm" VII, 267. Weder Archinos noch Timonoes Eltern noch die überwiegende Zahl der Andern haben sich solche Gedichte „bestellt", die Gräber haben nicht existiert. Der so oft wiederholte, unselige Vergleich der für den Vortrag und das Buch dichtenden grossen

---

am besten durch Sammlungen, wie ich sie hier vermute, erklären. Übrigens scheinen die Schreiber des Palatinus das Wort ἀδέσποτον zu bevorzugen, wie gerade die jüngsten Stücke der Anthologie beweisen. Wenn trotzdem innerhalb der Meleager-Reihen im Palatinus ἄδηλον weit überwiegt, während innerhalb der Philippos-Reihen fast nur ἀδέσποτον begegnet, so kann darin eine Spur des ursprünglichen Wortgebrauches erhalten sein.

Alexandriner mit modernen Dorfschulmeistern, welche für ein paar Groschen auf Wunsch Grabsteinverse liefern sollen, hat nichts erklärt und unsere Kenntnis des Epigramms dieser Zeit nur schwer geschädigt. Freilich folgt auch ein Weiteres, dass für diese Dichter eine feste Begrenzung des Begriffes „Epigramm" nicht mehr besteht. Bei aller Ehrfurcht vor einem grossen Schatten muss es doch ausgesprochen werden, dass die berühmte Begriffsbestimmung und Herleitung Lessings keiner Epoche des antiken Epigramms und seinem Ideal - Epigrammatiker Martial am wenigsten gerecht wird.

Betrachten wir von den Späteren zunächst den Herausgeber des ersten grossen Epigrammkranzes, Meleager, welcher doch nur „Epigramme" aufnehmen will und unter ihnen wahrscheinlich ruhig IX, 363, das schöne Frühlingslied in 23 weichen Hexametern bot, ohne irgend welchen Anklang an die Aufschrift oder das erotisch-sympotische Epigramm, an die späteren Anakreonteia erinnernd. Aber freilich, es steht (für seinen Kranz) einzig in seiner Art da, und Ausnahmen bestätigen die Regel; eine Regel in der Auswahl können wir auch für ihn erkennen, und sie ist lehrreich genug. Die Existenz polymetrischer παίγνια in der Zeit der älteren Alexandriner ist uns durch die Nachahmungen Catulls und der *poetae νεώτεροι* gesichert. Sie zeigen, wie durchaus ähnlich dieselben den epigrammatischen παίγνια gewesen sein müssen; man vergleiche nur den ersten und dritten Teil der Sammlung Catulls. Dennoch hat sie Meleager nicht aufgenommen und eben dadurch sind sie für uns verschollen. Wohl aber nimmt derselbe Meleager nicht-elegische Gedichte, welche das Wesen der alten „Aufschrift" bewahren, ruhig mit auf. Sie bezeichnen sich ihm d u r c h i h r e n I n h a l t als Epigramme. Von den rein erotischen und sympotischen Liedern erkennt er als solche nur die in e l e g i s c h e F o r m geprägten an. Dies ist die klare Einwirkung der einmal vollzogenen Vereinigung der „Aufschrift" mit dem ἐλεγεῖον für das Gelage.

Einer ähnlichen Begriffsbestimmung folgt Catull, welcher ja offenbar in C. 69—116 ein nach seiner Auffassung einheitliches Ganze, eine Epigramm-Sammlung, geben will (während doch C. 76 in Wahrheit eine kurze Elegie ist) und die nicht-elegischen Gedichte alle als wesentlich verschieden betrachtet. [1] Dagegen be-

---

[1] Wie auch die Epigramme vorgetragen sind, lässt uns das allerdings mehr auf die polymetrischen *nugae* bezügliche Gedicht

steht diese Beschränkung für Philippos von Thessalonike nicht
mehr, welcher unter die Epigramme schon z. B. das an die Anakreonteen (vgl. 7) erinnernde Liedchen aufnimmt (IX, 110):

Οὐ στέργω βαϑυλήϊους ἀρούρας
οὐκ ὄλβον πολύχρυσον, οἷα Γύγης.
αὐτάρκους ἔραμαι βίου, Μακρῖνε·
τὸ „μηδὲν“ γὰρ „ἄγαν“ ἄγαν με τέρπει.

(vgl. Archil. fr. 25). Nicht besteht sie für den Ordner der kleinen
auf Vergil zurückgeführten Gedichte, vor allem nicht für Martial.
Für ihn sind alle *nugae* des Catull, selbst die Liedchen auf den
passer, gleichmässig Epigramme, ja selbst die Epoden des Horaz
werden (genau wie in den vergilianischen Gedichten) unbedenklich
nachgebildet. Martial I, 49 genügt allein, um zu erweisen, dass
der Dichter eine feste Definition des Epigramms nicht kennt; es
ist ihm nur das kleine Lied, dessen Bestimmung besonders für
Gelage „*sua cum medius proelia Bacchus amat*“ (IV, 82, 6) er
noch oft erwähnt. Dass ein grosser Teil dieser Gedichte skoptischen Inhalts ist, wird durch die Entwickelung dieser Gelage-
Lieder erklärt, ist aber nicht für den Begriff des Epigramms
massgebend. Die Entwickelung scheint danach klar, wir müssen
nun untersuchen, wann die seit Asklepiades nachweisbare Verschmelzung des Gelage-Liedes und der Aufschrift geschehen ist.

§ 2.

Bevor dies eintreten konnte, muss die eigentliche „Aufschrift“
zwei Entwicklungsstufen durchgemacht haben. Sie muss zunächst
schon einige Zeit nicht mehr für den Stein, sondern für den Vortrag
oder das Buch gedichtet sein. Die Anlässe sind fingiert, der
Zweck nur die ἐπίδειξις; es ist eine dichterische Übung, ein
Spielen mit einer hergebrachten Form, um Gewandtheit und Eleganz
zu zeigen. Und weiter: solche sofort für das Buch gedichteten
Epigramme sind nur unter der Voraussetzung denkbar, dass schon

---

50 erraten. Natürlich hat diese römische Dichtergesellschaft
„*ut convenerat esse delicatos*“ alexandrinische Vorbilder gehabt.
Wie sich hier zwei grosse Dichter zum Wettkampf herausfordern und
„*scribens versiculos uterque nostrum ludebat numero modo hoc modo
illoc reddens mutua per iocum atque vinum*“, so haben nach des
Hedylos früher angeführten Stellen Asklepiades und seine Genossen ihre Epigramme beim Wein vorgetragen.

vorher die wirklich für den Stein gedichteten und auf Stein über-
lieferten „Aufschriften" in Büchern gesammelt wurden, auch nach
ihrer formellen Seite Beachtung und Interesse gewonnen hatten.
Die für das Buch gedichteten Epigramme setzen als Vorläufer
Epigrammbücher voraus, und diese im wesentlichen ein allgemeines
Beachten des Epigramms als Kunstwerk. Allein die einzelnen
Stadien dieser Entwickelung annähernd zu datieren, ist bei dem
Stand unserer Überlieferung äusserst schwer, da wir kunstmässige
Epigramme bestimmter Dichter in grösserer Zahl erst seit der Zeit
Alexanders kennen; die Sammlung simonideischer Epigramme ist
arg interpoliert, andere Sammlungen aus älterer Zeit zweifellos ge-
fälscht. Allgemeine Erwägungen und Versuche, eine folgerichtige
Entwickelung herzustellen, können den Mangel fester Daten nicht
ersetzen.

Die Aufschrift ist an sich keine bestimmte Dichtungsart, weder
ein fester Inhaltskreis noch ein bestimmtes Metrum ist ihr eigen,
Epos, Elegie und Lyrik wirken auf sie ein (vgl. den Stein von
Corcyra, Kaibel 180, den attischen Stein, Kaibel 19, das Epigramm
des Antigenes, Anth. XIII, 28); es dient, wie der einfachen Erklärung eines Grabmals oder Weihegeschenkes, ebenso auch einen
Weisheitsspruch, eine Allen nützliche Lehre dem Vorübergehenden
ins Gedächtnis zu rufen und tritt dadurch zu der paraenetischen
Gelage-Elegie in nähere Verwandtschaft. Die schlichte Sprache
und Kunst zeigt, dass zunächst das Interesse sich überwiegend
dem Inhalt zuwendet. Dass mehr und mehr das Grab- und
Weihe-Epigramm herrschend wird und feste Formen entwickelt,
liegt in der Natur der Sache, dass das elegische Distichon schon
um Beginn des fünften Jahrhunderts überwiegt, erklärt sich aus
seinem für die harmonische Ausbildung eines kurzen Gedankens
besonders geeigneten Wesen (man vergleiche z. B. Kaibel Nr. 3
mit Nr. 2. Der Pentameter ist noch oft die fühlbare Erweiterung,
der Zusatz, vgl. Kaibel 9. 10. 15. 16. 17. 740). Die künstlerische
Ausbildung bringt die dorische Lyrik; durch die Dichter der
ϑρῆνοι und ἐπινίκιοι wird der höhere Stil in die einfache Aufschrift übertragen; von jetzt ab ist auch das Epigramm Kunstwerk.
Das erweist uns unwiderleglich das Gedicht des Antigenes, welches
durch Wilamowitz Hermes 20, 62 ff. zum wichtigsten Zeugnis
für das ältere Epigramm geworden ist. Wenn gerade der grösste
Epigrammatiker Griechenlands mit Vorliebe schlichte Formen ver-

wendet, um innerhalb derselben in der Wahl der Worte und Gedanken grossartige Kunst mit der einfachsten Form zu verbinden, so ist dies freie Wahl, nicht Unvermögen. Die allgemeine Schätzung des Epigramms ist für die Zeit, da die Amphiktionen die Grabmäler der in den Freiheitskämpfen gefallenen Helden mit Aufschriften versahen und das athenische Volk die Ehren für seine gefallenen Krieger von Staats wegen festsetzte, durchaus sicher. Die rhetorische Fortbildung des simonideischen Epigramms zeigen die von Aischines in der Ktesiphon - Rede § 184 angeführten, kunstvoll zu einem Ganzen vereinigten drei Epigramme, mag ihr Verfasser nun Ion sein oder nicht. Der Versuch, aus der Geschichte des Epigramms die entscheidende Persönlichkeit des Simonides zu streichen, indem man ihm nur lässt, was der dürren und dürftigen Form der aus dem sechsten Jahrhundert von namenlosen Privatleuten gesetzten Inschriften entspricht, weist die überraschende Fortbildung des Epigramms und die Bildung der neuen, auf Jahrhunderte hinaus wirksamen Formen nur nicht dem grossen Dichter, welchen hierfür das Altertum [1] kennt, sondern namenlosen, wenig jüngeren Zeitgenossen desselben zu. Es ist zuzugeben, dass schon in derselben Zeit, in welcher das Buch überhaupt enstanden scheint, auch buchmässige Epigramm - Sammlungen denkbar sind. Wahrscheinlich freilich sind sie nicht; das beweist gerade die simonideische Sammlung, deren Geschicke auch hier eine eingehendere Betrachtung verdienen.

Von fünf älteren Lyrikern hat Meleager noch Epigramm-Sammlungen gelesen, welche er selbst zweifellos für echt hielt: Archilochos, Sappho, Anakreon, Simonides, Bakchylides. Von Archilochos weiss freilich die neueste Literaturgeschichte zu rühmen, er sei der „Erfinder" der schönen Kunst, mit reizender Aufschrift den Wert eines Weihegeschenkes zu erhöhen; doch fürchte ich, dass, wer die älteren Epigramme kennt, aus VI, 133, dem Gedichtchen auf den Schleier der Alkibie, etwas andere Schlüsse machen wird. Es kann nicht durch den Stein erhalten und durch epichorische Tradition dem Dichter zugesprochen sein, weil es nie auf einen Stein gestanden haben kann, so wenig wie das Gedichtchen

---

[1]) Nicht, wie Kaibel meint, seit Pausanias, sondern seit Meleager, oder vielmehr schon seit den Nachahmungen des Mnasalkas und dem Spott des Theodoridas.

der Sappho auf den armen Fischer (VII, 505). μνήματα κακοζοΐας stehen nicht auf Marmor, sondern im Buch, und einen Schleier begleitet man nicht mit einem erklärenden Steinblock. Ebenso ist Sapphos Epigramm VII, 489 und des Archilochos Grabepigramm auf Megatimos und Aristophon (VII, 441) durch Wortstellung und Gedanken als jung zu erweisen. Mit anderen Worten: die von Meleager benutzten Sammlungen sind fürs Buch gefälscht; es waren nicht unbedeutende Dichter, welche sich das merkwürdige Vergnügen machten, unter altem Namen und in künstlicher Schlichtheit zu schreiben; frühzeitig sind sie benutzt und nachgebildet; die Thatsache steht darum nicht weniger fest. Wirkliche Aufschriften begegnen erst unter dem Namen des Anakreon. Das Epigramm auf das Ross des Pheidolas (VI, 135) ist notwendig alt; die Inschrift der Nachkommen des Kalliteles (VI, 138) fand sich bekanntlich auf einem attischen Stein, allerdings aus der Mitte des 5. Jahrhunderts. Sie dem Anakreon abzusprechen, wird daher besonnener und richtiger sein, als durch die Annahme einer Reparation die Urheberschaft des teischen Dichters retten zu wollen. Für uns ist dies gleichgiltig, wichtig vor allem, dass die Anakreon-Sammlung von Denkmälern zusammengesuchte Inschriften enthielt; dem entspricht Sprache und Anlage wenigstens der Hälfte; ein Epigramm wie VI, 142 mochte unter einem athenischen Weihgeschenk wirklich gestanden haben, zumal da wir einen thessalischen Fürsten Orestes, des Echekratides Sohn, in enger Verbindung mit Athen finden (Thuk. I, 111); den Anlass, das Gedicht dem Anakreon zuzuschreiben, konnte sein Aufenthalt bei dem Aleuaden Echekrates bieten. Jüngere epideiktische Epigramme aus alexandrinischer Schule haben sich hierzu gesellt; aber ein alter und wenigstens nach dieser Hinsicht echter Kern ist nicht zu bezweifeln.

Ähnliches werden wir für die Sammlung des Simonides voraussetzen dürfen, deren Gedichte wenigstens zu einem Teil nachweislich wirklich auf Stein gestanden haben. Dass fast die Hälfte der von irgend einem Gewährsmann als simonideisch bezeugten Gedichte von dem Keier gar nicht sein kann, widerlegt für mich hinreichend die Annahme Pregers, Simonides selbst oder sein Neffe habe je eine „authentische" Sammlung veröffentlicht. Wenn Preger trotzdem meinte, eine Fülle von Gedichten athetieren zu dürfen, so folgte er damit allerdings einer Vermutung Kaibels. Aber es war auch für diesen ein sehr unglücklich gewähltes Mittel, eine in vielen Punkten berechtigte und notwendige Kritik mit der Überlieferung dadurch in Einklang zu bringen, dass er die vom Corrector geschriebenen Dichterbezeichnungen in der Anthologie alle für unzuverlässig erklärte. Wäre dies richtig, so hätten wir, da gerade für die wichtigsten Teile alle Autorennamen von ihm geschrieben sind, auf eine Geschichte des Epigramms überhaupt zu verzichten. Aber die Untersuchungen für Dichter, deren Individualität klarer erkenntlich ist, für Kallimachos, Asklepiades, Leonidas u. A. lehrt uns, dass, von einzelnen Irrtümern und seltenen Keckheiten abgesehen, auch Schreiber C zuverlässiger, guter Tradition folgt. Der „horror vacui" hat nicht erst ihn ergriffen; die dem Euripides, Empedokles, Epicharm, Thukydides u. A. zugeschriebenen Epigramme zeigen, dass diese auch unter den heutigen Philologen herrschende Krankheit in der älteren Zeit die Überlieferung weit stärker als bei den byzantinischen Schreibern beeinflusst hat. Die Annahme, dass Schreiber C gerade den einen Namen des Simonides besonders oft eingeschmuggelt habe, ist überflüssig, weil sie uns doch nicht alles erklärt und eine Reihe gerade der am meisten verdächtigen Gedichte dem Simonides belässt (vgl. XIII, 28. VI, 212 ff.), und unwahrscheinlich, weil Planudes und der Scholiast zu Aristeides, welche ältere Recensionen der Anthologie benutzen, in allem Wesentlichen den Corrector rechtfertigen. Ihn rechtfertigen ferner die Simonides - Citate des Pausanias, Pseudo-Dion, Cicero u. A. Für alle durch sie und die Anthologie für Simonides bezeugten Epigramme ist die Gewähr gleich gross, sie standen zweifellos in der alexandrinischen Sammlung; für alle durch die Schriftsteller allein erhaltenen, ist dies hoch wahrscheinlich; für alle durch die Anthologie allein bezeugten auch, falls wir nicht einen Anhalt des Irrtums nachweisen können. Als Ganzes muss unsere Sammlung z u n ä c h s t betrachtet werden.

Wie sie entstanden ist, zeigt recht deutlich XIII, 28. So sicher es ist, dass weder Simonides noch Bakchylides dies Epigramm verfasst hat (vgl. Wilamowitz Hermes 20, 68), die Aufschrift des Palatinus Βαχχυλίδου ἢ Σιμωνίδου wird durch Stephanos von Byzanz (u. d. W. Ἀκαμάντιον) bestätigt. Es gehörte der alten Sammlung an und ist doch von Antimenes oder Antigenes dem Koer verfasst. An eine Epigramm-Sammlung des Antigenes, welche sich bis in die Zeit des Meleager erhalten haben sollte,[1] glaubt hoffentlich niemand. Also ist das der ersten Zeit der Perserkriege entstammende Gedicht vom Stein in die Sammlung gekommen. Ähnlich ist es meines Erachtens mit dem Epigramm auf die am Eurymedon gefallenen VII, 258 ergangen. Wiewohl das Gedicht sicher nicht von Simonides herrühren kann, dass es, das echte Grabgedicht ist, möchte ich selbst gegen Bruno Keils Ausführungen (Hermes 20, 341) aufrecht erhalten. Keil schliesst aus dem unlängst gefundenen, von Kumanudes Athen. X, 524 ff. veröffentlichten athenischen Grabepigramm von 423 oder 409:

Οἵδε παρ' Ἑλλήσποντον ἀπώλεσαν ἀγλαὸν ἥβην
βαρνάμενοι σφετέραν δ' ηὐκλέισαν πατρίδα,
ὥστ' ἐχθροὺς στεναχεῖν πολέμου θέρος ἐκκομίσαντας,
αὐτοῖς δ' ἀθάνατον μνῆμ' ἀρετῆς ἔθεσαν.

erst nach diesem Gedicht könne das vom Corrector dem Simonides zugeschriebene entstanden sein:

Οἵδε παρ' Εὐρυμέδοντά ποτ' ἀγλαὸν ὤλεσαν ἥβην
μαρνάμενοι Μήδων τοξοφόρων προμάχοις,
αἰχμηταί, πεζοί τε καὶ ὠκυπόρων ἐπὶ νηῶν·
κάλλιστον δ' ἀρετῆς μνῆμ' ἔλιπον φθίμενοι.

denn der metrische Fehler in den ersten caesurlosen Vers verrate den Nachahmer, der, durch den vokalischen Ausgang Εὐρυμέδοντα in Verlegenheit gebracht, sich nicht anders zu helfen wisse. Desshalb sei die von Bergk vorgeschlagene Änderung κατ' ἀγλαὸν ὤλεσαν (Aischyl. Perser 664 νεολαία γὰρ ἥδη κατὰ πᾶσα ὄλωλεν) zu verwerfen. Dass die Änderung leicht ist, besonders bei einem nur in der Anthologie überlieferten Gedicht, giebt er natürlich zu. Man wundert sich fast, dass der Fälscher nicht selbst darauf kam, und dass er die schönere und in alten Epigrammen gebräuchlichere Wortstellung ἀγλαὸν ὤλεσαν ἥβην nicht dem Original, sondern sich verdankt, mehr noch, dass er das Gedicht schlichter macht und den Prunk der sicher gefälschten Epigramme wie VII, 296 vermeidet. Aber der athenische Dichter von 409 hängt

---

[1] Von dem späten Ursprung des Buches XIII bin ich überzeugt; doch ist es für unsere Frage gleichgiltig, ob man die Sammlung bis auf alexandrinische Zeit heraufdatiert. Auf das Fehlen der Heimatsangabe bei Antigenes glaube ich nicht so viel Gewicht legen zu dürfen, dass ich den offenbaren Nachahmer Pindars von dem koischen Rivalen dieses Dichters trennen möchte.

doch von alten simonideischen oder wenigstens aus dessen Zeit stammenden Epigrammen ab, vgl. V. 1: ἀπώλεσαν ἀγλαὸν ἥβην; Anth. XVI, 26, 3: ἐρατὴν γὰρ ἀπωλέσαμεν νεότητα; VII, 254, 3: ὤλεσαϑ' ἥβην; Anakreon (?) XIII, 4, 2: ὤλεσας δ' ἥβην. — V. 2: σφετέραν δ' ηὐκλέϊσαν πατρίδα vergleicht Keil selbst mit Kaibel 21, 12: καὶ πατρίδ' ηὐκλέϊσαν. Auch hier ist die Quelle wohl älter wie das Epigramm des Thebaners Kleon (bei Athen. I, 19 B), Pindar Pyth. 9, 91, Tyrtaios 12, 24 und Andere zeigen.

Noch deutlicher ist die Abhängigkeit der späteren attischen Grabepigramme von den Vorlagen der Perserkriege in dem wundervollen, mit hoher Wahrscheinlichkeit dem Euripides zugeschriebenen Epigramm, Kaibel 21. Schon der erste Vers, welcher ja mit einiger Sicherheit zu ergänzen ist: Ἀϑάνατόν με [ϑ]α[νοῦσιν ἔϑηκαν σῆμα πολῖται], erinnert an Simonides VII, 300, 3. 4: μνῆμα δ' ἀποφϑιμένοισι πατὴρ Μεγάριστος ἔϑηκεν ἀϑάνατον ϑνητοῖς παισὶ χαριζόμενος, doch ist das Alter dieses Gedichtes zu ungewiss; aber V. 6: Ποτειδαίας δ' ἀμφὶ πύλας ἔδαμεν entspricht so genau dem alten sicilischen Σελινοῦντος δ' ἀμφὶ πύλας ἔϑανον (Preger 41; vgl. Bergk III⁴, 517), dass dies selbst oder seine Vorlage benutzt sein muss. Mit V. 9: ἄνδρας μὲν πόλις ἥδε ποϑεῖ καὶ δῆμος Ἐρεχϑέως vgl. Preger 22, das Epigramm auf die bei den Thermopylen gefallenen Lokrer Τούσδε ποϑεῖ φϑιμένους ὑπὲρ Ἑλλάδος ἀντία Μήδων μητρόπολις Λοκρῶν εὐϑυνόμων Ὀπόεις und ähnliche; dass die Formel παῖδες Ἀϑηναίων in den Epigrammen der Perserzeit oft vorkommt, ist bekannt. Der mittelmässige Dichter der bei Aischines III, 184 erhaltenen Grabschrift auf die vor Eion Gefallenen bildet danach sein παῖδες Μήδων. Die Worte ἠλλάξαντ' ἀρετήν zeigen wenigstens dieselbe Auffassung wie Simonides VII, 253: Εἰ τὸ καλῶς ϑνήσκειν ἀρετῆς μέρος ἐστὶ μέγιστον. Wohl bringt der jüngere Dichter auch manches Neue, wie den hochtönenden, auf fast hundert Jahre nachwirkenden Anfang: Αἰϑὴρ μὲν ψυχὰς ὑπεδέξατο σώματα δὲ χϑών, aber der Hauptsache nach steht er unter der Einwirkung der alten Formeln. ¹ Ähnlich bringt der

---

¹) Allerdings fühlt man in der Entwickelung auch rhetorischen Einfluss. Wunderlich, dass in dem nicht zu ergänzenden Teil der ersten Strophe von den drei Hauptteilen jedes athenischen Epitaphios (πόλις — πρόγονοι — ἀρετή der Gefallenen) zwei an-

Dichter des Jahres 409 das wundervolle Bild: $\ddot{\omega}\sigma\tau'$ $\dot{\varepsilon}\chi\vartheta\varrho o\dot{v}\varsigma$ $\sigma\tau\varepsilon\nu\alpha\chi\varepsilon\tilde{\iota}\nu$ $\pi o\lambda\acute{\varepsilon}\mu o\upsilon$ $\vartheta\acute{\varepsilon}\varrho o\varsigma$ $\dot{\varepsilon}\varkappa\varkappa o\mu\acute{\iota}\sigma\alpha\nu\tau\alpha\varsigma$. Aber die Verwendung alter Formeln dürfen wir auch von ihm erwarten, und wenn sich diese in einem Epigramm auf die Perserkriege finden, so haben wir eben dies bestimmte Gedicht für alt und für die Vorlage zu halten. Das Weiterwirken der Poesie der Perserzeit in Athen bis etwa 400 erklärt uns dann, wie dieselbe im Peloponnes noch über ein Jahrhundert länger Einfluss üben konnte.

Das Eindringen auch dieses Epigrammes in die simonideische Sammlung erklärt sich leicht, wenn dieselbe später von den Denkmälern zusammengetragen ist.

Ähnlich ist es mit Epigramm 188 Bergk (= 129 Preger), welches Hephaistion (und ihn benützend der Verfasser der Schrift $\pi\varepsilon\varrho\grave{\iota}$ $\pi o\iota\acute{\eta}\mu\alpha\tau o\varsigma$) als simonideisch citieren und Pausanias in Olympia auf dem Stein sah. Wiewohl zweifellos erst aus dem Anfang des vierten Jahrhunderts hatte es dem Sammler, welcher an derselben Stelle noch andere „Simonidea" zusammensuchte, den Eindruck höheren Alters gemacht und kam darum zu irgend einer Zeit in die Sammlung. Wenn das Gedicht auf den sicilischen Arzt Pausanias, welches der Verfasser des $\mathcal{A}\varrho\acute{\iota}\sigma\tau\iota\pi\pi o\varsigma$ $\pi\varepsilon\varrho\grave{\iota}$ $\pi\alpha\lambda\alpha\iota\tilde{\alpha}\varsigma$ $\tau\varrho\upsilon\varphi\tilde{\eta}\varsigma$ bei Diogenes Laertios VIII, 61 dem Empedokles zuschreibt, in der Anthologie VII, 508 die Aufschrift $\Sigma\iota\mu\omega\nu\acute{\iota}\delta o\upsilon$ und zwar von Hand C trägt, so scheint dies durchaus keine willkürliche Erfindung dieses Schreibers zu sein; sagt doch Diogenes (VIII, 65) selbst von dem zweiten Epigramm des Empedokles $\tau o\tilde{\upsilon}\tau\acute{o}$ $\tau\iota\nu\varepsilon\varsigma$ $\Sigma\iota\mu\omega\nu\acute{\iota}\delta o\upsilon$ $\varphi\alpha\sigma\grave{\iota}\nu$ $\varepsilon\tilde{\iota}\nu\alpha\iota$. Vom Stein stammt VII, 508 sicher, es einem berühmten Sicilier zuzuweisen lag nahe genug und der Autor jener Lügenschrift konnte es demnach zu seiner niederträchtigen Erfindung von der sinnlichen Liebe zwischen Pausanias und Empedokles verwenden. Aber auch Simonides war im hohen Alter in Sicilien; so konnte das berühmte Epigramm auch mit seinem Namen verbunden werden, ähnlich wie die Spielerei mit dem Namen Akron (Diog. VIII, 65), deren Gegenstück Anth. VI, 216 das bekannte Sosos-Epigramm ist. Eine „geduldige Feder" mag leicht mehr Beweise zusammentragen; dass des Simonides Epigramme erst später gesammelt wurden, steht längst durch

gegeben werden, wir wissen nicht, in welcher Verbindung. Die Benutzungen derartiger Epigramme in den Epitaphien sind bekannt genug.

Wilamowitz und Kaibel sicher. Können wir Alter und Geschick dieser Sammlung noch verfolgen?

Das berühmte Epigramm auf die bei den Thermopylen gefallenen Spartaner (VII, 249) fand Meleager in der simonideischen Sammlung; das beweist das Lemma der Anthologie verglichen mit Cicero. [1] Den zweiten Vers citieren bekanntlich Lykurg, Diodor und Strabon (letzterer hat das Denkmal sogar selbst gesehen): τοῖς κείνων πειϑόμενοι νομίμοις, und so las auch der Dichter Phaennos (VII, 437), während Herodot und die Anthologie trotz leichter Differenzen im ersten Vers beide für den zweiten das echte τοῖς κείνων ῥήμασι πειϑόμενοι bezeugen. [2] Der Versuch, diese Übereinstimmung des Lykurg, Phaennos, Strabon und Diodor durch die Annahme zu erklären, das Denkmal sei einmal zerstört und wieder erneuert und dabei die Aufschrift verändert worden, Lykurg habe sie an Ort und Stelle abgeschrieben (wie natürlich dann auch Strabon), befriedigt wenig. Eher ist denkbar, dass beim Übergang in die Buchsammlung der unklare Ausdruck durch einen allgemein verständlichen ersetzt wurde und schon Lykurg aus dem Buch citiert wie später Strabon.

---

[1]) Herodots Worte sprechen weder für noch gegen den simonideischen Ursprung; nur für das Epigramm auf Megistias ist derselbe auch nach Herodot sicher. Wenn nun der Schreiber C gerade für dieses den Namen des Simonides nicht nennt (VII, 677; vgl. VI, 343. VI, 6), so ist es Willkür, die Autorenbezeichnung des Gedichtes VII, 249 bei ihm und bei Cicero durch einen falschen Schluss aus Herodot zu erklären. Wie freilich Preger, der dies von Bergk annahm, VII, 248 dann wieder völlig in Zweifel ziehen will, ist mir unverständlich. Gaben die Amphiktionen die beiden Steine verschiedenen Dichtern zur Ausschmückung? Oder konnte dies Meleager wissen oder voraussetzen?

[2]) Für die herodoteische Fassung spricht, wie Bergk bemerkte, das von Harpokration angeführte athenische Epigramm, welches wir nach seinem Fundort und dem Anklang an Simonides zunächst auf die kononische Herstellung beziehen müssen (Wilamowitz Kydathen 207 A. 12), falls nichts dagegen spricht. Pregers (N. 73) Gründe treffen nicht recht zu. Trotz der τειχοποιοί konnten die Archonten als höchste Vertreter des δῆμος den Grundstein legen. Mehr besagen die Worte nicht. — Der formelhafte Pentameter-Schluss, welcher bei Simonides einen neuen, überraschenden Sinn (δῆμα nicht wie sonst das Wort, sondern die ῥήτρα) erhalten hat, konnte niemals aus dem klaren πειϑόμενοι νομίμοις entstehen. Das umgekehrte ist leicht denkbar.

Das von Kirchhoff dem Ion zugeschriebene Epigramm auf die vor Eion gefallenen Athener (Preger 153) findet sich bekanntlich in derselben verkehrten Abfolge der Verse und mit ähnlichen Einführungsworten bei Aischines III, 184 und bei Plutarch im Leben Kimons C. 7. Dass Plutarch nicht den Redner benutzt hat, ist allgemein zugegeben und schon der starken Varianten halber wahrscheinlich. Eine gemeinsame Quelle muss vorliegen, aber inzwischen mancherlei Recensionen erfahren haben. Auch hier wird es am nächsten liegen, nicht eine grammatische Schrift, sondern eine Epigramm-Sammlung anzunehmen — ob es die simonideische war, bleibt natürlich dahingestellt; das Gedicht ist nicht von dem Schöpfer der griechischen Epigramm-Dichtung,[1] — deren Entstehung wir dann am liebsten **vor die Zeit des Aischines** setzen würden.[2] Wie stark gerade in den Epigramm-Sammlungen die Varianten waren, zeigt, wie manches andere simonideische Epigramm, bekanntlich Ep. 90 Bergk = Preger 199: Ἑλλήνων προμαχοῦντες Ἀθηναῖοι Μαραθῶνι χρυσοφόρων Μήδων ἐστόρεσαν δύναμιν. So citiert es Lykurg, Aristeides dagegen den Pentameter ἔκτειναν Μήδων ἐννέα μυριάδας, die Scholien des Aristeides und Suidas, d. h. also die alte Anthologie, gar εἴκοσι μυριάδας. Eine doppelte Recension, deren einer Zweig sich wieder spaltet, liegt klar zu Tage; an die abenteuerlichen Rettungsversuche Bergks glaubt wohl niemand mehr. Die jüngere Recension scheint beeinflusst von der Rivalität mit dem peloponnesischen Epigramm

---

[1]) Die Echtheit ist, soweit ich weis, noch nicht bestritten. Der Ausdruck aber ist so herzlich ungeschickt (V. 4. 6. 10. 12. 14), das ganze so durchaus prosaisch, dass es als gute Warnung für diejenigen gelten kann, welche jedes minder gelungene Gedicht für junge Fälschung erklären. Und doch scheint es sogar nachgeahmt, vgl. Kaibel 749.

[2]) Ich wenigstens wage nicht zu behaupten, dass wir hier genötigt sind, das Epigramm als nicht vom Redner selbst gesprochen und daher nachträglich von einem Grammatiker eingesetzt zu betrachten. Dass die Erwähnung des Heros Menestheus am Schluss zu den folgenden Worten des Aischines nicht passt, vermag ich nicht zu finden; eher das Umgekehrte. An den Schluss kam das längste der drei Gedichte, das schien natürlich, und die Umgebung erklärte auch dann den Eingang genügend. Das Versehen, welches hier dem Krateros begegnet sein soll, konnte ein etwas älterer Sammler auch begehen.

(VII, 248: *Μυριάσιν ποτὲ τῇδε*). Darum ist auch an ἔκτειναν keinesfalls zu rütteln; haben die Peloponnesier mit 300 Myriaden gefochten, so müssen die Athener doch wenigstens deren 9 oder 20 töten, um jene zu überbieten. Gerade diese Rücksicht auf ein anderes Epigramm verrät den Redactor einer Sammlung.

Vergleichen wir nun das vielumstrittene Epigramm VII, 296: *Ἐξ οὗ τ᾽ Εὐρώπην Ἀσίας δίχα πόντος ἔνειμεν*, welches in der Anthologie-Tradition (vom Schreiber C des Palatinus und dem Aristeides-Scholiasten) dem Simonides zugeschrieben wird, ihm aber nach Zeit und Sprache nicht gehören kann: dass es keine Weih-geschenk-Aufschrift ist, muss jeder Unbefangene Kaibel zugeben; Statuen der Feldherren wären in dem damaligen Athen weder gesetzt noch mit dieser Unterschrift versehen worden; das Wort *οἵδε* kann nur die Gesammtheit der Athener andeuten — und auch dann widerspricht es dem festen Stil dieser Gedichte — oder die Gefallenen und „hier" Begrabenen. Aber ein echtes Grabgedicht musste nach der Namenliste in der Heimat den Ort des Kampfes, im Ausland die Heimat der Helden bezeichnen. Also ist es auch dies nicht.

Die Vermutung Kaibels, das Gedicht sei im Anfang des vierten Jahrhunderts von Staats wegen auf ein früher nur mit der Prosa-Inschrift versehenes Denkmal am Ort der Schlacht einge-tragen worden, hat an sich wenig Wahrscheinlichkeit; auch dann würden wir die Formen des echten Grabepigrammes verlangen, und die offenbar falschen Angaben hätten zu der voraus stehenden alten Inschrift in herbem Widerspruch stehen müssen. Es bleibt nur übrig, dass wir hier ein nicht für den Stein, sondern für den Vortrag oder das Buch verfasstes Gedicht vor uns haben, welches eben darum von den Formen der Stein-Aufschrift frei an das Grab-epigramm zwar anklingt, aber nicht die Gefallenen, sondern die Schlacht in Wahrheit zum Gegenstand hat und durch die Nennung des Themas oder die Überschrift verständlich wurde.. Es ist rein epideiktisch. Dem entspricht, dass der Verfasser von den Ereig-nissen selbst nur eine unklare Vorstellung hat und den Kampf zu Lande vor die Seeschlacht verlegt; die jedenfalls undeutliche und kurze Überlieferung, welcher er sich anschloss, stand im Gegensatz zu Thukydides und kannte nur die Eroberung von 100 Schiffen; dafür, dass diese Tradition alt ist, spricht Lykurg, welcher entweder die Quelle unsres Epigramms oder dieses selbst vor Augen hat, die Angabe des Thukydides aber nicht kennt oder für irrig hält. Man gewinnt hieraus keine Altersbestimmung, ebensowenig aus den stilistischen Mängeln, welche von Keil a. a. O. übertrieben dargestellt sind. [1] Dennoch müssen wir versuchen, für dies erste, sicher fürs Buch gefertigte Epigramm eine annähernde Zeitbestimmung zu finden. Auf den Eingang nimmt bekanntlich ein unbekannter athenischer Dichter vom Jahre 375 (Kaibel 844), der jammervolle Hofpoet eines kleinen lykischen Dynasten vor Alexanders Zeit (Kaibel 768), endlich, wie Keil vermutet hat, Isokrates selbst (IV, 179), dessen Anschauungen vom Perserkrieg es entspricht, Bezug. Oder nein — Keil hält dies ja wegen der „Armseligkeit des Centos" für unmöglich; jene drei Männer benutzen nicht unser Gedicht, sondern ein älteres Original, aus welchem dieser Eingang gestohlen ist. Das Original — so darf man dann nach Kaibel 844 annehmen — befand sich in Athen; es bezog sich auf eine Kriegsthat vor 375, welche mit r h e t o r i s c h e r Grosssprecherei über alle Thaten der Vorfahren und Heroen erhoben wird. Welche bietet sich uns? Wie kannte es der lykische Dichter, für welchen wir doch wohl die Benutzung einer buchmässigen Sammlung annehmen müssen? Können wir denn Spuren anderer buchmässiger Sammlungen von offiziellen Epigrammen zwischen 450 und 300 nachweisen? Diodor fand unser Gedicht in einer Sammlung der Epigramme aus den Perserkriegen und ändert danach die Darstellung seiner Quelle. Welch zwingender Grund liegt vor, zu bestreiten, dass dies Epigramm und diese Sammlung nach Lykien gelangt sind? Die sicher gefälschte Fortsetzung eines alt-simonideischen Stückes, Epigramm 97 B = VII, 250 verrät gorgianische Rhetorenspielerei ($\pi\eta\mu\alpha\tau\alpha$-$\mu\nu\eta\mu\alpha\tau\alpha$), [2] ähnlich der hochverdächtige Schluss des Epigramms 106 = VII, 443: $\dot{\alpha}\nu\tau\dot{\iota}$ δ' $\dot{\alpha}\varkappa o\nu\tau o\delta\acute{o}\varkappa\omega\nu$ $\dot{\alpha}\nu\delta\varrho\tilde{\omega}\nu$ $\mu\nu\eta\mu\epsilon\tilde{\iota}\alpha$ $\vartheta\alpha\nu\acute{o}\nu\tau\omega\nu$ $\ddot{\alpha}\psi\upsilon\chi'$ $\dot{\epsilon}\mu\psi\acute{\upsilon}\chi\omega\nu$ $\ddot{\alpha}\sigma\delta'$ $\dot{\alpha}\nu\acute{\epsilon}\vartheta\eta\varkappa\epsilon$ $\pi\acute{o}\lambda\iota\varsigma$ (Cod. $\ddot{\alpha}\delta\epsilon$ $\varkappa\acute{\epsilon}\varkappa\epsilon\upsilon\vartheta\epsilon$ $\varkappa\acute{o}\nu\iota\varsigma$). Mit der Rhetorik ist alle spätere epideiktische Epigramm-Dichtung in engster Verbindung; das Epigramm ist die einzige Dichtungsart, welche mit der epideiktischen Rede wetteifern und für welche diese nicht eintreten

---

[1]) Keil geht dabei von dem Grundsatz aus, das Anstössige auch ohne weiteren Grund für das Echte zu halten. Im zweiten Vers möchte ich unbedingt $\pi\acute{o}\lambda\epsilon\mu o\nu$ $\lambda\alpha\tilde{\omega}\nu$, die Lesart der Anthologie, für ursprünglich halten.

[2]) Natürlich war die Fortdichtung nur möglich, wenn die Beziehung der ersten zwei Zeilen unklar geworden war, d. h. ihre Kenntnis im Wesentlichen durch das Buch vermittelt war.

kann; die Grossthaten der einzelnen Städte im Perserkrieg bilden den Lieblingsstoff der Rhetoren von Anfang an. Dass sie alte Epigramme beachteten und neue dazu erfanden, ist nur natürlich. Die Schüler des Isokrates, Theopomp und Ephoros, wenden dem Epigramm selbst bei unbedeutenderen Anlässen ihre Aufmerksamkeit zu; sie schmücken ihre Darstellung damit. Aus derselben Schule kennen wir wie das Trauer-Gedicht auf Lysias so das höhnische nach echtesten Gorgias-Recepten verfasste Epigramm des Chiers Theokrit gegen Aristoteles. Es hindert nichts, die älteste Sammlung simonideischer Epigramme oder Sammlungen von Epigrammen aus den Perserkämpfen bis in die erste Zeit des Isokrates hinaufzurücken und mit ihr die ältesten epideiktischen Zuthaten. Wenn Herodot und Thukydides zwar Epigramme citieren, deren Verfasser aber nicht nennen, so beweist dies klar, dass ihre Zeit das Epigramm nur als inschriftliches Zeugnis, nicht als Dichtwerk betrachtete. Wenn, wie es doch scheint, schon die zweit-nächste Generation der Historiker Dichternamen anführt, oder besser den simonideischen Ursprung einzelner Epigramme betont, so hat die allgemeine Anschauung gewechselt; es liegt eben die erste Simonides-Sammlung voraus. Dies aber ist noch nach anderer Hinsicht notwendig; es ist undenkbar, dass eine Zeit, welche die improvisierten Verse, Rätsel und Gelage-Scherze des Simonides sammelte, die Epigramme desselben nicht berücksichtigt hat. Es ist leicht zu erkennen, dass man dabei ganz ähnlich zu Werke ging.

Chamaileons Zuverlässigkeit zu vertheidigen, ist gewiss bedenklich, aber in unserm Fall ist es, wie auch Kaibel sah, nicht schwer, ihn als besser zu erweisen, als sein Ruf ist: er hat von den fraglichen drei Gedichten (Athen. XIV, 656 C, X, 456 C.E.) wenigstens zwei nicht selbst gefälscht, sondern dem Simonides nur zuerst oder auf Grund einer Sammlung zugeschrieben, was als herrenloses altes Gut in Athen umlief. Für das eine ist dies mit Sicherheit zu erweisen. Athenaios X, 456 E teilt einen γρῖφος des Simonides aus Chamaileon mit, welchen dieser im Gegensatz zu andern Erklärern recht albern durch eine witz- und pointenlose Geschichte aber mit viel Gelehrsamkeit erläutert:

$$\Phi\eta\mu\grave{\imath}\ \tau\grave{o}\nu\ o\grave{\upsilon}\kappa\ \grave{\epsilon}\vartheta\acute{\epsilon}\lambda o\nu\tau\alpha\ \varphi\acute{\epsilon}\varrho\epsilon\iota\nu\ \tau\acute{\epsilon}\tau\tau\iota\gamma o\varsigma\ \mathring{\alpha}\epsilon\vartheta\lambda o\nu$$
$$\tau\tilde{\omega}\ \Pi\alpha\nu o\pi\eta\ddot{\imath}\acute{\alpha}\delta\eta\ \delta\omega\sigma\epsilon\iota\nu\ \mu\acute{\epsilon}\gamma\alpha\ \delta\epsilon\tilde{\imath}\pi\nu o\nu\ \mathring{\,}E\pi\epsilon\iota\tilde{\omega}.$$

Simonides hat auf einem hohen Felsenvorsprung in seiner Heimat seinen Chor schulend ausgemacht, dass wer zu spät kommt, dem

Esel, welcher ihnen allen das Wasser heraufbringt, sein Futter geben soll; diese Bestimmung kleidete er tiefsinnig in die erwähnten Verse. Sollte wirklich jemand glauben, dass die Verse nach dieser Geschichte ersonnen sind? Oder ist die Geschichte nur ein törichter Versuch, das ältere, nicht mehr verstandene Gedicht ἐκ τῆς ἱστορίας zu deuten? Wer die γρῖφοι kennt, weiss, wie oft sie auf homerische Reminiscenzen und den Unterschied des epischen und jüngeren Sprachgebrauches, wie er sich in den γλῶσσαι spiegelt, zurückgehen. Irgendeine Beziehung muss bestehen zwischen dem γρῖφος und den homerischen Versen (Il. XXIII, 665):

$$\upsilon\iota\grave{o}\varsigma\ \Pi\alpha\nu o\pi\tilde{\eta}o\varsigma\ \text{'}E\pi\epsilon\iota\acute{o}\varsigma\cdot$$
ἅψατο δ' ἡμιόνου ταλαεργοῦ φώνησέν τε·
ἆσσον ἴτω ὅστις δέπας οἴσεται ἀμφικύπελλον·
ἡμίονον δ' οὔ φημί τιν' ἄξεμεν ἄλλον Ἀχαιῶν
πυγμῇ νικήσαντ', ἐπεὶ εὔχομαι εἶναι ἄριστος.

Nun ist in allen Homer-Scholien und Glossaren bemerkt, Homer nenne δεῖπνον nicht die später so genannte Hauptmahlzeit, sondern das ἄριστον. Ist also δεῖπνον gleich ἄριστον, so ist μέγα δεῖπνον das ἀριστεῖον. Wer nicht lieber des τέττιξ Kampfpreis davontragen will, der wird doch dem Epeios die Palme, den Sieg und seinen Preis lassen müssen. Dann muss freilich τέττιγος ἄεθλον gleich δέπας sein. Auch dies lässt sich erklären; der Akrisios des Sophokles setzt für seine Kampfspiele unter anderen Preisen eine grosse Anzahl silberner Becher aus (fr. 348 = Athen. XI, 466 B). ὁ ἀκρίσιος ist dem Dichter gleich ὁ τέττιξ. Das sind Kalauer, aber sie sind sehr alt und sicher nicht zu Chamaileons Zeit, sondern als das Stück des Sophokles noch neu und Allen gegenwärtig war, erfunden. Ein alter attischer Gelagescherz ist mit einer albernen Erklärung auf Simonides übertragen. [1]

Dann müssen wir freilich auch den vorausstehenden γρῖφος des Simonides:

[1] Es ist kaum zufällig, dass einen γρῖφος über Epeios Chamaileon als simonideisch kennt und zur Erklärung eine Stelle des Stesichoros anführt, der älteste Technopaigniendichter einen γρῖφος über Epeios mit Benutzung derselben Stesichoros-Stelle verfasst. Der Hymnos des Kastorion auf Pan, in welchem jede Dipodie mit der andern den Platz wechseln kann (wie in dem Gedicht des Tragikers Philiskos jeder Fuss), mag in dem alten παίγνιον Anth. XIII, 30 eine Art Gegenbild haben, ob dasselbe nun simonideisch ist, oder nur dafür gegolten hat.

Μιξονόμου τε πατὴρ ἐρίφου καὶ σχέτλιος ἰχϑὺς
πλησίον ἠρείσαντο καρήατα· παῖδα δὲ νυκτὸς
δεξάμενοι βλεφάροισι, Διωνίσοιο ἄνακτος
βουφόνον οὐκ ἐϑέλουσι τιϑηνεῖσϑαι ϑεράποντα.

vor Chamaileons Zeit ansetzen. Denn Chamaileon kann ihn selbst nicht mehr deuten, kann also die Verse nicht, um die eigene Gelehrsamkeit zu zeigen, erdichtet haben. [1] Der alberne Scherz auf den Hasenbraten mag freilich eigenes Fabrikat des Fälschers sein. Dass dies Gelagescherze sind, zeigt das für diese klassische Wort ἀπεσχεδίασεν und die ganze Erklärung. Hat nun Chamaileon schon sie als ἐπιγράμματα betrachtet? Wenn der zuerst besprochene γρῖφος bei Athenaios ἐπίγραμμα genannt wird, so kann dies Wort schwerlich von Athenaios eingesetzt sein, sondern Chamaileon muss den γρῖφος als wirkliche Aufschrift gefasst haben, zumal da ein der alten Sammlung angehöriges Epigramm (VI, 214) ähnlich begann. Er meint ja offenbar, Simonides habe seine Bestimmung aufgeschrieben. Dies wird dadurch noch klarer, dass er zu dem von mir an zweiter Stelle angeführten γρῖφος angiebt: φασὶ δὲ οἱ μὲν ἐπί τινος τῶν ἀρχαίων ἀναϑημάτων ἐν Χαλκίδι τοῦτ' ἐπιγεγράφϑαι. Dann aber ist hieraus die Folgerung zu ziehen, dass er die beiden Stücke in der Epigrammsammlung fand. [2] Diese selbst muss

---

[1]) Auf den καρκίνος raten noch die alten Erklärer; gemeint kann vielleicht der Tragiker, der Verfasser dunkeler Gedichte, und einer seiner Söhne, der τράγοι, sein. Im Schluss ist der Dithyrambos personificiert als βουκόλος (wie bei Pindar Ol. XIII, 18, vgl. Kap. IV), τιϑηνεῖσϑαι ähnlich wie bei Antigenes Anth. XIII, 28, 7. Sohn der Nacht ist Thanatos. Der γρῖφος behandelt den Tod zweier Dichter von Tragödien und Dithyramben nach 400 v. Chr. Denn μιξονόμος ist mit Doppelsinn der jüngere Καρκίνος.

[2]) E. Schwartz vergleicht Plato Phaidr. 264 C den γρῖφος in Epigrammform, seine Einführung bei Pl. und seine Schicksale. Für spätere Autoren ist die Verwendung des Wortes ἐπίγραμμα in freierem Sinn natürlich sicher. So nennt Hieronymos von Rhodos (Athen. XIII, 604 D) das Hohngedicht des Sophokles gegen Euripides, welches frühzeitiger Klatschsucht und ähnlicher Fälschung wie des Simonides ἀποσχεδιάσματα sein Leben verdankt, ein Epigramm. Natürlich war es gleichzeitig mit einem Angriffsgedicht des Euripides auf Sophokles gefälscht. Man beachte, wie in all diesen Zeugnissen für das Fortleben der Gelagepoesie Paare von Gedichten auftreten. Ähnlich ist für Kallistratos (Athen. III, 125 C) der alberne Gelagescherz, welchen er dem Simonides zuschreibt, ein ἐπίγραμμα ἀποσχεδιασϑέν.

seiner Zeit vorausliegen; ein Stück derselben — offenbar bei Gelagen öfters vorgetragen — hatte wirklich schon vielfach zu Erörterungen Anlass gegeben. Wahrscheinlich wurden dann auch die echten Epigramme zur Gelageunterhaltung verwendet, sonst konnten sie kaum mit diesen γρῖφοι vermischt werden. Ein Einwirken des γρῖφος auf das eigentliche Epigramm ist um die Wende des fünften Jahrhunderts sicher; man vergleiche die berühmte Grabschrift des Rhetors Thrasymachos (Athen. X, 454 F = Preger 260):

τοὔνομα θῆτα ῥῶ ἄλφα σὰν ὖ μῦ ἄλφα χεῖ οὖ σάν,
πατρὶς Χαλκηδών· ἡ δὲ τέχνη σοφίη.

Umgekehrt ist schon frühzeitig auch die Aufschrift zu den Scherzen für das Gelage verwendet worden. Die fingierte Aufschrift auf das Grab des Rhodiers Timokreon (Athen. X, 415 F = Anth. VII, 348) kann nicht wohl lange nach seinem Tode verfasst sein, falls sie nicht gar zum Hohn auf den Lebenden bestimmt war. [1] Nur in mündlicher Tradition kann sie erhalten und so in die Sammlung der Simonidea gekommen sein; der gewiss alte Gewährsmann, aus welchem sie Athenaios citiert, sagt, sie habe auf dem Grabe des Timokreon gestanden, scheint sie also in einer Epigramm-Sammlung gelesen zu haben (wie Polemon Ep. Preger 1). Auch sie hat bekanntlich in der Anthologie ein Gegenstück (VII, 349).

Man wird aus der Thatsache, dass einmal zu einem Gelage-liedchen die Form der Aufschrift verwendet ist, gewiss noch nicht mit Preger den kühnen Schluss ziehen: *absurda est eorum sententia, qui omnino quinto saeculo derisoria epigrammata scripta esse negant.* „Epigramme" des fünften Jahrhunderts sind die *carmina derisoria* natürlich nicht, selbst wenn eines aus irgend einem Anlass die Form der Aufschrift nachahmt — aber für das vierte Jahrhundert wird man ein häufigeres Vorkommen der Aufschrift in dem Gelage-Lied kaum läugnen können. Nicht nur dass des Chiers Theokrit Spott gegen Aristoteles die Form des Epigramms wahrt, die dem Simonides zugeschriebenen Gedichte

Ἄκρον ἰητρὸν Ἄκρων᾽ Ἀκραγαντῖνον πατρὸς Ἄκρου [2]
κρύπτει κρημνὸς ἄκρος πατρίδος ἀκροτάτης.

---

[1]) Poseidipps Epigramme auf Fresser sind derartig verschieden, dass nicht der geringste Anlass, das Gedicht ihm zu vindiciren, vorliegt.

[2]) Einen Vatersnamen brauchen wir, wie Benndorf erkannt hat; dass der Vater des berühmten Akron (nach Suidas) Xenon hiess,

und

$\Sigma\tilde{\omega}\sigma o\varsigma\ \varkappa a\grave{\iota}\ \Sigma\omega\sigma\acute{\omega},\ \sigma\tilde{\omega}\tau\varepsilon\varrho,\ \sigma o\grave{\iota}\ \tau\acute{o}v\delta'\ \grave{a}v\acute{\varepsilon}\vartheta\eta\varkappa a\nu$
$\Sigma\tilde{\omega}\sigma o\varsigma\ \mu\grave{\varepsilon}\nu\ \sigma\omega\vartheta\varepsilon\acute{\iota}\varsigma,\ \Sigma\omega\sigma\grave{\grave{\omega}}\ \delta'\ \H{o}\tau\iota\ \Sigma\tilde{\omega}\sigma o\varsigma\ \grave{\varepsilon}\sigma\acute{\omega}\vartheta\eta.$

sind $\gamma\varrho\tilde{\iota}\varphi o\iota\ \grave{\varepsilon}\nu\ \sigma\upsilon\lambda\lambda a\beta\tilde{\eta}$, wie Klearch (Athen. X, 448 D) diese
Spiele nennt, nur übertragen auf die epigrammatische Form. Es
ist nicht nebensächlich, dass der erste Vers noch ausserdem das-
selbe $\gamma\varrho\tilde{\iota}\varphi o\varsigma$-Spiel zeigt wie die von Athenaios (X, 458 D) als
Muster angeführten Homerverse:

$A\H{\iota}a\varsigma\ \delta'\ \grave{\varepsilon}\varkappa\ \Sigma a\lambda a\mu\tilde{\iota}v o\varsigma\ \H{a}\gamma\varepsilon\nu\ \delta\acute{\upsilon}o\ \varkappa a\grave{\iota}\ \delta\acute{\varepsilon}\varkappa a\ \nu\tilde{\eta}a\varsigma.$
$\Phi\upsilon\lambda\varepsilon\acute{\iota}\delta\eta\varsigma,\ \H{o}\nu\ \tau\acute{\iota}\varkappa\tau\varepsilon\ \varDelta\iota\grave{\iota}\ \varphi\acute{\iota}\lambda o\varsigma\ \grave{\iota}\pi\pi\acute{o}\tau a\ \Phi\upsilon\lambda\varepsilon\acute{\upsilon}\varsigma.$

Da Klearch ausdrücklich erwähnt, dass diese Spiele zu seiner Zeit
nicht mehr üblich waren und die wenigen alexandrinischen Beispiele
durchaus andrer Natur sind, werden wir diese Spiele vor Klearchs
Zeit hinaufrücken müssen.

Zu den $\gamma\varrho\tilde{\iota}\varphi o\varsigma$-Spielen beim Gelage zählen natürlich auch
die beiden metrischen Kunststücke Anth. XIII, 30 und 31, letzteres
wohl sicher noch aus älterer Zeit. Wenn derartige Liedchen einem
bestimmten Dichter zugeschrieben werden, so hat dies genau den-
selben Grund als wenn das attische Skolion $\acute{\upsilon}\gamma\iota a\acute{\iota}v\varepsilon\iota\nu\ \mu\grave{\varepsilon}\nu\ \H{a}\varrho\iota$-
$\sigma\tau o\nu\ \grave{a}v\delta\varrho\grave{\iota}\ \vartheta\nu\eta\tau\tilde{\wp}$ mit dem Namen des Simonides oder Epicharm
verbunden wird. Buchsammlungen derartiger Stücke, die von
den Dichtern selbst herausgegeben sind, existierten nicht, so wenig
wie von den Verfassern herausgegebene Sammlungen echter Epigramme — sonst hätte Meleager sie benutzt, sonst hätte vor
allem nicht fast der ganze Nachlass an den einen Simonides fallen
können. Wohl aber wendet sich dem alten Epigramm schon gegen
Anfang des vierten Jahrhunderts das Interesse zu; es scheint ferner,
dass dasselbe schon im Laufe des vierten Jahrhunderts vom Stein
unabhängig geworden, zu den Improvisationen beim Gelage mit-
benutzt und so seiner ursprünglichen Bedeutung entkleidet ist.[1]

konnte dem Dichter, welcher diesen Scherz mit dem berühmten
Namen des Sohnes verband und einen anderen brauchte, gleichgiltig sein.

[1] Den weiteren Beweis hierfür muss die Schilderung des
Epigramms im dritten Jahrhundert geben. Lässt es sich nach-
weisen, dass schon im Anfang desselben die scheinbar echtesten
Aufschriften der verschiedensten Dichter für den Vortrag beim
Gelage bestimmt sind, so ist dies für die etwas frühere Zeit wahr-
scheinlich. Das Epigramm löst die Elegie ab.

Dennoch ist noch bis über die Mitte des vierten Jahrhunderts hinaus das Epigramm keine anerkannte Form der Kunstdichtung; es giebt kein Epigrammbuch und keinen Epigrammdichter im engeren Sinn, ausser Plato und seiner Sammlung, und diese ist gefälscht. Doch ist es, um sie zu beurteilen, notwendig, zunächst die Epigramme des dritten Jahrhunderts zu durchmustern, um, soweit es noch möglich ist, die verschiedenen Schulen zu sondern.

Freilich heben sich nur wenige grosse Gestalten aus der reichen, aber unklaren Überlieferung zur Anschaulichkeit empor; nur ganz allgemeine Gesichtspunkte lassen sich bis jetzt aufstellen. Hoffentlich sind Spätere hier glücklicher als ich, der ich mich vor der Hand begnüge, zwei mit einander kämpfende Hauptrichtungen zu scheiden, deren eine ich *a potiori* die dorische, deren andere ich die ionische nennen möchte. Die erste Bezeichnung ist zu eng; vom Peloponnes bis westlich nach Grossgriechenland und Kyrene, ostwärts bis zur Propontis und Rhodos finden wir zu Anfang des dritten Jahrhunderts eine Reihe Dichter echter oder fingierter Aufschriften in einer prunkvollen Art dichterischer κοινή. [1] Wohl bilden einzelne scharf geprägte Charaktere diese Sprache eigentümlich um, wohl gestatten die Lieblingsstoffe kleinere Schulen, wie vor allem die der Peloponnesier, zu sondern, wohl können wir auch das noch erkennen, dass diese eine Schule nach West und Ost gewaltigen Einfluss geübt hat; aber ob sie allein die neue Kunstdichtung geschaffen hat, wie viel ihr vorausliegt, wie weit z. B. die Dichter an der Propontis, bei welchen (abgesehen von Moiro) gerade die Lieblingsstoffe der Peloponnesier nach unserer, hier besonders dürftigen Überlieferung nicht behandelt sind, vom Peloponnes abhängig sind, woher neue Einflüsse etwa hinzutreten — das alles vermag ich noch nicht zu bestimmen und hoffe auf Nachsicht mit diesem ersten Versuch. Dass jede „Aufschrift", fingiert oder wirklich, im Grunde für sich allein steht und grössere Compositionen nur ausnahmsweise erscheinen können, ist natürlich.

Die zweite Hauptrichtung habe ich die ionische genannt, nicht nur, weil ihr Erfinder und grösster Vertreter ein Ionier ist,

---

[1] Wohl ist dieselbe stark von der attischen Literatur beeinflusst, aber Attika selbst tritt in der Geschichte des Epigramms gar nicht hervor; gerade die einflussreichen Dichter sind Dorier und schreiben überwiegend dorisch.

sondern weil sie, während in dem „dorischen" Epigramm die Zusammenhänge mit der eigentlichen Lyrik noch fühlbar sind, [1] aus den ionischen Dichtungen ihre Stoffe nimmt. Überall verweist sie uns auf die grosse Elegie. Man vergleiche einmal die wenigen erzählenden erotischen Epigramme des Asklepiades und Poseidipp mit dem erhaltenen Stück aus des Hermesianax Leontion, welcher doch seinerseits wieder mit Mimnermos zusammenhängt: sind die einzelnen Abschnitte des Letzteren noch Elegieen oder schon Epigramme? — Von den Dichtern der Ἰωνικοὶ λόγοι, Pyrrhes von Milet, Alexander Aitolos und Dorieus wissen wir, dass sie unter anderem, wie die Kraftstücke der Athleten, so auch ihre Fressgier mit breitem Pinsel schilderten; Dorieus verwendete dazu die Elegie: [2] die neuen „Epigramme" bei Hedylos und Poseidipp behandeln denselben Stoff und scheinen wenigstens bei dem einen von ihnen wie ein einheitliches Ganze mit selbständigen kleinen Teilen behandelt. Der lehrhaften Aufzählung der Erfindungen in der Elegie des Kritias entsprechen die Epigramme, mit welchen Dioskorides die Erfinder auf dem Gebiet· der Dichtkunst und der Musik feierte. Die Charakterbilder der Schriftsteller im γραφεῖον des Kallimachos, die Aufzählungen der Wundergeschichten bei Philostephanos und Archelaos bilden aus einzelnen Epigrammen ein elegisches Lehrgedicht. Freilich sind dies erst Weiterbildungen der neuen Form, welche ursprünglich von der Kurz-Elegie ausgeht, aber auch sie sind charakteristisch.

Soviel zur Rechtfertigung der Bezeichnungen und der Haupt-theilung; wodurch beide Richtungen zusammenhängen, ist teils angedeutet, teils muss es bei der Einzeldarstellung, so weit ich das vermag, hervorgehoben werden.

---

[1]) Das dorische Epigramm ist bei den Hauptvertretern (ausser Nossis) sentimental, voll idyllischer Schilderung der Natur und des Kleinlebens, die ionische Poesie selbst in dem Grabgedicht weit von der Empfindungsseligkeit, z. B. der Anyte, entfernt, mehr witzig oder sententiös als klagend, mit Absicht alles lyrischen Prunkes entkleidet. Die Natur wird nur geschildert, wenn der Dichter unter Regen oder Kälte leidet.

[2]) Dafür, nicht für ein Epigramm, wie Kaibel will, spricht der Anfang Τοῖος ἔην (Athen. X, 412 F). Für eine Aufschrift würde Οὗτος Μίλων ἐστὶν oder dergleichen der übliche Anfang sein. Der Anfang „ein solcher war Milon" entspricht den Anfängen mit Οἵη, Οἷος, Ἧ ὡς u. dergl.

Über die peloponnesische Schule, welcher Anyte und ihre nächsten Schüler, Mnasalkas und Nikias, weiter dann Pamphilos, Phaennos u. A. angehören, habe ich schon früher (*Ind. lect. Rost.* 1891/92 p. 8) einige Andeutungen gemacht; der Wichtigkeit der Sache halber glaube ich sie hier wiederholen zu dürfen. Für die Bestimmung der Lebenszeit bieten die Gedichte selbst keinen Anhalt; VII, 232 schreibt der Codex dem Antipater, Planudes der Anyte zu; VII, 492 aber ist bei Planudes ἄδηλον, im Palatinus trägt es die wunderliche Aufschrift ἀνύτης μιτυλῆναίας, der Stil weicht weit von dem der übrigen Gedichte ab; VII, 538 endlich ist ebenfalls bei Planudes ἄδηλον. Die Schlüsse, welche man früher aus Tatians Angabe über Anytes Standbild machte, sind durch Kalkmann (Rhein. Mus. 42, 489) völlig in Frage gestellt. Aber dass Nikias, der Freund Theokrits, ganz von ihr abhängt, verbürgt, dass sie etwas älter als Theokrit ist, und wenn wir für Nikias auch Abhängigkeit von Mnasalkas und für diesen Nachahmung der Anyte erweisen können, wird dies Resultat wohl unanfechtbar. Da die Wahl der Stoffe hierbei von entscheidender Bedeutung ist, möchte ich von vornherein darauf hinweisen, dass fast sämmtliche Stoffe dieses Kreises von den alexandrinischen Dichtern Kallimachos, Asklepiades, Poseidipp, Arat, Theokrit gemieden werden, bei den unteritalischen teils herübergenommen, teils fortgebildet werden. Da ein Zufall hierbei ausgeschlossen ist, so können wir principielle Gegensätze verschiedener Schulen von Anfang an voraussetzen.

Doch zunächst die Altersbestimmungen. Von den 8 Gedichten des Nikias (XI, 398 gehört dem Nikarch) berühren sich vier eng mit Anyte:

VI, 123: Ἀνύτης·

Ἔσταθι τεῖδε, κράνεια βροτοκτόνε, μηδ' ἔτι λυγρὸν
χάλκεον ἀμφ' ὄνυχα στάζε φόνον δαΐων·
ἀλλ' ἀνὰ μαρμάρεον δόμον ἡμένα αἰπὺν Ἀθάνας
ἄγγελλ' ἀνορέαν Κρητὸς Ἐχεκρατίδα.

VI, 122: Νικίου·

Μαινὰς Ἐνυαλίου πολεμαδόκε, θοῦρι κράνεια,
τίς νύ σε θῆκε θεᾷ δῶρον ἐγερσιμάχα;
Μήνιος· ἦ γὰρ τοῦ παλάμας ἄπο ῥίμφα θοροῦσα
ἐν προμάχοις θύσας (Cod. ἱδρύσας, corr. Jacobs) δήϊον ἀμ
πεδίον.

Interessant, dass Nikias dabei auch auf Pindar Pyth. X, 13 πολε-
μαδόκοις ὅπλοις zurückgreift. Die Vorliebe Theokrits für Pindar
ist ja bekannt. Die Bezeichnung κράνεια für Lanze begegnet
nur hier. Wenn nun Anyte einfach Ἀθάνας, Nikias dagegen viel-
deutig θεᾷ ἐγερσιμάχᾳ sagt, so ist letzteres nur aus der Vorlage
zu deuten. Also ist Nikias der Nachahmer. Dafür spricht noch
ein Weiteres. Eng verwandt ist natürlich das rein epideiktische [1]
Gedicht der simonideischen Sammlung VI, 52:

Οὕτω τοι, μελία ταναά, ποτὶ κίονα μακρὸν
ἧσο Πανομφαίῳ Ζηνὶ μένουσ' ἱερά·
ἤδη γὰρ χαλκός τε γέρων αὐτά τε τέτρυσαι
πυκνὰ κραδαινομένα δαΐῳ ἐν πολέμῳ.

Der Anfang schwebt offenbar der Anyte vor, welche, vielleicht mit
Erinnerung an die ἀκόντια κρανέϊνα des Hermeshymnos (460),
für μελία das Wort κράνεια einsetzt. Möglich, dass Nikias im
Schluss ebenfalls auf Simonides zurückgreift, unmöglich dagegen,
dass Anyte Nikias und Simonides benutzt hat. Dennoch hat Nikias,
obwohl Nachahmer, die Form der Weihaufschrift am besten getroffen.
VII, 202: Ἀνύτης·

Οὐκέτι μ' ὡς τὸ πάρος πυκιναῖς πτερύγεσσιν ἐρέσσων
ὄρσεις ἐξ εὐνῆς ὄρθριος ἐγρόμενος·
ἦ γὰρ σ' ὑπνώοντα σίνις λαθρηδὸν ἐπελθὼν
ἔκτεινεν λαιμῷ ῥίμφα καθεὶς ὄνυχα.

VII, 200: Νικίου·

Οὐκέτι δὴ τανύφυλλον ὑπὸ πλάκα (Maehly, ὑπ' ὄρπακα
Cod.) κλωνὸς ἑλιχθεὶς
τέρψομ' ἀπὸ ῥαδινῶν φθόγγον ἱεὶς πτερύγων·
χεῖρα γὰρ εἰς † ἀραιὰν παιδὸς πέσον, ὅς με λαθραίως
μάρψεν ἐπὶ χλωρῶν ἑζόμενον πετάλων.

Auch hier verbürgt die Entlehnung der gleiche Anfang und die
Worte λαθρηδόν und λαθραίως.
IX, 313: Ἀνύτης·

Ἵζευ τᾶσδ' (τῆσδε Plan. ἅπας Cod.) ὑπὸ καλὰ δάφνας εὐ-
θαλέα φύλλα,
ὡραίου τ' ἄρυσαι νάματος ἁδὺ πόμα,

---

[1]) So hat Kaibel das Gedicht, in welchem sogar der Name des
Weihenden fehlt, mit Recht genannt, darum ist freilich auch
Meinekes Conjectur in VI, 122, 4 Ὀδρύσας (für ἱδρύσας) zurückzu-
weisen; es sind gar nicht echte Aufschriften.

ὄφρα τοι ἀσθμαίνοντα πόνοις θέρεος φίλα γυῖα
ἀμπαύσῃς, πνοιῇ τυπτόμενα Ζεφύρου.
]X, 315: Νικίου·
῎Ιζευ ὑπ᾽ αἰγείροισιν, ἐπεὶ κάμες, ἐνθάδ᾽, ὁδῖτα,
καὶ πιθ᾽ ἆσσον ἰὼν πίδακος ἁμετέρας·
μνᾶσαι δὲ κράναν καὶ ἀπόπροθι, τᾷ ἔπι Γίλλῳ
Σῖμος ἀποφθιμένῳ παιδὶ παριδρύεται.
Bei Nikias tritt eine Wendung, welche an die eigentliche Aufschrift erinnert, neu hinzu.
X, 314: Ἀνύτης·
Ἑρμᾶς τᾷδ᾽ ἕστακα παρ᾽ ὄρχατον ἠνεμόεντα
ἐν τριόδοις, πολιᾶς ἐγγύθεν ἀϊόνος,
ἀνδράσι κεκμηῶσιν ἔχων ἄμπαυσιν ὁδοῖο.
ψυχρὸν δ᾽ ἀχραὲς κράνα ὑποπροχέει (Cod. ὑποϊάχει).
XVI, 188: Νικίου·
Εἰνοσίφυλλον ὄρος Κυλλήνιον αἰπὺ λελογχὼς (λελοιπὼς?)
τῇδ᾽ ἔστηκ᾽ ἐρατοῦ γυμνασίου μεδέων
Ἑρμῆς· ᾧ ἔπι παῖδες ἀμάρακον ἠδ᾽ ὑάκινθον
πολλάκι καὶ θαλεροὺς θῆκαν ἴων στεφάνους.
εἰνοσίφυλλον ὄρος gebraucht auch Mnasalkas VI, 268, 3. Von Mnasalkas selbst scheint Nikias VI, 127 abzuhängen:
VI, 128: Μνασάλκου·
῾Ησο κατ᾽ ἠγάθεον τόδ᾽ ἀνάκτορον, ἀσπὶ φαεννά,
ἄνθεμα Λατῴα δήϊον Ἀρτέμιδι.
πολλάκι γὰρ κατὰ δῆριν Ἀλεξάνδρου μετὰ χερσὶν
μαρναμένα χρυσέαν εὖ κεκόνισαι ἴτυν.
VI, 127: Νικίου·
Μέλλον ἄρα στυγερὰν κἀγώ ποτε δῆριν Ἄρηος (Cod.
ἄρηι)
ἐκπρολιποῦσα χορῶν παρθενίων ἄειν
Ἀρτέμιδος περὶ ναόν, Ἐπίξενος ἔνθα μ᾽ ἔθηκεν,
λευκὸν ἐπεὶ κείνου γῆρας ἔτειρε μέλη.
Dass es ein Schild ist, weiss nur, wer die Antwort durchschaut, welche durch ἄρα kenntlich gemacht ist. Für Mnasalkas ist natürlich Simonides VI, 52 Vorbild; von Nikias hängt ab Hegesipp VI, 178. — In Ton und Art erinnert auch IX, 564 an Mnasalkas:
IX, 70: Μνασάλκου·
Τραυλὰ μινυρομένα, Πανδιονὶ παρθένε, φωνᾷ
Τηρέος οὐ θεμιτῶν ἀφαμένα λεχέων,

τίπτε παναμέριος γοάεις ἀνὰ δῶμα, χέλιδον·
παῦε', ἐπεί σε μένει καὶ κατόπιν δάκρυα.

IX, 564: Νικίου·

Αἰόλον ἱμεροθαλὲς ἔαρ φαίνουσα μέλισσα,
ξουθά, ἐφ' ὡραίοις ἄνθεσι μαινομένα,
χῶρον ἐφ' ἡδύπνοον πωτωμένα ἔργα τίθευ σύ,
ὄφρα τεὸς πλήθῃ κηροπαγὴς θάλαμος.

Die beiden anderen Gedichte des Nikias VI, 270. XVI, 189 passen
zu den übrigen, ohne indess directe Vorbilder zu haben.

Dass die Dichtungen des Mnasalkas und der Anyte im Wesentlichen gleichen Ton und Inhalt haben, ist bekannt; nur hat Mnasalkas häufiger die auch von Anyte benutzte simonideische Sammlung vor Augen. Zum Vergleich führe ich zwei Epigramm-Paare an:

IX, 144: Ἀνύτης·

Κύπριδος οὗτος ὁ χῶρος, ἐπεὶ φίλον ἔπλετο τήνᾳ
αἰὲν ἀπ' ἠπείρου λαμπρὸν ὁρῆν πέλαγος,
ὄφρα φίλον ναύτῃσι τελῇ πλόον· ἀμφὶ δὲ πόντος
δειμαίνει λιπαρὸν δερκόμενος ξόανον.

IX, 333: Μνασάλκου·

Στῶμεν ἁλιρράντοιο παρὰ χθαμαλὰν χθόνα πόντου
δερκόμενοι τέμενος Κύπριδος Εἰναλίας,
κράναν τ' αἰγείροιο κατάσκιον, ἇς ἄπο νᾶμα
ξουθαὶ ἀφύσσονται χείλεσιν ἀλκυόνες.

Wir werden annehmen dürfen, dass die einfachere und einheitlichere
Form hier die ältere ist, die künstliche, erweiterte dem Nachahmer
gehört. Wenn Benndorf (S. 38) aus Pausanias VII, 21, 10 gar
das Aphrodite-Cultbild bestimmen will, auf dessen Basis Anytes
Epigramm gestanden hat, oder aus Pausanias II, 38, 7 die Herme,
auf welcher IX, 314 stand (πολιᾶς ἀΐονος soll den Bergfluss
Tanaos bezeichnen!), so verkannte er die Art dieser Gedichte,
welche nur die Landschaft beschreiben sollen und einem bestimmten
Zweck gar nicht dienen können, weil sie ihn durch nichts andeuten.
Wer nicht von selbst empfindet, dass Anytes Gedichte für das
Buch verfasst sind, der mustere ihre Epigramme auf tote Lieblings-
tiere und vergleiche, wie dieselben schon bei den nächsten Nachahmern wieder zu Epitymbien werden, wie bei Mnasalkas VII, 194:

Ἀκρίδα Δημοκρίτου μελεσίπτερον ἅδε θανοῦσαν
, Ἄργιλος δολιχὰν ἀμφὶ κέλευθον ἔχει,

ᾱς καὶ ὅτ᾽ ἰθύσειε πανέσπερον υμνον ἀείδειν[1]
πᾶν μέλαθρον μολπᾶς ἰαχ᾽ ὑπ᾽ εὐκελάδου.

Zum Vergleich diene weiter:

VII, 202: Ἀνύτης·

Οὐκέτι μ᾽ ὡς τὸ πάρος πυκιναῖς πτερύγεσσιν ἐρέσσων
ὄρσεις ἐξ εὐνῆς ὄρθριος ἐγρόμενος·
ἦ γὰρ σ᾽ ὑπνώοντα σίνις λαθρηδὸν ἐπελθὼν
ἔκτεινεν λαιμῷ ῥίμφα καθεὶς ὄνυχα.

VII, 192: Μνασάλκου·

Οὐκέτι δὴ πτερύγεσσι λιγυφθόγγοισιν ἀείσεις
ἀκρί, κατ᾽ εὐκάρπους αὔλακας ἑζομένα,
οὐδέ με κεκλίμενον σκιερὰν ὑπὸ φυλλάδα τέρψεις
ξουθᾶν ἐκ πτερύγων ἁδὺ κρέκουσα μέλος.[2]

Die Übertragung derartiger Stoffe auf die Form der Grabaufschrift scheint die willkürliche That eines für das Buch
Dichtenden; Mnasalkas oder Anyte hat dies erfunden.

Zur Bestimmung des Alters des Mnasalkas diene ferner noch
folgender Vergleich:

VI, 2: Σιμωνίδου·

Τόξα τάδε πτολέμοιο πεπαυμένα δακρυόεντος
νηῷ Ἀθηναίης κεῖται ὑπορρόφια,
πολλάκι δὴ στονόεντα κατὰ κλόνον ἐν δαΐ φωτῶν
Περσῶν ἱππομάχων αἵματι λουσάμενα.[3]

VI, 9: Μνασάλκου·

Σοὶ μὲν κάμπυλα τόξα καὶ ἰοχέαιρα φαρέτρη
δῶρα παρὰ Προμάχου, Φοῖβε, τάδε κρέμαται·
ἰοὺς δὲ πτερόεντας ἀνὰ κλόνον ἄνδρες ἔχουσιν
ἐν κραδίαις, ὀλοὰ ξείνια δυσμενέων.

Dass der Fälscher des simonideischen Gedichtes auf VII, 443, 1. 2
(τῶνδε ποτ᾽ ἐν στέρνοισι τανυγλώχινας ὀϊστοὺς λοῦσεν φοινίσσᾳ
θοῦρος Ἄρης ψακάδι) verweist, ist klar, und vielleicht dachte
daran auch Mnasalkas, dessen Abhängigkeit von VI, 2 wohl durch
die Übertragung der Worte ἀνὰ κλόνον erwiesen ist. Das Beispiel
zeigt hübsch, wie in diesen Gedichten die Nachahmung vom ersten

---

[1]) Vgl. Theogn. 993: εἰ θείης, Ἀκάδημε, ἐφίμερον ὕμνον ἀείδειν.

[2]) Es ist wirklich κενὸν κλαγγάν. Möglich, dass Nikias VII, 200
zugleich auf dieses Gedicht mit Rücksicht nimmt.

[3]) Dass das Epigramm epideiktisch ist, schliessen wir daraus,
dass der Weihende nicht genannt ist.

Distichon ausgeht, das zweite dann in der Regel etwas Neues (hier eine Correctur des schiefen Gedankens) bringt. Benutzt ist bekanntlich Archilochos fr. 7 ξείνια δυσμενέσιν λυγρὰ χαριζόμενοι. Die Prägung des Gedankens durch Mnasalkas, dessen Abhängigkeit von Simonides die Alten rügen, ist danach zweifellos. Dann aber hängt Kallimachos Ep. 37 W. von Mnasalkas ab.

> Ὁ Λύκτιος Μενοίτας
> τὰ τόξα ταῦτ᾽ ἐπειπὼν
> ἔθηκε „τῆ, κέρας τοι
> δίδωμι καὶ φαρέτρην,
> Σάραπι· τοὺς δ᾽ ὀϊστοὺς
> ἔχουσιν Ἑσπερῖται".

Und doch scheint das Epigramm in Kyrene, also noch in der Jugendzeit des Battiaden, gedichtet.[1]

Bedenkt man nun, dass derselbe Mnasalkas ein Epigramm des Asklepiades parodierend verhöhnt (Athen. IV, 163 A) und von Nikias nachgeahmt wird, so rückt schon er dadurch in die erste Zeit der alexandrinischen Kunst hinauf. Dass der Zeitgenosse des Euphorion, Theodoridas, ihn als gestorben erwähnt, kann dies nur bestätigen. Hierzu stimmt ferner, dass Hegesipp, welcher nach seinen polymetrischen Spielereien zu den älteren Alexandrinern gehört, den Nikias nachahmt (VI, 124 nach VI, 127, vielleicht mit Rückblick auf VI, 2, 2 Simonides). Zwei jüngere Vertreter der Schule sind, wie Knaack richtig erkennt, Phaennos (VII, 197 nach VII, 194 Mnasalkas, VII, 437 nach Simonides) und Pamphilos (VII, 201 nach VII, 200 Nikias, IX, 57 nach IX, 70 Mnasalkas). Anyte aber ist bis mindestens an die Grenze des dritten und vierten Jahrhunderts hinaufzurücken. Eine weitere direkte Einwirkung auf den koischen Dichterkreis glaube ich in folgenden drei Gedichten nachweisen zu können:

VII, 513: τοῦ αὐτοῦ (Σιμωνίδου, sicher aus der alten Sammlung).

> Φῆ ποτε Πρωτόμαχος, πατρὸς περὶ χεῖρας ἔχοντος,
> ἡνίκ᾽ ἀφ᾽ ἱμερτὴν ἔπνεεν ἡλικίην·
> „ὦ Τιμηνορίδη, παιδὸς φίλον οὔποτε λήξεις
> οὔτ᾽ ἀρετὴν ποθέων οὔτε σαοφροσύνην".

---

[1] Auch Ep. 62 (= VI, 121) zeigt Verwandschaft mit Mnasalkas VII, 171. Erst in Athen trat Kallimachos durch Arat zu den Koern in Beziehung, worüber später.

VII, 646: Ἀνύτης μελοποιοῦ·

Λοίσθια δὴ τάδε πατρὶ φίλῳ περὶ χεῖρε βαλοῦσα
εἶπ' Ἐρατὼ χλωροῖς δάκρυσι λειβομένα·
„ὦ πάτερ, οὔ τοι ἔτ' εἰμί, μέλας δ' ἐμὸν ὄμμα καλύπτει
ἤδη ἀποφθιμένας κυάνεος θάνατος".

VII, 647: Σιμωνίδου οἱ δὲ Σιμίου·

Ὕστατα δὴ τάδ' ἔειπε φίλην ποτὶ μητέρα Γοργὼ
δακρυόεσσα δέρης χερσὶν ἐφαπτομένη·
„αὖθι μένοις παρὰ πατρί, τέκοις δ' ἐπὶ λώονι μοίρᾳ
ἄλλαν σῷ πολιῷ γήραϊ καδεμόνα".

Dass wir es hier nicht mit Bruchstücken aus Elegieen zu thun
haben, wie Schneidewin meinte, lehrt jeder Versuch etwa Gedicht
VII, 646 fortzusetzen; sie sind in sich geschlossen; als Epigramme
empfindet sie ferner Leonidas von Tarent, welcher VII, 648 mit
dieser Form spielt, und Damagetos (VII, 735), welcher sie fort-
gestaltet. Das für's Buch gedichtete Grabepigramm wird eben
von selbst zum einfachen Lied der Trauer. Die Erfindung der
uns befremdlichen Form erklärt am leichtesten VII, 513, dessen
echt-epigrammatische Urform ungefähr wäre: Φημὶ . . (Namen)
. . . παιδὸς φίλου οὔποτε λήξειν οὔτ' ἀρετὴν ποθέοντ' οὔτε
σαοφροσύνην. An Stelle des redenden Grabmals sind mit kurzer
Einkleidung die Abschiedsworte des Sterbenden gesetzt; man vergleiche etwa das nach den verschiedensten Vorlagen wunderlich
zusammengestümperte Epigramm bei Kaibel 79: καὶ σὺ χαῖρε,
φίλτατ' ἀνδρῶν, ἀλλὰ τοὺς ἐμοὺς φίλει. Dass 646 und 647
auf einander Bezug nehmen, empfindet Jeder; welches ist Vorlage?
Da Anyte öfters die Simonides-Sammlung benutzt, so haben die
Worte πατρὸς περὶ χεῖρας ἔχοντος und πατρὶ φίλῳ περὶ χεῖρε
βαλοῖσα die Entscheidung zu geben. Es ist sehr hübsch, dass
Anyte ihre Erato das lästige Selbstlob des sterbenden Protomachos
vermeiden lässt, welches in dem Simonides-Epigramm durch die
Anlehnung an die echten Aufschriften bedingt war; aber eben
dadurch wird die Rede inhaltsleer, sie besagt nur: sterbend sprach
Erato „ich sterbe"; ihr Zweck ist allein, den Schmerz des Abschieds
zu schildern (vgl. VII, 192). Hier bringt der Dichter des dritten
Epigramms eine Besserung, etwas wirklich Neues. Seine sterbende
Gorgo hat in der That etwas zu sagen; eben darum aber wäre es
mir unerklärlich, wenn Anyte aus diesem Gedicht schöpfte. Ferner
wäre 647 aus 513 gebildet, so müsste man annehmen, dass 646 zunächst

aus 647, zugleich aber aus 513 gebildet wäre, und dabei wäre die erste Nachbildung von 513, nämlich 647, äusserst frei. Dies aber dürfen wir nur aus zwingenden Gründen annehmen. Das in Worten prunkende, inhaltleere Gedicht der Anyte ist also in 647 corrigiert und vereinfacht; darum kann dann 647 nicht der simonideischen Sammlung angehören, wohl aber kann Simias neben dem grösseren Gedicht Gorgo ein derartiges Epigramm mit Benutzung der Anyte gemacht haben.

Dann sind aber nach Anyte auch des Simias Gedichte VII, 203 auf das tote Rebhuhn und VII, 193 auf die gefangene Heuschrecke. Wenn Susemiehl (I, 180 A. 34) sagt, es sei ihm unerklärlich, wie VII, 647 ein vollständiges Epigramm sein könne, so gälte dies im Grunde noch mehr von VII, 193. Auch hier ist die Form der Aufschrift verwischt, weil schon die Vorlage buchmässig verbreitet war; an sich aber eignet sich der Stoff besser für das Klagelied als für die eigentümliche Weiterbildung der Aufschrift zu einer Unterschrift, nicht zu dem kunstmässig nachgebildeten, sondern zu dem lebenden Tier (τάνδε). Die Einführung der zweiten Hälfte der kurzen Epigramme durch ὄφρα liebt Anyte, vgl. IX, 144. 313; XVI, 231. Natürlich geben VII, 203 und 193 nun einen Beweis dafür, dass VII, 647 wirklich dem Simias gehört. Er hängt von Anyte ab.

Die Zeit der Dichter der peloponnesischen Schule ist damit im Wesentlichen bestimmt, ihre Einwirkung auf den Kreis, in welchem der jugendliche Theokrit lebte, erwiesen. Dann aber gewinnt für uns das Naturempfinden dieser Dichter hohe Bedeutung. Schon die Epigramme der Anyte XVI, 291. IX, 313. IX, 314. XVI, 228 und vor allem das ein Kunstwerk beschreibende Gedicht XVI, 231 sind rein „bukolisch" und entsprechen den Natur-Schilderungen Theokrits genau. [1] Mnasalkas (IX, 324) aber bezeichnet sich selbst als Hirten, seine Dichtung durch die σῦριγξ, seine Muse als die ἀγρία ἐν ὄρει νεμομένη, genau wie Vergil die bukolische Muse im Wald wohnen, das bukolische Lied „montibus et silvis" erklingen lässt:

---

[1] Vgl. XVI. 228: Ξεῖν' ὑπὸ τὰν πτελέαν (Cod. πέτραν) τετρυμένα γυῖ' ἀνάπαυσον· ἁδύ τοι ἐν χλωροῖς πνεῦμα θροεῖ πετάλοις mit Theokrits erstem (in Kos gedichteten) Idyll V. 1: Ἁδύ τι τὸ ψιθύρισμα καὶ ἁ πίτυς, αἰπόλε, τήνα, V. 21: δεῦρ' ὑπὸ τὰν πτελέαν ἑσδώμεθα.

Ἁ σῦριγξ τί μοι (Cod. τοι, corr. G. Hermann) ὧδε παρ’
Ἀφρογένειαν ὄρουσας;
τίπτ’ ἀπὸ ποιμενίου χείλεος ὧδε πάρει;
οὔ τοι πρῶνες ἔθ’ ὧδ’ οὔτ’ ἄγκεα, παντᾷ ἔρωτες
καὶ πόθος· ἁ δ’ ἀγρία Μοῦσ’ ἐν ὄρει νέμεται.

Der Form nach ist das natürlich die freie Fortbildung des Weihe-
Epigramms: „wie ist die σῦριγξ in den Tempel der Aphrodite
gekommen?"[1] Schon darum ist Maehlys Änderung τοιόνδε für τοι
ᾷδε verfehlt. Dass die σῦριγξ dem Dichter selbst gehört, ist an
sich nicht unbedingt nötig, da aber keinerlei Spott, nur die leise
Warnung, sich in der Dichtung nicht zu verirren, in den Worten
liegt, und da von Mnasalkas ein erotisch-idyllisches Epigramm
erhalten ist, doch wahrscheinlich. Wenn nun Anyte, das Haupt
der Schule, aus dem arkadischen Tegea stammt und Vergil von
dem arkadischen Hirtengesang weiss, so haben wir jetzt das
Recht, eine „bukolische" Dichtung im Peloponnes seit Anytes
Zeit anzunehmen oder vielmehr Anyte selbst als Hauptvertreterin
derselben zu fassen.[2]

---

[1]) Gehört IX, 321 wirklich, wie Spiro *de Eurip. Phoeniss.* 26 A.
behauptet, dem Epiker Antimachos an, so wäre in Kleinasien
diese Weiterentwickelung bis ins fünfte Jahrhundert hinauf zu
datieren. Doch scheint mir das ebenso unsicher wie etwa die
Beziehung von IX, 319 auf den Lyriker Philoxenos. Meleager erwähnt keinen von beiden; so fehlt für die Annahme von Epigramm-
büchern für sie der Anhalt.

[2]) Dass die Arkader bei Vergil allegorisch zu erklären seien,
wird zwar immer wieder behauptet, klingt aber für denjenigen,
welcher die Stellen selbst ansieht, mehr als befremdlich, da
wenigstens zwei derselben Arkadien im Gegensatz zu einem
andern Land betonen. Das berühmte Wort *„soli cantare periti
Arcades"* (X, 32) widerstrebt allein jeder allegorischen Auffassung.
Ähnlich nimmt Vergil VIII, 21 ff. nicht blos den Hirtensang, sondern
vor allem d e s s e n E r f i n d u n g für Arkadien in Anspruch:
*„Incipe Maenalios mecum mea tibia versus. Maenalus argutumque
nemus pinosque loquentis semper habet; semper pastorum ille audit
amores Panaque qui primus calamos non passus inertes."* Für Vergil,
wie für alle alten Gewährsmänner (mit Ausnahme des Dümmsten
der Scholiasten) und für Jeden, welcher unbefangen Überliefe-
rungen zu wägen versteht, ist Theokrit Syrakusaner, er heisst der
pastor Siculus, seine Göttinnen die *Sicelides Musae;* also hat Vergil
neben Theokrit eine gegen diesen ankämpfende Quelle benutzt.

Anyte heisst in den Aufschriften der Anthologie sechsmal ἡ μελοποιός, einmal ἡ λυρική. Μελοποιός nennt sie auch Stephanos von Byzanz (Τεγέα), und wenn wir vergleichen, was Polybios IV, 20 von dem Fortleben der alten Lyrik gerade in Arkadien berichtet, werden wir lyrische Lieder, das heisst bekanntlich damals

Von ihr giebt uns auch das einleitende Epigramm der ältesten Gesammtausgabe des Theokrit Kunde:

Ἄλλος ὁ Χῖος· ἐγὼ δὲ Θεόκριτος, ὃς τάδ' ἔγραψα,
εἷς ἀπὶ τῶν πολλῶν εἰμι Συρηκοσίων,
υἱὸς Πραξαγόραο περικλειτῆς τε Φιλίνης,
μοῦσαν δ' ὀθνείην οὔτιν' ἐφειλκυσάμην.

Die Versicherung im letzten Vers „es ist sicilische, nicht fremd-ländische Dichtung, welche ich biete" empfängt ihre Bedeutung, wenn eben dies früher bestritten, Arkadien an Stelle Siciliens für die Heimat des bukolischen Liedes ausgegeben war. Aus einer Grammatiker-Tradition kann Vergil seine für Arkadien eintretenden Worte nicht entnommen haben, denn sie sollen durchaus nicht selbst gegen Theokrit polemisieren; sie sind eingeschoben, ohne dass Vergil den Zweck der Polemik noch empfand, und stehen z. T. verbunden mit Entlehnungen aus Theokrit. Das beste Beispiel ist hierfür VII, 4: „ambo florentes aetatibus, Arcades ambo, et cantare pares et respondere parati" — ein Lob, welches an den Arkadern nach Polybios IV, 20 Niemand befremdet; als Arkader sind sie für Vergil zum bukolischen Gesang besonders geeignet. Bekanntlich stimmt hiermit einigermassen Erykios Anth. VI, 96, 1. ₄: Γλαύκων καὶ Κορύδων οἱ ἐν οὔρεσι βουκολέοντες Ἀρκάδες ἀμφότεροι. Man hat angenommen, Erykios, einer der frühsten Dichter des philippischen Kranzes, habe den Vergil benutzt, damit nur ja die allegorischen Arkader diesem allein ble'ben. Allein eine andere Stelle, welche damals ein griechischer Dichter einem Römer und gar einem gleichzeitigen Römer entnommen hätte, ist bisher nicht gefunden; von einer Einwirkung der Eklogen auf die Epigrammatik finde ich keine Spur. Wohl aber werde ich im folgenden Kapitel, wo ich den weiteren Spuren der arkadischen Bukolik nachgehen muss, zu zeigen versuchen, dass Glaukos, Meleager und Diodoros Zonas, der ältere Zeitgenosse des Erykios, von einem für Arkadien eintretenden Daphnis-Lied abhängen. Dass Vergil dem Erykios den Namen des Hirten Koryd n und die zwei Worte Arcades ambo entlehnt haben soll, ist natürlich unglaublich; also schöpfen sie beide aus einem älteren Liede. Mit Anyte und dem von ihr be-einflussten Leonidas beginnt Pan im Epigramm gefeiert, Arkadien und seine Hirten immer wieder hervorgehoben zu werden. Anlass und Voraussetzung dafür ist eine arkadische Bukolik.

Dithyramben, von ihr voraussetzen müssen. Nun zeigt das Epigramm seinen Dichter nicht leicht als ποιμήν, wohl aber besitzen wir aus der Zeit vor Klearchs ἐρωτικά Reste eines „bukolischen" Dithyrambos von Lykophronides. Die Vermutung darf immerhin ausgesprochen werden, dass gerade die lyrischen Gedichte der Anyte und ihrer Nachahmer „bukolisch" waren. Man könnte auch auf den Kyklops des Philoxenos verweisen, da Polybios ausdrücklich das Fortleben der Gesänge dieses Dichters in Arkadien bezeugt. Natürlich ist es dann nicht zufällig, dass Theokrit gerade dem von Arkadien beeinflussten Nikias seinen Κύκλωψ widmet.

Sonst wissen wir von Anyte wenig. Eine Stelle des Pausanias (X, 38, 13) zeigt sie in engem Verhältnis zu dem Tempel und der Priesterschaft des Asklepios zu Epidauros; die ganze, recht charakteristische Geschichte, welche der Perieget erzählt, stammt natürlich aus der von Anyte verfassten Weihaufschrift (ἡ ποιήσασα τὰ ἔπη) des Asklepios-Tempels zu Naupaktos; sie mag etwa der Isyllos-Inschrift E entsprochen haben. Neben den mässigen Schöpfungen eines sonst unbekannten Dichterlings stehen für uns die kostbaren Reste der Gedichtsammlungen zweier grossen peloponnesischen Dichter der gleichen Zeit. Bei beiden finden wir in wunderlicher Vereinigung den kampfesfrohen, männlichen Klang aus Griechenlands grosser Zeit, welcher uns in der waffenfrohen Heimat der Söldnerschaaren[1] durchaus nicht befremdet, verbunden mit sentimentalem Versenken in die Natur — mit dem „Sommerfrischler-Naturgefühl", wie es ein Freund einmal nicht übel nannte. Den Stil suchen die Herausgeber in der Regel nach alexandrinischem Gleichmass umzugestalten; sie beseitigen in den Gedichten der Anyte VII, 486, 2: κόρας ἐπὶ σάματι Κλεινὼ μάτηρ ὠκύμορον παῖδ' ἐβόασε φίλαν durch die matte Änderung ὠκυμόρου, oder VII, 646, 3: μέλας δ' ἐμὸν ὄμμα καλύπτει ἤδη ἀποφθιμένας κυάνεος θάνατος, während Keren und Thanatos beide Adjective zu Recht tragen, κυάνεον ὄμμα hässlich ist und VI, 123, 3. IX, 313, 1. XVI, 231, 1 ähnliche Häufung der Adjective zeigen. Lässt man hier die Spuren der μοῦσα διθυραμβοχάνα, welche Theodoridas

---

[1] Für Söldner passen doch wohl besonders die Weihen der Waffenstücke durch die gealterten Krieger. Das empfindet noch der unteritalische Nachahmer, welcher daraus die Dedicationen der Handwerker macht.

(XIII, 21) so bitter angreift,[1] so empfindet man in der That die Fortwirkung der älteren Lyrik im Peloponnes. Interessant aber ist, dass neben ihr wenigstens auf diese Schule auch die attische Tragödie einwirkt. Es ist eben unmöglich, sie damals zu ignorieren. Wenige rasch gesammelte Beispiele mögen genügen, da ich eine eingehende stilistische Untersuchung hier nicht zu geben vermag. VII, 724, 2: δῶμά τε πατρὸς Φειδία ἐν δνοφερῷ πένθει ἔθου φθίμενος, vgl. Aischylos Perser 533: ἄστυ τὸ Σούσων ἠδ' Ἀγβατάνων πένθει δνοφερῷ κατέκρυψας. VII, 208, 4: (αἷμα) ἐπὶ δ' ἀρχαλέαν[2] βῶλον ἔδευσε φόνῳ, Eurip. Phoin. 1159: ξηρὰν δ' ἔδενον γαῖαν αἵματος ῥοαῖς. IX, 745, 1: ὡς ἀγεραχως ὄμμα κατὰ λασιᾶν γαῦρον ἔχει γενύων, Eurip. Or. 1540: ξανθοῖς ἐπ' ὤμων βοστρύχοις γαυρούμενος (Archil. fr. 58, 2: οὐδὲ βοστρύχοισι γαῦρον). IX, 745, 3: παρῇδα, vgl. Eurip. Iph. Aul. 181. — VI, 123, 2: λυγρὸν .. στάζε φόνου δαΐων, Aischyl. Choeph. 1055: κὰξ ὀμμάτων στάζουσιν αἷμα δυσφιλές. — Zugleich ist damit schon bei Anyte eine gewisse Vorliebe für Glossen erwiesen.

Auch bei Mnasalkas wird, wer sich die leichte und dankbare Mühe macht, seinen gesammten Wortschatz mit dem der grossen Tragiker zu vergleichen, auffällige Übereinstimmung finden; für die Auswahl der Epitheta kommt neben ihnen nur noch Pindar in Betracht. Etwas freier steht Nikias und die später zu besprechende Lokrerin Nossis.

Dass die Epigramme der genannten Dichter in Buchform erschienen sind, ist sicher. Mnasalkas gilt seinem Tadler schon als ἐλεγχοποιός, das Epigramm ist also seine Hauptdichtungsart. Aber noch ist das Epigramm im Wesentlichen an die Formen der echten Aufschrift (ἐπιτύμβιον und ἀναθηματικόν, resp. beschreibende Aufschrift) gebunden. Vereinzelte Ausnahmen finden sich bei Mnasalkas (IX, 70. XII, 138), Simias (VII, 193) und Nikias (IX, 564); es sind leicht erklärliche Fortbildungen der

---

[1]) Das höhnende διθυραμβοχάνα erhält seine Erklärung eben dadurch, dass Anyte, das Haupt der Schule, in lyrischen Dichtungen (Dithyramben also) sich auszeichnete.

[2]) Cod. ἀργαλέαν, vgl. Hesych ἀρκαλέον· ξηρόν. Wenn Hecker irrtümlich ἀρμαλέον notierte, so hätte dies die Herausgeber wohl nicht zum völligen Ignorieren der vorzüglichen Besserung verführen dürfen.

beschreibenden oder beklagenden Aufschrift; von der kühnen Freiheit des asklepiadeischen Epigramms zeigen sie keine Spur.

Etwa um das Jahr 300 oder etwas früher hat eine peloponnesische Dichterin es gewagt, ausser grösseren lyrischen Schöpfungen eine Sammlung epideiktischer Epigramme herauszugeben. Ihr Beispiel fand Nachahmung weit über die Grenzen des Peloponnes heraus; ihr Vorbild aber war die einzige buchmässige Epigramm-Sammlung, welche wir bis dahin nachweisen können, [1] die Simonides-Sammlung, wahrscheinlich in der peloponesischen Recension.

Die Existenz einer solchen wird zunächst schon dadurch erwiesen, dass das Epigramm 97 B, welches in der einen Recension in der kurzen und echten Form

$$Ἀκμᾶς\ ἑστηκυῖαν\ ἐπὶ\ ξυροῦ\ Ἑλλάδα\ πᾶσαν$$
$$ταῖς\ αὐτῶν\ ψυχαῖς\ κείμεθα\ ῥυσάμενοι.$$

---

[1] Für das Alter der Anakreon-Sammlung kenne ich nur eine und durchaus unsichere Datierung: VII, 263, 3 ὑγρὰ δὲ τὴν σὴν κύματ' ἐφ' ἱμερτὴν ἔκλυσεν (Edd. ἔκλασεν) ἡλικίην soll nachgeahmt sein von Mnasalkas VII, 431 Αἰαῖ παρθενίας ὀλόφρονος ἅς ἄπο φαιδρὰν ἔκλασας ἁλικίαν, ἱμερόεσσα Κλεοῖ. Der Dichter von VII, 263 scheint Eurip. Iph. Aul. 948 (ὑγρὰ κύματα) zu kennen. Überhaupt enthalten die auf den Namen des Anakreon gehenden Gedichte viel Worte und Sentenzen aus den Tragikern, besonders Aischylos, vgl. z. B. VII, 160 mit Aisch. fr. 100 N. VII, 226 φιλαίματος Ἄρης Aisch. Septem 45 Ἄρη τ' Ἐννὼ καὶ φιλαίματον Φόβον u. dergl. Über die Sammlung der Erinna vgl. später. Die Frage, ob Moiro von Byzanz, die Mutter des Tragikers Homeros, älter oder jünger als Anyte ist, lässt sich mit Sicherheit allerdings nicht entscheiden. Die beiden Epigramme VI, 119 und VI, 189 erinnern in Stoff und Ton ausserordentlich stark an die Dichtungen der Peloponnesier (vgl. 119, 3. 4 mit den Grabgedichten auf tote Tiere). Nun ist VI, 189, wo Unger richtig Ἀνιγριάδες hergestellt hat (vgl. σώζοιτε. Dass die Nachahmer IX, 326—329 an Stelle der Wunderkur die Erfrischung des Dürstenden einsetzen, beweist dagegen nichts), für Arkadien oder gar in Arkadien gedichtet, ein Verhältnis der Moiro zu der arkadischen Dichterin also wahrscheinlich. Eine Entlehnung des Simias von Moiro zeigt Athenaios XI, 491 B. Eine Benutzung des Simias (Choirob zu Theod. 116, 26 H. χρυσῷ τοι φαέθοντι πολύλλιστον φλέγεται κράς) im Leontion des Hermesianax (fr. 1 δερκόμενος πρὸς κῦμα· μόνη δέ οἱ ἐφλέγετο γλήν) dient weiter dazu, die Zeit des Rhodiers zu bestimmen.

angeführt wird, in der von Aristeides benutzten Sammlung eine zum Lob der Korinthier zugefügte Fortsetzung hat. Dass es ursprünglich für die Korinthier gedichtet war, ist danach äusserst unwahrscheinlich, noch mehr, dass der Fortsetzer es auf dem Stein gelesen hat; er fand es ohne nähere Bestimmung in einer Sammlung. Derselben Sammlung gehört natürlich das lügenhafte Epigramm auf das Grab des Adeimantos VII, 347, welches wegen des Gebrauchs von οὗτος unmöglich auf Simonides zurückgehen kann — Bergks Verteidigungsversuche zeigen den peloponnesischen Ursprung nur um so besser — ebenso VI, 215 = 134 B (vgl. 97 B, V. 4). Die Rivalität gegenüber Athen musste von selbst zu derartigen Zusammenstellungen führen;[1] der Nachahmer des Mnasalkas, welcher die Epigramme des aristotelischen Peplos gedichtet hat, benutzt sie schon. Wenn ferner Ep. 163 B von Aristoteles (Rhet. I, 9) als nicht-simonideisch einem simonideischen Epigramm entgegengestellt wird, dem Aristophanes von Byzanz aber schon als simonideisch gilt (Eustath. 1761, 25), so ist Pregers Annahme (S. 115), Aristophanes von Byzanz habe den Aristoteles so flüchtig gelesen, dass er gerade aus ihm auf Abfassung des Epigramms durch Simonides schloss und es in die Ausgabe aufnahm, so unwahrscheinlich wie möglich, nicht nur, weil wir ohne jeden Grund[2] ein solches Mass von Nachlässigkeit diesem Grammatiker, der auch Ausgaben des Simonides kannte, nicht zutrauen dürfen, sondern mehr noch, weil rätselhaft bleibt, woher denn Aristoteles das Epigramm kennt und warum er es als allbekannt voraussetzt. Wie es in eine peloponnesische Simonides-Sammlung kam, ist leicht zu erklären, und wenn Aristoteles es hier, nicht aber in der attischen, fand, so ist seine Ausdrucksart wohl begreiflich. Auch von den zahlreichen von Anyte oder Mnasalkas berücksichtigten Epigrammen werden wir ohne weiteres annehmen dürfen, dass sie in der peloponnesischen Recension standen. Ebensogut wie die athenische enthielt auch sie rein epideiktische Epigramme, nur minder rhetorisch.

---

[1] Ein Epigramm, welches mit Ἐξ οἷ τ' Εὐρώπην κτλ. beginnt und eine Waffenthat der Athener feiert, kann nur in Athen gemacht sein; also hatte ich wohl von vornherein das Recht, auch eine athenische Sammlung anzunehmen.

[2] Denn dass Aristophanes zum Beleg des Wortes ἄσιλλα nur zwei Verse anführt, ist kein Grund.

Von unteritalischen Dichtern verlangen zwei besondere Beachtung, Leonidas von Tarent und Nossis von Lokri. Die Zeit
der Letzteren wird bekanntlich dadurch bestimmt, dass sie VII, 414
den Dichter der ἱλαροτραγῳδία, Rhinton von Syrakus, als gestorben
erwähnt, welcher nach Suidas ἐπὶ τοῦ πρώτου ·Πτολεμαίου
lebte, und dass sie VI, 132 einen Sieg der Lokrer über die
Bruttier so verherrlicht, dass wir annehmen müssen, dass derselbe
nicht allzulange vorauslag; er kann nicht wohl nach der Unter-
werfung ganz Italiens unter die römische Herrschaft stattgefunden
haben. [1] Eine weitere Bestätigung bietet ein Zeugnis des Klearch,
welches eingehendere Behandlung verlangt.

Nossis sagt von sich selbst VII, 718:

Ὦ ξεῖν', εἰ τύ γε πλεῖς ποτὶ καλλίχορον Μυτιλάναν
τὰν Σαπφοῦς χαρίτων ἄνθος ἐπαυρομέναν, [2]
εἰπεῖν ὡς Μούσαισι φίλαν τήνᾳ τε Λοκρὶς γᾶ
τίκτεν ἴσαν ὅτι θ' οἷ [3] τοὔνομα Νοσσίς· ἴθι.

---

[1]) Das Gedicht selbst enthält in Zeile 4, wo von den Schilden
gesagt ist οὐδὲ ποθεῦντι κακῶν πάχεας, οὓς ἔλιπον eine Anspielung
auf ein Gedicht des Leonidas von Tarent VI, 131, in welchem die
erbeuteten Waffen der Pallas geweiht sind ποθέουσαι ὁμῶς ἵππους
τε καὶ ἄνδρας ... τοὺς δ' ὁ μέλας ἀμφέχανεν θάνατος. Die hier
gefeierten Kämpfe der Lukaner und Tarentiner fallen ebenfalls
vor den Pyrrhos-Krieg. Da nun Leonidas frühzeitig (mit Pyrrhos?)
die Heimat verlassen zu haben scheint, VI, 131 aber doch notwendig in Tarent gedichtet ist, so ist obiger Ansatz für das Gedicht
der Nossis sicher, auch wenn wir dasselbe als rein epideiktisch
fassen.

[2]) Cod. ἐναυσόμενος. Das ist natürlich Unsinn; aber alle Conjecturen, welche wie ἐνοψόμενος, ἐναψόμενος u. dergl. das Particip
auf den ξεῖνος beziehen, ergeben einen lächerlichen, Conjecturen
wie ἀμασαμένας (vgl. IX, 184, 6 Πειθοῦς ... καὶ παίδων ἄνθος ἀμη-
σάμενε) einen ungenügenden Sinn; notwendig ist die Beziehung des
Particips auf Μυτιλάναν und sie sichert zugleich die Lesung des
Codex τὰν vor überflüssigen Änderungen; ob ἐπαυρομέναν notwendig, oder ἐνεγκομέναν denkbar ist, wage ich nicht zu entscheiden.
Bei dem Eingang ὦ ξεῖν' ... εἰπεῖν scheint mir das berühmte
simonideische Epigramm ὦ ξεῖν' ἀγγέλλειν der Dichterin vorgeschwebt zu haben.

[3]) Cod. φιλα τῆναι τε λοχρις σα τίκτειν ἴσαις δ' ὅτι μοι. Ich
glaube, dass obenstehende Änderungen Bruncks, wiewohl sie von
den Neueren meist verschmäht werden, unbedingt nötig sind. Die
Stadt, nicht ein Grabmal der Dichterin spricht, Lokri selbst rühmt

Von welcher Art von Poesieen spricht Nossis so stolz? Worin vergleicht sie sich mit Sappho? Ist es möglich, hier bloss an die untergeschobenen Epigramme der Sappho zu denken und anzunehmen, dass Nossis in der Epigrammdichtung es der Lesbierin gleich gethan haben will? Aber das hätte sie näher bezeichnen müssen; wer irgend nur hört „die χάριτες der Sappho", denkt an lyrische Lieder oder gar an Liebeslieder. Nun berichtet Athenaios XIV, 639 A von den frivolen Liedern des Gnesippos und Anderer, und bei dem Schlagwort, dass sie nach Teleklides sich auch mit Ehebruch (περὶ μοιχείας) beschäftigen, schiebt er ein: Κλέαρχος δὲ ἐν δευτέρῳ τῶν Ἐρωτικῶν τὰ . . . ἐρωτικα[1] φησιν ᾄσματα καὶ τὰ Λοκρικὰ καλούμενα οὐδὲν τῶν Σαπφοῦς καὶ Ἀνακρέοντος διαφέρειν. Der Anlass ist klar: die lokrischen Lieder sind nach XV, 697 B für ihn μοιχικαί τινες. So setzt der biedere Interpolator bei Erwähnung solcher μοιχικαί einfach eine Notiz über die Λοκρικὰ ᾄσματα ein. Klearch selbst kann gar nicht in Beziehung auf die Unsittlichkeit die lokrischen Lieder mit denen der Sappho verglichen haben — einfach weil es μοιχικαὶ ᾠδαί der Sappho nicht gab; auch standen ihm dafür weit bessere Vergleiche zur Verfügung;[2] in der aus dem Zusammen-

sich gegenüber Mytilene, eine gleich grosse Dichterin erzeugt zu haben; der Dativ τήνᾳ ist nicht zu verkennen; er kann logisch nur von ἴσαν abhängen. Das missverstand freilich schon derjenige, welcher unser Gedicht zum ἐπιτύμβιον machte und darum die „gestorbene" Nossis in erster Person reden liess.

[1]) τὰ Ἰωνικά vermutet Wilamowitz.

[2]) Wollte Klearch wirklich von der Frivolität der Lieder sprechen und Sappho gegenüber den Sittenrichter spielen, so musste er umgekehrt sagen: die Lieder der Sappho und des Anakreon unterscheiden sich in nichts von den lokrischen; in einer solchen Verbindung würde ich auch die Vermutung von Wilamowitz, dass Ἰωνικά herzustellen ist, billigen. Dass man die Lieder des Horaz mit moderner Schmutzliteratur vergleicht, kommt leider vor. Wer dabei sagt, diese unterscheide sich in nichts von Horaz, will ihr denselben dichterischen Wert zusprechen; wer den Gedanken so formt, Horaz unterscheide sich in nichts von ihr, tadelt die Lascivität des Ersteren. Ganz anders ist z. B. Epikrates fr. 4: τἀρωτίκ' ἐκμεμάθηκα ταῦτα παντελῶς Σαπφοῦς Μελήτου Κλεομένους Λαμυνθίου. Hier steht der Name der Sappho an richtiger Stelle. Die folgenden Worte des Athenaios gehören nicht dem Klearch, sondern einer Schrift περὶ ποιημάτων.

hang gelösten Stelle kann er nur nach ihrem dichterischen
Wert die Lieder eines uns Unbekannten (wahrscheinlich Zeitgenossen) mit Anakreons Gedichten, die Λοκρικὰ ᾄσματα mit Sapphos
Liedern verglichen haben; er fällt das Urteil: οὐδὲν διαφέρειν.[1]
Die lokrische Dichterin Nossis sagt von sich τήνᾳ ἴσαν. Es ist
wohl klar, an wen das Compliment des Philosophen sich richtet,
und damit, auf welche Art von Liedern Nossis Bezug nimmt.
Dieselbe Art scheint auch Meleager zu kennen, wenn er IV, 1, 10
aufführt: μυρόπνουν εὐάνθεμον ἶριν Νοσσίδος, ἧς δέλτοις κηρὸν
ἔτηξεν Ἔρως. Von ihren Epigrammen allein wäre das kaum
verständlich.

Wir können nunmehr noch etwas weiter vorzudringen versuchen. Das fragliche Epigramm der Nossis (VII, 718) spielt frei
mit der Form der Grabschrift, ohne doch eine solche irgend sein
zu wollen. Dann ist für dasselbe ein Platz besonders wahrscheinlich;
nur dann hat es eine rechte Beziehung, wenn es am Schluss der
Sammlung, welche die Λοκρικὰ ᾄσματα mit enthielt, stand;[2]

---

[1]) Das einfache und anmutige „Tagelied", welches Athenaios
XV, 697 B als Probe der Λοκρικὰ ᾄσματα anführt (Properz II, 23,
19. 20 scheint darauf ebenfalls Bezug zu nehmen; es könnte, wenn
man die Fortsetzung bei Athenaios vergleicht, von Nossis selbst
sein), giebt auch uns eine sehr günstige Vorstellung von dieser
Poesie; beide Athenaios-Stellen sowie die Probe lehren uns ausserdem, dass wir diese Gesänge als eine Art von Skolien zu betrachten
haben. Wie alt diese Dichtungsart ist, wage ich nicht zu entscheiden. Wilamowitz *Ind. Lect. Gott.* 1889/90 folgert bekanntlich
aus der Notiz bei Pollux Λοκρικὴν ἁρμονίαν Φιλοξένου εὕρημα, dass
lokrische alte Lieder von Philoxenos für seine Neu-Schöpfungen
benutzt sind. Bedenkt man aber, dass in Arkadien Philoxenos
bis ins zweite Jahrhundert nachwirkt, dass Nossis mit den arkadischen Dichtern manche Berührungen zeigt, dass endlich ihre
Lieder von Klearch als Λοκρικὰ ᾄσματα bezeichnet werden, so ist
auch denkbar, dass die Formen selbst an anderer Stelle entstanden und wirklich erst durch Vermittelung des Philoxenos nach
Unteritalien verpflanzt sind. Auch das aiolische und ionische
Skolion kommt zunächst unter dem Einfluss einzelner Dichter nach
Athen und von hier nach Sikyon.

[2]) Meleager wenigstens scheint das fingierte Grabepigramm
so zu gebrauchen, vgl. VII, 417. 418. 419. Sie können allesammt
den Abschluss einzelner Bücher der Sammlung gebildet haben.
Für 417 scheint mir dies sicher wegen der Worte:

daher kennt es Klearch. So fand es Meleager, welcher eben darum in seiner Charakteristik sie mitbeachtet hat, während er doch gemäss seinen früher geschilderten Prinzipien die in Ionikern verfassten Liebeslieder nicht als Epigramme betrachtete und daher fortliess. Als sicher bezeichne ich diese Vermutung selbstredend nicht, aber da uns für den Zeitgenossen unserer Dichterin, Asklepiades, die völlige Vermischung der Aufschrift und des Gelageliedes sicher steht, müssen wir jeder Spur, welche bei anderen Dichtern auf eine ähnliche Auffassung führt, nachgehen (vgl. S. 94 A).

Trotzdem hält Nossis in den elegischen Gedichten die Form der Aufschrift sorgfältiger als selbst die peloponnesische Schule fest, denn das einzige Epigramm, welches hiervon abzuweichen scheint, V, 170:

Ἅδιον οὐδὲν ἔρωτος, ἃ δ' ὄλβια, δεύτερα πάντα
ἐστίν· ἀπὸ στόματος δ' ἔπτυσα καὶ τὸ μέλι.
τοῦτο λέγει Νοσσίς. τίνα δ' ἃ Κύπρις οὐκ ἐφίλασεν
οὐκ οἶδεν κῆνα γ' ἄνθεα ποῖα ῥόδα.[1]

πουλυετὴς δ' ἐχάραξα τάδ' ἐν δέλτοισι πρὸ τύμβου·
γηρὰς (Cod. γήρως. Plan. γῆρας) γὰρ γείτων ἐγγύθεν Ἀίδεω.
ἀλλά με τὸν λαλιὸν καὶ πρεσβύτην προτιειπὼν
χαίρειν εἰς γῆρας καὐτὸς ἵκοιο λάλον.

Erklären sie einerseits, dass er sich die eigene Grabschrift schon im voraus gemacht habe, so deutet andererseits ἐχάραξα τάδ' ἐν δέλτοισι jeder Leser auf die ihm vorliegende Sammlung. Weitere Beispiele in der Anthologie kenne ich noch bei Kallimachos (VII, 415) und Leonidas, welchem Gedicht VII, 715 notwendig gehören muss.

[1] Der Codex bietet κῆνα τ' ἄνθεα, woraus Reiske κήνας ἄνθεα, Meineke κήνας τἄνθεα machte. Dass beide Schreibungen schwerfällig und unschön sind, erkannte Maehly (Philol. 25, 533), aber die Änderung κῆνος ist gewaltsam und bedenklich. Dagegen entspricht κῆνα γ' trefflich dem vorhergehenden τοῦτο λέγει Νοσσίς: wen die Kypris nicht liebt, das Weib freilich weiss nicht, was Rosen für Blumen sind. Der Aphrodite beglückte Dienerin stellt sich hier zu den strenger denkenden Frauen in Gegensatz. Wer hierin wegen der Verwendung des Siegels den Eingang der Sammlung der Gelagelieder sehen will, giebt dem Epigramm zugleich noch einen besonders anmutigen Sinn. Parodie dazu könnte sein Killaktor Anth. V, 29:

Ἀδὶ τὸ βινεῖν ἐστι· τίς οὐ λέγει; ἀλλ' ὅταν αἰτῇ
χαλκόν, πικρότερον γίνεται ἐλλεβόρου.

Doch glaube ich eher, dass zwischen ihm und Nossis das alexandrinische Vorbild der Catull-Verse 99, 13. 14 steht:

lässt sich als Fortbildung einer Aufschriftsform erweisen; vgl. Preger 65:

Ταῦτ᾽ ἔλεγεν Σώδαμος Ἐπηράτου, ὅς μ᾽ ἀνέθηκεν·
μηδὲν ἄγαν· καιρῷ πάντα πρόσεστι καλά.

Die Übereinstimmung mit den Phokylides-Sprüchen oder einzelnen Stücken der Theognis-Sammlung fällt freilich nicht minder in die Augen.

Die übrigen Epigramme wahren sämtlich die Form der Aufschrift; der Stil ist gewählt, bisweilen prunkvoll und an die Lyrik erinnernd; eine Nachahmung des Mnasalkas könnte IX, 332 enthalten:

Ἐλθοῖσαι ποτὶ ναὸν ἰδώμεθα τᾶς Ἀφροδίτας
τὸ βρέτας ὡς χρυσῷ δαιδαλόεν τελέθει.
εἵσατό μιν Πολυαρχὶς ἐπαυρομένα μάλα πολλὰν
κτῆσιν ἀπ᾽ οἰκείου σώματος ἀγλαΐας.

Vgl. Mnasalkas IX, 333: Στῶμεν ἁλιρράντοιο παρὰ χθαμαλὰν χθόνα πόντου δερκόμενοι τέμενος Κύπριδος Εἰναλίας. Auch Leonidas von Tarent scheint oft von den Peloponnesiern beeinflusst. Auf denselben Aphrodite-Tempel scheint dann IX, 605 zu beziehen:

Τὸν πίνακα ξανθᾶς Καλλὼ δόμον εἰς Ἀφροδίτας
εἰκόνα γραψαμένα πάντ᾽ ἀνέθηκεν ἴσαν.
ὡς ἀγανῶς ἕστακεν· ἴδ᾽ ἁ χάρις ἁλίκον ἀνθεῖ. [1]
χαιρέτω· οὔ τινα γὰρ μέμψιν ἔχει βιοτᾶς.

Dann dürfen wir auf denselben Tempel mit Hecker die folgenden Epigramme beziehen:

IX, 604: Θαυμαρέτας μορφὰν ὁ πίναξ ἔχει· εὖ γε τὸ γαῦρον
τεῦξε τό θ᾽ ὡραῖον τᾶς ἀγανοβλεφάρου.
σαίνοι κέν σ᾽ ἐσιδοῖσα καὶ οἰκοφύλαξ σκυλάκαινα
δέσποιναν μελάθρων οἰομένα ποθορῆν.

VI, 353: Αὐτομέλιννα τέτυκται· ἴδ᾽ ὡς ἀγανὸν τὸ πρόσωπον
ἁμὲ ποτοπτάζειν μειλιχίως δοκέει.
ὡς ἐτύμως θυγάτηρ τᾷ ματέρι πάντα ποτῴκει.
ἦ καλὸν ὅκκα πέλῃ τέκνα γονεῦσιν ἴσα.

Ut mi ex ambrosia mutatum iam foret illud
Suaviolum tristi tristius elleboro.

Wir würden dann auf eine Nachahmung der Nossis durch einen älteren Alexandriner schliessen.

[1] Vielleicht nachgeahmt von Hedylos bei Athen. XI, 473 A. ὡς δ᾽ ἐπιλάμπει ἁ χάρις.

VI, 354: *Γνωτὰ καὶ τηλῶθε* (Cod. *τηνῶθε*) *Σαβαιθίδος εἴδεται*
ἔμμεν
ἄδ᾽ εἰκὼν μορφᾷ καὶ μεγαλοφροσύνᾳ.
θάεο τὰν πινυτάν, τὸ δὲ μείλιχον αὐτόθι τήνας
ἔλπομ᾽ ὁρῆν. χαίροις πολλὰ μάκαιρα γυνή.

Hierzu gehört ferner offenbar:

VI, 275: *Χαίροισάν τοί ἔοικε κομᾶν ἄπο τὰν Ἀφροδίταν*
ἄνθεμα κεκρύφαλον τόνδε λαβεῖν Σαμύθας·
δαιδάλεός τε γάρ ἐστι καὶ ἁδύ τι νέκταρος ὄσδει·
τούτῳ καὶ τήνα καλὸν Ἄδωνα τίει (Cod. χρίει).

Wenn wir nun schon in der älteren Alexandrinerzeit ganze Reihen
zusammenhängender Epigramme nachweisen können, so ist auch
hier die Vermutung erlaubt, dass es sich dabei um einen Cyclus
von Epigrammen handelt, welche in ihrer Gesammtheit einen
Tempel beschreiben sollten. [1] Bestimmt zur Weih-Aufschrift ist
kein einziges; selbst IX, 332 weicht weit von den möglichen
Formen ab. Wohl aber bietet uns jetzt des Herondas viertes
Gedicht mit seinen Beschreibungen von Kunstwerken in einem
Tempel die nächste Parallele. Dass die Gedichte bestimmt sind,
neben einander gelesen zu werden, zeigt ihre reizvoll abwechselnde
Form. Warum die Dichterin der *Λοκρικὰ ἄσματα* gerade der
Aphrodite einen Tempel errichtet und das Cultbild von der schönen
Hetäre weihen lässt, erklären die Epigramme V, 170 und VI, 265
wohl deutlich: Nossis ist selbst Hetäre. ◦

Mit diesen Gedichten steht bekanntlich in engster Beziehung
das der Erinna zugeschriebene Epigramm VI, 352:

Δέρξ᾽ ἀταλᾶν (Cod. *δεξαταλαν*, corr. Dilthey) *χειρῶν τάδε*
γράμματα, λῷστε Προμαθεῦ,
ἔντι καὶ ἄνθρωποι τὶν ὁμαλοὶ σοφίαν.
ταύταν γοῦν ἐτύμως τὰν παρθένον ὅστις ἔγραψεν,
αἴ κ᾽ αὐδὰν ποτέθηκ᾽, ἦς κ᾽ Ἀγαθαρχὶς ὅλα.

Auch hierin wird die Erinnerung an Herondas[2] wohl jetzt Jeden
abhalten, ein Weihgedicht sehen zu wollen. Wer noch wie Menk
(*de anthologiae Palatinae epigrammatis sepulcralibus* Marburg 1884)
nicht einzusehen vermag, warum eine Freundin der <u>alten</u> Sappho
dies nicht geschrieben haben könnte, ist unbelehrbar und mag

---

[1] Man vergleiche die oft verkannte Fiction der Priapea.
[2] Vgl. IV, 32 ff.

das ungeschickte Doppelepigramm auf Baukis (VII, 710 und 712) erklären, wie es ihm passt. Wer sonst an der Altersangabe des Suidas festhalten will, muss unsere Sammlung, welche Meleager bezeugt und benutzt, für untergeschoben erklären. Aber zu allen Bedenken käme dann noch eines; gerade das Epigramm der Nossis VII, 718 lehrt mit seinem Lemma εἰς Νοσσίδα τὴν ἑταίραν Σαπφοῦς τῆς Μιτυληναίας, wie die Notiz des Suidas enstanden sein kann. Nun werden auch der Erinna μέλη zugeschrieben und diese mit denen der Sappho verglichen (IX, 190, 7. 8). Alle Wahrscheinlickeit spricht dafür, dass Erinna, welche schon in einem Lied sich mit Nossis berührt, mit derselben auch darin wetteiferte, dass sie sich selbst mit Sappho verglich. Dann wäre Gedicht IX, 190 und die Angaben des Suidas und Eustathios leicht erklärt. Es wäre nach Erinna, wie IX, 189 nach Nossis. Ich selbst freilich würde auch dann zu der Annahme neigen, dass diese Sammlung nach dem Vorbild der Nossis gemacht und der berühmten Dichterin des vierten Jahrhunderts Erinna unterge- schoben ist, da ich VI, 352 für künstlicher als die Nossis-Gedichte, VII, 710 aber schon an sich für schwer verdächtig halte. [1]

---

[1]) Dass über die ihr zuzuschreibenden kleineren Stücke Un- sicherheit herrschte, zeigt ja auch Athenaios VII, 283 D: Ἤριννά τε ἢ ὁ πεποιηκὼς τὸ εἰς αὐτὴν ἀναφερόμενον ποιημάτιον:
  Πομπίλε, ναύτῃσιν πέμπων πλόον εὔπλοον ἰχθύ,
  πομπεύσαις πρύμναθεν ἐμὰν ἀδεῖαν ἑταίραν.
Denn ohne jeden Grund (wie auch Knaack II, 528, A. 46 betont) oder besser gegen die Angabe des Athenaios (ποιημάτιον) hat Bergk dies Fragment eines kurzen Propemptikons, mit welchem das Lied des Lykidas bei Theokrit (VII, 52 ff.) und Epigramme wie die Meleagers XII, 52. 53 zu vergleichen sind, in die Ἠλακάτη ver- setzt, deren Ursprung niemand bezweifelt hat. Auf ein weiteres kurzes Gedicht verweist die bekannte Plinius-Stelle XXXIV, 57: „fecisse et cicadae monumentum ac locustae (Myronem) carminibus suis Erinna significavit“. Das weist auf eine Sammlung von ποιη- μάτια. Aber längst verbindet man damit ein in der Anthologie mit den Worten Ἀνύτης οἱ δὲ Λεωνίδου eingeführtes Epigramm: VII, 190: Ἀκρίδι, τᾷ κατ' ἄρουραν ἀηδόνι, καὶ δρυοκοίτᾳ
  τέττιγι ξυνὸν τύμβον ἔτευξε Μυρὼ
  παρθένιον στάξασα κόρα δάκρυ· δισσὰ γὰρ αὐτᾶς
  παίγνι' ὁ δυσπειθὴς ᾤχετ' ἔχων Ἀΐδας.
Vgl. die Nachahmung des Marcus Argentarius VII, 364. Aus einem Epigramm stammt also die Angabe des Plinius, freilich schwerlich

Wie dem sei, da von älteren Dichtern Niemand sonst sie benutzt, ist es für die Geschichte des Epigramms gleichgiltig, ob die drei Lieder aus dem vierten Jahrhundert und von Erinna oder aus dem dritten von einer *Erinna personata* stammen; *tertium non datur.*

Auf Leonidas von Tarent kann ich an dieser Stelle nicht näher eingehen. Da das Material hier so reich wie für keinen der älteren Dichter vorliegt, keiner so stark die gesamte Epigramm-Dichtung der Folgezeit beeinflusst hat, vor allem da der viel-gewanderte, lang lebende und dichtende Tarentiner selbst den verschiedensten Einflüssen der alten Lyriker, der peloponnesischen Epigramm-Schule, vor allem aber auch dem des Kallimachos folgt, so verlangt er eine Monographie, und hoffentlich wird eine solche binnen kurzem erscheinen. Unumgänglich aber ist es wenigstens, den Begriff des Epigramms bei ihm festzustellen, zumal ich dabei von Knaacks Darstellung durchaus abweichen muss. Sind doch für diesen die Epigramme im Wesentlichen auf die Bestellung kleiner Leute erfolgt, deren Lebensschicksal oder Handwerkszeug zu beschreiben unser Dichter eben dadurch genötigt war (vgl. II,

---

aus eben diesem. Auf Anyte (nicht auf Leonidas, vgl. dessen überkünstelte Nachahmung VII, 198) weisen zwingend Sprache und Gedanken, und selbst wenn wir dies ignorieren wollten, wäre der Irrtum des Plinius gar zu ungeheuerlich. Weit leichter war die Annahme Bruncks, unter den Epigrammen der Erinna habe eines dem angeführten Lied der Anyte entsprochen, nur dass, wie wir hinzufügen müssen, für das Mädchen Myro der Knabe oder Mann Myron eingesetzt war (vgl. z. B. die oben be-sprochenen Spiele VII, 514, der sterbende Knabe spricht, VII, 646 das sterbende Mädchen spricht. Genau so stellt ja auch Mnasalkas der Cicade der Myro VII, 194 die Cicade des Demokrit gegenüber). Der Irrtum des Plinius, oder besser seiner Quelle, erklärt sich dann leicht. Mit den Gedichten der Anyte auf die vor der Hoch-zeit verstorbenen Mädchen (ihr Lieblingsstoff) rivalisieren die beiden länger und (besonders VII, 712) pointierter ausgeführten Gedichte auf Baukis. Über die μέλη ist schon gesprochen. Ich möchte nach dem oben über die Λοκρικὰ ᾄσματα oder ποιημάτια Gesagten annehmen, dass alle diese Stücke, die Epigramme, das kleine Propemptikon, die μέλη unter dem Titel ποιήματα oder ποιημάτια ein Ganzes bildeten, welches später mit der Ἠλακάτη der Erinna verbunden überliefert, aber noch von Athenaios nicht als sicher echt betrachtet wurde. Nachgebildet waren in dieser Fälschung besonders Anyte und Nossis.

636, A. 85). Dann hätten wir hier einmal das klassische Bild des so oft vorausgesetzten dichtenden Dorfschulmeisters oder des wandernden Bettelpoeten, und Hartung konnte sich nur wundern, woher der arme Teufel sich eine solche Bildung aneignen konnte, während Christ ihn darum bewundert, dass er eine solche Menge plebejischer Wörter auch nur in den Vers zu bringen verstand. [1] Mir scheint, dass wir in der älteren Zeit keinen Epigramm-Dichter von so prunkvoller, gewählter oder besser manierierter Sprache kennen wie Leonidas und dass auch in der Folgezeit nur diejenigen ihn erreichen oder überbieten, welche seine Schüler sind. Der Zusammenhang mit der Lyrik ist dabei in den kühnen Wort-kompositionen und -Neubildungen, deren fast jedes Gedicht eine ganze Reihe enthält, deutlich, und wenn wir des Aristoteles Urteil berücksichtigen, welcher gerade diese Bildungen, sowie die Häufung mehrerer Beiwörter zu demselben Substantiv oder mehrerer Substantive für denselben Begriff, dem „Dithyrambos" zuspricht, könnte man diese Muse wirklich διθυραμβοχάτα nennen. Die Grundlage des Wortschatzes bilden wieder die Tragiker; oft genug setzt gerade bei ihren Bildungen die Neugestaltung des Tarentiners ein. Ein einziges Gedicht (VII, 295) mag — willkürlich, nur weil es zu Knaacks weiteren Behauptungen überleitet, herausgegriffen — als Probe dienen:

Θῆριν τὸν τριγέροντα, τὸν εὐάγρων ἀπὸ κίρτων
ζῶντα, τὸν αἰθυίης πλείονα νηξάμενον,
ἰχθυσιληϊστῆρα, σαγηνέα, χηραμοδύτην,

---

[1] Aus seiner Schilderung erwähne ich, um die herrschende Anschauung möglichst scharf darzustellen, die Charakteristik: „Selbst ein armer, heimatloser Schlucker, ward er der Dichter der kleinen, armen Leute, indem er den Maurern, Weberinnen, Jägern, Flötenspielerinnen, wenn sie am Lebensabend ihr Werkzeug an einem Baum der Gottheit aufhingen, Epigramme als Weihinschriften dichtete, auch in Versen polizeiliche Anordnungen zur Warnung schrieb, damit nicht mutwillige Jungen mit Steinen die Früchte herunter schlügen oder die Mäuse seinen armseligen Brotkorb zernagten. Da sich der Dichter fast durchweg in der Sphäre des niederen Lebens bewegt, so findet sich bei ihm eine Unmasse gemeiner, sonst nicht vorkommender Wörter" u. s. w. Knaack, welcher die Weiheepigramme ebenso auffasst, widerspricht sich eigentlich selbst, wenn er die Erfindung dieses Stoffes dem Leonidas zuschreibt. Stoffe erfindet man nur für epideiktische Gedichte.

οὐχὶ πολυσκάλμου πλώτορα ναυτιλίης,
ἔμπης οὔτ' ἀρκτοῦρος ἀπώλεσεν, οὔτε καταιγὶς
ἔκλασε (Cod. ἤλασε) τὰς πολλὰς τῶν ἐτέων δεκάδας·
ἀλλ' ἔθαν' ἐν καλύβῃ σχοινίτιδι, λύχνος ὁποῖα,
τῷ μακρῷ σβεσθεὶς ἐν χρόνῳ αὐτόματος.
σῆμα δὲ τοῦτ' οὐ παῖδες ἐφήρμοσαν, οὐδ' ὁμόλεκτρος,
ἀλλὰ συνεργατίνης ἰχθυβόλων θίασος. [1]

Knaack führt dies Gedicht als bestimmten Beweis, dass diese
Epigramme zur praktischen Verwendung auf Bestellung gefertigt
sind, an. Ich hatte früher gerade das Umgekehrte daraus
schliessen zu sollen gemeint und finde auch jetzt, dass das Gedicht
nur als παίγνιον, nur als scherzhafte Lösung einer bestimmten
Aufgabe erträglich, als wirkliche Grabaufschrift aber gräulich und

---

[1]) Dem Wortschatz der Tragiker entsprechen hier τριγέρων,
εὔαγρος, ὁμόλεκτρος, θίασος (für eine beliebige Schar), ἰχθυβόλος,
συνεργάτης. Neu gebildet sind συνεργατίνης, ἰχθυσιληϊστήρ, χηραμο-
δύτης, πλώτωρ, πολύσκαλμος, σχοινῖτις. Der Umgangssprache entnommen kann sein σαγηνεύς, καταιγίς. V. 2 erinnert an Arat
Phainom. 296 und Kallimachos VII, 277, 4; da auch V. 6 an Kallimachos anklingt (vgl. fr. 489 τῶν δ' ἐτέων ἡ δεκὰς οὐκ ὀλίγη), so hat
wohl Leonidas diesen und Kallimachos seinerseits den Arat benutzt.
Sollen die „gemeinen" Wörter, von denen so viel gesprochen wird,
auf die Namen der Handwerksgeräte gehen, so will ich nicht
über den verfehlten Ausdruck streiten; hiervon abgesehen sind die
ἅπαξ εἰρημένα bei Leonidas und seiner gesammten Schule gerade
im Gegenteil zum Zweck höchsten lyrischen Prunkes erfunden,
willkürliche Neubildungen. Besonders lehrreich sind die zahlreichen,
durch kühne Wortkompositionen entstandenen, beschreibenden
epitheta ornantia, welche ich ähnlich und in derselben Verwendung
nur in dem berühmten δεῖπνον des Philoxenos finde. Das Fortwirken der Poesie desselben in Unteritalien scheint mir auch dadurch gesichert. Wenn die Flöte ταχυχειλής heisst, weil die Lippen
rasch darüber gleiten, das Mädchen τανυῆλιξ, weil es sein Alter
weit ausgedehnt hat, Pan εὐστόρθυγξ, weil sein Bild aus gutem
Holz gemacht ist, so empfindet man das Streben nach dem καινόν.
Ähnlich in Übertragungen, so wenn πετρήεσσα das Beiwort felsiger
Länder dem Fisch mit der stachlichen, steinigen Haut gegeben
wird. Am eigentümlichsten aber ist das Befolgen aristotelischer
Vorschriften in der Umgestaltung der allgemein üblichen Wörter:
ὠκήεις (wohl nach αἰπήεις VII, 273, 1, was aus Ilias XXI, 87 übernommen ist) wird für ὠκύς gesetzt, πιήεις für πίων, δουλιχόεις für
δολιχός, συνεργατίνης für συνεργάτης, ἀγωγαῖος für ἀγώγιμος, τεχνοσύνη

undenkbar wäre. Der Dichter spielt ja beständig mit dem Leser; einem alten Fischer will er die Grabschrift dichten, der Hörer erwartet „der Wintersturm oder ein jäher Windstoss hat den kleinen Kahn umgestürzt und den Theris getötet" — nein, durchaus nicht, versichert unser Dichter, ganz im Gegentheil, auf seinem Binsenlager ist er gestorben. Wieder erwartet der Hörer, dass das Denkmal von den Kindern oder der greisen Gattin gesetzt ist und dass deren Schmerz geschildert werde — weit gefehlt, die thaten es nicht, sondern die Genossen. Wenn irgendwo, so glaube ich hier die $\grave{\epsilon}\pi\acute{\iota}\delta\epsilon\iota\xi\iota\varsigma$ zu erkennen; richtig würdigen kann man das Gedicht nur, wenn vorher eine Grabschrift auf den Fischer vorgetragen ist, welche eben die von Leonidas verneinten Angaben enthielt. Aber betrachten wir andere Gedichte: VII, 504 erzählt

für $\tau\acute{\epsilon}\chi\nu\eta$, $\tau\upsilon\mu\beta\acute{\iota}\tau\eta\varsigma$ für $\grave{\epsilon}\pi\iota\tau\acute{\upsilon}\mu\beta\iota o\varsigma$, $\sigma\chi o\iota\nu\~\iota\tau\iota\varsigma$ für $\sigma\chi o\acute{\iota}\nu\iota\nu o\varsigma$, $\varkappa\alpha\lambda\alpha\mu\acute{\iota}\tau\eta\varsigma$ für $\varkappa\alpha\lambda\alpha\mu\alpha\~\iota o\varsigma$, $\varkappa\epsilon\lambda\epsilon\upsilon\vartheta\acute{\iota}\tau\eta\varsigma$ für $\grave{o}\delta\acute{\iota}\tau\eta\varsigma$, $\mu\upsilon\rho\iota\varkappa\acute{\iota}\nu\epsilon o\varsigma$ für $\mu\acute{\upsilon}\rho\iota\varkappa\iota\nu o\varsigma$, $\pi\upsilon\xi\acute{\iota}\nu\epsilon o\varsigma$ für $\pi\acute{\upsilon}\xi\iota\nu o\varsigma$, $\grave{o}\rho\varphi\acute{\alpha}\nu\iota o\varsigma$ für $\grave{o}\rho\varphi\alpha\nu\acute{o}\varsigma$ u. a. Wenn sich daneben, z. B. in den wunderlichen Verbindungen von $\epsilon\grave{\upsilon}$ mit Adjectiven, manches findet, was aus der Umgangssprache weiter gebildet sein kann, so darf man auch hier nur das Streben den dichterischen Ausdruck neu und barock zu gestalten erkennen; alle Quellen sind dafür zunächst gleich recht; nur fehlen fast gänzlich die eigentlichen, nach Aristoteles nur für das Epos passenden $\gamma\lambda\~\omega\sigma\sigma\alpha\iota$. Die Bedeutung des Leonidas für die griechische Poesie zeigt am besten ein Verfolgen dieser Bildungen bei den späteren Dichtern; sie werden durch die Epigrammatik rasch Gemeingut und besonders Oppian hat eine ganze Reihe aufgenommen. — Eine ähnliche Steigerung wie die Sprache der älteren Epigrammatiker erhält durch Leonidas die Behandlung des Stoffes; die Gedichte werden umfangreicher als bei irgend einem der Früheren; das Grabgedicht wird zur umständlichen Erzählung (vgl. z. B. VII, 504 oder 506), das Weihegedicht zum breiten Gemälde, einer Art „Still-Leben" in Versen; rhetorische Kunstmittel werden nicht selten verwendet, das Schlussdistichon wird oft mit besonderer Sorgfalt der breiten Schilderung so angefügt, dass eine Art Pointe entsteht (vgl. z. B. VI, 289. 298. 300); man fühlt in allem das Bestreben, das Epigramm zu einer Kunst-Dichtung zu machen. Für das ältere, von der Lyrik ausgehende dorische Epigramm bezeichnen die Dichtungen des Leonidas in der That den Höhepunkt; darum treten die Haupt-Bildungselemente desselben bei ihm am schärfsten hervor. Eben darum wird er auch das Haupt einer eigenen Schule und mit richtigem Empfinden mischt Antipater von Sidon neue der Lyrik entlehnte Worte und Bilder unter die Entlehnungen aus Leonidas.

uns den Tod des Fischers, welcher der glücklich gefangenen
glatten Steinbutte den Kopf abbeissen wollte; sie schlüpfte ihm
in den Schlund und jämmerlich erstickte er; Γρίπων, ὁ γριπεύς,
hat ihm das Denkmal gesetzt. Der französische Herausgeber
belegt mit einer Zeitungsnotiz, dass man allerdings so sterben
kann; aber ist das Gedicht wirklich für den Stein bestimmt?
Oder soll es nur, wie jene Zeitungsnotiz, zur Unterhaltung
eine unerwartete, merkwürdige Todesart berichten? VII, 506 lesen
wir die Geschichte von dem armen Schiffer, der das Unglaubliche
(τὸ περισσόν) fertig bringt, zugleich im Meer und auf dem Land
begraben zu sein, zur einen Hälfte im Haifisch-Bauch, zur andern
am Lande. [1] Das ganze Gewicht liegt beide Male auf der an-
schaulichen Erzählung, deren barocke Erfindung von den späteren
Nachahmern durch die wunderlichsten Wundergeschichten überboten ist. Bei ihnen ist der Zweck ja wohl sicher nicht die Aufschrift, sondern die Erzählung. — Wie urteilen wir über Leonidas?
Von anderen Grabgedichten, welche nur für den Vortrag gedichtet
sind, verweise ich nur auf VII, 657 (Anklänge an die Bukolik),
VII, 731 (Anklänge an Kallimachos), VII, 726 (Anklänge an desselben Hekale), VII, 198 (nach Mnasalkas), VII, 648 (Gnome, zum
Grabgedicht umgestaltet nach der von Pseudosimonides, Anyte,
Simias gebrauchten Form) VII, 67 u. a. Von entscheidender Bedeutung scheint mir VII, 422, ein von Leonidas aufgebrachter,
von den Nachahmern oft behandelter Stoff:

Τί στοχασώμεθά σου, Πεισίστρατε, χῖον ὁρῶντες
γλυπτὸν ὑπὲρ τύμβου κείμενον ἀστράγαλον;
ἦ ῥά γε μὴν ὅτι Χῖος; ἔοικε γάρ. ἦ ῥ᾽ ὅτι παίκτας
ἦσθά τις, οὐ λίην δ᾽, ὠγαθέ, πλειστοβόλος;

---

[1] Vielleicht gab den Anlass zu der Erfindung eine Erinnerung
an den geschraubten Ausdruck Lykophrons 413: πολλῶν γὰρ ἐν
σπλάγχνοισι τυμβευθήσεται βρωθεὶς πολυστοίχοισι καμπέων γνάθοις
νήριθμος ἑσμός. Ein Fortwirken zeigt uns Hegesipp VII, 276, welcher
den Gedanken leicht umwendet; der Schiffer ist ganz im Meere
geblieben, aber von den Fischen halb aufgefressen. Er sammt
den Fischen gerät ins Netz und wird sammt ihnen begraben. Nun
hat die Erde den Toten doch wieder ganz, denn das fehlende
Fleisch steckt ja eben in dem Fischfleisch. Die Worte ἡμίβρωτον
— πολύκλαυτον ναυτιλίης σκύβαλον — ἔχεις ὅλον lassen die Einwirkung der Vorlage deutlich empfinden. War auch diese Geschichte für den Stein bestimmt?

ἢ τὰ μὲν οὐδὲ σύνεγγυς· ἐν ἀκρήτῳ δὲ κατέσβης
Xίῳ; ναὶ δοκέω, τῷδε προσηγγίσαμεν.

Dass derartige Darstellungen auf Grabmälern wirklich vorkamen,
genügt nicht unser Gedicht zu erklären. Es ist offenbar das reine
Griphos - Spiel übertragen auf die Form des Grabgedichtes, vgl.
z. B. VII, 427 (Antipater von Sidon). Der Dichter empfängt eine
Aufgabe; der scherzende Ton des Schlusses zeigt allein schon,
wo er sie löst. [1] Ich verbinde hiermit VII, 452:

Μνήμονες (Cod. μνήμης) Εὐβούλοιο σαόφρονος, ὦ
παριόντες,
πίνωμεν. κοινὸς πᾶσι λιμὴν Ἀίδης.

Die Grabschriften, welche mit der Aufforderung zum frohen Lebens-
genuss schliessen, geben den Anlass. Aber wenn Asklepiades aus
dem allgemeinen Gedanken ein reines Trinklied macht (XII, 50),
so benutzt unser Dichter zu derselben Aufforderung πίνωμεν eine
an das ἐπιτύμβιον anschliessende Form. Die Grabgedichte
des Leonidas sind zum überwiegenden Teil dichterische
παίγνια beim Gelage.

Betrachten wir die Weihegedichte. Die Weihgeschenke des
Handwerkszeugs durch den gealterten Handwerker sind, wie oft
bemerkt, ein auschliesslich leonidäischer Stoff, und da Leonidas
nicht selten die Stoffe der peloponnesischen Epigrammatik aufnimmt
und weiterbildet, [2] so scheinen sie, wie schon angedeutet, den
Gedichten, mit welchen der alte Söldner seine Waffen weiht,
entgegengestellt. Aber hat im wirklichen Leben wohl der alte
Zimmermann oder der alte Fischer seine Instrumente in den Tempel
getragen oder gar sich von einem namhaften Dichter dazu eine Aufschrift machen lassen, und nur Leonidas und seine Nachahmer haben
zufällig derartige Gedichte auch in Bücher aufgenommen? Oder,
um weiter zu gehen, hat je der Jäger, der ein Netz weihen, der

---

[1]) Ist er geschickt, so kann er zugleich dem Erfinder der Aufgabe noch ein Compliment sagen, wie Alkaios von Mytilene (VII,
429) in dem niedlichen Φῖδις-Rätsel: νῦν Σφιγγὸς γρίφους Οἰδίπος
ἐφρασάμην. αἰνετὸς οὐχ δισσοῖο καμὼν αἴνιγμα τύποιο, φέγγος μὲν
ξυνετοῖς, ἀξυνέτοις δ' ἔρεβος.

[2]) Vgl. XVI, 230. IX, 326. VI, 120. VII, 198 (VII, 648. IX, 329).
Hierzu würden, wenn die früheren Behauptungen über die Bukolik
richtig sind, etwa 12 Epigramme mit Darstellungen aus dem Hirtenleben kommen. Simonides, das Hauptvorbild der Peloponnesier,
ist nicht benutzt.

Winzer, welcher eine Traube dem Gott bringen, der Hirt, welcher
den Knotenstock, das Stachelhalsband seines Hundes und den Milch-
eimer an einen Baum hängen wollte, erst den Poeten mit einer
Beschreibung dessen bemüht? Es gehört ein starker Glaube
an eine allgemeine Dichtermanie in Griechenland zu solcher Annahme,
und die zahlreichen, der Anlage nach ganz entsprechenden Weihe-
Epigramme, welche Aufschriften nicht sein können, sollten hiervor
warnen, so wenn der schöne Knabe oder gar der Λιμός die Beute
vom Kyniker Sochares weiht, oder der Schlemmer Dorieus mit
der Bitte, niemals mässig und nüchtern zu werden, all sein Gerät
in den Tempel der Göttin Fressgier stiftet.[1] Noch mehr sollten
die Gedichte der Nachahmer zur Vorsicht mahnen, welche so un-
ermüdlich dieselben Stoffe oft unter Beibehaltung der Namen behandeln. Man braucht die Frage gar nicht aufzuwerfen, ob denn
immer wieder drei unglückliche Brüder, Pigres, Damis, Kleitor,
jeder ein Netz, jeder von anderer Jagd dem Pan geweiht haben,
für die beiden Leonidäer Antipater von Sidon und Archias bezeugt
ja Cicero an zwei sich ergänzenden Stellen (*de Orat.* III, 194, *pro
Archia poeta* 18), wie diese Gedichte entstanden sind. Es waren
Improvisationen, zu welchen eine frohe Gesellschaft dem Dichter
ein bestimmtes Thema gab; war er geschickt, so behandelte er
es gleich mehrmals in verschiedenem Versmass oder mit verschiedener Pointe. Man erklärt längst die mehrfachen Behandlungen

---

[1]) Anth. VI, 305. Wenn Poseidipp und Hedylos Fresser in
Epigrammen beschreiben und verhöhnen, welche nichts mit der
Aufschrift zu thun haben, so sehen wir bei Leonidas die witzige
Zurückbildung zur eigentlichen Weih-Aufschrift, genau wie VII, 455
der Hohn über die trunksüchtige Alte zum Grabgedicht umgeprägt
wird. Da nun ein Dichter Dorieus, ähnlich wie in Epigrammen
Poseidipp und Hedylos, in „ionischen Gedichten" (?) Pyrrhes von
Milet und Alexander der Aitoler, Fresser besang (Athen. X, 412 F)
und da dieser Stoff später nicht mehr begegnet, müssen wir VI,
305 mit Hecker auf jenen beziehen. Nach dem Stoff wird der
Mann charakterisiert und befehdet. Ähnlich greift ja Mnasalkas
in seiner Parodie den Asklepiades, den Dichter der Ἡδονή, an,
wenn uns auch alle Einzelheiten dabei dunkel bleiben. Dass die
dorischen Dichter der τλάμων ἀρετά zu den von Ionien beeinflussten
Schulen in scharfem Gegensatz stehen, zeigt Stil und Wahl der
Stoffe; um so sorgfältiger müssen wir auf derartige directe An-
griffe achten.

desselben Themas bei den beiden Dichtern so; aber auch Leonidas behandelte ein und denselben Stoff in zwei Gedichten. Also ist für ihn dieselbe Consequenz zu ziehen.[1] Wo diese Improvisationen ursprünglich stattfanden, darüber kann nach dem Früheren kaum ein Zweifel sein. Zum Überfluss bezeugt es Epigramm VI, 44; ob dasselbe von Leonidas ist (Cod. ἄδηλον οἱ δὲ λεωνίδου. Plan. λεωνίδου), ist dabei gleichgiltig, es trägt seinen Stil und stammt wenigstens von einem alten Nachahmer:

Γλευκοπόταις Σατύροισι καὶ ἀμπελοφύτορι Βάκχῳ
Ἡρῶναξ πρώτης δράγματα φυταλιῆς
τρισσῶν οἰνοπέδων τρισσοὺς ἱερώσατο τούσδε
ἐμπλήσας οἴνου πρωτοχύτοιο κάδους.
ὧν ἡμεῖς σπείσαντες, ὅσον θέμις, οἴνοπι Βάκχῳ
καὶ Σατύροις, Σατύρων πλείονα πιόμεθα.[2]

Das ist wieder der Übergang vom rein sympotischen Epigramm zur Weihaufschrift.

Man verstehe mich nicht falsch; es fällt mir nicht ein zu bestreiten, dass einzelne Gedichte aus der Sammlung des Leonidas wirklich für den Stein bestimmt sein können; weitaus die Mehrzahl sind παίγνια fürs Gelage, und am sichersten gerade jene Schilderungen aus dem Leben kleiner Leute, welche man so einseitig betont. Man kann mit demselben Recht Theokrits drittes Gedicht als von einem Hirten für sein Ständchen bestellt, oder die Ἁλιεῖς und das *Moretum*, deren Ähnlichkeit mit den Gedichten des Leonidas wohl jedem Leser ins Auge fällt,[3] für ein Publikum

---

[1]) Dies scheint Knaack ja auch zu wollen, wenn er schon Leonidas den wandernden Improvisator nennt; damit streitet freilich seine sonstige Darstellung.

[2]) Vgl. VII, 295, 2 πλείονα νηξάμενον. Für δράγματα möchte ich ἄργματα vermuten. γλευκοπότης wird aufgenommen von Apollonidas XVI, 235, 6. οἴνωψ Βάκχος findet sich nur noch bei Sophokles, Oed. R. 211.

[3]) Besonders das *Moretum* berührt sich derartig mit Leonidas VII, 736 (den Text siehe S. 154), dass sein griechisches Original von Leonidas abhängen oder diesem zum Vorbild gedient haben muss. Der Sinn des Epigramms ist nun, dem unsteten Leben, welches der tarentinische Virtuose selbst führt, das Glück des auf kleiner Scholle im armen Haus lebenden Landmanns gegenüber zu stellen; aber statt dies selbst zu preisen oder zu schildern, verweist der Dichter vielmehr auf eine Schilderung, deren einzelne

von Fischern und Kleinbauern geschrieben erklären, als diese Gedichte auf Bestellung verfasst sein lassen. Es ist für die Beurteilung der „bukolischen" Dichtung von grösster Bedeutung, dass ein Zeitgenosse der koischen Dichter, welcher in Unteritalien und Griechenland gedichtet zu haben scheint, bei den Gelagen der Gebildeten das Leben der kleinen Leute in kunstvoller Behandlung und mit allen Mitteln der grossen Poesie darzustellen suchte. Gegenüber dem allgemeinen Streben, die Epigrammbücher, soweit

---

Züge er in der Form „auch wenn das und das ist" einführt. Diese Züge selbst finden sich wieder in dem *Moretum*. Den Ursprung des Letzteren aus den knappen Andeutungen unseres Epigramms herzuleiten, scheint mir ganz unmöglich. Dagegen ist das Epigramm, für sich allein betrachtet, schief und ungeschickt gefasst, mit Beziehung auf das *Moretum* dagegen passend und verständlich. Das Alter des griechischen Originals desselben wird durch unser Epigramm bezeugt; im Wesentlichen auch die Schule, in welcher es entstand. Schilderungen wie V. 28. 29 *modo rustica carmina cantat agrestique suum solatur voce laborem* vergleiche man mit VII, 726, 3 der Beschreibung der alten Weberin: καί τι πρὸς ἠλακάτην καὶ τὸν συνέριθον ἄτρακτον ἤεισεν. In den lateinischen Beschreibungen der Gartenpflanzen, der alten Magd, des Haushahns, des Herren selbst (*exigui cultor rusticus agri* = ἀροτὴρ ὀλιγώλαξ?) kann man noch die leonidäischen Epitheta und seine Wortfülle nachempfinden. Der Tarentiner selbst ist der Verfasser, oder er hat gerade das, worin ihm alle Folgezeit nachahmt, Stil und Lieblingsstoffe, einem älteren, uns unbekannten Dichter entnommen. Anders ist der Stil der Ἁλιεῖς. Sie können nicht dem Leonidas gehören, trotz der breiten Aufzählung der Fischergeräte, einzelner kühner Wörter, ja einer directen Entlehnung aus Leonidas: V. 21 ἐκ βλεφάρων δὲ ὕπνον ἀπωσάμενοι vgl. VII, 726 ἑσπέριον κῆῶον ἀπώσατο πολλάκις ὕπνον, nach Kallim. fr. 150 πολλάκι καὶ κανθῶν ἤλασ' ἄωρον ἄπο. So nämlich scheint das Fragment zu schreiben, da der Anfang der Glosse Ἄωρος in den beiden massgebenden Handschriften (A = Vaticanus, B = Florentinus) folgendermassen lautet: Ἄωρος ἤτοι κατα πλεονασμὸν ⟨ἀπὸ⟩ τοῦ ὦρος μηδὲν πλέον σημαῖνον (σημαίνοντος AB)· ὦρος γὰρ ὁ ὕπνος. Καλλίμαχος· „πολλάκι καὶ κανθῶν ἤλασ' ἄωρον (ἠλάσασα ὦρον AB) ἄπο." καὶ Σαπφὼ (fr. 57) οἶον „ὀφθαλμοῖς δὲ μέλαις ⟨χύτο⟩ νυκτὸς ἄωρος". Für ἄωρος erwartet man Beispiele, nicht für ὦρος. Die Stelle zeigt vorzüglich, wie Leonidas die eigentlichen Glossen meidet. Dann sind die Ἁλιεῖς aber von einem Nachahmer des Tarentiners, welcher seinerseits die pomphafte Sprache desselben herabgestimmt und gemildert hat.

es irgend geht, als Sammlungen echter „Aufschriften" zu erklären, können derartige Sätze nicht schroff genug betont werden. Die Betrachtung der Gedichte des Leonidas bestätigt nur, was für die Epigramme der Nossis aus anderen Gründen wahrscheinlich war, und zwingt einen weit verbreiteten Gebrauch, Epigramme bei Gelagen vorzutragen, schon im Anfang des dritten Jahrhunderts anzunehmen. Da nun Polybios (IV, 20) ausdrücklich bezeugt, dass in Arkadien noch zu seiner Zeit poetische Unterhaltung beim Gelage allgemein üblich war, werden wir nicht weit mit der Annahme fehlgehen, dass auch von den Epigrammen der Anyte, welche zum überwiegenden Teil ja auch nicht für den Stein gedichtet sind, die meisten für das Gelage bestimmt waren. Trotzdem beschränken sich die peloponnesischen Dichter, trotzdem beschränkt sich Nossis und nicht minder Leonidas und sein Schüler Antipater von Sidon auf Gedichte in der Form der Aufschrift oder doch auf Liedchen, welche dieser noch nahe stehen.[1] Vergleicht man damit nun die freie Umgestaltung des Epigramms bei Asklepiades, Poseidipp, Hedylos, Kallimachos, welcher ja oft von Leonidas nachgeahmt wird, so muss hierin eine Absicht, eine bestimmte poetische Schulrichtung liegen, welche unzweifelhaft aus der früheren Geschichte des Epigramms zu erklären ist. Lehnen

---

[1] Hierzu rechne ich auch Lieder wie VII, 478 und VII, 480. Sie sind aus der Grabschrift weiter gebildet, ähnlich wie, noch etwas freier allerdings, aus dem Weihe-Epigramm die kleine Erzählung IX, 320. Die Gedichte VI, 302. IX, 79 und IX, 78 sind mit den Anreden an Tiere und Bäume bei Mnasalkas und Nikias zu vergleichen; Weiterbildung ist auch hier IX, 99, vgl. IX, 75. Überhaupt erweitert Leonidas die früheren Epigrammstoffe sichtlich. Um so auffälliger ist das völlige Ablehnen des sympotischen und erotischen Liedes. Nur V, 188 macht hiervon eine Ausnahme, aber der Stil dieses Gedichtes weicht weit von dem aller anderen ab und erinnert durchaus an den der Alexandriner. Es fehlen die kühnen Wortbildungen, die Composita, die Häufung der Beiworte; statt der breiten Fülle der Sätze und der einfachen Entwicklung des Gedankens zeigen sich kurz abgehackte, vieldeutige, durch Anspielungen auf Sprichwörter zu erklärende Sätzchen. Sowenig meine Behauptung an sich dadurch erschüttert würde, wenn Leonidas wirklich einmal ein Epigramm ganz im alexandrinischen Stil gemacht hätte, für mich stammt V, 188 nicht von Leonidas.

Leonidas und seine Nachahmer die Aufnahme gerade des dankbarsten παίγνιον, des erotischen oder sympotischen Liedchens, ab, so kann dies unmöglich früher in weiteren Kreisen anerkannt gewesen sein. Es ist vielmehr eine Neuerung, welche gleichzeitig in einem anderen Kreise aufkam, aber eben durch den Einfluss des Leonidas nie zu allgemeiner Annahme gelangt ist. [1]

Dies wird noch fühlbarer, wenn wir die beiden am wenigsten an die Aufschrift erinnernden Gedichte des Leonidas noch kurz betrachten.

VII, 736:

Μὴ φϑείρευ, ὤνϑρωπε, περιπλάνιον βίον ἕλκων,
ἄλλην ἐξ ἄλλης εἰς χϑόν' ἀλινδόμενος·
μὴ φϑείρευ. κενεή σε περιστέψαιτο καλιή,
ἥν ϑάλποι μικκὸν πῦρ ἀνακαιόμενον·
εἰ καί σοι λιτή τε καὶ οὐκ εὐάλφιτος εἴη
φύστη ἐνὶ γρώνῃ μασσομένη παλάμαις,
εἰ καί σοι γλήχων ἢ καὶ ϑύμον ἢ καὶ ὁ πικρὸς
ἀδυμιγὴς εἴη χόνδρος ἐποψίδιος.

VII, 472:

(1.) Μύριος ἦν, ἄνϑρωπε, χρόνος προτοῦ ἄχρι πρὸς ἠῶ
ἦλϑες, χὤ λοιπὸς μύριος εἰς Ἀΐδην.
τίς μοῖρα ζωῆς ὑπολείπεται, ἢ μόνον (Cod. ὅσον) ὅσσον
στιγμὴ καὶ στιγμῆς εἴ τι χαμηλότερον;
μικρή σευ ζωὴ τεϑλιμμένη ⟨τ'⟩· οὐδὲ γὰρ αὕτη
ἥδετ' ἀλλ' ἐχϑροῦ στυγνοτέρα ϑανάτου. [2]

---

[1]) Wer den prunkvollen Stil des Leonidas mit der schlichten Sprache des Asklepiades und Poseidipp vergleicht, empfindet leicht, was, ausser der Abneigung gegen τρυφή und ἡδονή, den Tarentiner abhält.

[2]) Die Änderungen, welche ich vorgenommen habe (μόνον, τ' und αὕτη für αὐτή), verteidigen sich hoffentlich selbst. Für V. 3 τίς μοῖρα ζωῆς vermutet Hilberg (Gesetz der troch. Wortformen S. 22) μοῖρα δὲ τίς ζωῆς wenig überzeugend. Die Quelle erkannte Hecker, welcher zur Erklärung des zweiten Verses das dritte Fragment des Amorginers Semonides heranzog Πολλὸς γὰρ ἅμμιν ἐς τὸ (Cod. ἐστὶ) τεϑνάναι χρόνος· ζῶμεν δ' ἀριϑμῷ παῦρα καὶ κακῶς ἔτεα. Hierzu fügte nach dem Vorgang Boissonades Knaack (II, 536 A. 83) die zweite Hälfte, aber indem er einen Irrtum Bergks wiederholte und das Fragment (196 B) dem Lyriker statt des Iambographen zuschrieb: Plutarch cons. ad. Apoll. 17: τὰ γὰρ χίλια καὶ τὰ μύρια κατὰ Σιμω-

Das Gedicht ist damit abgeschlossen, ebenso wie oben VII, 736, wenn auch eine eigentliche epigrammatische Pointe fehlt; dass die folgenden beiden Verse nicht dazu gehören, empfand schon der Schreiber des Palatinus. Nur irrte er, wenn er meinte, nach ihrer Tilgung einfach fortfahren zu können. Ein ganz neuer Gedanke hebt an. Eine Reihe selbständiger Gedichte ist als ein Grab-epigramm gefasst, weil in ihrer Mitte ein solches eingeschoben ist, kürzer zwar als sonst die Epigramme des Tarentiners, aber durchaus in sich abgeschlossen (vgl. VII, 452):

(2.) Χειμέριον ζωὴν ὑπαλεύεο · νεῖο δ' ἐς ὅρμον,
ὡς κἠγὼ Φείδων ὁ Κρίτου, εἰς Ἀίδην.

Wieder schliesst hieran ein freier veranlagtes Gedicht mit allen Kennzeichen leonidäischer Sprache:

(3.) Ἐκ τοίης ὤνθρωποι ἀπηκριβωμένοι ὀστῶν
ἁρμονίης ὑψοῦντ' ἠέρα κεἰς [1] νεφέλας ·
ὦνερ, ἴδ' ὡς ἀχρεῖον, ἐπεὶ περὶ νήματος ἄκρον
εὐλὴ ἀκέρκιστον λῶπος ἐφεζομένη
οἷον τὸ † ψάλα, † θρῖον ἀπεψιλωμένον οἷον,
πολλῷ ἀραχναίου στυγνότερον σκελέτου,

. . . .

. . . .

. . . .

. . . .

ἠοῦν ἐξ ἠοῦς, ὅσσον σθένος, ὦνερ, ἐρευνῶν
εἴης ἐν λιτῇ κεκλιμένος βιοτῇ,

νίδην ἔτη στιγμή τίς ἐστιν ἀόριστος, μᾶλλον δὲ μόριόν τι βραχύτατον (schreibe βραχύτερον) στιγμῆς. Es wäre ein wunderlicher Zufall, wenn Leonidas erst den Lyriker und unmittelbar danach den Iambographen benutzt hätte. Wir haben vielmehr, da Plutarch auch den Letzteren ohne Beiwort citiert, ihm auch das zweite Fragment zuzuweisen. Beide standen notwendig im Zusammen-hang; der Sinn muss ganz ähnlich wie bei Leonidas, welcher sich eng an sein Vorbild anschliesst, gewesen sein. Der Iambos und das eigentliche Epigramm haben nichts gemein. Aber der Ver-fasser kurzer Elegieen konnte auch auf die diesen verwandte Iambendichtung zurückgreifen.

[1]) Cod. ὕψος τ' ἠέρα καὶ νεφέλας und vorher ὤνθρωπε. Mit λῶπος ist zu vergleichen VII, 380, 6 und IX, 242, 5 ῥάκος.

αἰὲν τοῦτο νόῳ[1] μεμνημένος, ἄχρις ὁμιλῆς
ζωοῖς, ἐξ οἴης ἡρμόνισαι καλάμης.

Einen Versverlust nach σκελέτου zeigt einmal das Fehlen des
verbum finitum zu εὐλή, sodann das Fehlen des Objects zu ἐρευνῶν,
da ἡοῦν nicht von demselben abhängen kann; der Sinn muss sein
„nur so viel als zum Leben not thut, suche Tag für Tag zu er-
ringen". An sich könnte der zweite Teil aus einem selbständigen
Liede stammen, und die Worte ἐξ οἴης ἡρμόνισαι καλάμης
brauchten durchaus nicht auf die Zusammensetzung des Leibes zu
gehen, sondern erklärten sich aus Herondas II, 28: ὃν χρῆν ἑαυτὸν
ὅστις ἐστὶ κἀκ ποίου πηλοῦ πεφύρητ᾽ εἰδότ᾽ ὡς ἐγὼ ζώειν.
So habe ich eine Zeit vier Gedichte scheiden zu müssen geglaubt.
Aber dann müsste wenigstens das Letzte dem Dritten als Antwort
entgegengestellt sein; denn auch ἐν λιτῇ κεκλιμένος βιοτῇ entspricht genau dem ὑψοῦντ᾽ ἡέρα κεὶς νεφέλας. Daher wird es
besser sein, eine in der Mitte verstümmelte Mahn-Elegie anzunehmen — hervorgerufen durch die Betrachtung eines Skeletts.
Dass dies Skelett auf einem Grabmal gestanden haben soll, behauptet zwar Hecker, aber eine Grabaufschrift kann unser Lied
nicht sein. Der Ausweg, es könne ja mit den vorigen beiden
Gedichten zusammen an verschiedenen Seiten e i n e s Denkmals gestanden haben und so doch noch durch sie erklärt werden, ist sehr
unglücklich gewählt, da die vorausgehenden beiden Gedichte völlig
verschieden sind, nichts auf eine Vereinigung deutet, und die
Annahme, Leonidas habe in seine Buchsammlung Epigramme aufgenommen, welche nur durch ihre Verteilung auf dem Stein verständlich
waren, ohne doch dem Leser irgendwelche Aufklärung zu geben,
höchst unwahrscheinlich ist. Auch Treu empfand, dass der Anblick
eines Skeletts b e i i r g e n d w e l c h e r G e l e g e n h e i t, fingiert oder
wirklich, als Anlass genüge. Es könnte z. B. ebenso gut die beim
Gelage gezeigte *larva* gewesen sein, welche selbst einem Trimalchio
die Verse entlockt:

> „*eheu nos miseros, quam totus homuncio nil est!*
> *s i c erimus cuncti, postquam nos auferet Orcus.*
> *ergo vivamus, dum licet esse bene.*"

Will man wegen des einen Wortes τοίης das Gedicht noch

---

[1]) Cod. τοῦτον σῷ und später ζωῆς und ἡρμόνισας. Die Ver-
besserungen stammen alle von G. Hermann und Meineke.

Epigramm nennen, so streite ich darüber nicht. Seinem Wesen nach ist es eine Elegie.

So unklar die Einzelheiten bleiben, so sicher ist, dass die drei kurzen Gedichte alle dem Leonidas gehören und frühzeitig als ein einziges galten; sie folgten sich so — wegen des ähnlichen Stoffes — unmittelbar oder in kurzen Abständen in seiner Sammlung, das rein paraenetische Gedicht mit der Aufschrift und dem zwischen Aufschrift und Elegie schwankenden als gleichberechtigt verbunden, alle die Armseligkeit des Menschenlebens beklagend. Ich kenne nur eine ähnliche Erscheinung: Die Sprüche der Theognis-Sammlung. [1] Die paränetische Gelage-Elegie ist in das Epigramm übergegangen. Dass diese Entwicklung eintreten musste, sobald das Epigramm längere Zeit bei den Gelagen Verwendung gefunden hatte, wird Jeder zugeben. Schon ein Menschenalter vor dem Auftreten des Leonidas zeigt das Epigramm des Atheners Diotimos (VII, 420) mit seiner früher besprochenen Theognis-Entlehnung die beginnende Vermischung. Es ist wichtig, dass die Spuren derselben bei Leonidas noch gegenüber den fingierten „Aufschriften" sehr zurücktreten.

Zu den ältesten Nachahmern des Leonidas gehören Phalaikos [2] und Rhian, dessen Zeit Wilamowitz mir richtig bestimmt zu haben

---

[1]) Auch in VII, 715 verrät dann wohl das stolze Wort οὔνομα δ᾽ οὐκ ἤμυσε Λεωνίδου· αὐτά (? ἀλλά?) με δῶρα κηρύσσει Μουσέων πάντας ἐπ᾽ ἠελίους Benutzung des Theognis, vgl. V. 245: οὐδέ ποτ᾽ οὐδὲ θανὼν ἀπολεῖς κλέος, ἀλλὰ μελήσεις ἄφθιτον ἀνθρώποις αἰὲν ἔχων ὄνομα, Κύρνε . . . . . . ἀλλά σε πέμψει ἀγλαὰ Μουσάων δῶρα ἰοστεφάνων . . . . ὄφρ᾽ ἂν ᾖ γῆ τε καὶ ἠέλιος.

[2]) Dass Phalaikos der älteren Zeit angehören muss, beweisen die verwendeten Metra. Dass er um die Zeit Alexanders lebte, folgt aus XIII, 6, selbst wenn es ihm gehört, keinesfalls, da derartige Epigramme zum Preise verstorbener Dichter der nähern oder fernern Vergangenheit seit des Leonidas Zeiten beliebt sind. In VI, 165 erkennt jeder Leser Stoff und Sprache des Leonidas; die Schlussverse Εὐάνθη Βάκχῳ, τὴν ἔντρομον ἀνίκα θύρσοις ἄτρομον εἰς προπόσεις χεῖρα μετημφίασεν sind in der Pointe leonidäischen ähnlich; vgl. z. B. VI, 289, 7. 8 δῶρον Ἀθαναίᾳ Πανίτιδι τῷδ᾽ ἐνὶ ναῷ θῆκαν Ἀθαναίας παυσάμεναι καμάτων, der erste erinnert im Metrum an VI, 263, 5 τὸν πάνσοφον ἡνίκα πρέσβυν. Den Leonidas von Phalaikos abhängig zu machen, verbietet mir XIII, 5 die Spielerei, die Athleten-Statuen mit einander plaudern zu lassen, die kühnste Fortbildung der Unterhaltungen zwischen Wandrer und Denkmal,

scheint. Die drei Weihegedichte Rhians VI, 34. 173. 278 und —
wenn es ihm gehört — das Grabgedicht VII, 315 zeigen diese Abhängigkeit, aber zugleich die Milderung des überladenen Stils und
in den beiden Letzteren die Annäherung an alexandrinische Stoffe.[1]
Ein völlig neues Thema zeigen die sechs erotischen Gedichte
XII, 38. 58. 93. 121. 142. 146. An die eigentliche Aufschrift erinnert wenig. Um so wichtiger scheint mir, dass einmal, wie
früher erwähnt, das zweite Buch des Theognis benützt ist 1278 a:

$$Νεβρὸν ὑπὲξ ἐλάφοιο λέων ὣς ἀλκὶ πεποιϑὼς$$
$$ποσσὶ καταμάρψας αἵματος οὐκ ἔπιον.$$

Vgl. XII, 146, 1 Ἀγρεύσας τὸν νεβρὸν ἀπώλεσα. Dies ist um
so wichtiger, weil all diese Gedichte, wie die Stücke des zweiten
Theognis-Buches, ausschliesslich an schöne Knaben gerichtet sind
und eine Art Cyclus zu bilden scheinen. In XII, 142, im Codex
allerdings ὡς Ῥιανοῦ überschrieben, aber dem Stil nach ihm gehörend,
gewahren wir ein anmutiges Spiel mit den Stoffen der peloponnesischen Dichter, vgl. besonders Mnasalkas VII, 171 (beachte den
gleichen Versschluss ἱερὸς ὄρνις und die Erwähnung des ἰξός) oder
Gedichte wie das des Simias VII, 193. Einmal finde ich eine Berührung mit Asklepiades oder Poseidipp, vergleiche:
V, 194 Ποσειδίππου ἢ Ἀσκληπιάδου·

$$Αὐτοὶ τὴν ἁπαλὴν Εἰρήνιον εἶδον Ἔρωτες$$
$$Κύπριδος ἐκ χρυσέων ἐρχομένην (Cod. ἐρχόμενοι) ϑαλάμων,$$
$$ἐκ τριχὸς ἄχρι ποδῶν ἱερὸν ϑάλος, οἷά τε λύγδου$$
$$γλυπτήν, παρϑενίων βριϑομένην χαρίτων,$$
$$καὶ πολλοὺς τότε χερσὶν ἐπ' ἠϊϑέοισιν ὀϊστοὺς$$
$$τόξου πορφυρέης ἧκαν ἀφ' ἁρπεδόνης.$$

XII, 121 Ῥιανοῦ·

$$Ἦ ῥά νύ τοι, Κλεόνικε, δι' ἀτραπιτοῖο κίοντι$$
$$στεινῆς ἤντησαν ταὶ λιπαραὶ Χάριτες (vgl. Alkaios fr. 62)$$
$$καί σε ποτὶ ῥοδέαισιν ἐπηχύναντο χέρεσσιν,$$
$$κοῦρε· πεποίησαι δ' ἡλίκος ἐσσὶ χάρις.$$

welche sich vereinzelt bei Leonidas und Kallimachos finden. Das
bei Athenaios X, 440 D erhaltene Gedicht erinnert an die Stoffe
des Poseidipp und Hedylos und weist auf die alexandrinische
Schule. Gerade weil Phalaikos vereinigt, was sonst getrennt
begegnet, müssen wir ihn für jünger ansehen.

[1] Dass VI, 34 aus VI, 35 gebildet ist, sah Knaack. VI, 278
vergleicht sich mit VI, 281.

τηλόθι μοι μάλα χαῖρε· πυρὸς δ᾽ οὐκ ἀσφαλὲς ἆσσον
ἕρπειν αὐηρήν, ἆ φίλος, ἀνθέρικα. [1]

Da sonst alle Vertreter des erotischen Epigramms von Asklepiades abhängig sind, ein Einwirken des Rhian ausser bei dem
alle Vorgänger plündernden Meleager nirgends bemerkbar ist, da
ferner die Pointe bei Rhian künstlicher, fast nach Art der kalli-
macheischen Epigramme gebildet ist, müssen wir ihn für den Nachahmer halten. Denn schliesslich muss es doch ein Mann sein,
welcher den neuen Stoff in das Epigramm eingeführt hat, und dass
dies der „geniale Samier" ist, zeigen Dioskorides und mehr noch
Kallimachos.

Für Letzteren hat — was ich leider früher übersehen hatte —
zuerst Kaibel (Hermes 22, 510) betont, dass Epigramm XII, 134
aus Asklepiades XII, 135 weiter gebildet ist; man vergleiche:

Οἶνος ἔρωτος ἔλεγχος· ἐρᾶν ἀρνεύμενον ἡμῖν
ἤτασαν ἐν πολλοῖς Νικαγόρην προπόσεις.
καὶ γὰρ ἐδάκρυσεν καὶ ἐνύστασε, καί τι κατηφὲς
ἔβλεπε, χὠ σφιγχθεὶς οὐκ ἔμενε στέφανος. —
Ἕλκος ἔχων ὁ ξεῖνος ἐλάνθανεν· ὡς ἀνιηρὸν
πνεῦμα διὰ στηθέων, εἶδες; ἀνηγάγετο,
τὸ τρίτον ἡνίκ᾽ ἔπινε· τὰ δὲ ῥόδα φυλλοβολεῦντα
τὠνδρὸς ἀπὸ στεφάνων πάντ᾽ ἐγένοντο χαμαί.
ὤπτηται μέγα δή τι, μὰ δαίμονας· οὐκ ἀπὸ ῥυσμοῦ
εἰκάζω· φωρὸς δ᾽ ἴχνια φὼρ ἔμαθον.

Wir blicken hier einmal in die Werkstatt des Dichters und sehen,
wie Kallimachos nicht so sehr in der Wortwahl, als in der kunstvollen Umbildung des Gedankens das Epigramm lebhafter und
freier macht. Des Asklepiades Gedicht kann noch an die alten,
kurzen Gelage-Elegieen erinnern: die allgemeine Sentenz wird kurz
und knapp hingestellt und mit einem Beispiel erläutert: Nikagoras
hat vor uns Freunden die Liebe verläugnet, jetzt hat ihn vor
einem grossen Kreis der Wein überführt; denn folgende verräte-
rische Merkmale derselben zeigte er; auch sie sind schlicht und

---

[1]) Mit V, 194, 3 vgl. Rhian XII, 93, 10. Ob Rhian XII, 93, 9: τοῖον
σέλας ὄμμασιν αἴθει direkt aus Aischylos Prom. 360: ἐξ ὀμμάτων δ᾽
ἤστραπτε γοργωπὸν σέλας gebildet ist oder mit Berücksichtigung
des Aischylos aus Asklepiades XII, 161, 3: ἵμερον ἀστράπτουσα κατ᾽
ὄμματος, ist nicht zu entscheiden. Die Anklänge sind zu schwach.

kurz aufgezählt. Kallimachos fingiert sich als einen der vielen Fremden in diesem Kreis; er gewahrt die einzelnen Kennzeichen der Liebe und teilt sie in lebhafter Rede dem Nachbar flüsternd mit. Aus dem noch allgemeinen ἕλκος ἔχει wird in der Erregung der Aufzählung selbst das ὤπτηται μέγα δή τι. Schon hierdurch erhält das Epigramm einen weit schärferen Schluss; aber nicht zufrieden damit, fügt der Dichter eine neue, überraschende Pointe hinzu: weil er selbst verliebt war, hat er die Kennzeichen der Liebe so sicher erkennen gelernt. [1] Und nun im Einzelnen — welches Streben nach Anschaulichkeit und bildlicher Darstellung! Aus dem einfachen ἐδάκρυσε καὶ ἐλύγγασε, oder was sonst in dem wohl verderbten ἐνύστασε steckt, wird nicht bloss „wie schmerzlich holte er tiefen Atem", die Bestimmung, wann der Fremdling das gethan, das fragende εἶδες führt uns das Bild noch mehr vor Augen; aus dem einfachen „der Kranz verlor die Blätter", ist die Beschreibung, wie die Rosenblätter alle um ihn am Boden liegen und die Kelche nun im Kranz entblättert sind, geworden. Das so entstandene Gedicht zeigt freilich mit der alten Kurz-Elegie gar keinen Zusammenhang mehr, sondern ist zum Muster des „Epigramms" der neuen Richtung geworden; aber es lässt uns ahnen, wie so manches andere Lied des Kallimachos entstanden sein wird, und nach welchem Kunst-Princip er verfährt. Ähnlichen Gedichten gilt es daher zunächst nachzuspüren. Die übliche epideiktische Aufschrift auf das Kenotaphion eines Schiffbrüchigen in der Fremde wird von Asklepiades so umgestaltet, dass der Gestorbene (VII, 500) spricht:

Ὦ παρ’ ἐμὸν στείχων κενὸν ἠρίον εἰπὸν ὁδῖτα,
εἰς Χίον εἴτ’ ἂν ἵκῃ, πατρὶ Μελησαγόρῃ,
ὡς ἐμὲ μὲν καὶ νῆα καὶ ἐμπορίην κακὸς Εὖρος
ὤλεσεν, Εὐίππου δ’ αὐτὸ λέλειπτ’ ὄνομα. [2]

---

[1]) So wird aus dem kurzen Gedanken „schenk ein zu Ehren des Diokles ungemischten Rebensaft; der Knabe ist schön", wie er etwa der Schule des Asklepiades zugeschrieben werden könnte (vgl. z. B. XII, 168), das neue Epigramm durch den Zusatz: εἰ δέ τις οὐχὶ φησίν — ἐπισταίμην μοῦνος ἐγὼ τὰ καλά. Über die Anlage von XII, 43 und ähnlicher Gedichte vgl. Wilamowitz, Homerische Untersuchungen S. 354 A. Dass XII, 43 ganz nach Theognis 959 ff., 579 ff. gebildet ist, habe ich früher ausgeführt. Wieder sind die Erweiterungen sehr charakteristisch.

[2]) Dass die Aufschrift nicht für ein wirkliches Denkmal gedichtet ist, zeigt schon, dass das Kenotaph in der Fremde und

Ebenso bittet das Grabmal bei Kallimachos, aber es begründet die Bitte und hebt zugleich geschickt die Person und Abstammung des Gestorbenen hervor (VII, 521):

Κύζικον ἢν ἔλθῃς, ὀλίγος πόνος Ἱππακὸν εὑρεῖν
καὶ Διδύμην· ἀφανὴς οὔ τι γὰρ ἡ γενεή.
καί σφιν ἀνιηρὸν μὲν ἐρεῖς ἔπος, ἔμπα δὲ λέξαι
τοῦθ᾽, ὅτι τὸν κείνων ὧδ᾽ ἐπέχω Κριτίην.

Wie die Erwähnung der Mutter, das Betonen der herben Botschaft, welche Niemand gern überbringt, echt kallimacheische Zuthaten sind, so liegt in dem ὧδ᾽ ἐπέχω die fühlbare Correctur gegenüber der unpassenden Einführung des Kenotaphs in der Fremde. Ähnlich hängt von Asklepiades Nikainetos der Samier (VII, 502) und Theaitet, der Freund des Kallimachos (VII, 499), ab.

Wir suchen nach weiteren Spuren. Asklepiades beginnt XII, 166 eine Bitte an die Liebesgötter:

Τοῦθ᾽ ὅτι μοι λοιπὸν ψυχῆς, ὅτι δή ποτ᾽ Ἔρωτες
τοῦτό γ᾽ ἔχειν, πρὸς θεῶν, ἡσυχίην ἄφετε.

Nur ein Teil der Seele, der Lebenskraft, ist noch übrig. Wer den anderen geraubt hat, wird nicht gesagt. Ist es ein Zufall, dass ein Gedicht des Kallimachos beginnt:

Ἥμισύ μευ ψυχῆς ἔτι τὸ πνέον, ἥμισυ δ᾽ οὐκ οἶδ᾽
εἴτ᾽ Ἔρος εἴτ᾽ Ἀΐδης ἥρπασε· πλὴν ἀφανές — ?

Wenn Asklepiades zum κῶμος aufbrechen will, ein Prometheus der Liebe, welcher selbst dem Zeus trotzt und ihm zuruft (V, 64, 5):

Ἕλκει γάρ μ᾽ ὁ κρατῶν καὶ σοῦ θεός

und Kallimachos sein ἐπικωμάζειν entschuldigt:

Ἄκρητος καὶ Ἔρως μ᾽ ἠνάγκασεν, ὧν ὁ μὲν αὐτῶν
εἷλκεν, ὁ δ᾽ οὐκ εἴα σώφρονα θυμὸν ἔχειν. —

wenn derselbe Asklepiades (V, 167, 6) voll Zorn die Kränkung durch die Geliebte dem Zeus klagt und schliesst: ἄχρι τίνος Ζεῦ; Ζεῖ φίλε, σιγήσω· καὐτὸς ἐρᾶν ἔμαθες, Kallimachos dagegen ein Liebeslied mit den Worten beendet: οὐράνιε Ζεῦ· καὶ σύ ποτ᾽ ἠράσθης. οὐκέτι μακρὰ λέγω — wenn Asklepiades

doch mit Namen und Heimatsangabe errichtet ist; die es Stiftenden sind nicht genannt, und doch haben sie den Vater nicht benachrichtigt! Der Zweck ist nur die Neuschöpfung einer Form, die künstliche Umgestaltung gegebener Schemata.

　　　　　　　　　　11

das verlassene Mädchen (XII, 153) klagen lässt: *Πρόσθε μοι Ἀρχεάδης ἐθλίβετο · νῦν δὲ τάλαιναν οὐδ᾽ ὅσσον παίζων εἰς ἔμ᾽ ἐπιστρέφεται*, Kallimachos das Thema weiter ausführend schliesst: *νῦν δ᾽ ὁ μὲν ἀρσενικῷ θέρεται πυρί, τῆς δὲ ταλαίνης νύμφης ὡς Μεγαρέων οὐ λόγος οὐδ᾽ ἀριθμός* — wenn Asklepiades seine Liebe beschreibt (V, 210): *Τῷ θαλλῷ Διδύμη με συνήρπασεν, ὤ μοι ἐγὼ δὲ τήκομαι . . . . κάλλος ὁρῶν*, Kallimachos den Freund anredet: *ἔγνων· Εὐξίθεος σε συνήρπασε· καὶ σὺ γὰρ ἐλθὼν τὸν καλόν, ὦ μόχθηρ᾽, ἔβλεπες ἀμφοτέροις* — wenn ferner bei dem Samier der Knabe Konnaros, der im Dichten den Sieg davongetragen hat (*ἐπεὶ καλὰ γράμματ᾽ ἔγραψεν* VI, 308) das Standbild des Komikers Chares errichtet *θορύβῳ παιδαρίων*, bei dem Kyrenäer Simos von den Musen *εὐμαθίη* erlangt und dafür das Standbild des Dionysos *τραγικός* [1] stiftet *παιδαρίων ἐπήκοον* — wenn Asklepiades ein Epigramm zum Preis der Lyde (IX, 63) des Antimachos beginnt: *Λύδη καὶ γένος εἰμὶ καὶ οὔνομα* und schliesst: *τὸ ξυνὸν Μουσέων γράμμα καὶ Ἀντιμάχου*, Kallimachos aber in denselben Rhythmen antwortet: *Λύδη καὶ παχὺ γράμμα καὶ οὐ τορόν*, so haben wir das Recht, das Epigramm des Battiaden als durchaus abhängig von Asklepiades zu betrachten; ‑ es zeigt die kunstmässige Weiterbildung der schlichten Formen des Samiers, ähnlich wie Leonidas die kunstmässige Fortentwicklung des dorischen Epigramms bietet. Es ist charakterisch, dass beide Nachahmer gerade der Bildung des Schlusses ihre besondere Aufmerksamkeit zuwenden, ebenso dass beide den Umfang des Epigramms erweitern.

Die erwünschte Bestätigung giebt eine Betrachtung des Stils, der in den schlichten, kurzen Erzählungen des Asklepiades, wie XII, 163. 135. 153. V, 150. 158. 164 u. a. oder in einfachen Sentenzen wie V, 169 kein Wort zu viel und keins zu wenig, keine platte, aber ebensowenig eine hochtrabende Wendung bietet. Wo Asklepiades hierüber hinausgeht, hat er immer einen bestimmten Zweck, so in dem Eingang des herrlichen Gedichtes V, 64, wo er an den Prometheus des Aischylos erinnern will, freilich nur um sofort zu dem eigenen, einfachen Ton der Rede zurückzukehren, in XII, 50, wo er mit Alkaios wetteifert, bis zu einem gewissen

---

[1]) Schon dies Beiwort verrät die Beziehung, vgl. *τὸν κωμικὸν ὧδε Χάρητα*.

Grade auch in dem weichen und zart empfundenen Gedicht V, 145 und dem leidenschaftlicher klingenden Epigramm XII, 166. Ganz anders, wo er parodieren will, wie in V, 203; da zeigt besonders die übertreibende Nachbildung des sonst weit platteren Poseidipp mit ihrer höhnischen Anspielung auf Kallimachos (V, 202, vgl. Hymn. V, 2), dass der Dichter mit Absicht gewählter spricht. [1] Kurze Sätze, Frage und Antwort beleben nicht selten die immer einfachen, in sich abgeschlossenen Stimmungsbilder oder Gedanken. Ähnlich ist auch in den wenigen erhaltenen Grabepigrammen die Sprache einfach, auf eine anmutige, neue Wendung für eine an sich einfache Formel kommt es allein an. Gerade hierin schliesst eng Kallimachos an, allerdings den Samier weit überbietend, oder besser überkünstelnd; aber die Sprache bleibt bis auf wenige beabsichtigte Ausnahmen einfach; die Darstellung der höchsten Leidenschaft wird vermieden; es wirkt ein festes, einheitliches Kunstprincip.

Ähnlich ist es bei Poseidipp, welcher in den eigentlichen Aufschriften freilich prunkvolle Sprache durchaus nicht verschmäht. Man vergleiche das neugefundene Gedicht (Anth. Band III, Kap. III, 84):

Μέσσον ἐγὼ Φαρίης ἀκτῆς στόματός τε Κανώπου
ἐν περιφαινομένῳ κύματι χῶρον ἔχω,
τήνδε (Pap. *τησδε*) *πολυρρήνου Λιβύης ἀνεμώδεα χηλὴν*

---

[1] Wie beabsichtigt die Schlichtheit des Ausdrucks in den erotischen Epigrammen ist, zeigt besonders gut Poseidipps Hohn gegen den übergelehrten Dichter XII, 98. Auf Arat hatte ich früher natürlich nur beispielshalber, und weil er der einzige uns bekannte Dichter, welchen der Hohn treffen könnte, ist, geraten. Gerade dass Kallimachos *πρὸς Πραξιφάνην* ihn erwähnte *πάνυ ἐπαινῶν αὐτὸν ὡς πολυμαθῆ καὶ ἄριστον ποιητήν* veranlasste mich dazu. Doch ist die Vermutung natürlich ganz unsicher.

Τὸν Μουσῶν τέττιγα Πόθος δήσας ἐπ' ἀκάνθαις
κοιμίζειν ἐθέλει, πῦρ ὑπὸ πλευρὰ βαλών·
ἡ δὲ πρὶν ἐν βίβλοις πεπονημένη ἠλεὰ τρίζει
ψυχὴ ἀνιηρῷ δαίμονι μεμφομένη.

Am Schluss des dritten Verses hat der Cod. *ἀλλαθερίζει*, wofür Peppmüller *ἠλεὰ τρίζει* dem Sinn nach gut, doch kühn eingesetzt hat (Berl. phil. Wochenschr. 1892, S. 1605). Das Streben nach Schlichtheit ist um so klarer als für die grosse Poesie, die *ἀοιδή*, gerade Asklepiades und Poseidipp im Gegensatz zu den Alexandrinern den „schwülstigen" Antimachos loben.

τὴν ἀνατεινομένην εἰς Ἰταλὸν Ζέφυρον,
ἔνθα με Καλλικράτης ἰδρύσατο καὶ βασιλίσσης
ἱερὸν Ἀρσινόης Κύπριδος ὠνόμασεν.

ἀλλ' ἐπὶ τὴν Ζεφυρῖτιν ἀκουσομένην Ἀφροδίτην
Ἑλλήνων ἁγναὶ βαίνετε θυγατέρες,
οἵ θ' ἁλὸς ἐργάται ἄνδρες· ὁ γὰρ ναύαρχος ἔτευξεν
τοῦθ' ἱερὸν παντὸς κύματος εὐλίμενον.

Wie er im erotischen Epigramm die Gedanken des Asklepiades
aufnimmt und weiter entwickelt, ist früher ausgeführt. Die Sprache
ist im Wesentlichen wie bei Asklepiades; er verwendet grösseren
Wortprunk einmal im Trinklied, sonst in Parodieen. Auch er
zeigt, wie früher bemerkt, wenigstens einmal (XII, 168, 4) eine
Erinnerung an Theognis (V. 256).

Anklänge an Asklepiades zeigt auch der letzte der grossen
Alexandriner, Dioskorides, dessen Zeit sich uns durch die Erwäh-
nung des Todes des Machon (VII, 708) des älteren Freundes des
Aristophanes von Byzanz, bestimmt; er wird in der zweiten Hälfte des
dritten Jahrhunderts gedichtet haben.[1] Aus Asklepiades stammt
XII, 170 vgl. V, 164. 150; ebenso V, 53 (= V, 193) vgl. V, 162.
Mit Kallimachos berührt sich V, 52:

Ὅρκον κοινὸν Ἔρωτ' ἀνεθήκαμεν, ὅρκος ὁ πιστὴν
Ἀρσινόης θέμενος Σωσιπάτρῳ φιλίην.

---

[1] Eine weitere Bestimmung giebt — was Knaack-Susemiehl
übersehen haben — die Zeit des Dichters Damagetos. So unver-
kennbar derselbe der peloponnesischen Schule angehört'(vgl. besonders VII, 231. 438. 541. 735; die peloponnesische Simonides-Aus-
gabe ist benutzt XVI, 95 vgl. VII, 344; zwei Gedichte erinnern leicht
an Nossis VI, 277, vgl. VI, 273, VII, 355, vgl. VII, 414), er steht zugleich unter dem Einfluss der grossen Alexandriner, besonders
des Kallimachos (vgl. VII, 355. 540). Wenn nun gerade bei ihm
die beiden dem Dioskorides eigentümlichen Stoffe, das Epigramm
auf literarische Erfinder und spartanische Heldenthaten, wieder
begegnen (vgl. VII, 9, übrigens nicht aus der Quelle des *Marmor
Parium*, und VII, 432 auf den Kampf um Thyrea), so werden wir
(besonders in VII, 432) eine Nachahmung des berühmten Alexan-
driners durch den weit geringeren Damagetos annehmen müssen.
Die Zeit des Letzteren ist dadurch bestimmt, dass VII, 231. 541. 438
in die Jahre zwischen 220 und 217 fallen, VI, 277 auf die Tochter des
Euergetes gedichtet ist. Als etwas älter und an die Zeit des Kallimachos
noch heranreichend werden wir den Dioskorides ansetzen dürfen.

ἀλλ' ἡ μὲν ψευδής, κενὰ δ' ὅρκια, τῷ δ' ἐφυλάχθη
ἵμερος, ἡ δὲ θεῶν οὐ φανερὴ δύναμις.
θρήνους, ὦ ὑμέναιε, παρὰ κλῆῖσιν ἀκούσαις
Ἀρσινόης, παστῷ μεμψάμενος προδότῃ.

vgl. Kallimachos V, 6 Ὤμοσε Καλλίγνωτος Ἰωνίδι. In dem
Schluss könnte eine Erinnerung an die Kydippe desselben liegen.
Aber das Thema ist nicht im Geschmack des Kallimachos behandelt,
sondern mehr in den raschen, einfachen Sätzen des Asklepiades,
ähnlich wie V, 138. XII, 169. 37. 14. 171. — Wir empfinden,
dass der in seinen Kunsturteilen dem Archaischen zuneigende Dichter
auch hierin einem bestimmten Princip folgt. Ausnahmen machen
nur V, 55 und V, 56, in welchen der Gegenstand selbst (und in
56 der beabsichtigte Contrast zu den Schlussworten) eine prunk-
vollere Ausführung verlangt. Weit reicher und gewählter ist die
Sprache der eigentlichen Aufschrift und der an sie anschliessenden
Gedichte, so in den von Dioskorides in das Epigramm eingeführten
Spartaner-Anekdoten, in der Chrie über Atys VI, 220 [1] und dem
Cyclus der Dichter-Epigramme.

---

[1] Freilich scheint es nicht, wie bei den Nachahmern, ein be-
liebiger Gallos, sondern der Gründer des Cultes selbst; eine Menge
von Parallelen bieten sich zu dem aus Kallimachos stammenden
Gedichte Catulls. Atys kehrt zurück von den Orgien ἄγρια δ'
αὐτοῦ ἐψύχθη χαλεπῆς πνεύματα θευφορίης: abit in quiete molli rabi-
dus furor animi — rapida sine rabie — er kehrt abends ein in
die Höhle, welche er später der Göttin heiligt: ut domum Cybebes
tetigere lassulae — der Löwe erschreckt ihn und wird dadurch der
Anlass zur Weihe der ersten Höhle der Göttin; nur ist der Priester-
dienst des Atys bei Dioskorides der Lohn des Dankbaren für seine
Rettung. Wir können die vorausliegende sacrale Tradition nicht
ganz ermitteln; fühlbar ist sie besonders in dem Schluss σοὶ λα-
λάγημα τοῦτο ἀντίθεμαι und in V. 10, in welchem natürlich ἐς τὸ
νέον τύμπανον (Cod. τὸν ἐὸν, ungeschickt Sternbach Melet. graec.
163 τονόεν) „das ihm selbst noch neue, in seiner Macht unbekannte"
zu halten ist. Wohl haben die Nachahmer die Sage zur Anekdote
umgestaltet und selbst den Varro (bei Nonius 483) verführt, ein
uns verlorenes derartiges „Weihe-Epigramm" ernst zu nehmen —
eine Cultsage erzählt Dioskorides und die Erfindung des τύμπανον
sowie seine Einführung in den Dienst der Kybele schreibt er dem
Atys zu. Eine gewisse Ähnlichkeit in der Benutzung gelehrten
Materials zeigt das Gedicht auf die Erfindung der Flöten (IX, 340):

Αὐλοὶ τοῦ Φρυγὸς ἔργον Ὑάγνιδος, ἡνίκα Μήτηρ
ἱερὰ τὰν Κυβέλοις πρῶτ' ἀνέδειξε θεῶν.

Es ist nun sehr auffällig, dass sich unter den dem Simonides zugeschriebenen Epigrammen vier eng mit Dioskorides berühren. Zunächst VI, 217, ganz nach Dioskorides VI, 220, doch zugleich mit Anklängen an Leonidas VI, 221, benutzt von Antipater von Sidon VI, 219. Dass das Gedicht des Dioskorides nicht aus dem des Pseudo-Simonides gebildet sein kann, empfindet Jeder, ebenso, wie sorglich der Fälscher es zum Epigramm zurückformt. Den Othryades verherrlicht VII, 431 (ἄδηλον, οἱ δὲ Σιμωνίδου) ähnlich wie VII, 430 das Gedicht des Dioskorides, nur ist aus der einfachen

---

Damit stimmt fast wörtlich das *Marmor Parium* Zeile 19 [βρέτας ϑε]ῶν Μητρὸς ἐφάνη ἐν Κυβέλοις καὶ "Υαγνις ὁ Φρὺξ αὐλοὺς πρῶτος ηὗρεν ἐν Κ[ελ]α[ί]ναι[ς πόλει τῆ]ς Φρ[υγίας καὶ ἁρμονίαν τὴν καλ]ου-μένην Φρυγιστὶ πρῶτος ηὔλησε καὶ ἄλλους νόμους, Μητρός, Διονύσου, Πανός. Es folgt im Epigramm die Angabe, dass Hyagnis νόμοι Μητρός gedichtet habe. Bekämpft wird im Schluss die Ansicht, dass erst der Sohn des Hyagnis, Marsyas, der Erfinder sei. Letzteres ist aber die Lehre des Theophrast-Aristoteles, vgl. Wendling *de peplo Aristotelico* Strassb. 1891 p. 5, und zwar schrieben sie ihm zugleich die Erfindung der phrygischen Tonart zu. Der Wortlaut der Quelle mag etwa gewesen sein ἐγνώσϑη (denn dies charakteristische Wort darf man bei Dioskorides nicht ändern) δὲ Μαρσύας ὁ υἱὸς αὐτοῦ μᾶλλον διὰ τὴν πρὸς Ἀπόλλωνα ἔριν. Dass in den Gedichten über die Tragiker dieselbe Quelle benutzt ist, erkennt man leicht, man vgl. VII, 410 Θέσπις ὅδε, τραγικὴν ὃς ἀνέπλασε πρῶτος ἀοιδὴν κωμήταις νεαρὰς καινοτομῶν χάριτας, Βάκχος ὅτε τριττὺν κάτ' ἄγοι χορόν, ᾧ τράγος ἆϑλων χὤττικὸς ἦν σύκων ἄρριχος ἆϑλον ἔτι. Mit Zeile 58 ἀφ' οὗ Θέσπις ὁ ποιητὴς [ἐφάνη] πρῶτος ὃς ἐδίδαξεν αλ ... στιν .... [ἐ]τέϑη ὁ [τ]ράγος [ἆϑλον] und Zeile 54 ff. ἀφ' οὗ ἐν Ἀϑ[ήν]αις κωμῳδῶν χο]ρ[ὸς ηὑρ]έϑη [στη]σάν[των αὐτὸν] τῶν Ἰκαριέων, εὑρόντος Σουσαρίωνος καὶ ἆϑλον ἐτέϑη πρῶτον ἰσχάδω[ν] ἄρσιχο[ς]. Auch bei den Epigrammen auf Aischylos und Sophokles (VII, 411 und 37) handelt es sich um Erfindungen; ja im letzten Grunde auch bei dem Grabgedicht auf Sositheos (VII, 707); auch zu ihm wird den Anlass schon die Quelle geboten haben. Sie repräsentieren alle ein vor 264 v. Chr. geschriebenes, z. T. gegen Theophrast gerichtetes Werk. Ähnlich haben die Epigramme auf Spartaner für uns eine verlorene Sammlung spartanischer Anekdoten zu vertreten. Wenig früher hatte Philostephanos die früher prosaischen Zusammenstellungen der Paradoxographen zu einer Kette zusammenhängender, durch Akrostichis-Spiel verbundener Epigramme umgestaltet, vgl. *Index Lect. Rostoch.* 1891 p. 9. In dem viel misshandelten Gedichtchen V, 138 ist in Vers 3 natürlich μείνας für δείσας zu schreiben.

und verständlichen Aufschrift „ἁ νίκα τῶν Λακώνων" oder „Ζηνὶ παρὰ Λακεδαιμονίων" die minder passende „Θυρέα, Ζεῦ, Λακεδαιμονίων" geworden; wieder sehen wir, wie der Fälscher arbeitet; die ersten Zeilen sind wie ein echtes Grabgedicht nach simonideischem Muster gemacht; um so deutlicher verrät ihn der pointierte Schluss. — Die beiden Gedichte auf Anakreon endlich, VII, 24 und 25, bilden den Gedanken des Dioskorides-Gedichtchens VII, 31 in verschiedener Weise weiter: sagt Dioskorides „noch im Hades mögen dir Ströme Weines fliessen, damit du auch dort deine Lieder singst und im Reigen tanzest", so wünscht im ersten Liede Pseudo-Simonides, dass Reben den Grabhügel bedecken, damit auch im Tode Anakreon das edelste Nass nicht entbehre (vgl. Dioskorides VII, 456, 3 ἵν᾽ ἡ φιλάκρητος ἐκείνη καὶ φθιμένη ληνῶν γείτονα τύμβον ἔχοι, VII, 24, 5 ὡς ὁ φιλάκρητος). Das zweite Epigramm, zu welchem nebenbei Leonidas VII, 455 (wie oben Dioskorides VII, 456) Vorbild gewesen sein mag, führt den Gedanken des Dioskorides ὄφρα καὶ ἐν Δηοῦς οἰνωμένος ἁβρὰ χορεύσῃς [1] βεβληκὼς χρυσέην χεῖρας ἐπ᾽ Εὐρυπύλην weiter; wohl sind die Geliebten (zu beachten ist V. 8: Σμερδίεω Θρῆκα λέλοιπε πόθον, vgl. Dioskorides V. 1: Σμερδίη ὢ ἔπι Θρηκὶ ταχεὶς καὶ ἐπ᾽ ἔσχατον ὀστεῦν) ihm verschwunden, aber nicht ruht und endet sein Liebeslied. Beide, sowohl Dioskorides wie dessen Nachahmer, benutzt Antipater von Sidon in den drei Gedichten VII, 23. 26. 27; etwa zwischen 200 und 150 v. Chr. sind diese Lieder entstanden. — Ein fünftes Gedicht des Pseudo-Simonides V, 159 hat bei Dioskorides selbst kein Gegenstück, berührt sich aber mit V, 161 (von Hedylos oder Asklepiades, wahrscheinlich von Ersterem), passt also im Charakter zu diesen Gedichten. — Wer annehmen will, dass ein wunderbarer Zufall den vom „horror vacui" beherrschten Corrector des Codex Palatinus, vier mal gerade Nachahmungen des Dioskorides mit dem Namen des keischen Sängers bezeichnen liess, kann freilich nicht widerlegt werden; für mich beweist die auffällige Thatsache vielmehr, dass eine simonideische Sammlung noch zwischen 200 und 150 v. Chr. von einem Fälscher erweitert worden ist; es war kein

---

[1]) Natürlich hat Dioskorides hier Theokrit XVI, 30 vor Augen ὄφρα καὶ εἰν Ἀΐδαο κεκρυμμένος ἐσθλὸς ἀκούσῃς, ähnlich wie XII, 171, 3. 4 ὡς καὶ ὁ μικρὸς μυριέτης κέκριται τῷ φιλέοντι χρόνος aus Theokr. XII, 2 οἱ δὲ ποθεῦντες ἐν ἤματι γηράσκουσιν gebildet ist.

ungeschickter Dichter, welcher so den eigenen Namen verbarg; die Anthologie bietet uns im Wesentlichen richtig, oder doch ohne allzu häufige Fehler, die Gedichte, welche um 100 v. Chr. unter dem Namen des Simonides gingen.

Dass sich bei Damagetos peloponnesische und alexandrinische Einflüsse vermischen, sahen wir früher. Derselben Richtung gehört etwa an der elegante Tymnes (aus Karien?), Nachahmer des Dioskorides und nachgeahmt von Antipater von Sidon, Chairemon, welcher zugleich nach archaischer Kürze und Schlichtheit strebt, Perses der Makedone (vgl. VII, 487, wohl zu scheiden von dem Thebaner VII, 445, welcher in ähnlicher Sprache aber enger an Leonidas anschliessend gedichtet haben mag; VI, 272 ist geradezu Paraphrase von VI, 202), endlich der Dichter Nikander, für uns wichtig als letzter nachweislicher Vertreter dieser alte Schlichtheit affectierenden, gewandten aber unendlich stoffarmen zweiten Epoche des dorischen Epigramms. Mit seinem Zeitgenossen Antipater von Sidon beginnt eine neue Entwicklung, die planmässige Fortbildung der leonidäischen Poesie, bei welcher der Inhalt so gleichgiltig, die Paraphrase früheren Stoffes so häufig wird, wie auf keinem Gebiet antiker Poesie, die Betonung rein rhetorisch auf den der Lyrik entlehnten Wortprunk gelegt wird.[1] Bis über Archias reicht diese reine Paraphrasen-Dichtung, und erst die Mehrzahl der Dichter des philippischen Kranzes bilden wie die Sprache, so auch den Stoff im Sinn des Leonidas weiter. Aber Leben und Schönheit empfängt dies jüngere Epigramm nur, wo sich mit der rhetorischen (leonidäischen) Sprache die Stoffe und Gedanken der grossen alexandrinischen und koischen Dichter verbinden, wie bei Meleager, bei dessen genialem Landsmann Philodem und vereinzelten Nachahmern.

Aus der ersten Zeit der hier skizzierten Entwicklung ragt nur noch ein Dichter hervor, welcher ohne allzustarke Entlehnungen das alexandrinische sympotische Epigramm, dessen letzter Vertreter er ist, mit neuem Inhalt erfüllt, zugleich aber in der Wortwahl die Weiterentwicklung der peloponnesischen Schule zeigt, Alkaios von

---

[1]) Dass vereinzelt auch Vorbilder der eigentlich peloponnesischen Schule, ja selbst zwei epideiktische Epigramme des Asklepiades zur Vorlage genommen werden, hat eben darum auf den Gesamtcharakter dieser Dichtung gar keinen Einfluss.

Messenien. [1] Die nächstfolgenden Dichter geben das eigentlich
sympotische und erotische Epigramm auf und bewahren von der
ganzen Entwicklung nur das Eine, dass das Epigramm auch
einfach ein Geschichtchen, eine Anekdote mit ausgeprägter Pointe
erzählen kann — eine Entwicklung, welche bei Leonidas schon
beginnt, durch Dioskorides aber zum Abschluss gebracht ist. Zur
weiteren Fortbildung gelangt diese Art des Epigramms bei den
jüngeren Leonidäern im philippischen Kranz, in dem unter Neros
Zeit ausgebildeten skoptischen Epigramm und bei dem genialsten
Vertreter desselben Martial.

Doch zu weit schon hat die Lockung, die Geschichte des
Epigramms als Kunstgedicht wenigstens durch ein Jahrhundert zu
verfolgen, mich vom geraden Weg abgeführt. Ich kehre zu denjenigen Dichtern älterer Zeit, welche das Epigramm freier aus-
gestalten, zurück, und zwar zunächst zu Nikainetos von Samos,
aus dessen Epigrammbuch, Athen. XV, 673 B, folgendes sympotische
Epigramm anführt:

Οὐκ ἐθέλω, Φιλόθηρε, κατὰ πτόλιν, ἀλλὰ παρ' Ἥρῃ
δαίνυσθαι Ζεφύρου πνεύμασι τερπόμενος.
ἀρκεῖ μοι λιτὴ μὲν ὑπὸ πλευροῖσι χαμευνάς,
ἐγγύθι πὰρ προμάλου δέμνιον ἐνδαπίης,
καὶ λύγος, ἀρχαῖον Καρῶν στέφος. ἀλλὰ φερέσθω
οἶνος καὶ Μουσῶν ἡ χαρίεσσα λύρη,

---

[1]) Sein Namensvetter aus Mytilene, ebenfalls dem Meleager-
kranz angehörig, ist schon ganz Paraphrasendichter; einen einheitlichen Charakter tragen die ihm zugeschriebenen Lieder VI, 218
(aus Dioskorides und Pseudo-|Simonides), VI, 187 (aus Leonidas),
VII, 429 (Stoff des Leonidas), VII, 536 (Stoff des Leonidas, zugleich
nach Pseudo-Simonides VII, 24). Er wird in der zweiten Hälfte des
zweiten Jahrhunderts gelebt haben. Von den übrigen Epigrammen
werden dem Messenier ausdrücklich beigelegt VII, 1. 412. 495. IX,
518. 519. Da sie ganz von den sicher dem Mytilenäer zugeschriebenen
abweichen, müssen sie alle dem älteren Dichter wirklich gehören.
Notwendig ihm zuzuweisen ist dann (wegen VII, 1) VII, 55 und
wegen des alexandrinischen Stoffes V, 10. XII, 29. 30. 64, endlich
wegen der Zeitanspielungen VII, 247. XI, 12. XVI, 5. Auch XVI,
226 mag wegen des Anklangs an Anyte ihm gehören; vielleicht
auch XVI, 7. 8; dagegen möchte ich XVI, 196 dem Mytilenäer zusprechen. Da die Conjekturen Bergks (Philol. 32, 678 ff.) durchaus
unbegründet sind, beschränkt sich die Unsicherheit auf etwa 3
Epigramme.

θυμῆρες πίνοντες ὅπως Διὸς εὐκλέα νύμφην
μέλπωμεν, νήσου δέσποτιν ἡμετέρης.
Jedem Leser wohl fällt die Übereinstimmung mit Theokrits Thalysien
in die Augen, welcher ja V. 132 ff. erzählt: ἐν τε βαθείαις
ἁδείας σχοίνοιο χαμευνίσιν ἐκλίνθημες ἔν τε νεοτμάτοισι
γεγαθότες οἰναρέαισι.[1] Da wir nun ausserdem in VII, 502 den
Nikainetos als Nachahmer seines berühmten Landsmannes Asklepiades erwiesen haben, gewährt er uns nur eine neue Bestätigung
dafür, dass das erotische und sympotische Epigramm in Kos entstanden ist. Das Gedicht selbst, noch ohne künstlich gesuchte
Pointe, erinnert an manche Stücke der Theognis - Sammlung und
älterer Elegieen. Zugleich zeigt es die enge Verwandtschaft von
Epigramm und Idyll und hilft dadurch wohl einige der dem
Theokrit zugeschriebenen Epigramme verteidigen. Die Epigramme
Theokrits selbst sind in der Überlieferung nicht sicher genug und
geben kein einheitliches Bild; die charakteristischen Stoffe des
Asklepiades und seiner Anhänger fehlen (nur Ep. 5 ist sehr frei);
Einwirkung von Arkadien (vgl. Ep. 6), oder doch von Leonidas
scheint sicher, daneben aber auch Rivalisieren mit Kallimachos in
der Ausgestaltung des Grab- und Weihe-Epigramms. Etwas gewisses
ist noch nicht zu sagen. Vgl. Excurs III.

---

[1]) Chronologische Bedenken sprechen nicht dagegen. Mit Unrecht hat Knaack (Kallimachea Stettin 1887 S. 13) Apollonios in
seinem Epos eine ganze Scene aus einem Epigramm des Nikainetos
umbilden lassen. Der Sachverhalt ist meines Erachtens umgekehrt.
Dem Fragment 126 des Kallimachos und besonders dem ersten
Vers Δέσποιναι Λιβύης ἡρωΐδες, αἳ Νασαμώνων αὔλια καὶ
δολιχὰς θῖνας ἐπιβλέπετε entspricht, wie Knaack zugiebt, genau
Apollonios IV, 1307 ἡρῷσσαι, Λιβύης τιμήοροι, αἵ ποτ' Ἀθήνην, sogar
in der metrischen Gestalt. Dagegen weicht Nikainetos VI, 225, 1
Ἡρῷσσαι Λιβύων ὄρος † ἄκριτον αἵτε νέμεσθε weiter ab; die Worte
δέσποιναι Λιβύης werden zu Λιβύης τιμήοροι, aber erst aus den
Worten Ἡρῷσσαι Λιβύης τιμήοροι kann der an sich weniger klare
Ausdruck Ἡρῷσσαι Λιβύων werden; aus des Kallimachos Worten
Δέσποιναι Λιβύης ἡρωΐδες leitet er sich weniger leicht her. Auch
die Beschreibung der Heroinen bei Nikainetos stammt aus Apollonios
(1345−48). Der Epigramm-Dichter benutzte — und dies ist das
einzig Natürliche — das Epos, indem er, der Samier, in einem
fingierten, scheinbar für einen Libyer gedichteten Weihepigramm
dem Apollonios ein Compliment machte. Er wird ihn dann freilich
wohl auch in der Kaunos-Sage benutzt haben.

Von Arat sind nur zwei Epigramme, beide so unklar, dass sie eines Commentars bedürfen, erhalten, XI, 437, welches dem alten Ordner der Anthologie als Spottgedicht galt, von Wilamowitz ebenfalls als solches erkannt, von Knaack aber, wie es scheint, ernsthaft genommen wird:

$$Ai\acute{\alpha}\zeta\omega\ \varDelta\iota\acute{o}\tau\iota\mu o\nu,\ \ddot{o}\varsigma\ \dot{\varepsilon}\nu\ \pi\acute{\varepsilon}\tau\varrho\eta\sigma\iota\ \varkappa\acute{\alpha}\vartheta\eta\tau\alpha\iota$$
$$\varGamma\alpha\varrho\gamma\alpha\varrho\acute{\varepsilon}\omega\nu\ \pi\alpha\iota\sigma\grave{\iota}\nu\ \beta\tilde{\eta}\tau\alpha\ \varkappa\alpha\grave{\iota}\ \ddot{\alpha}\lambda\varphi\alpha\ \lambda\acute{\varepsilon}\gamma\omega\nu.$$

Die Form ist der Grabschrift entnommen, vgl. VII, 490: $\varPi\alpha\varrho\vartheta\acute{\varepsilon}\nu o\nu$ $A\nu\tau\iota\beta\acute{\iota}\alpha\nu\ \varkappa\alpha\tau o\delta\acute{\upsilon}\varrho o\mu\alpha\iota,\ \tilde{\alpha}\varsigma$ (Anyte), VII, 722 $\varDelta\eta\varrho\acute{\iota}\varphi\alpha\tau o\nu\ \varkappa\lambda\alpha\acute{\iota}\omega$ $T\iota\mu o\sigma\vartheta\acute{\varepsilon}\nu\eta$ (Theodoridas), VII, 739 $Ai\acute{\alpha}\zeta\omega\ \varPi o\lambda\acute{\upsilon}\alpha\nu\vartheta o\nu,\ \ddot{o}\nu\ \varkappa\tau\lambda.$ (Phaidimos).[1] Der Dichter, welcher zum Elementarlehrer wieder herabgesunken ist, ist dadurch für Mit- und Nachwelt tot; der fingierte Grabstein verkündet dies; wer darin den Hohn nicht empfindet, raubt dem Gedicht Sinn und Pointe. Stil und Ton der beiden Arat-Gedichte weicht von dem dieser nordischen Dichter weit ab, sodass ein solcher Angriff auch an sich nur erklärlich ist. Nun sind uns von Arat zwei Titel sicher $\dot{\varepsilon}\lambda\varepsilon\gamma\varepsilon\tilde{\iota}\alpha$[2] und $\dot{\varepsilon}\pi\iota\gamma\varrho\acute{\alpha}\mu\mu\alpha\tau\alpha$; unser Gedicht hat zwar die Form der Aufschrift noch, ist eine solche aber nicht und steht unter den $\dot{\varepsilon}\lambda\varepsilon\gamma\varepsilon\tilde{\iota}\alpha$. Es ist wahrscheinlich oder doch möglich, dass Arat den Begriff „Epigramm" noch streng fasste; Meleager hat für seinen Epigramm-Kranz auch die Sammlung der $\dot{\varepsilon}\lambda\varepsilon\gamma\varepsilon\tilde{\iota}\alpha$ benutzt.[3]

---

[1]) Es wäre an sich wohl möglich, dass letzteres Gedicht die directe Vorlage und Phaidimos von Bisanthe Zeitgenosse des Arat war. Dem angegriffenen Diotimos im Stil verwandt, ebenfalls Dichter einer Herakleis, auch landschaftlich mit ihm und der Byzantinerin Moiro zusammengehörig, mochte er leicht von Arat zu seinem Angriff benutzt werden. $\dot{\varepsilon}\lambda\varepsilon\gamma\varepsilon\acute{\iota}\omega\nu\ \pi o\iota\eta\tau\acute{\eta}\varsigma$ (Stephanos v. Byzanz $B\iota\sigma\acute{\alpha}\nu\vartheta\eta$) heisst er, wie Mnasalkas $\dot{\varepsilon}\lambda\varepsilon\gamma\eta o\pi o\iota\acute{o}\varsigma$. Der Stil ist ähnlich dem der peloponnesischen Dichter; das Weihe-Epigramm ist frei entwickelt; erotische oder sympotische Stoffe nicht bezeugt.

[2]) Der Plural bei Macrobius *Sat.* V, 20, 8 'ΕΛΕΓΕΙΩΝ macht an sich auch die Auflösung $\dot{\varepsilon}\lambda\varepsilon\gamma\varepsilon\tilde{\iota}\alpha\iota$ möglich; aber eine $\dot{\varepsilon}\lambda\varepsilon\gamma\varepsilon\acute{\iota}\alpha$ $\pi o\acute{\iota}\eta\sigma\iota\varsigma$ nach der theophrastischen Bestimmung, welche aus peripatetischer Quelle auch Lucilius (IX, 37 M.) wiederholt, ist unser Gedicht nicht, sondern ein $\dot{\varepsilon}\lambda\varepsilon\gamma\varepsilon\tilde{\iota}o\nu\ \pi o\acute{\iota}\eta\mu\alpha.$

[3]) Die daneben genannten $\pi\alpha\acute{\iota}\gamma\nu\iota\alpha$ müssten, wenn sie wie die des Philetas in elegischem Versmass verfasst waren, längere Gedichte sein. — Die Gedichte des erwähnten Diotimos (sicher VI, 358, wahrscheinlich VI, 267. VII, 227. 475. 733) klingen an die

Die Quelle des zweiten Gedichts (XII, 129) ist nicht bekannt; in dieselbe Sammlung der ἐλεγεῖα würde es passen:

Ἀργεῖος Φιλοκλῆς Ἄργει καλός, αἵ τε Κορίνθου
στῆλαι καὶ Μεγαρέων ταὐτὸ βοῶσι τάφοι·
γέγραπται καὶ μέχρι λοετρῶν Ἀμφιαράου
ὡς καλός· ἀλλ᾽ ὀλίγοις γράμμασι λειπόμεθα·
τῷδ᾽ οὐ γὰρ πέτραι ἐπιμάρτυρες, ἀλλὰ Πριηνεὺς
αὐτὸς ἰδών· ἑτέρου δ᾽ ἐστὶ περισσότερος.

Nur in zwei Kleinigkeiten weicht der Codex ab, darin, dass er für ταὐτὸ ταῦτα, für ὀλίγοις aber ὀλίγοι bietet; beide sind längst gebessert. Alle weiteren Änderungen, wie sie unlängst Knaack (Jahrbücher 1891 S. 770 Ἀργεῖος Φιλοκλῆς καλὸς καλός) und Maass (Aratea S. 230 nach Jacobs und Hecker ἀλλ᾽ ὀλίγον γράμμασι πειθόμεθα) vorschlugen, scheinen mir den Sinn zu schädigen. Zwei Knaben werden verglichen, ein Argiver Philokles und ein anderer, dessen Name nicht genannt wird, τῷδε. Der Argiver gilt in seiner Heimat für schön, und auch über seine Heimat hinaus, in Megara und Korinth. Natürlich können die Lobes-Graffiti hier aber nicht besagen Ἀργεῖος Φιλοκλῆς Ἄργ ε ι καλός — ganz abgesehen von dem Sinn, Vers 3 und 4 würden gar nicht anschliessen — sondern sie sagen ebenfalls wie ganz Argos: Φιλοκλῆς καλός. Drei Glieder werden mit einander verbunden: ganz Argos hält ihn für schön und Korinths Säulen und Megaras Gräber bestätigen das — also dürfen wir keine Anführungsstriche setzen, — ja noch mehr, bis herauf zu dem Bad des Amphiaraos kann man's lesen: er ist schön. So viel spricht für den Argiver. Wenn nun überliefert wäre ἀλλ᾽ ὀλίγον γράμμασι πειθόμεθα· τῷδε γὰρ ... so würde ich ohne Bedenken ändern; die einfachen Worte „aber ich glaube es nicht" setzen voraus, dass nun gesagt wird, warum der Argiver in Wahrheit nicht schön ist, nicht aber, warum ein Anderer schöner ist. Ist die Hauptsache, dass der Argiver mit einem Andern verglichen wird und trotz aller Zeugen für seine Schönheit den Preis nicht gewinnt, (vgl. Leonidas XVI, 182, 9 ὦ Ζεῦ, λειπόμεσθα τῇ κρίσει), nicht angedeutet, so

Weihegedichte Rhians an und zeigen die Sprache etwa der peloponnesischen Schule, an Leonidas könnte VII, 733 erinnern, doch ist dessen eigenwilliger Wortprunk gemieden; sie wahren das Wesen der Aufschrift, ebenso die des älteren Theaitet, des Freundes des Kallimachos.

werden die folgenden Sätze sinnlos. Wir würden also durch Conjectur das Wort λειπόμεϑα herstellen müssen, wenn es nicht im Codex stände. — Schon Boissonade hat auf das Vorbild Arats verwiesen, freilich ohne das Gedicht zu verstehen, welches er sinnwidrig (nach ὁμοῖον) interpungiert vorfand: [1] XII, 111 ἄδηλον·

Πτανὸς Ἔρως, σὺ δὲ ποσσὶ ταχύς· τὸ δὲ κάλλος ὁμοῖον
ἀμφοτέρων· τόξοις, Εὔβιε, λειπόμεϑα.

Der Dichter vergleicht seinen Liebling Eubios mit Eros; geflügelt ist der Gott, pfeilschnell der Knabe; an Schönheit sind beide sich gleich; nur, weil der Bogen ihm fehlt, wird der Knabe überwunden. Antwortet doch dieser Anonymus zugleich auf ein Gedicht des Asklepiades (XII, 75), indem er den einen von dem Samier genannten Vorzug des Eros ebenfalls aufhebt:

Εἰ πτερά σοι προσέκειτο, καὶ ἐν χερὶ τόξα καὶ ἰοί,
οὐκ ἂν Ἔρως ἐγράφη Κύπριδος ἀλλὰ σὺ παῖς. [2]

Also erwarten wir bei Arat: aber wir, ich und mein Liebling Philokles, werden überwunden — er kann nicht allgemein fortfahren γράμμασι, sondern muss die γράμματα näher bestimmen: also ὀλίγοις γράμμασι. Dass er den Inhalt dieser ὀλίγα γράμματα sofort angeben will, zeigt das folgende γάρ. Wenn er nun aber fortfährt: τῷδ' οὐ γὰρ πέτραι ἐπιμάρτυρες, ἀλλὰ Πριηνεὺς αὐτὸς ἰδών, so sind die γράμματα des Prienensers eben nicht Steinaufschriften, sondern — Gedichte, oder ein Gedicht, in welchem derselbe den zweiten Knaben als schön gepriesen hatte. Dadurch ist dieser Knabe allein schon dem Argiver Pilokles trotz der πολλὰ γράμματα, welche für ihn sprechen, überlegen (περισσότερος). Kein Liebesgedicht, ein Huldigungsgedicht an einen älteren, grösseren

---

[1] Er übersetzte daher λειπόμεϑα: wir werden zur Liebe bewogen, was in Arats Epigramm ebenso unmöglich ist wie πειϑόμεϑα und aus denselben Gründen.

[2] Die an sich eigentümliche Wendung zum Plural λειπόμεϑα erklärt sich leichter in XII, 111 als bei Arat. Dass auch dieser von der koischen Dichtergesellschaft abhängt, ist an sich wahrscheinlich, eine Benutzung des Arat und Asklepiades durch den Dichter von XII, 111 ganz unwahrscheinlich; so scheint mir die Reihenfolge Asklepiades — Anonymus — Arat sicher. Für die Rechtfertigung und Erklärung von λειπόμεϑα ist es aber auch gleichgiltig, wenn Jemand XII, 111 nach Arat entstanden sein lässt.

Meister haben wir vor uns; durch ein kurzes Gedicht auf einen andern Knaben hat er den Ruhm des Modelieblings Philokles, welchen Arat auch verbreitet hat, verdunkelt. Wer dieser Bias ist, welcher das untrügliche Gericht über die Schönheit übt, versuchen wir vergeblich jetzt zu enträtseln. Wohl blendet zunächst die Vermutung von Maass (S. 322), es sei ῾Ριηνός zu schreiben, weil Rhian XII, 93 unter vielen schönen Knaben auch einen Philokles lobt. Aber er zeichnet ihn dort durch nichts besonders aus, und die ganze Vermutung stützt sich lediglich auf die Annahme, der zweite siegreiche Knabe müsse auch Philokles heissen. Aber nichts deutet darauf; die Betonung des Adjectivs Ἀργεῖος erklärt sich genügend durch Ἄργει καλός: in seiner ganzen Vaterstadt gilt er für schön. Es ist zunächst ganz ebenso auffällig, wenn der Dichter ihm einen zweiten Philokles, ohne die Herkunft desselben, auf welche es doch einzig ankommt, zu nennen mit dem Wort ὅδε entgegenstellt, als wenn er mit demselben auf einen ganz anderen Knaben anderen Namens hindeutet. [1] Das

---

[1]) An den koischen Wettläufer, dessen wirklicher Name Philinos ist, konnte man natürlich nicht denken. Aber selbst den Geliebten des Arat von diesem zu trennen und mit dem hier vorausgesetzten „andern Philokles" zu identificieren, ist unmöglich, da Arat ja nicht für ihn, sondern für den Argiver eingetreten ist. Dieser ist der Geliebte Arats. Dann freilich wird er, wenn die sonstigen Angaben stimmen, mit dem in Theokrits siebentem Idyll erwähnten Philinos identisch sein, da Φιλῖνος, wie auch Knaack und Maass betonen, die richtig gebildete Nebenform für Φιλοκλῆς ist. Unser Epigramm kann nicht in Kos, sondern nur in Argos, Megara oder der Umgegend verfasst sein. Das siebente Idyll setzt allerdings notwendig, weder dass Arat fern von Kos, noch dass er in Kos ist, voraus; doch gewinnen — wenigstens für mich — die Worte οἶδεν Ἄρωτις und εἴτ' ἄρ' ὅ γ' ἐστὶ Φιλῖνος ὁ μαλθακὸς εἴτε τις ἄλλος bei Theokrit, welcher doch von seinem nächsten Freunde spricht, in ersterem Falle erheblich an Sinn und Beziehung; mit Aristis, nicht mehr mit Theokrit, weilt Arat jetzt zusammen; er ist daher der beste Zeuge, Theokrit weiss nicht mehr, ob es noch Philinos ist, oder ob der Freund schon einem neuen Gestirn huldigt. Dies und Theokr. V. 120 kann sich gerade durch solche Lieder Arats erklären. Die Zeit unseres Epigramms ist also bestimmt: die erste Jugendzeit Theokrits. Ist Aristis, wie ich später nach E. Schwartz erweisen werde, Kallimachos, so stimmt dies auch weiter. Mit Kallimachos gemeinsam hörte ja Arat in Athen den Praxiphanes. Sein Aufenthalt in Kos fällt also früher, früher auch das Epigramm des Asklepiades. Auch dies stimmt zu andern Angaben. Askle-

Pronomen τῷδε verweist uns zwingend auf die Form der Aufschrift. Wie die Unterschrift unter ein Standbild des siegreichen
Knaben ist das Epigramm gedacht — so wenig sein Inhalt auch

piades sagt in einem Epigramm, XII, 46, von sich, er sei erst
21 Jahre und schon lebensmüde. Zu zweifeln, ob die Angabe
richtig sei, heisst hierbei Kritik zur Willkür übertreiben; weder im
Namen eines Anderen zu sprechen, noch falsche Angaben zu
machen, lag für den Samier hier ein Grund vor (vgl. Horaz Od.
II, 4, 23. Philodem XI, 41). Dann konnte aber schon der jugendliche
Arat Epigramme des Asklepiades oder seiner ersten Nachahmer
benutzen. — Den koischen Wettläufer Philinos hat Theokrit allerdings auch einmal erwähnt, in dem zu Kos gedichteten zweiten
Idyll (in welchem er natürlich den Argiver Philokles nicht ver-
werten konnte). Wer sich in die köstliche Charakteristik des
selbstgefälligen Delphis eingelesen hat, muss in der verloren hin-
geworfenen Bemerkung „wie ich bekanntlich jüngst den Philinos
im Wettlauf überholt habe" ein Selbstlob des Myndiers empfinden.
Ist Philinos ein gefeierter Läufer, so ist die Stelle fein und beziehungsreich. — Bei dieser Gelegenheit noch eine Conjectur zur
Rede des Delphis! Die Verse 124 ff. leiden darunter, dass die
Versicherung τάδ' ἧς φίλα grammatisch wegen τάδε kaum erträglich
und dem Sinn nach erbärmlich matt ist, dass der Anschluss der
Worte καὶ γὰρ ἐλαφρός κτλ. geradezu unverständlich und unmöglich ist — von einer Aposiopese könnte man mit Hiller doch
nur reden, wenn καὶ γὰρ an ἐδέχεσθε schlösse, bei der Verbindung
mit τάδ' ἧς φίλα kann man einen unterdrückten Zwischengedanken
überhaupt nicht finden — endlich, dass in der ganzen Strophe nur
zwei Glieder entgegengestellt werden sollten und dürften εἰ ἐδέχεσθε — εἰ ἀλλᾷ ὠθεῖτε. Das Richtige empfand der alte Scholiast,
welcher auch zu den vorausgehenden Versen reizend feine Anmerkungen gemacht hat; er paraphrasiert καὶ εἰ μὲν ἐδέχεσθέ με,
ἐκάθευδον ἂν ἀρκούμενος, καὶ εἰ μόνον τὸ στόμα σου ἐφίλησα — καὶ
ταῦτα ἂν καλῶς εἶχεν ⟨ἡμῖν (d. h. ἀμφοτέροις)⟩, ἄριστος γὰρ τῶν ἡλι-
κιωτῶν εἰμι — εἰ δὲ ἀπώσασθε τότε ἂν τὴν βίαν προσῆγον. Als
Parenthese also las er τὰ δ' ἧς καλά· καὶ γὰρ ἐλαφρὸς καὶ καλὸς
πάντεσσι μετ' ἠϊθέοισι καλεῦμαι, und Recht hättet ihr gethan (zwei
Schöne hättet ihr dadurch vereint), denn ich u. s. w. Das Voraus-
wirken dieses Gedankens erklärt die Stellung des με in V. 124.
Dann ist im folgenden εὗδον δ' nach dem Cod. p notwendig; die
Änderung in τ' ergab sich von selbst, sobald ein Schreiber die
Construktion nicht mehr verstand, und das hat allerdings schon
derjenige nicht mehr gethan, welcher nach eigenem dürftigen
Empfinden φίλα einsetzte. Die Einschiebung des δέ rechtfertigt
sich durch die Parenthese. Der Sinn der wundervoll zum Auf-

sonst an die Aufschrift erinnert [1] — der Hörer musste vorher auf anderem Wege erfahren haben, wer dieser ὅδε ist. Dann nur konnte er auch durchschauen, wer der prienensische Schönheitsrichter ist. Wie aber soll er dies erfahren haben? Etwa durch eine Überschrift, z. B.: εἰς εἰκόνα Πυθαγόρου τοῦ ἐγκωμιασθέντος ὑπὸ Πραξιφάνους oder dergl.? Ich denke, jeder Versuch derart zeigt, wie unmöglich das ist. [2] Nur e i n e Lösung kann ich

reizen und Verführen berechneten Worte ist dann natürlich: und wenn du mich aufnahmst, sanft und mild wäre ich gewesen, du selbst hättst bestimmen dürfen wie weit ich ging; an deiner Seite wäre ich friedlich entschlummert, hätte ich auch nur deinen holden Mund küssen dürfen — die Deutung „ich wäre nach Hause schlafen gegangen" bringt für die arme Simaitha reinen Hohn und in die Situation einen lächerlichen Zug — wenn du aber versuchtest, mich abzuweisen und damit zu einer Andern zu verstossen (denn ein Delphis braucht überall nur anzuklopfen), und die Türe verriegelt war, alle Art von Gewalt hätten wir angewendet. Der Leser wie Simaitha hört heraus, dass auch im Hause dann Gewalt gebraucht wäre (schon wegen des vorausgehenden εἶδον), und eben darin liegt die unheimlich verführende Kraft der Rede. Eine gute Erläuterung zu dem ersten Teil derselben giebt die Schilderung des dreimal unglücklichen Liebhabers Anth. XII, 90, 5. 6 ἔστρωμαι δὲ κόρης (παρθένου) ἐπὶ παστάδος αἰὲν ἄϋπνος, ἔν τι ποθεινότατον (Cod. ἐντυποθ. nur einen sehnsuchtsvollen) παιδὶ φίλημα διδούς. Gerade die Worte αἰὲν ἄϋπνος zeigen, was bei Theokrit εὖδον bedeutet.

[1]) Zu vergleichen wäre etwa Simias VII, 193.

[2]) In den Epigrammen des Archelaos freilich könnte etwas derartiges stattgefunden haben, falls nicht die Stelle der Aufschrift durch eine Zeichnung eingenommen war. Vorausgesetzt in der Phantasie des Lesers wird sie sicher. Man vergleiche die kleinen Gedichte:

Εἰς ὑμᾶς κροκόδειλον ἀποφθίμενον διαλύει,
σκόρπιοι, ἡ πάντων ζωοθετοῦσα φύσις. —
Ἐκ νέκυος ταύτην ἵππου γράψασθε γενέθλην
σφῆκας. ἴδ' ἐξ οἵων οἷα τίθησι φύσις.

Das ist dasselbe Spiel wie bei Nikomachos (nach Hartungs richtiger Vermutung identisch mit dem Dichter von VII, 299 in dem Kranz des Meleager) in „der Elegie" auf die Maler:

Οὗτος δή σοι κλεινὸς ἀν' Ἑλλάδα πᾶσαν Ἀπολλό-
δωρος· γιγνώσκεις τοὔνομα τοῦτο κλύων.

Die Worte „du erkennst ihn, wenn du den Namen hörst" lassen auch hier eher darauf schliessen, dass das Bild (wie so oft im Epigramm) nur vorausgesetzt ist. Einer ähnlichen kurzen Auf-

mir denken, dass nämlich das Gedicht des „prienensischen Richters" vorausstand und ein Liederstreit mit diesem Rückzug Arats, der Huldigung an einen Freund oder Gönner, schloss. Wer es war, ist, wie gesagt, nicht mehr zu erraten; nur einer, an welchen ich zuerst dachte, ist ausgeschlossen, Antigonos Gonatas. Dazu fällt unser Gedicht zu früh. Das erweist die frühere Berechnung der Zeit, das erweist mehr noch eine Nachahmung bei Arats Freund. Es ist nämlich, soweit ich weiss, noch nicht beachtet, dass mit dem arateischen Epigramm im engsten Zusammenhang ein in Bruchstücken überliefertes Jugend-Gedicht des Kallimachos auf Diodoros Kronos steht, fr. 70. Die beiden in den Scholien zu Dionysios Thrax und bei Sextus Empiricus überlieferten Stücke glaubte Schneider mit leichter Ergänzung so verbinden zu können:

$\langle$Ἦ σοφὸς ἦσθα, Κρόνος, λίην σοφός·$\rangle$ αὐτὸς ὁ Μῶμος
ἔγραφεν ἐν τοίχοις „ὁ Κρόνος ἐστὶ σοφός". ||
ἠνίδε καὶ κόρακες τεγέων ἔπι κοῖα συνῆπται
κρώζουσιν καὶ κῶς αὖθι γενησόμεθα.

Aber Jeder empfindet, dass hier die Pointe vorausgenommen ist, und vielmehr umgestellt werden muss:

. . . .

. . . .
ἠνίδε καὶ κόρακες τεγέων ἔπι κοῖα συνῆπται
κρώζουσιν καὶ κῶς αὖθι γενησόμεθα.
. . . . αὐτὸς ὁ Μῶμος
ἔγραφεν ἐν τοίχοις „ὁ Κρόνος ἐστὶ σοφός".[1]

schrift (besser Unterschrift) gehört auch Archelaos fr. 4ª von den Bienen βοὸς φθιμένης πεποτημένα τέκνα. Aber auch längere Ausführungen muss nach den in Paraphrase erhaltenen Fragmenten das Buch enthalten haben. Eine solche ist auch im Wortlaut erhalten. Aus einer andern stammt fr. 4ᵇ ἵππων μὲν σφῆκες γενεαὶ μόσχων δὲ μέλισσαι. Sowohl von den Wespen wie den Bienen sind uns ja die kurzen Überschriftsgedichte erhalten. Ihnen folgten also längere „Epigramme" oder Elegie-Teile. Den Titel erklärt, besonders wenn man die beiden ersten Gedichtchen berücksichtigt, Agathon fr. 21 N. ἰδίας ὁδοὺς ζητοῦσι φιλίπονοι φύσεις. Als solche φιλόπονος φύσις konnte Euergetes im Scherz allerdings auch einen Dichter wie Arat betrachten. Sein Hofpoet schildert nur die Wege der πάντων ζωοθετοῦσα φύσις.

[1]) Der Gedankengang muss gewesen sein: weise ist Diodoros, wenigstens für Megara, alle seine Mitbürger beten ihm nach und leiern

Gerade dass solche Inschriften an allen Wänden und Stelen mit
den Inhalt *Κρόνος σοφός* nicht denkbar, *Φιλοκλῆς καλός* denkbar
sind, zeigt, wer der Nachahmer ist. Nun fällt, wie Susemiehl
(I, 15) richtig erkannte, das Ereignis, auf welches die Schlussworte
flüchtig mit hinweisen, in's Jahr 307 v. Chr., unser Gedicht auf
den Rivalen Stilpons sicher in die Jugend und Studienzeit des
Kallimachos; damals war er mit Arat befreundet und benutzte
daher dessen Gedicht (vgl. oben S. 174 A.). So bestätigt sich
uns überraschend die Angabe Meleagers, Arat habe die von ihm
benutzte Sammlung in allererster Jugend gedichtet.[1] Jetzt erst
können wir ihr glauben; es mochte vielleicht Arat ähnlich wie
Asklepiades an irgend einer Stelle sein Alter angegeben haben.

Der Grund für mich, so lange bei dem einen Gedicht zu ver-
weilen, ist die eigentümliche, etwas unbeholfene Fiction der Aufschrift, welche der Dichter ohne bestimmten Zwang nie gewählt
haben würde. All die leicht durchsichtigen Fictionen von Weihaufschriften, welche wir bei Leonidas finden, oder z. B. die früher
erwähnte „Aufschrift", in welcher Hedylos eine kleine Erzählung
des Asklepiades fortsetzt, sind durchaus anders. Es ist eine
Übergangsperiode, welcher diese beiden *ἐλεγεῖα* angehören; der
Inhalt ist neu, aber z. T. noch in die alte hemmende Form gegossen, welche zwar in Kos schon zerbrochen, aber doch noch
nicht von allen Dichtern aufgegeben ist. Dass uns auch dieses
Gedicht auf Gelage-Wettkämpfe hinweist und nur deshalb so dunkel
bleibt, weil es das losgelöste Glied aus einem solchen ist, und
dass ferner mindestens e i n nicht dem Arat gehöriges Gedicht
vorausging, sei ebenfalls nochmals betont.

So bleibt von den grossen Dichtern des dritten Jahrhunderts,
welche Sammlungen von Epigrammen veröffentlicht haben, nur
noch Philetas; aber unsere dürftige Überlieferung lässt ein genaues

---

seine Weisheit her; noch mehr: schon verkünden die Raben sie
von den Dächern (vgl. *γέγραπται καὶ μέχρι κτλ.*); endlich gar: an
allen Wänden steht *Διόδωρος σοφός*. Aber dies hat freilich Momos
geschrieben, er schreibt daher auch, wobei der Leser wohl an den
Misserfolg Diodors bei Ptolemaios Soter denken soll, *ὁ Κρόνος
ἐστὶ σοφός.*

[1] IV, 1, 49: *ἄστρων τ' ἴδριν Ἄρατον ὁμοῦ βάλεν, οὐρανομάκευς
φοίνικος κείρας πρωτογόνους ἕλικας.*
Vgl. Maass p. 230.

Bild nicht mehr gewinnen. Zwei Titel sind überliefert und von uns sorgfältig zu scheiden παίγνια und ἐπιγράμματα. Sicher sind die Letzteren sehr frei. Das Fragment

οὐ κλαίω ξείνων σε φιλαίτατε, πολλὰ γὰρ ἔγνως
καλά, κακῶν δ' αὖ σοι μοῖραν ἔνειμε θεός.

könnte zwar noch aus einem Grabgedicht sein. Dagegen weiss ich für die Verse

γαῖαν μὲν φανέουσι θεοί ποτε (Aisch. Ag. 863 K.)· νῦν
δὲ πάρεστιν
λαιψηρῶν ἀνέμων μοῦνον ὁρᾶν τέμενος.

einen Platz nur in der kurzen gnomischen Elegie, wie sie allerdings auch Leonidas schon vereinzelt im Epigramm bietet. Die παίγνια erinnern schon nach dem Titel, wie ich früher ausführte, an die Nachahmungen der solonischen Elegie bei Krates, nur dass auf Philetas eher Mimnermos eingewirkt haben mag. Das Fragment

ἐκ θυμοῦ κλαῦσαί με τὰ μέτρια καί τι προσηνὲς
εἰπεῖν, μέμνησθαί τ' οὐκέτ' ἐόντος ὅμως.

mag in der That damit zusammenhängen, dass Mimnermos aufgefordert hatte, ihn nicht zu beweinen, und dass Solon darauf antwortet (fr. 21):

μηδέ μοι ἄκλαυστος θάνατος μόλοι, ἀλλὰ φίλοισιν
ποιήσαιμι θανὼν ἄλγεα καὶ στοναχάς.

Einer erotischen Erzählung gehören sicher die Verse:

οὔ μέ τις ἐξ ὀρέων ἀποφώλιος ἀγροιώτης
αἱρήσει κλήθρην, αἱρόμενος μακέλην,
ἀλλ' ἐπέων εἰδὼς κόσμον καὶ πολλὰ μογήσας,
μύθων παντοίων οἶμον ἐπιστάμενος.

Das Mädchen sagt, dass es nicht von dem Bauerntölpel, sondern von dem Dichter erobert werden will, ähnlich wie das Mädchen wohl dem Alkman sagt (fr. 24):

οὐκ εἰς ἀνὴρ ἄγροικος οὐδὲ
σκαιὸς οὐδὲ παρ' ἀσόφοισιν
οὐδὲ Θεσσαλὸς γένος
οὐδ' Ἐρυσιχαῖος οὐδὲ ποιμήν,
ἀλλὰ Σαρδίων ἀπ' ἀκρᾶν . . .

Aber die Sprache zeigt Reminiscenzen an Solon und die ionische Elegie. Notwendig war es ein längeres Lied.

Zu den παίγνια gehört des Stoffes halber wohl auch:

γηρύσαιτο δὲ νεβρὸς ἀπὸ ψυχὴν ὀλέσασα
ὀξείης κάκτου τύμμα φυλαξαμένη.

12*

Benutzt ist hier der altionische Gelage-Griphos von der $\nu\varepsilon\beta\varrho\acute{o}\gamma\sigma\nu\sigma\varsigma$ $\varkappa\nu\acute{\eta}\mu\eta$, welchen Plutarch *Conviv.* 5 der Kleobulina zuschreibt; das Lied selbst kann nur eine Aufforderung enthalten haben, wie wir sie so oft in der Theognis - Sammlung, bei Ion u. A. lesen: $\nu\tilde{\nu}\nu$ $\mu\grave{\varepsilon}\nu$ $\pi\acute{\iota}\nu\sigma\nu\tau\varepsilon\varsigma$ $\tau\varepsilon\varrho\pi\acute{\omega}\mu\varepsilon\vartheta\alpha$. — Eine Epigramm-Sammlung wie die asklepiadeische schon für Philetas anzunehmen, ist schon darum nicht rätlich, weil sie Meleager nicht benutzt hat.

Ich komme zum Schluss: schon in der zweiten Hälfte des vierten Jahrhunderts scheinen ziemlich allgemein bei Gelagen auch „Aufschriften" vorgetragen zu sein, weil diese kleinen, nach festen Formen gebildeten Gedichte dem Dilettanten leichter und zum Wettspiel nicht ungeeignet erschienen und weil die ersten Buchsammlungen echter Aufschriften zur Nachahmung lockten. Dass es dennoch keine glückliche Wahl war, da die Einförmigkeit der Themata binnen Kurzem zum Mangel an allgemein interessanten und doch einfachen Stoffen führen musste, zeigt die weitere Entwicklung des Epigramms. Aber während die „dorische" Epigrammdichtung die lästige, zu immer grösseren Künsteleien zwingende Form nicht zu überwinden wusste und nur selten Einwirkungen der gnomischen Gelage-Elegie zeigt, welche bald wieder entschwinden, hat Philetas die Letztere schon ins Epigramm übertragen und zugleich die alte, ionische, erotische und sympotische Elegie in längeren Stücken, den $\pi\alpha\acute{\iota}\gamma\nu\iota\alpha$, wieder aufgenommen. Ein Ringen mit der Form der Aufschrift zeigen noch die Jugendgedichte des Arat, welche nach einer Verschmelzung beider hinstreben. Erreicht aber hat dies durch kühne Neuschöpfung kurz vor ihm der Ionier Asklepiades und ionisch ist das neue Epigramm in seinem Grundcharakter geblieben. Dass die griechische Epigrammdichtung nicht von Anfang an der geist- und trostlosen Nachahmung des Leonidas und der rhetorischen Schulübung verfiel, wie später in Kleinasien und in Rom, das danken wir dem Asklepiades, welcher in jugendlichstem Alter, also wohl schon im Anfang des dritten Jahrhunderts, die neue Dichtungsart zunächst in Kos zur Aufnahme brachte. Seine Quellen sind damit klar: es können nur Sammlungen von Kurz - Elegieen sein, und wenn gerade seine nächsten Nachahmer, Poseidipp, Rhian, Kallimachos, die Theognis-Sammlungen benutzen, so haben diese sicher auch auf Asklepiades gewirkt; aber unter der Einwirkung des echten Epigramms rundeten sich die Gedichte ihm viel mehr zum Ganzen ab, zur kleinen Erzählung, zur Gnome, welcher als Beleg eine solche beigelegt ist, je selbst die einfache Sentenz gewann durch Vergleiche an Abschluss und Wirkung. Konnte der frühere Dichter einfach sagen:

Ὄλβιος, ὅστις ἐρῶν γυμνάζεται, οἴκαδε δ᾽ ἐλθὼν
εὕδει σὺν καλῷ παιδὶ πανημέριος.

so wird ein an sich ähnlicher Gedanke durch die Entlehnung eines Bildes aus Aischylos (Ag. 863) und die Wahl einer Form, welche an theokriteische Vergleiche erinnert, also gesucht volkstümlich ist, zum neuen Epigramm (V, 169):

Ἡδὺ θέρους διψῶντι χιὼν ποτόν· ἡδὺ δὲ ναύταις
ἐκ χειμῶνος ἰδεῖν εἰαρινὸν Στέφανον·
ἥδιον δ᾽ ὁπόταν κρύψῃ μία τοὺς φιλέοντας
χλαῖνα, καὶ αἰνῆται Κύπρις ὑπ᾽ ἀμφοτέρων. — [1]

Aber freilich, diese ganze Entwicklung soll ja nach unserer Tradition schon längst in Attika vorausgegangen sein; Plato schon soll das erotische Epigramm weit freier und künstlicher als Asklepiades gebraucht haben. Es wird allerdings starker Beweise bedürfen, dies nach der oben geschilderten Entwickelung noch zu glauben; denn gerade bei der Dichtergeneration, welche das Epigramm ausgebildet hat, bei Asklepiades, Kallimachos u. s. w., findet sich von einer Einwirkung der platonischen Gedichte keine Spur; erst Meleager (schwerlich schon Dioskorides) nimmt auf sie Rücksicht. Und weiter: die Gedichte des Asklepiades und seiner Genossen halten sich von aller Leidenschaftlichkeit im Wesentlichen fern und zeigen trotz ihrer Ausrundung in Stil und Empfindung eine ähnliche μεσότης wie die uns einzig erhaltene Sammlung erotischer Kurz-Elegieen; noch ein Kallimachos, welcher doch in der grösseren Elegie die Darstellung höchster Leidenschaft und Sentimentalität erstrebt, meidet beide im Epigramm; in diesem finden wir sie erst bei Meleager und — bei Plato. Und dabei tragen die Liebeslieder desselben durchaus nicht den Charakter der

---

[1]) Den stilistischen Unterschied gegenüber der prunkvollen dorischen Epigrammdichtung zeigt der Vergleich mit Nossis (V, 170), auf welchen schon der Ordner unserer Sammlung den Leser führen wollte:

Ἅδιον οὐδὲν ἔρωτος, ἃ δ᾽ ὄλβια δεύτερα πάντα
ἐστίν· ἀπὸ στόματος δ᾽ ἔπτυσα καὶ τὸ μέλι.
τοῦτο λέγει Νοσσίς· τίνα δ᾽ ἁ Κύπρις οὐκ ἐφίλασεν,
οὐκ οἶδεν κήνα γ᾽ ἄνθεα ποῖα ῥόδα.

Kurz-Elegie, sondern den des pointierten, nach effektvollem Schluss haschenden Epigramms.

Die Bezeugung scheint an sich sehr gut: Meleager (IV, 1, 47) kennt eine Sammlung von Epigrammen unter dem Namen des grössten Philosophen — wir werden nach den bisherigen Ergebnissen annehmen dürfen, dass auf sie im Wesentlichen die innerhalb der älteren Stücke unserer Sammlung stehenden, von irgend einem Schreiber dem Plato zugewiesenen Epigramme zurückgehen — und von denselben Gedichten wird eine Anzahl durch die verschiedensten Autoren bezeugt. Allein bei näherem Zusehen finden wir, dass sie alle auf eine Quelle zurückgehen, und diese eine Quelle ist die schamlose Fälschung des sogenannten Aristipp, besser wohl die Schrift Ἀρίστιππος περὶ παλαιᾶς τρυφῆς. Ihren Ursprung hat Wilamowitz (Antigonos von Karystos S. 52) aus unsicheren Gründen bis 250—230 heraufgerückt; sie könnte sehr wohl auch in der ersten Hälfte des zweiten Jahrhunderts entstanden sein. Erhalten ist das uns interessierende Stück bekanntlich bei Diogenes Laertios III, 29 ff. Aus „Aristipp" schöpfen durch Mittelquellen die späteren Grammatiker: Athenaios, Gellius, Apuleius. Unsere beiden Quellen, die Anthologie und der Lügenautor, stimmen nun zwar in allem Wesentlichen überein. Allein Weisshäuptl (S. 36 ff.) hat erwiesen, dass 7 Gedichte der Anthologie, nämlich V, 78. 89. 80; VII, 99. 100. 669. 670, erst spät aus Diogenes Laertios in die Anthologie herübergenommen sind. Das Zeugnis für den platonischen Ursprung derselben geht also allein auf „Aristipp" zurück. Andrerseits kann, wenn wir Diogenes näher prüfen, kaum zweifelhaft sein, dass der Ausschnitt aus dem Buch περὶ παλαιᾶς τρυφῆς die bei Diogenes letzten Epigramme, welche von keinerlei τρυφή reden, nicht mit umschloss. Schon ihre Einführung φασὶ δὲ καὶ τὸ εἰς τοὺς Ἐρετριέας τοὺς σαγηνευθέντας αὐτοῦ εἶναι . . . κἀκεῖνο . . . . καὶ ἄλλο verrät den Zusatz aus anderer Quelle. Dazu kommt, dass das mittelste derselben (= Anth. IX, 39) im Palatinus Μουσικίου, bei Planudes Μουσικίου οἱ δὲ Πλάτωνος betitelt ist; in dem verdorbenen ersten Namen scheint der des Mucius Scaevola, eines Dichters des Philippos-Kranzes (IX, 217), zu stecken, dessen Gedicht Anklänge an Theokrit und die Bukolik zeigt. Seinem Charakter nach könnte es sehr wohl erst um Beginn der Kaiserzeit oder kurz vorher entstanden sein. Ähnlich trägt das dritte Gedicht (= IX, 44) in der Anthologie von erster Hand die Aufschrift Στατυλλίου Φλάκκου, der Corrector fügt zu: Πλάτωνος τοῦ μεγάλου. Es scheint in dem philippischen Kranz zu stehen; vor der Zeit des „Aristipp" würde es ohne jedes Analogon sein. Alle drei Gedichte sind aus einer sehr jungen Quelle von Diogenes zugefügt; der „Aristipp"-Ausschnitt umfasst ausser den oben angeführten 7 Gedichten nur noch VII, 217, das alte und schöne Grabgedicht auf Archeanassa. Dasselbe wird in der Anthologie und zwar innerhalb des Meleager-Kranzes dem Asklepiades zugeschrieben. [1] Willkür des Schreibers anzunehmen, haben wir keinen Grund; nichts spricht dafür, dass die übrigen 7 Gedichte unter dem Namen Platos je im Meleager-Kranz gestanden haben. [2] Daraus folgt, dass Meleagers Plato-Sammlung von der des sogenannten Aristipp verschieden war und nur aus sich selbst beurteilt werden will. Hierzu stimmt, dass Apuleius ausdrücklich bezeugt, alle Gedichte Platos seien erotisch; er kennt eben nur die Sammlung des „Aristipp".

Der Meleager-Sammlung gehören sicher 7 Gedichte: VI, 1. VI, 43 (Plan. ἀδέσποτον), VII, 256. VII, 259 (Plan. ἄδηλον), VII, 265. VII, 268. VII, 269, also die Gedichte auf den Spiegel der Lais, auf den ehernen Frosch (nach dem Muster der leonidäischen Schule), die beiden Gedichte auf die Eretrier, drei epideiktische Gedichte auf Schiffbrüchige. Über die meisten ist kein Wort zu verlieren; von Plato sein könnte bestenfalls VII, 256 oder VII, 259, schwerlich beide. Aber weil sie rein epideiktisch sind, können sie ebenso gut unter Benutzung älterer Vorlagen von einem Fälscher verfasst sein, welcher gerade das Loos dieser Eretrier bei Plato zweimal erwähnt sah (Preger). Es steht hier anders wie bei Simonides oder Anakreon, weil alle Gedichte fürs Buch gefertigt sind: dass die Mehrzahl der Gedichte gefälscht ist, ist sicher,

---

[1]) Athenaios XIII, 589 C nennt ebenfalls Plato als Verfasser. Aber das Gedicht ist eine fingierte Grabschrift, wie die Nachahmung Antipaters (VII, 218) und schliesst eine persönliche Beziehung des Verf. zu Arch. aus. Es ist freche Willkür einer schmutzigen Phantasie, ἔχω den Dichter sagen zu lassen und dann, offenbar der Lebenszeit des Arch. halber, auf Plato zu raten. Da Athenaios das Gedicht ebenso deutet, so ist bei ihm „Aristipp" durch eine Mittelquelle benutzt.

[2]) Dass Meleager die Gedichte selbst kennt und z. T. benutzt, ändert daran nichts; er konnte sehr wohl zwar den „Aristipp" kennen, ohne ihn doch als Quelle für seine Sammlung zu gebrauchen.

dass ein echter Kern mit darunter sei, unerwiesen und unerweislich. Wir müssen daher zunächst annehmen: die von Meleager benutzte Plato-Sammlung ist eine junge Fälschung auf den berühmten Namen, wie die des Archilochos und der Sappho. Dem Plato νεώτερος, dem Dichter des philippischen Kranzes, gehören IX, 13. 748. 751 und IX, 44, wahrscheinlich auch IX, 51. 747 und 506. Ausser den Reihen stehen IX, 823. 826 (Planudes πλάτωνος Cod. ἀδέσποτον), XVI, 13. 160. 161. 210. 248 (vgl. Benndorf S. 52). Kein einziges kann dem Philosophen gehören; wohl aber mögen IX, 823. XVI, 13 und XVI, 210 noch dem älteren Dichter, d. h. dem Fälscher gehören; IX, 823 steht in engstem Verhältnis zu XVI, 226, dem Gedicht des Alkaios (vgl. auch XVI, 17), XVI, 13 berührt sich eng mit Anyte und Nikias. Da auch VI, 43 einen ähnlichen Stoff behandelt, so mag der Fälscher der Nachblüte der peloponnesischen Schule, etwa im Anfang des zweiten Jahrhunderts v. Chr., angehört haben. Derselbe gehört ja auch der Fälscher der Epigramme im Peplos des Aristoteles, welcher stark von Mnasalkas abhängig ist, an.[1]

Allein bisher habe ich damit nur Waffen für die Verteidiger der Echtheit geliefert, welche wohl auf die Gedichte des Meleager-Kranzes schwerlich grossen Wert legen und sie gern von den durch „Aristipp" bezeugten getrennt wissen werden. Auf diese allein kommt es an; sie möchte man für Plato erhalten, weil sie durch dichterische Schönheit seiner würdig scheinen. Es sind, von dem zweifellos asklepiadeischen (auch in VII, 146 ahmt Antipater dem Askl. nach) Epigramm auf Archeanassa abgesehen, folgende:

1. Ἀστέρας εἰσαθρεῖς, ἀστὴρ ἐμός· εἴθε γενοίμην
οὐρανός, ὡς πολλοῖς ὄμμασιν εἰς σὲ βλέπω. —

---

[1] Vgl. Wendling *de Peplo Aristotelico* p. 58. Benutzt hat der Fälscher ausser Mnasalkas und Lykophron (für Kallimachos sind Wendlings Beweise zu schwach) noch Pseudo-Simonides und zwar gerade das im Peloponnes gefälschte Gedicht 98 B. (Epigr. 13), ausserdem alte Inschriften und für uns namenloses Gut. Diese Auswahl, wie das Vortreten einer sikyonischen Localtradition (Wendling p. 54) zeigt einigermassen den Ort der Entstehung. Die fingierte Grabschrift auf Alkaios von Messene IX, 520:
Ἀλκαίου τάφος οὗτος, ὃν ἔκτανεν ἡ πλατύφυλλος
τιμωρὸς μοιχῶν γῆς θυγατὴρ ῥάφανος
scheint Parodie eines derartigen Gedichtes, vgl. etwa Ep. 6:
Πατρόκλου τάφος οὗτος, ὁμοῦ δ' Ἀχιλῆϊ τέθαπται,
ὃν κτάνεν ὠκὺς Ἄρης Ἕκτορος ἐν παλάμαις.

2. Ἀστὴρ πρὶν μὲν ἔλαμπες ἐνὶ ζωοῖσιν Ἐῷος
   νῦν δὲ θανὼν λάμπεις Ἕσπερος ἐν φθιμένοις. —

3. Δάκρυα μὲν Ἑκάβῃ τε καὶ Ἰλιάδεσσι γυναιξὶ
   Μοῖραι ἐπέκλωσαν δή ποτε γεινομέναις·
   σοὶ δὲ, Δίων, ῥέξαντι καλῶν ἐπινίκιον ἔργων
   δαίμονες εὐρείας ἐλπίδας ἐξέχεαν·
   κεῖσαι δ᾽ εὐρυχόρῳ ἐνὶ πατρίδι τίμιος ἀστοῖς,
   ὦ ἐμὸν ἐκμήνας θυμὸν ἔρωτι Δίων. —

4. Νῦν ὅτε μηδέν, Ἄλεξις, ὅσον μόνον εἴφ᾽, ὅτι καλός,
   ὦπται καὶ πάντῃ πᾶς τις ἐπιστρέφεται.
   θυμέ, τί μηνύεις κυσὶν ὀστέον; εἶτ᾽ ἀνιήσει
   ὕστερον. οὐχ οὕτω Φαῖδρον ἀπωλέσαμεν; —

5. Τὴν ψυχὴν Ἀγάθωνα φιλῶν ἐπὶ χείλεσιν εἶχον
   ἦλθε γὰρ ἡ τλήμων ὡς διαβησομένη. —

6. Τῷ μήλῳ βάλλω σε· σὺ δ᾽, εἰ μὲν ἑκοῦσα φιλεῖς με,
   δεξαμένη τῆς σῆς παρθενίης μετάδος.
   εἰ δ᾽ ἄρ᾽ ὃ μὴ γίγνοιτο νοεῖς, τοῦτ᾽ αὐτὸ λαβοῦσα
   σκέψαι τὴν ὥρην ὡς ὀλιγοχρόνιος. —

7. Μῆλον ἐγώ· βάλλει με φιλῶν σέ τις· ἀλλ᾽ ἐπίνευσον,
   Ξανθίππη· κἀγὼ καὶ σὺ μαραινόμεθα.

Es ist ganz gleichgiltig, dass das letzte Gedicht von Planudes
dem Philodem zugeschrieben wird, da dieser ebenfalls eine Xanthippe
besingt, und Planudes Geschmack genug besass, nicht an ein
Liebesverhältnis Platos zu der Gattin seines Lehrers zu glauben.
Da die Schrift des sogenannten Aristipp nicht nach Philodems Zeit
entstanden sein kann, so hat des Byzantiners Klügelei für uns
keinen Wert. Allerdings ist das vorausgehende Gedicht weiter
fortgebildet, aber dies kann schon von dem Verfasser desselben
selbst geschehen sein; auch Gedicht 1 und 2 nehmen in dem
gleichen Spiel auf einander Bezug. Eben damit aber erwächst,
wenn wir die Gedichte zunächst als Ganzes betrachten, ein schwerer
Verdacht; zu gut ist die Absicht des Pseudo - Aristipp erreicht:
nicht nur die Hauptpersonen der beiden von dem Ἔρως handelnden
Dialoge Agathon und Phaidros, ferner Alexis, der junge Aster (?),
eine unbekannte Jungfrau werden mit Plato derart verbunden,
für seine sicilische Politik, ja selbst für das Verhältnis zum Lehrer
sind Liebeshändel die Erklärung! Sprechen wir aber das letzte,
schöne Gedicht dem Plato ab, so verliert das Hauptargument für
die Echtheit der andern die Kraft. Bedenklich ist ferner, dass

eine Sammlung von erotischen Gedichten nie selbständig existiert zu haben scheint; so viel auch auf die genannten Stücke hingewiesen wird, nichts deutet darauf, dass jemals mehr bekannt waren. Wie kamen sie dem Lügenautor zur Kenntnis? Ist der Verdacht aber einmal rege, so gilt es, die einzelnen Gedichte, nochmals zu prüfen. Wie kunstvoll das erste die alten Wunschformeln der Skolien zur Abrundung bringt und zum Epigramm neueren Sinns umgestaltet durch das kurze pointierte Vorwort „ἀστέρας εἰσαθρεῖς ἀστὴρ ἐμός", empfindet Jeder. Das zweite erinnert in seinen Voraussetzungen an eine Stelle der Epinomis (987 B): ὁ γὰρ ἑωσφόρος ἕσπερός τε ὢν αὐτὸς Ἀφροδίτης εἶναι σχεδὸν ἔχει λόγον. Aber das würde mehr gegen als für platonischen Ursprung sprechen. Das Spiel mit der Identität des ἕσπερος und ἑωσφόρος oder φωσφόρος ist bei den Alexandrinern beliebt; bei ihnen ist des Letzteren fester Name ἑῷος, seit nämlich Kallimachos (fr. 52) ihn einmal, noch rein adjectivisch, gebraucht hat:

Ἡνίκα μὲν γὰρ ταῦτα φαείνεται ἀνθρώποισιν,
αὐτοὶ μὲν φιλέουσ', αὐτοὶ δέ τε πεφρίκασιν,
ἑσπέριον φιλέουσιν ἄταρ στυγέουσιν ἑῷον.

vgl. Catull 62, 35; Cinna fr. 8 (aus der Smyrna) u. A. An dem Gedicht auf Dion haben die Meisten Anstoss genommen; jedenfalls ist es das schwächste der Reihe. Sein Schluss „ὦ ἐμὸν ἐκμήνας θυμὸν ἔρωτι Δίων" erinnert etwas an das berühmte Gedicht des Dioskorides (V, 56):

Ἐκμαίνει χείλη με ῥοδόχροα, ποικιλόμυθα,
ψυχοτακῆ στόματος νεκταρέου πρόθυρα,
καὶ γλῆναι λασίαισιν ὑπ' ὀφρύσιν ἀστράπτουσαι,
σπλάγχνων ἡμετέρων δίκτυα καὶ παγίδες,
καὶ μαζοὶ γλαγόεντες, ἐΰζυγες, ἱμερόεντες,
εὐφυέες, πάσης τερπνότεροι κάλυκος.
ἀλλὰ τί μηνύω κυσὶν ὀστέα; μάρτυρές εἰσιν
τῆς ἀθυροστομίης οἱ Μίδεοι κάλαμοι.

Die Berührung mit dem Gedicht auf Alexis springt in die Augen. Dass Dioskorides der Nachahmer sein muss, kann ich nicht zugeben. In der begeisterten Schilderung der Schönheit seiner Geliebten, welche notwendig entweder zu ihrer allzudeutlichen Beschreibung oder gar zu der Nennung des Namens führen müsste, hält der Dichter inne, ἀλλὰ τί μηνύω κυσὶν ὀστέα. Wohl verrät er seine Wonnen jetzt nur dem verschwiegenen κάλαμος (denn

schreibend fingiert sich hier der Dichter), aber auch das schon
ist gefährlich, verräterisch waren die κάλαμοι des Midas, verräterisch ist immer auch des Dichters Rohr. Das Hereinziehen
des Sprichworts ist echt alexandrinisch, 'der harte Übergang von
der begeisterten zur nüchternen Rede wunderschön motiviert;
nichts Unpassendes vermag ich hier zu empfinden, nichts verrät,
dass Dioskorides eine Vorlage benutzt. Freilich gilt zunächst
dasselbe auch von dem im Ton nüchternen Gedicht Platos: jetzt
wo ich kaum erst das eine Wort gesagt habe „Alexis ist schön",
schaut alles überall auf ihn. Herze, was zeigst du den Hunden den
Knochen? Einst wird es dich reuen. Hast du nicht so auch den Phaidros
verloren?[1] Gewiss lässt es sich für Niemand beweisen, aber ich
empfinde stets in den Worten ὅτε μηδὲν εἶπα ὅσον μόνον ὅτι Ἄλεξις
καλός (vgl. Diosk. XII, 169, 1) einen beabsichtigten Gegensatz zu
der begeisterten Schilderung des Dioskorides, und das Sprichwort
τί μηνύεις κυσὶν ὀστέα scheint mir nach ihnen weniger ursprünglich
und passend, die Hereinziehung des Phaidros gewaltsam und den
Fälscher verratend. Im Ton möchte ich mit diesem und den
folgenden Plato-Gedichten etwa vergleichen Alkaios XII, 29:

Πρώταρχος καλός ἐστι, καὶ οὐ θέλει· ἀλλὰ θελήσει
ὕστερον· ἡ δ' ὥρη λαμπάδ' ἔχουσα τρέχει.

Auch des Alkaios Schluss (XII, 30) ἀλλ' ἔτι καὶ νῦν τῆς ἀμετα-
κλήτου φρόντισον ἡλικίης mag vielleicht an σκέψαι τὴν ὥρην
ὡς ὀλιγοχρόνιος erinnern.

Hierzu kommt ein letztes Argument. Wohl glaubte ich früher
einmal, dass wenigstens das sechste Gedicht Τῷ μήλῳ βάλλω σε
echt sein könne, da ja Asklepiades darauf Bezug nähme (V, 85):

Φειδῇ παρθενίης· καὶ τί πλέον; οὐ γὰρ ἐς Ἅιδην
ἐλθοῦσ' εὑρήσεις τὸν φιλέοντα, κόρη.

---

[1] Die Deutung, welche Wilamowitz (Philol. Unters. I, 222)
diesem Epigramm gegeben hat „schon jetzt laufen alle dem Alexis
nach, wo ich doch nur gesagt habe, er ist noch nichts, aber er
ist schön, eröffnet also die Hoffnung auf eine schöne
Seele" νῦν ὅτε εἶπον ὅτι Ἄλεξις μηδέν ἐστιν ὅσον μόνον καλός scheint
mir der Wortstellung allzusehr Gewalt anzuthun, den Hauptgedanken zwischen die Zeilen zu drängen, endlich μηδέν mit einer an
sich denkbaren, bei dieser Wortstellung aber irreführenden Freiheit
für οὐδέν einzusetzen. Von der Knabenliebe ohne allen mildernden
Beisatz und Nebengedanken verstanden unser Gedicht die alten
Leser; erzwungen ist hier jede Deutung, welche das beseitigt.

ἐν ζωοῖσι τὰ τερπνὰ τὰ Κύπριδος· ἐν δ' Ἀχέροντι
ὀστέα καὶ σποδιή, παρθένε, κεισόμεθα.

allein bei näherer Betrachtung kehrt sich das Verhältnis eher um.
Wie hätte der grosse Samier seine Vorlage verroht und vergröbert,
den doppeltgewendeten, zarten Gedanken Platos archaisierend vereinfacht! Bei ihm ist alles schlicht, ein einfacher Gedanke in
lauter κύρια ἔπη geprägt, anschliessend, wie schon oben bemerkt,
an ein junges attisches Skolion (30 Bergk), welches einer Jungfrau
zuredet: „οὐ χρὴ πόλλ' ἔχειν θνητὸν ἄνθρωπον, ἀλλ' ἐρᾶν
καὶ † κατεσθίειν· σὺ δε κάρτα φειδῇ". (Vgl. XII, 31, 6:
φειδωλὴν ἀπόθου.) Dagegen sind bei Plato mehrere Motive
kunstvoll vereinigt, lebhafte Situationsschilderung mit der Sentenz
verknüpft, der überraschende Schluss zeigt das Haschen nach der
Pointe. Das ist dieselbe Fortbildung, welche das asklepiadeische,
einfache Epigramm z. B. bei Kallimachos gewinnt. Selbst der
Ausdruck τῆς σῆς παρθενίης μετάδος ist befremdlicher, pointierter
als das einfache φειδῇ παρθενίης, welches sowohl die παρθενία
bewahren wie sparsam mit ihr umgehen heissen kann (weit klarer
ist der Ausdruck bei Straton XII, 235, 1 und XII, 16, 3). Dann
ist aber μετάδος gerade daraus gebildet. Das Gedicht des Asklepiades ist für das platonische Vorlage gewesen (vgl. VII, 100, 2
mit XII, 152, 2); ein Gedicht des Samiers ist ja auch von dem
Lügenautor einfach unter die platonischen eingereiht worden. Dann
sind alle diese Gedichte in der Zeit der eleganten und pointierten
Umbildung des ursprünglich einfachen erotischen Epigramms entstanden.

Wohl kenne ich den Grundsatz philologischer Kritik, dass
zehn unsichere Beweise nicht einen sicheren ersetzen können, allein,
wenn die Geschichte des Epigramms uns zeigt, wie eng die
Grenzen des erotischen Epigramms gezogen sind, dass ausser der
koischen Schule dieser Stoff als für das Epigramm unmöglich gilt
und dass die Dichtungen Platos nirgends Einfluss üben, nirgends
bekannt erscheinen, als nur durch den Lügenautor — so folgt
für mich zwingend, dass diese Gedichte in alexandrinischer Zeit
gefälscht sind. Dann aber geschah dies nach Dioskorides. Für
diese Zeit würde in den Gedichten nichts befremdlich sein, für
die Zeit des Plato alles.

Es sei gestattet, das Kapitel, ähnlich wie das frühere, mit
einem Ausblick zu beschliessen. Sahen wir dort, dass bei den

Gelagespielen, welchen das sogenannte Theognis - Buch seine Entstehung verdankt, einzelne namhafte Dichter sich zum Wettkampf herausfordern, der eine den andern zu besiegen sich rühmt, jeder ein Pfand einsetzt, notwendig auch Schiedsrichter gewählt werden müssen, und hat der Leser jetzt sich überzeugt, dass an Stelle der alten Gelage - Elegie mindestens seit der Mitte des vierten Jahrhunderts das Epigramm getreten ist und dass schon vor der Zeit des Theokrit im Peloponnes in demselben kleine Schilderungen der Natur oder des Hirtenlebens beliebt waren, so kommt wohl jedem das achte Idyll der theokriteischen Sammlung in den Sinn. [1] Epigramme sind in der That die Lieder des ersten Wettstreits, jedes für sich eine Einheit:

1. Ἄγκεα καὶ ποταμοί, θεῖον γένος, αἵ τι Μενάλκας
πήποχ' ὁ συρικτὰς προσφιλὲς ᾆσε μέλος,
βόσκοιτ' ἐκ ψυχᾶς τὰς ἀμνάδας· ἢν δέ ποκ' ἔνθῃ
Δάφνις ἔχων δαμάλας, μηδὲν ἔλασσον ἔχοι.

Man vergleiche etwa Leonidas von Tarent (IX, 329):

Νύμφαι ἐφυδριάδες, Δώρου γένος, ἀρδεύοιτε
τοῦτον Τιμοκλέους κᾶπον ἐπεσσύμεναι·
καὶ γὰρ Τιμοκλέης ὕμμιν, κόραι, αἰὲν ὁ καπεὺς
κάπων ἐκ τούτων ὥρια δωροφόρει.

Vgl. die Nachahmungen IX, 327. 328 und das Vorbild VI, 189.

2. Κρᾶναι καὶ βοτάναι, γλυκερὸν φυτόν, αἵπερ ὁμοῖον
μουσίσδει Δάφνις ταῖσιν ἀηδονίσιν,
τοῦτο τὸ βουκόλιον πιαίνετε· κἤν τι Μενάλκας
τεῖδ' ἀγάγῃ, χαίρων ἄφθονα πάντα νέμοι.

3. Ἔνθ' οἷς, ἔνθ' αἶγες διδυμάτοκοι, ἔνθα μέλισσαι
σμήνεα πληροῦσιν, καὶ δρύες ὑψίτεραι,
ἔνθ' ὁ καλὸς Μίλων βαίνει ποσίν· αἱ δ' ἂν ἀφέρπῃ,
χὠ ποιμὴν ξηρὸς τηνόθι χαἰ βοτάναι.

4. Παντᾷ ἔαρ, παντᾷ δὲ νομοί, παντᾷ δὲ γάλακτος
οὔθατα πλήθουσιν, καὶ τὰ νέα τρέφεται,
ἔνθα καλὰ Ναῒς ἐπινίσσεται· αἱ δ' ἂν ἀφέρπῃ
χὠ τὰς βῶς βόσκων χαἰ βόες αὐότεραι.

5. Ὦ τράγε, τᾶν λευκᾶν αἰγῶν ἄνερ, [2] ὦ βάθος ὕλας

---

[1] Dass es zwar nicht von Theokrit, aber immerhin sehr alt ist, werde ich aus der Gestaltung der Daphnis-Sage später noch näher zu erweisen versuchen.

[2] Vgl. Leonidas IX, 99, 1: εὐπώγων αἰγὸς πόσις.

μυρίον, ᾧ σιμαὶ δεῦτ᾽ ἐφ᾽ ὕδωρ ἔριφοι·
ἐν τήνῳ γὰρ τῆνος· ἴθ᾽ ὦ καλὲ καὶ λέγε· Μίλων,
ὁ Πρωτεὺς φώκας καὶ θεὸς ὢν ἔνεμε.

6. Μή μοι γᾶν Πέλοπος, μί μοι Κροίσεια τάλαντα
εἴη ἔχειν, μηδὲ πρόσθε θέειν ἀνέμων·
ἀλλ᾽ ὑπὸ τᾷ πέτρᾳ τᾷδ᾽ ᾄσομαι, ἀγκὰς ἔχων τυ
σύννομα μᾶλ᾽ ἐσορῶν Σικελικὰν ἐς ἅλα.

Mit dem Anfang vgl. Tyrtaios 12, 6 ff. und die bei Theognis oft
wiederkehrenden Wünsche, im Epigramm etwa IX, 110 oder X,
113, ferner das bekannte aus Archilochos entlehnte Anakreonteion
(XI, 47).

7. Δένδρεσι μὲν χειμὼν φοβερὸν κακόν, ὕδασι δ᾽ αἰχμός,
ὄρνισιν δ᾽ ὕσπλαγξ, ἀγροτέροις δὲ λίνα·
ἀνδρὶ δὲ παρθενικᾶς ἁπαλᾶς πόθος. ὦ πάτερ ὦ Ζεῦ,
οὐ μόνος ἠράσθην· καὶ τὺ γυναικοφίλας.

Auf den ähnlichen Schluss der Epigramme des Kallimachos und
Asklepiades ist früher hingewiesen. Vorschwebt hier bekanntlich
zugleich Bakchylides (fr. 25) εἰ ⟨δὲ⟩ καλὸς Θεύκριτος, οὐ μόνος
ἀνθρώπων ἐρᾷς (vgl. Theogn. 696: τῶν δὲ καλῶν οὔτι σὺ
μοῦνος ἐρᾷς), nur mit der Steigerung, dass für die andern
Menschen hier Zeus selbst eingesetzt wird; vorschweben mag
zugleich des Asklepiades αὐτὸς ἐρᾶν ἔμαθες. — Kallimachos
hat dann aber notwendig neben Asklepiades auch unsere Stelle
vor Augen, wenn er den Gedanken positiv wendet οὐράνιε Ζεῦ,
καὶ σὺ ποτ᾽ ἠράσθης· οὐκέτι μακρὰ λέγω.[1] Dass auch die
Einleitungen zu diesen Streitgedichten, welche sich am engsten
mit dem theognideischen Lied Εἰ θείης, Ἀκάδημε berühren, zum
Epigramm werden können, zeigt IX, 433, welches dem Theokrit
selbst gehören kann. — Dass Vergil ausser den uns erhaltenen Gedichten Theokrits noch andere bukolische Lieder benutzt hat, sahen wir

---

[1]) Eine Anspielung auf unser Gedicht meinte ich früher in dem
Hirtengedicht des Mnasalkas (IX, 324) zu finden οὔ τοι πρῶνες ἔθ᾽
ὧδ᾽ οὔτ᾽ ἄγκεα, παντᾷ ἔρωτες καὶ πόθος wegen der Anfänge Ἄγκεα
καὶ ποταμοί und παντᾷ ἔαρ. Doch ist dies viel zu unsicher, notwendig nur, dass ein Idyll, welches die ursprüngliche metrische
Lieblingsform der Gelage-Unterhaltung noch bewahrt und nicht
in die durch die Erzählung bedingte Form des Epyllions überträgt,
auch deswegen schon sehr früh angesetzt werden muss. Einlage
eines andern Dichters sind die Disticha natürlich nicht.

früher schon und wird später noch ausführlicher erwiesen werden. Es ist nicht gleichgiltig, dass gerade in der Ekloge, in welcher er dies Gedicht nachahmt, der siebenten, drei der Lieder reine Weihe-Epigramme sind, und dass gerade hier wieder die Arkader begegnen (V. 26). Das erste nimmt nach dem an Leonidas erinnernden Anfang *Nymphae, noster amor, Libethrides* eine rein persönliche Wendung; die beiden folgenden erinnern ganz an den Tarentiner:

Saetosi caput hoc apri tibi, Delia, parvos
et ramosa Micon vivacis cornua cervi.
si proprium hoc fuerit, levi de marmore tota
puniceo stabis suras evincta cothurno.

Ein ähnliches Weihegeschenk beschreibt Leonidas oder Mnasalkas VI, 110 (vgl. VI, 34. 35 und das aus arkadischer Bukolik stammende Epigramm des Erykios VI, 96). Der Schluss ist ähnlich wie bei Leonidas VI, 300 und in seiner Schule oft nachgeahmt.

Sinum lactis et haec te liba, Priape, quotannis
exspectare sat est: custos es pauperis horti.
nunc te marmoreum pro tempore fecimus; at tu,
si fetura gregem suppleverit, aureus esto.

Wieder erwähnt ein ähnliches Opfer Leonidas VI, 334 (als Geschenk eines Hirten; freilich wird als dessen Name der eines berühmten epirotischen Adligen angegeben, offenbar, um in dem rein epideiktischen Liede den hohen Gönner zu erwähnen). Auch Priap kommt schon bei dem alten Leonidas vor, vgl. XVI, 261, und die späteren Fortsetzer der peloponnesischen Dichtung erwähnen den Schützer der Gärten gern, vgl. z. B. XVI, 237. Den Pan führt ähnlich schon Nikias XVI, 189 ein. Übrigens hat auch Properz in eine rein bukolische Schilderung (III, 13, 25—46) ein Gedicht des Leonidas (IX, 337) aufgenommen, empfand ihn also als bukolischen Dichter. [1] Wir

---

[1]) Die Berührungen auch der dithyrambischen Bukolik mit dem Epigramm (und zwar mit einem den Gedichten des Leonidas verwandten Stoff) zeigt Lykophronides fr. 2; der „Hirt", welcher seinen Stand aufgeben und in die Stadt gehen will (dasselbe Motiv aber mit anderer Wendung hat Meleager VII, 535) weiht sein mit Rosen bekränztes Handwerkszeug:

Τόδ' ἀνατίθημί σοι ῥόδον,
καλὸν ἄνθημα καὶ πέδιλα καὶ κυνέαν
καὶ τὰν θηροφόνον λογχίδ'· ἐπεί μοι νόος ἀλλᾷ κέχυται
ἐπὶ τὰν Χάρισι φίλαν παῖδα † καὶ καλάν.

erfahren jetzt aus dem besprochenen Idyll, dass Vergil hierin einem Vorbild folgt. Die Beziehungen des Leonidas zu Theokrit, oder vielleicht zu dessen gleichzeitigen Nachahmern, sind noch durchaus unklar. Dass solche wirklich bestehen, verbürgt schon die Überlieferung der Theokrit-Epigramme in der Anthologie. Hier ist noch alles zu thun; aber selbst von dem Versuch, dieser schwersten aller Fragen näher zu treten, müssen mich vor der Hand anderweitige Rücksichten zurückhalten.

Eins scheint durch das frühzeitige Übergreifen des Epigramms in die Bukolik erwiesen: die Streitlieder der Hirten in der älteren Bukolik spiegeln die poetische Gelage-Unterhaltung eines Dichterkreises, wie der platonische Dialog die gesellige Unterhaltung der Philosophen oder Rhetoren wieder. In die unter bestimmten Bedingungen gehaltenen Symposien einer Dichtergesellschaft, nicht in das Hirtenleben gewähren sie Einblick.

Das ist freilich — wie alles bisher — keine neue Ansicht, aber es lohnt noch immer, sie weiter zu verfolgen.

Kapitel IV.
Die Bukolik.
§ 1.

Die früher herrschende Auffassung der Gedichte Theokrits als Nachahmungen sicilischer Hirtenlieder und Darstellungen eines wirklichen Hirtenlebens wurde — soweit ich weiss — zuerst durch eine beiläufige Bemerkung von Meineke erschüttert, welcher uns in der Erklärung des siebenten Idylls Theokrit als Mitglied eines Dichterbundes und den Hirten Tityros· als Alexander den Aitoler zeigte. Ihm folgte Wilamowitz, welcher in kurzen Anmerkungen zwingend unter der Maske des Hirten Lykidas den Dosiadas erwies; Häberlin bestätigte und erweiterte die Ausführungen beider. Von anderm Ausgangspunkt an dieselben Fragen herantretend hatte die βουκόλοι im Cult zuerst R. Schöll in der *Satura philologa II. Sauppio oblata p.* 176 *seqq.* verfolgt, und die verschiedenen Untersuchungen von Maass und Dieterich sowie eine glänzende Conjektur von Hermann Diels haben reichlich neues Material hinzugefügt. Ein überraschendes Licht empfingen alle diese Vermutungen wieder von anderer Seite durch das Epigramm von Knidos, dessen Bedeutung Usener im Rhein. Mus. 29, 25 ff. auseinandersetzte. Die neue Anschauung ist in ihren Grundzügen fertig und abgeschlossen; es scheint möglich, sie mit einigen Ergänzungen aus dem Epigramm und der Grammatiker-Tradition zusammenfassend darzustellen. Es wird hierbei am besten sich zeigen, wo noch Lücken klaffen, welche durch gemeinsame Arbeit auszufüllen sind. Dass wir uns dabei nicht von der Tradition der Alten zu entfernen brauchen, sondern vielmehr zu ihr zurückkehren, lehrt leicht ein Blick auf den Anfang unserer Theokrit- und Vergil-Scholien.

Wir besitzen bekanntlich einen einheitlichen, nach des Aristoteles Vorbild entworfenen Versuch, das bukolische Lied aus einem Festbrauch zu erklären, in doppelter Fassung, einmal in den Scholien zu Theokrit (Ziegler p. 1. 2), sodann ins Lateinische übersetzt in den Vergil-Scholien, und zwar am besten bei Probus

(p. 2, 8—4, 19 K.) und bei Diomedes in dem Abschnitt *de poe-matibus* III, 486, 17—487, 10 K. Denn der letztere Abschnitt verrät sich durch seine unpassenden Schlussworte *quem noster imitatur* als Auszug aus einem Vergilcommentar. Auf die Haupt-quelle des Diomedes, Sueton, geht er kaum zurück, da die ein-leitende Definition der *Bucolica* nicht zu den übrigen Definitionen des Traktates und ebenso wenig zu der folgenden Herleitung passt. Sachlich stimmen Probus und Diomedes gegenüber der griechischen Fassung so oft überein, dass trotz der geringen Berührungen in einzelnen Worten eine gemeinsame Mittelquelle, und zwar wahrscheinlich eine lateinische, für sie angenommen werden muss. Zu dieser machen beide von einander unabhängig Zuthaten, Probus die Bemerkungen über das *carmen astrabicon* 2, 21—25, über die Entsühnung des Orestes und die *Diana Face-litis* 3, 6—4, 19; benutzt sind ein Grammatiker über *Astraba*, Varros *antiquitates*, Cato, Lucilius. Dagegen fand Diomedes in seiner Vorlage einen Satz, der, wie ich später erweisen werde, auf Timaios zurückgeht, zu der Erklärung des Theokrit-Scholiasten zugefügt. Wir dürfen bei der nicht gerade landläufigen Gelehr-samkeit dieser Zuthaten annehmen, dass das beiden vorausliegende lateinische Exemplar sehr alt ist. Das griechische Original ferner zeigt von den Worten Τὰ βουκολικά φασιν bis zu Ende der Einleitung einen einheitlichen Charakter (allerdings mit Ausnahme der beiden etymologisierenden Einschübe τὰ δὲ βουκολικὰ ἔχει διαφορὰν ⟨πρὸς⟩ τὴν τῶν ποιημάτων ἐπιγραφήν und ἰστέον δὲ ὅτι εἰδύλλιον λέγεται), ist ganz von Aristoteles beeinflusst, kennt Theokrit als Syrakusaner und gipfelt in dem Epigramm Artemidors. Sehen wir von der befremdenden Erklärungsart ab, so zeigt es ausgezeichnete Kenntnis sicilischer Mythen und Culte und ist daher mit hoher Wahrscheinlichkeit dem ältesten Scholiasten, Theon, zuzuweisen. Von den drei Erklärungsversuchen interessiert zunächst der zweite bei Probus (und Servius) ausführlicher erhaltene (bei Diomedes fehlt er, weil er am Ende der lateinischen Quelle stand); die Geschichte kann nicht zur Erklärung der Bukolika erfunden sein; die Entsühnung des Orestes ist dafür ja gleichgiltig. Es ist die Gründungssage des Artemistempels zu Tyndaris, be-achtenswert, dass er mit der taurischen Artemis in Verbindung gebracht wird. Hinzu fügt Theon, dass bei der Gründung die Hirten aus der Umgegend zusammenkamen und ihr zu Ehren sangen, sowie nach Probus, dass sie viel Vieh der Göttin schenkten; zu diesen Heerden der Artemis fanden sich freiwillige Hirten, zufrieden mit einem Lohn in Naturalien. Der Sinn ist offenbar: so erwuchs ein Stand der Hirten der Artemis. Auf einen solchen führt auch die dritte Erklärung, eingeleitet in dem kürzeren, aber besseren Text durch die Worte ὁ δὲ ἀληθὶς λόγος οὗτος. Derselbe spricht von einem durch Artemis beendeten Bürgerzwist, die lateinische Mittelquelle von einem Viehsterben, in Syrakus. Es ist leicht zu durchschauen, dass Letzteres nur, um die Hirtenlieder und die Beteiligung der Hirten zu erklären, eingesetzt ist. Um so zweckloser war dabei die Zeitbestimmung (*ante Gelonis tyrannidem:* Probus. — *antequam Hiero rex Syracusas expugnaret:* Diomedes); sie wird aus Theon stammen und dieser berichtet haben, dass nach Beendigung des syrakusanischen Bürgerzwistes durch Gelon der Tempel der Artemis *Λυαία* geweiht wurde. Nach dem bekannten Recept heisst es dann wieder: die Landleute brachten Geschenke und sangen der Göttin frohe Hymnen und daraus wurde ein fester Brauch. — In den meisten Handschriften der Theokritscholien folgt hierauf zunächst ganz unvermittelt eine Erklärung des Ausdrucks βουκολικὰ ἔπη, nicht für die religiösen Hymnen, sondern für Theokrits Sammlung gemacht. Der Absatz ist trotz seiner grossen Thorheit alt; Probus kennt ihn und benutzt ihn in geschickter Umgestaltung nach der ersten Herleitung; bei Diomedes erinnern an derselben Stelle daran noch die Worte *unde est bucolismus dictus.* Der Platz, welchen er jetzt in der griechischen Fassung einnimmt, gebührt ihm keinesfalls, sonst müsste vor dem nächsten Abschnitt ἄδειν δέ φασιν αὐτούς gerade ein Hauptstück ausgefallen sein, welches schon der Verfasser der lateinischen Mittelquelle nicht mehr kannte. Auch muss das Herumziehen der im Folgenden geschilderten ἀγύρται unter Hirtenmaske an ein bestimmtes Fest gebunden sein, und die Worte aus der Festbeschreibung οἱ δὲ ἀγροῖκοι δῶρα ἐκόμισαν leiten direkt über zu der Schilderung der ἀγύρται mit ihrem Ranzen voll Früchten, dem Weinschlauch und dem Brot. Also bietet hierin die lateinische Fassung das Richtige; auf die späteren Feste der Artemis *Λυαία* bezieht sich die Schilderung der herumziehenden Bettelpriester. Denn von den Sängern des Schwalbenliedchens oder den κορωνισταί unterscheiden sich diese Pseudo-Hirten eben dadurch, dass sie als Diener der Artemis und Verwalter ihrer

Gaben auftreten. Sie besingen die Göttin selbst, sie singen allerlei heiter scherzende Lieder — aber in beständigem Wettkampf unter einander, in einem Wettkampf um bestimmte $\dddot{\alpha}\vartheta\lambda\alpha$, die Jeder einsetzt. Ob die lateinische Quelle aus eigenem Wissen oder nach Theons Vorgang hiermit die wunderliche Notiz von der Verweltlichung der Bukolisten oder Lydiasten verbindet, ist unklar; sie mit den Pifferari zu vergleichen, war ebenso geschmacklos als grundlos. Wieder empfinden wir, dass nicht von wirklichen Hirten, sondern von einem religiösen Stand gesprochen ist. Dass die dreimalige Verbindung der bukolischen Gedichte mit dem Artemis-Cult einen Grund haben muss, empfand schon Welcker. Religiöse $\beta ov\varkappa\acute{o}\lambda o\iota$ der Artemis hat Theon gekannt, von ihnen leitet er das Lied. Hätte er von amöbäischen Liedern und Schnadahüpfln im Munde echter sicilischer Hirten eine Ahnung gehabt, er hätte Theokrits Lieder nimmermehr so herleiten können, wie er es that.

Die Schilderung unserer $\dot{\alpha}\gamma\acute{v}\varrho\tau\alpha\iota$ ist derart detailliert, sie entspricht in so viel Zügen sonstigem Cultgebrauch, dass sie gar nicht frei erfunden sein kann. Dass eine Verbindung dieser Gesänge mit den Daphnisliedern bestanden haben muss, verbürgt uns ein unter Theokrits Namen gehendes Epigramm (Anth. VI, 177):

$\varDelta\acute{\alpha}\varphi\nu\iota\varsigma$ $\dot{o}$ $\lambda\varepsilon\upsilon\varkappa\acute{o}\chi\varrho\omega\varsigma$, $\dot{o}$ $\varkappa\alpha\lambda\tilde{\alpha}$ $\sigma\acute{v}\varrho\iota\gamma\gamma\iota$ $\mu\varepsilon\lambda\acute{\iota}\sigma\delta\omega\nu$
$\beta ov\varkappa o\lambda\iota\varkappa o\grave{v}\varsigma$ $\ddot{v}\mu\nu ov\varsigma$, $\ddot{\alpha}\nu\vartheta\varepsilon\tau o$ $\varPi\alpha\nu\grave{\iota}$ $\tau\acute{\alpha}\delta\varepsilon$
$\tauo\grave{v}\varsigma$ $\tau\varrho\eta\tauo\grave{v}\varsigma$ $\delta\acute{o}\nu\alpha\varkappa\alpha\varsigma$, $\tau\grave{o}$ $\lambda\alpha\gamma\omega\beta\acute{o}\lambda o\nu$, $\dot{o}\xi\grave{v}\nu$ [1] $\ddot{\alpha}\varkappa o\nu\tau\alpha$
$\nu\varepsilon\beta\varrho\acute{\iota}\delta\alpha$, $\tau\grave{\alpha}\nu$ $\pi\acute{\eta}\varrho\alpha\nu$, $\ddot{\alpha}$ $\pi o\varkappa'$ $\dot{\varepsilon}\mu\alpha\lambda o\varphi\acute{o}\varrho\varepsilon\iota$.

Natürlich ist Daphnis hier der $\beta ov\varkappa\acute{o}\lambda o\varsigma$ $\varkappa\alpha\tau'$ $\dot{\varepsilon}\xi o\chi\acute{\eta}\nu$, dargestellt in der Maske der theokriteischen $\beta ov\varkappa\acute{o}\lambda o\iota$. [2] Wie jene $\dot{\alpha}\gamma\acute{v}\varrho\tau\alpha\iota$ trägt er Stock und Ranzen, und zwar den Ranzen, „in welchem

---

[1] $\dot{o}\xi\grave{v}\nu$ $\ddot{\alpha}\varkappa o\nu\tau\alpha$ hat die Anthologie und die *codd. deteriores* Theokrits, das Adjektiv fehlt in Cod. k. Ob es echt oder altes Randglossem ist, wage ich nicht zu entscheiden.

[2] Vgl. Excurs III Ende und die Schilderung der Tracht des $\alpha\dot{\iota}\pi\acute{o}\lambda o\varsigma$ Idyll VII, 13. Sind die Hirten Theokrits wirklich Dichter, so wird an den beiden Stellen ihre offizielle Tracht bei bestimmten Gelegenheiten beschrieben. Im Grunde aber kann die Beschreibung VII, 13 sich nicht auf einen wirklichen Hirten, sondern nur mit leichter Neckerei ($\dot{\varepsilon}\pi\varepsilon\grave{\iota}$ $\alpha\dot{\iota}\pi\acute{o}\lambda\omega$ $\ddot{\varepsilon}\xi o\chi'$ $\dot{\varepsilon}\acute{\omega}\varkappa\varepsilon\iota$) auf einen maskierten Dichter beziehen. Auf einen berufsmässigen Hymnensänger nimmt auch das Epigramm Bezug, $\dot{o}$ $\varkappa\alpha\lambda\tilde{\alpha}$ $\sigma\acute{v}\varrho\iota\gamma\gamma\iota$ $\mu\varepsilon\lambda\acute{\iota}\sigma\delta\omega\nu$ $\beta ov\varkappa o\lambda\iota$-$\varkappa o\grave{v}\varsigma$ $\ddot{v}\mu\nu o\varsigma$.

er Äpfel zu tragen pflegte". Die sonst kaum erklärlichen Worte erinnern wohl Jeden an Theons ἀγύρται ἔχοντες πήραν πανσπερμίας ἀναπλέων (Reinigungsopfer? vgl. Schol. Ar. Ach. 1076). Charakteristisch ist auch, dass den Klearch die μηλοφόροι der Perser an die ταῖς λόγχαις καθωπλισμένοι ἀγύρται erinnern (Athen. XII, 514 D). Irgend ein Zusammenhang der theokriteischen Sänger mit einer religiösen Genossenschaft ist schon hierdurch sicher.

Wir haben ein zweites Zeugnis von dem Ursprung der βουκολικά, welches in dem Hauptzug mit Theons Erklärung wunderbar übereinstimmt, von ihm nicht benutzt ist, für uns aber dadurch entscheidende Bedeutung gewinnt, dass es vor Theokrits Dichtungen fällt, das Zeugnis des Timaios. Dass Diodors Erzählung von Daphnis (IV, 84) aus diesem stammt, ist nach Parthenios c. 29 von jeher angenommen (vgl. *Fragm. histor.* I, 194, Sieroka, Bethe, Geffcken), und wird sich nach der Schilderung der *Heraei montes,* der Erwähnung des karthagischen Heeres, dem ganzen Ton und Zusammenhang des Berichtes nicht mehr bestreiten lassen. Nicht beachtet blieb bisher, dass auch Ailian *var. hist.* X, 18 indirect auf Timaios zurückgeht; die Erwähnung des Stesichoros am Schluss verlockte vielmehr Welcker (Kleine Schriften I, 189 ff.) bei Ailian die Inhaltsangabe des stesichoreischen Liedes zu suchen. Der Leser vergleiche die drei nachfolgenden Berichte:

Diodor. IV, 84:

Νυνὶ δὲ περὶ Δάφνιδος πειρασόμεθα διελθεῖν τὰ μυθολογούμενα. Ἡραῖα γὰρ ὄρη κατὰ τὴν Σικελίαν ἐστίν, ἅ φασι κάλλει τε καὶ φύσει καὶ τόπων ἰδιότησι πρὸς θερινὴν ἄνεσιν καὶ ἀπόλαυσιν εὖ πεφυκέναι. πολλάς τε γὰρ πηγὰς ἔχειν τῇ γλυκύτητι τῶν ὑδάτων διαφόρους καὶ δένδρεσι παντοίοις πεπληρῶσθαι. εἶναι δὲ καὶ δρυῶν μεγάλων πλῆθος φερουσῶν καρπὸν τῷ μεγέθει διαλλάττοντα, διπλασιάζοντα τῶν ἐν ταῖς ἄλλαις χώραις φυομένων. ἔχειν δὲ καὶ τῶν ἡμέρων καρπῶν αὐτομάτως, ἀμπέλου τε πολλῆς φυομένης καὶ μήλων ἀμυθήτου πλήθους. διὸ καὶ στρατόπεδόν ποτε Καρχηδονίων ὑπὸ λιμοῦ πιεζόμενον διαθρέψαι, παρεχομένων τῶν ὀρῶν πολλαῖς μυριάσι χορηγίαν εἰς τροφὴν ἀνέκλειπτον. — ἐν ταύτῃ δὲ τῇ χώρᾳ συναγκείας δένδρων οὔσης θεοπρεποῦς καὶ Νύμφαις ἄλσους ἀνειμένου μυθολογοῦσι γεννηθῆναι Δάφνιν, Ἑρμοῦ μὲν καὶ Νύμφης υἱόν, ἀπὸ δὲ τοῦ πλήθους καὶ τῆς πυκνότητος τῆς φυομένης δάφνης ὠνομάσθαι Δάφνιν.

τοῦτον δ' ὑπὸ Νυμφῶν τραφέντα καὶ βοῶν ἀγέλας παμπλη-
θεῖς κεκτημένον τούτων ποιεῖσθαι πολλὴν ἐπιμέλειαν· ἀφ'
ἧς αἰτίας βουκόλον αὐτὸν ὀνομασθῆναι. φύσει δὲ διαφόρῳ
πρὸς εὐμέλειαν κεχορηγημένον ἐξευρεῖν τὸ βουκολικὸν ποίημα
καὶ μέλος, ὃ μέχρι τοῦ νῦν κατὰ τὴν Σικελίαν τυγχάνει
διαμένον ἐν ἀποδοχῇ. μυθολογοῦσι δὲ τὸν Δάφνιν μετὰ τῆς
Ἀρτέμιδος κυνηγεῖν ὑπηρετοῦντα τῇ θεῷ κεχαρισμένως, καὶ
διὰ τῆς σύριγγος καὶ βουκολικῆς μελῳδίας τέρπειν αὐτὴν
διαφερόντως. — λέγουσι δ' αὐτοῦ μίαν τῶν Νυμφῶν ἐρασθεῖσαν προειπεῖν, ἐὰν ἄλλῃ τινὶ πλησιάσῃ, στερήσεσθαι τῆς
ὁράσεως· κἀκεῖνον ὑπό τινος θυγατρὸς βασιλέως κατα-
μεθυσθέντα καὶ πλησιάσαντα αὐτῇ στερηθῆναι τῆς ὁράσεως
κατὰ τὴν γεγενημένην ὑπὸ τῆς Νύμφης πρόρρησιν.

Parthen. 29 (Quellenangabe ἱστορεῖ Τίμαιος Σικελικοῖς):

Ἐν Σικελίᾳ δὲ Δάφνις Ἑρμοῦ παῖς ἐγένετο, σύριγγί τε
δὴ δεξιὸς χρήσασθαι καὶ τὴν ἰδέαν ἐκπρεπής· οὗτος εἰς μὲν
τὸν πολὺν ὅμιλον ἀνδρῶν οὐ κατήει, βουκολῶν δὲ κατὰ τὴν
Αἴτνην χείματός τε καὶ θέρους ἠγραύλει. τούτου λέγουσιν
Ἐχεναΐδα νύμφην ἐρασθεῖσαν παρακελεύσασθαι αὐτῷ γυναικὶ
μὴ πλησιάζειν, μὴ πειθομένου γὰρ αὐτοῦ συμβήσεσθαι τὰς
ὄψεις ἀποβαλεῖν· ὁ δὲ χρόνον μέν τινα καρτερῶς ἀντεῖχεν
καίπερ οὐκ ὀλίγων ἐπιμαινομένων αὐτῷ, ὕστερον δὲ μία τῶν
κατὰ τὴν Σικελίαν βασιλίδων οἴνῳ πολλῷ δηλησαμένη αὐτὸν
ἤγαγεν εἰς ἐπιθυμίαν αὐτῇ μιγῆναι· καὶ οὕτως ἐκ τοῦδε
ὁμοίως Θαμύρᾳ τῷ Θρᾳκὶ δι' ἀφροσύνην ἐπεπήρωτο.

Ailian. Var. Hist. X, 18:

Δάφνιν τὸν βουκόλον λέγουσιν οἳ μὲν ἐρώμενον
Ἑρμοῦ ἄλλοι δὲ υἱόν· τὸ δὲ ὄνομα ἐκ τοῦ συμβάντος
σχεῖν. γενέσθαι μὲν αὐτὸν ἐκ Νύμφης τεχθέντα δὲ ἐκτεθῆναι
ἐν δάφνῃ. τὰς δ' ὑπ' αὐτοῦ βουκολουμένας βοῦς
φασιν ἀδελφὰς τῶν Ἡλίου ὧν Ὅμηρος ἐν Ὀδυσ-
σείᾳ μέμνηται. βουκολῶν δὲ κατὰ τὴν Σικελίαν ὁ Δάφνις,
ἠράσθη αὐτοῦ νύμφη μία καὶ ὡμίλησε καλῷ ὄντι καὶ νέῳ
καὶ πρῶτον ὑπηνήτῃ, ἔνθα τοῦ χρόνου ἡ χαριεστάτη ἐστὶν
ἥβη τῶν καλῶν μειρακίων, ὥς πού φησιν καὶ Ὅμηρος. συν-
θήκας δὲ ἐποίησε μηδεμιᾷ ἄλλῃ πλησιάσαι αὐτόν, καὶ ἐπη-
πείλησεν ὅτι πεπρωμένον ἐστὶν αὐτὸν στερηθῆναι τῆς ὄψεως,
ἐὰν παραβῇ. καὶ εἶχον ὑπὲρ τούτων ῥήτραν πρὸς ἀλλήλους.
χρόνῳ δὲ ὕστερον βασιλέως θυγατρὸς ἐρασθείσης αὐτοῦ οἰνω-

ϑεὶς ἔλυσε τὴν ὁμολογίαν καὶ ἐπλησίασε τῇ κόρῃ. ἐκ δὲ
τούτου τὰ βουκολικὰ μέλη πρῶτον ᾔσϑη καὶ εἶχεν ὑπόϑεσιν
τὸ πάϑος τὸ κατὰ τοὺς ὀφϑαλμοὺς αὐτοῦ· καὶ Στησίχορόν
γε τὸν Ἱμεραῖον τῆς τοιαύτης μελοποιίας ὑπάρξασϑαι.
Ausser dem leicht erkenntlichen Zusatz οἱ μὲν ἐρώμενον
τοῦ Ἑρμοῦ stimmen die ersten Worte Ailians genau zu Diodor:
im Lorbeerhain ist Daphnis geboren, von ihm hat er den Namen
ompfangen. Wenn Ailian ihn von der Mutter ausgesetzt sein
lässt (vgl. Schol. zu Theokr. VII, 78 aus anderer Quelle), so
passt dies zu der allgemeinen Angabe Diodors, er sei von den
Nymphen insgesamt aufgezogen worden. Beide Berichte erwähnen
sofort seine wunderbaren Heerden, Ailian mit dem vielleicht einer
fremden Quelle entnommenen Zusatz, dass sie gleicher Abstammung
wie die Heerden des Helios bei Homer waren. [1] Die folgenden
Worte schliessen enger an Parthenios: βουκολῶν δὲ κατὰ τὴν
Σικελίαν — βουκολῶν δὲ κατὰ τὴν Αἴτνην. Die Liebesgeschichte wird von allen drei Autoren fast mit denselben Worten
erzählt: ἠ ρ ά σ ϑ η α ὐ τ ο ῦ ν ύ μ φ ῃ μ ί α — τούτου λέγουσιν
Ἐχεναΐδα [2] νύμφην ἐρασϑεῖσαν — λέγουσι δ᾽ αὐτῷ μίαν τῶν
νυμφῶν ἐρασϑεῖσαν — μ η δ ε μ ί ᾳ ἄ λ λ ῃ π λ η σ ι ά σ α ι α ὐ τ ό ν
— γυναικὶ μὴ πλησιάζειν — ἐὰν ἄλλῃ τινὶ πλησιάσῃ —
σ τ ε ρ η ϑ ῆ ν α ι τ ῆ ς ὄ ψ ε ω ς — στερήσεσϑαι τῆς ὁράσεως —
τὰς ὄψεις ἀποβαλεῖν — χ ρ ό ν ῳ δ ὲ ὕ σ τ ε ρ ο ν — ὁ δὲ
χρόνον μέν τινα καρτερῶς ἀντεῖχεν, ὕστερον δέ — βασιλέως
ϑυγατρὸς ἐρασϑείσης αὐτοῦ — ὑπό τινος ϑυγατρὸς βασιλέως
— ο ἰ ν ω ϑ ε ί ς — καταμεϑυσϑέντα — ἐπλησίασε τῇ κόρῃ —
πλησιάσαντα αὐτῇ. Schon diese wörtlichen Übereinstimmungen
machen es für mich unmöglich, bei Ailian eine Inhaltsangabe des-
jenigen Liedes, welches Timaios als Quelle benutzt habe, zu
suchen. Mehr noch ein zweites Argument. Bei Diodor erscheint
Daphnis als Erfinder des bukolischen Liedes, dessen Name so
erklärt wird: Daphnis, der φύσει διαφόρῳ πρὸς εὐμέλειαν

---

[1] Freilich könnte ἀδελφάς hier auch „gleich gross und schön"
heissen und diese homerische Reminiscenz wie die folgende dem
Ailian selbst auf Rechnung zu setzen sein. Doch werden beide
Angaben sich uns im Folgenden als gute, alte Züge erweisen.

[2] Ob Timaios selbst den Namen anführte, ist nicht zu entscheiden; er konnte auch von Parthenios für die dichterische
Bearbeitung durch Gallus gebildet und eingefügt werden.

κεχορηγημένος ist, erfindet eine Dichtart und eine Weise, welche zur Artemis in einer bestimmten Beziehung steht und später in Sicilien ἐν ἀποδοχῇ διαμένει. D a v o n , d a s s e r d e n B e i - n a m e n ὁ β ο υ κ ό λ ο ς träg t, empfängt das Lied den Namen. Ailian schliesst: ἐκ δὲ τούτου τὰ βουκολικὰ μέλη πρῶτον ᾖσϑη καὶ εἶχεν ὑπόϑεσιν τὸ πάϑος τὸ κατὰ τοὺς ὀφϑαλμοὺς αὐτοῦ. D. h. also ebenfalls: das Lied dauerte fort; sein erster mit Namen nachweisbarer Vertreter ist Stesichoros. Beide leiten, wenn auch in etwas anderer Form, das bukolische Lied von Daphnis ab, er- klären den Namen nicht als Hirtengesang, sondern als Lied des sogenannten βουκόλος Daphnis oder von dem βουκόλος Daphnis. [1] Die Verbindung beider Versionen geben uns die römischen Quellen.

Den Timaios benutzt — allerdings mit Zusätzen — zunächst Pseudo - Servius zu *Ecl.* V, 20: *. . Daphnin quendam pastorem] quem mater sua compressa a Mercurio et enixa abiecit. hunc pastores invenerunt inter lauros ⟨et⟩ Daphnin vocaverunt. q u e m P a n m u s i c e n d o c u i s s e d i c i t u r . qui cum et venationis et musices peritissimus esset, adamatus a nympha est. qui etiam iureiurando adstrictus est, ne cum alia concumberet. hic dum boves persequitur, ad regiam pervenit et ob pulchritudinem appetitus cum regis filia consuetudinem miscuit. hoc cum nympha rescisset, luminibus eum orbavit. i l l e i n a u x i l i u m p a t r e m M e r c u r i u m i n - v o c a v i t , q u i e u m i n c a e l u m e r i p u i t e t i n e o l o c o f o n t e m e l i c u i t , q u i D a p h n i s v o c a t u r ; a p u d q u e m q u o t a n n i s S i c u l i s a c r i f i c a n t .* Neu sind hier nur die gesperrt gedruckten Worte. Dass sie nicht aus Timaios stammen können, verbürgen die drei andern unabhängig von einander ihm entnommenen Excerpte. [2] Die Einzelheiten sind später zu be- sprechen; ich verfolge zunächst, um die Natur der Quelle des Pseudo - Servius zu zeigen, die Fortsetzung; wir finden sie bei demselben zu *Ecl.* VIII, 68 zugleich mit zwei andern Versionen:

---

[1]) Vgl. Diomedes an letzter Stelle: *Putant autem quidam hoc genus carminis primum Daphnin composuisse deinde alios complures, inter quos Theocritum Syracusanum, quem imitatur noster.* Die Be- nutzung des Timaios verbürgt nunmehr Diodor.

[2]) Die nächste Parallele zeigt die Sage von dem an den Himmel versetzten Jäger Orion, deren Pindar (und zwar in einem Dithy- rambos) fr. 72 B. gedenkt: ἀλόχῳ ποτε ϑωραχϑεὶς (= οἰνωϑεὶς) ἔπεχ᾽ ἀλλοτρίᾳ Ὠαρίων.

*Hunc Daphnin pulcherrimum inter pastores et ephebum et ab
omnibus amatum feminis, sicut supra dictum est, multi scriptores
adserunt.* — Pseudo-Servius hat dies früher in der Art gar nicht
gesagt, wohl aber hat er es in seiner Quelle gefunden. Man
vergleiche die vorige Stelle mit den drei Timaios-Excerpten, weitaus
am engsten stimmt sie zu Ailian; dieser aber sagt: καλῷ ὄντι
καὶ νέῳ καὶ πρῶτον ὑπηνήτῃ, ἔνθα τοῦ χρόνου ἡ χαριεστάτη
ἐστὶν ἥβη, ὡς πού φησι καὶ Ὅμηρος. Vgl. Parthenios: καίπερ
οὐκ ὀλίγων ἐπιμαινομένων αὐτῷ. In dem Excerpt aus dieser
Quelle fährt Servius also hier fort. Sie enthielt Auszüge aus
vielen Schriftstellern, wie er offen sagt und Ailian andeutet. Es ist
ein mythologisches Handbuch. Er bringt aus demselben zunächst
eine nicht an dem Ätna und den heräischen Bergen, sondern bei
Kephaloidion lokalisierte Sage mit anderem Schluss, endlich die
Fabel des Dramas Δάφνις ἢ Λιτυέρσης von Sositheos, nur mit
veränderten Namen. Beide haben uns später zu beschäftigen.
Wir stellen zunächst fest: benutzte Ailian, wie es hiernach scheint,
dasselbe Lehrbuch oder dasselbe alte Theon-Scholion und fand in
demselben eine Notiz ἡ ἱστορία παρὰ Τιμαίῳ καὶ Στησιχόρῳ
καὶ . . . . καὶ Σωσιθέῳ καὶ ἄλλοις πολλοῖς, so ist einerseits
sein Schluss ebenso wie die Worte des Pseudo-Servius erklärt,
andererseits für Stesichoros am wahrscheinlichsten die in die Nähe
des Himera verlegte Version.

Den Timaios, aber durch manigfaltige Mittelquellen getrübt,
spiegelt endlich wieder Philargyrius zu *Ecl.* V, 20: *Daphnis, Mercurii
filius, pastor eximiae formae fuisse dicitur; hic dilectus a nympha
Lyca fidem dedit, nullius se mulieris alterius concubitu usurum; sed
fefellit; ob quod orbatus est luminibus; quod licet carminibus et
fistula solaretur, non tamen diu vixit.*

Aus einer jüngeren, poetischen oder prosaischen Mittelquelle
scheint hier allerdings der Name der Nymphe zu stammen; aber die
Erzählung enthält den Schluss, welchen auch Timaios notwendig
voraussetzt „οὐδ᾽ ἄρ᾽ ἔτι δὴν ἦν“, und vor allem eine zweite
notwendige Ergänzung zu der Schilderung in den anderen Quellen.
Sein Bericht nämlich giebt in der That die Erklärung, wie in
den Timaios-Excerpten einmal das bukolische Lied das von dem
βουκόλος Daphnis erfundene, andererseits dasjenige Lied sein
kann, welches von den Leiden des Daphnis handelt, und sehr
wohl kann die Erzählung des Timaios hiermit geschlossen haben.

Ailians Worte καὶ εἶχεν ὑπόθεσιν τὸ πάθος τὸ κατὰ τοὺς ὀφθαλμοὺς αὐτοῦ geben ein, wie ich meine, neues Licht den Versen Theokrits I, 19. 20:

ἀλλὰ τὺ γὰρ δὴ Θύρσι τὰ Δάφνιδος ἄλγε᾽ ἄειδες
καὶ τᾶς βουκολικᾶς ἐπὶ τὸ πλέον ἵκεο μοίσας. [1]

Allein zurück zu dem Timaios-Excerpt Diodors. Die That-sache, dass wir einen Bericht über das „bukolische" Lied haben vor Theokrit und dem koischen Dichterbund, kann nicht scharf genug betont, der Bericht nicht sorgfältig genug geprüft werden. Dass der Syrakusaner Theokrit nicht unabhängig ist von dem nun-mehr als alt bezeugten sicilischen „βουκόλος-Gesang" ist selbst-redend. Dafür, wie wir uns diesen zu denken haben, darf keine Combination, sondern nur die Interpretation des Timaios-Berichtes entscheiden. Wie man die früher herrschende Ansicht, Theokrits Lieder seien veredelte Volkslieder und Hirtenlieder, jemals mit Diodor und Ailian meinte stützen zu können, ist mir unverständlich. Ein Schriftsteller von gesunden Sinnen hätte, um dies auszudrücken, berichten müssen: Daphnis war ein Hirt und des Gesanges kundig, und noch heut singen die Hirten in Sicilien Lieder wie Daphnis sie sang oder Lieder vom Daphnis. Aber gerade die entscheidenden und notwendigen Worte „er war Hirt — die Hirten singen" fehlen. βουκολικὸν μέλος, ποίημα, μελῳδία sind für Timaios schon *termini technici* einer bestimmten Gattung; aber er erklärt den Namen daraus, dass Daphnis den Beinamen βουκόλος hatte; nicht Hirten-Lieder, Daphnis-Lieder sind es, deren Beziehung auf Artemis angedeutet wird; sie erhalten sich ἐν ἀποδοχῇ — ein wunderlicher Ausdruck, wenn damit ihre Verbreitung im Volksmund bezeugt werden soll, ver-ständlich nur, wenn er die Fortpflanzung des Liedes in einer be-stimmten Sängerklasse oder Sängergesellschaft der sogenannten βουκόλοι bezeugen soll. Noch klarer wird dies in Ailians Excerpt: die bukolischen Lieder sind die Lieder von dem βουκόλος

---

[1]) Es ist das einzige bukolische Lied Theokrits, welches sich selbst (V. 61) als Hymnos ausgiebt, als sacrales Lied (Rumpel irrt, wenn er hierüber sagt ὕμνος *de quovis carmine*. Die sacralen Be-ziehungen werde ich später erörtern); auch es ist zuerst in einem Wettstreit gegen einen Libyer Chromis gesungen. Wieder ist hiermit völlig klar, dass eine Verbindung zwischen den religiösen βουκόλος-Liedern bei Timaios und den Idyllen Theokrits bestehen muss.

Daphnis und seinem Geschick, wie es seit Stesichoros oft besungen ist; er steht am Anfang der Reihe. Einen allgemeinen Volks- und Hirtengesang schliessen beide aus — oder ist Stesichoros etwa Hirt? — einen kunstmässigen, sacralen oder halbsacralen Gesang deutet Diodor an. Nicht Hirtenlieder kennt er, sondern Lieder auf einen Begleiter der Artemis. Daraus, dass dieser auch Hirt war, folgt für die Stellung der Sänger des Liedes gar nichts — wenn man nicht etwa den kyklischen Darsteller der Jugend des Paris oder den Sänger des Aphroditehymnos oder den Philoxenos zum Hirten machen will.

Damit empfängt nun Theons Erklärung des „bukolischen" Liedes eine überraschende Bestätigung. Verschwunden sind für jede ernste Forschung die wirklichen Hirten mit ihrem Wettgesang, auf einen sacralen Gesang zu Ehren der Artemis weisen unsere beiden alten Quellen, Timaios, indem er das mythische Vorbild der βουκόλοι, den βουκόλος κατ' ἐξοχήν, zum Begleiter und Sänger der Artemis macht, Theon, indem er von sacralen Sänger- genossenschaften, welche der Artemis dienen, berichtet. Eine Angabe ergänzt hier die andere. Wir müssen zunächst, wenn auch auf mancherlei Umwegen, den religiösen Genossenschaften der βουκόλοι nachspüren.

In dem Prolog der orphischen Hymnen und dem Kureten- Hymnos wird der Sänger bezeichnet als der βουκόλος, dem Hekate und die Kureten gnädig nahen sollen. Ein Dichter, dessen Zusammenhang mit Kos und Theokrit uns die Technopaignien er- weisen, Simias von Rhodos, steht nachweislich unter orphischem Einfluss, ja die ganze Technopaignien-Literatur ist in ihrer äusseren Form Nachahmung orphischer Zauberliteratur. [1]

---

[1] Vgl. Dieterich Abraxas 199. Wie alt das ᾠόν des Orpheus ist, kommt hierbei wirklich nicht in Frage; ebenso wenig wie das Alter jenes πτερύγιον des Hermes, welches wir durch Dieterich Abraxas 170, 8 kennen. Gab es in der Orphik überhaupt solche Künsteleien, so stammen sie nicht aus den Technopaignien, sondern umgekehrt diese aus der älteren Sacralliteratur, wo sie einzig Zweck hatten — genau wie das Spielwerk der Akrostichis nicht aus der weltlichen Literatur in die sacrale überging, sondern umgekehrt. Was in jener im vierten Jahrhundert nachweisbar ist, muss in dieser älter sein. Ist übrigens vielleicht die Einführung des Hermes schon alt? Gerade Hermes bringt ja das ᾠόν unter die Menschen. Die Verweltlichung der Technopaignien und ihre Mischung mit dem reinen Rätselspiel verfolge man bei Häberlin.

Die Zeugnisse über die βουκόλοι hat Dieterich gesammelt. Sie erscheinen als Gesellschaft unter einem ἀρχιβουκόλος, ihr wahrer καθηγεμών ist Dionysos, an dessen θεῖα μυστήρια sie dienen zusammen mit den Σειληνοί, den ὑμνοδιδάσκαλοι, den βασσάραι und den Mysten. Ihnen untergeben scheinen die βόες die heiligen Weiber, welche den Dionysos als den Leitstier, den ἄξιος ταῦρος, verehren.[1] Der ἀρχιβουκόλος steht mit den Göttern in naher Berührung; ihm erscheinen sie, er hört ihre Worte (Schol. zu Ilias I, 39). Allerhand fremdländischer, orgiastischer Zauberspuck drängt sich schon frühzeitig und selbst in Attika mit ein und bildet die vornehmen Weihen der alten Zeit nach; aber

---

[1]) So combiniert mit Recht Dieterich das inschriftliche Zeugnis (C. I. Gr. 3605 τάς τε βοῦς καὶ τοὺς βουκόλους) mit dem Lied der Eleerinnen an Dionys als ἄξιος ταῦρος. Als Stier führt den als Mänade verkleideten Pentheus Dionysos in die Berge zu den Mysterien καὶ ταῦρος ἡμῖν πρόσθεν ἡγεῖσθαι δοκεῖς (913), φάνηθι ταῦρος rufen die Mänaden (1006), ταῦρον προηγητῆρα συμφορᾶς ἔχων erzählt der Bote (1148. K). (Die bildlichen Darstellungen des Dionysos mit dem Stier zählt auf Wieseler Gött. Nachr. 1892 S. 218 ff. Auf das βουκολεῖον zu Athen hat Dieterich verwiesen). Der βουκόλος ist so das Gegenbild des Gottes selbst, der vom ταῦρος notwendig zum βουκόλος der heiligen Weiber werden musste und so bei Euripides in den Bakchen erscheint. Eine letzte, verdunkelte Erinnerung daran sehe ich in dem Vers Theokrits Id. 20, 33: ο καλὸς Διόνυσος ἐν ἄγκεσι πόρτιν ἐλαύνει. Wenn Meineke diesen Vers mit der Bemerkuug streicht, diese Sage oder Auffassung sei sonst unbekannt und daher der Vers interpoliert, so lässt sich dies Argument wohl besser für seine Echtheit verwenden. In der That kann der Vers nicht fehlen, weil 32 und 34 nicht eng genug an einander schliessen und ὁ καλὸς Διόνσος das notwendige Gegenbild zu V. 30 καὶ πᾶσαι καλόν με κατ' ὦρεα φαντὶ γυναῖκες bildet. Zu schreiben ist also: κοὔποτ' ἄκουσε (ὡς) ὁ καλὸς Διόνσος ἐν ἄγκεσι πόρτιν ἐλαύνει· οὐκ ἔγνω δ' ὅτι Κύπρις ἐπ' ἀνέρι μήνατο βούτᾳ. Der Gott wird mit dem Hirten, die Göttin mit dem Mädchen verglichen. Der Parallelismus der beide Verse ist für einen Interpolator viel zu fein. Auch ist χώ (Cod. 11) sicher die schlechtere Überlieferung, echt nur die unmetrische ὁ καλὸς (M), welche aus χώ gar nicht entstehen konnte. Die Quelle des Verses konnte eine bildliche Darstellung sein, welche die heiligen βόες des Gottes noch in Tier-Figur bot. Die enge Verbindung der Hauptvertreter der Bukolik mit Dionysos würde uns freilich auch sonst eine derartige Darstellung erklären. Die βουκόλοι der Sühnegöttin Ταυροπόλος finden sich umgedeutet selbst bei Euripides.

auch in Zerrbildern müssen wir deren Spuren verfolgen. [1] Wenn Aristophanes (Wespen 10) den Sklaven fragen lässt: „τὸν αὐτὸν ἆρ᾿ ἐμοὶ βουκολεῖς Σαβάζιον", so ahnen wir, dass auch dieser Plebejergott seine βουκόλοι wie Dionysos gehabt hat. Als solchen, als ἔξαρχος und προηγεμών der alten Weiblein, schildert Demosthenes *de corona* 259. 260 höhnend den Gegner; Aischines spricht die heiligen Formeln, deren eine ἔφυγον κακὸν εἷρον ἄμεινον etwas an eine sacrale Formel bei dem Bukoliker Theokrit (26, 32) εὐσεβέων παίδεσσι τὸ λώϊον δυσσεβέων δ᾿ οὐ erinnert; er geht im Festzug mit Schlangen umkränzt voran und jauchzt mit schöner Stimme — Demosthenes nimmt höhnisch an, darin müsse er alle anderen übertroffen haben — und erhält dafür als Geschenk (oder Siegespreis?) die verschiedensten Kuchen — genau wie die βουκόλοι der Artemis bei Theon religiöse Formeln singen und um den Kuchen mit einander wettkämpfen. Dass hier die σαβάζια oder μητρῷα geschildert sind, bezeugt bekanntlich Strabon X, 471 sowie dass sie den Dionysosfesten entsprachen, [2] welcher uns auch mit Rhea verbunden begegnen wird. Der Attes, welcher bei ihnen nach Demosthenes angerufen wird, heisst in dem Cultlied bei Hippolyt *Adv. haeret.* 118, Bergk III⁴, S. 685 αἰπόλος, der Hirt der weissen Sterne, der ἀνὴρ συρικτής. [3]

---

[1]) Um Missverständnissen vorzubeugen, bemerke ich gleich hier, dass ich nicht zu beurteilen wage, wieweit die eigentliche Orphik den Cult des Διόννσος Ὠμηστής und der Ἄρτεμις Ταυροπόλος beeinflusst oder von ihm Züge entlehnt hat. βουκόλοι des Dionysos kennen die Orphiker, dass aber auch ausserhalb ihrer Kreise βουκόλοι des Dionysos oder der Artemis bestanden haben, und zwar ähnlich den orphischen, ist hoch wahrscheinlich. Eine strenge Sonderung oder Entscheidung über die Prioritätsfrage habe ich nicht einmal versucht; sie könnte nur im Rahmen einer allgemeinen Darstellung des Dionysoscultes und seiner Entwickelung gegeben werden, welche überhaupt diese Ausführungen ergänzen müsste.

[2]) Vgl. mit seiner Schilderung Clemens Alex. Protr. 4 S.: Διόνυσον Μαινόλην ὀργιάζουσιν Βάκχοι ὠμοφαγίᾳ τὴν ἱερομηνίαν ἄγοντες καὶ τελίσκουσι τὰς κρεανομίας τῶν φόνων, ἀνεστεμμένοι τοῖς ὄφεσιν ἐπολολύζοντες Εὐάν. Den Orgien des Dionysos Ὠμηστής, wie später zu erweisen, sind also die Sabazien nachgebildet.

[3]) Ähnlich ist bei Aristophanes (fr. 566 τὸν Φρύγα, τὸν αὐλη-τῆρα, τὸν Σαβάζιον) der Gott wohl selbst der Meister des Flötenspiels. συρικτής ist nach den Hymnen auch Helios bei den Orphikern.

Für die orphischen βουκόλοι und ihr Treiben werden wir Plato *de rep.* II, 364 B heranziehen dürfen, welcher beschreibt, wie die orphischen ἀγύρται καὶ μάντεις bei den Thüren der Reichen herumgehen und sich rühmen, durch Opfer und Beschwörungen (ἐπῳδαί) alle Schuld der Lebenden wie Toten sühnen zu können; nur dem, der ihrer Weihen teilhaftig wird, kann es im zukünftigen Leben wohl gehen; der Anderen harrt Schreckliches; sie aber können selbst den Verstorbenen nachträglich in den τόπος εὐσεβέων versetzen. Es ist interessant, dass Plato neben den ϑυσίαι auch die παιδιαί hervorhebt, wie Theon an seinen βουκόλοι. Wieder bietet sich eine Strabon - Stelle zum Vergleich: X, 474 τῶν δ' ἐνϑουσιασμῶν καὶ ϑρησκείας καὶ μαντικῆς τὸ ἀγυρτικὸν καὶ γοητεία ἐγγύς. τοιοῦτον δὲ καὶ τὸ φιλότεχνον μάλιστα τὸ περὶ τὰς Διονυσιακὰς τέχνας καὶ τὰς Ὀρφικάς. Von der Thätigkeit derartiger βουκόλοι lässt uns einiges der Sprachgebrauch des Wortes βουκολεῖν ahnen. Hesych führt an: βουκολήσομεν· μεριμνήσομεν, ἀπατήσομεν — βουκολοῦμαι· ἀπατῶμαι — βουκολουμένας· ἀπατωμένας, ἀπολουμένας — βουκολοῦντες· ἀπατῶντες — βουκολῶν· ἀπατῶν, σοφιζόμενος — βουκολεῖσϑαι χρησταῖς ἐλπίσι· ⟨ἀπατᾶσϑαι⟩[1] — βουκολητής. ἀπατεών. An die Bedeutung Betrügen klingt an des Aristophanes βουκολεῖν τὸν δήμιον (Ekkl. 81) wie des Sositheos Spott über Kleanthes (fr. 4) οὓς ἡ Κλεάνϑους μωρία βοηλατεῖ.[2] Zusammenhängt damit notwendig der spätere Gebrauch des Wortes für Trösten, Mildern, Besprechen, Stillen. Der βουκόλος ist eben der γόης, βουκολεῖν ist γοητεύειν.

---

[1]) Zu vergleichen ist allerdings Eurip. Bakch. 607 ἐλπίσιν δ' ἐβόσκετο (Phoen. 397, fr. 826) Aber aus dem Begriff Weiden kann der Gebrauch des Wortes βουκολεῖν nicht hervorgehen; die Bedeutung „ein βουκόλος sein" erklärt ihn.

[2]) Zugleich allerdings mit der Nebenbedeutung, dass Kleanthes der βουκόλος, der καϑηγεμών einer Mysten-Gesellschaft, bezw. einer Viehheerde, sei. Vgl. ausserdem oben S. 75 A. 3. Der Ausdruck erklärt gut ein verwunderliches Varro - Fragment, *Sat. Menipp.* 257 Büch. *Automedo meus, quod apud Plotinum rhetorem bubulcitarat, erili dolori non defuit.* „Sklavendienste bei dem Rhetor Plotius thun" liess sich passender anders bezeichnen, aber Varro sucht den doppelsinnigen Ausdruck „er war βουκόλος in der Gesellschaft des Plotius".

Weiter führt uns die grosse Poesie. Zwar von des Kratinos
Spott über die βουκόλοι wissen wir nur, dass das Stück mit dem
Dithyrambos begann, d. h. dass sie zu Dionysos in Beziehung
standen.[1] Eine bisher übersehene Erklärung hierzu giebt Pindar,
wenn er Ol. XIII, 18 den personificierten Dithyrambos, den Begleiter des Dionysos, βοηλάτης nennt: ταὶ Διωνύσου πόθεν
ἐξέφανεν σὺν βοηλάτᾳ Χάριτες Διθυράμβῳ; Die Angabe über
das Stück des Kratinos beweist jetzt, dass Pindar den Dithyrambos
selbst βουκόλος nennt, weil er das Lied der βουκόλοι ist. Die
Bedeutung des Wortes βοηλατεῖν bei Sositheos wird zugleich
gesichert. Als dionysische Gesellschaft, als Begleiter und Choreuten
des Gottes kennt schon Pindar wie Kratinos die βουκόλοι. Es
ist unser ältestes, wichtigstes Zeugnis (464 v. Chr.). Näher beschreibt uns Euripides die Pflicht des βουκόλος fr. 203:

ἔνδον δὲ θαλάμοις βουκόλον . . . . .
κομῶντα κισσῷ στῦλον εὔιον θεοῦ.[2]

βουκολικὸν κέντρον heisst der Thyrsos auch bei Clemens Alexandrinus in der von Crusius Rhein. Mus. 45, 265 citierten Stelle,
und so gebraucht es Rhinton, welchem Crusius das Fragment mit
Recht zuspricht.

Einen weiteren Aufschluss giebt uns das durch Porphyrios
erhaltene grosse Fragment aus den Κρῆτες des Euripides (472):

Φοινικογενοῦς τέκνον Εὐρώπης
καὶ τοῦ μεγάλου Ζηνός, ἀνάσσων
Κρήτης ἑκατομπτολιέθρου·
ἥκω ζαθέους ναοὺς προλιπών,
οὓς αὐθιγενὴς τμηθεῖσα δοκὸς
στεγανοὺς παρέχει Χαλύβῳ πελέκει
καὶ ταυροδέτῳ κόλλῃ κραθεῖσ᾽
ἀτρεκεῖς ἁρμοὺς κυπαρίσσου.

---

[1]) Und zwar wie alle diese Orgien dem Dionysos Ὠμηστής,
vgl. Crusius Philol. 47, 34. Das wird hoffentlich näher auch die
weitere Darstellung erweisen; darum bezieht auch Crusius Rhein.
Mus. 45, 267 richtig auf dies Stück Aristoph. Frösche 357 βακχεῖα
Κρατίνου τοῦ ταυροφάγου. Zu verbinden damit ist offenbar Kratinos
fr. 286 καὶ μὴ πρόσισχε βαρβάροισι βουκόλοις.

[2]) Der Θυρσοκόμος des Lysipp ist also der βουκόλος. Er war
in diesem Stück verspottet, wie in Lysipps Βάκχαι Lampon ὁ
μάντις ἀγύρτης. Κομῶντα sichert ausserdem Eur. Bakch. 1044 K.

ἁγνὸν δὲ βίον τείνων ἐξ οὗ
Διὸς Ἰδαίου μύστης γενόμην
καὶ νυκτιπόλου Ζαγρέως βούτας [1]
τοὺς ὠμοφάγους δαῖτας τελέσας
μητρί τ᾽ ὀρείῳ δᾷδας ἀνασχὼν
καὶ κουρήτων [2]
βάκχος ἐκλήθην ὁσιωθείς.
πάλλευκα δ᾽ ἔχων εἵματα φεύγω
γένεσίν τε βροτῶν καὶ νεκροθήκης
οὐ χριμπτόμενος, τήν τ᾽ ἐμψύχων
βρῶσιν ἐδεστῶν πεφύλαγμαι.

Die Verbindung des Dionysos νυκτιπόλος mit dem kretischen
Zeus und der Rhea, seines βουκόλος mit den Kureten wird Niemand
befremden, der sich an das erste Chorlied der Bakchen erinnert,
V. 119 ff. Die Worte des Fragments ἁγνὸν βίον τείνων klingen
wieder V. 72: ὦ μάκαρ, ὅστις εὐδαίμων τελετὰς θεῶν εἰδὼς
βιοτὰν ἁγιστεύει καὶ θιασεύεται ψυχὰν ἐν ὄρεσσι βακχεύων
ὁσίοις καθαρμοῖσιν. [3] Die Weihe der βουκόλοι in dem Fragment
geschieht durch ὠμοφάγοι δαῖτες, ähnlich schildert der Chor,
dessen ἔξαρχος der Gott selber ist, diesen (137) ἀγρεύων αἷμα
τραγοκτόνον, ὠμοφάγον χάριν.

Den Inhalt der „Kreter" des Euripides hat G. Körte in
den „historischen und philologischen Aufsätzen E. Curtius gewidmet" erwiesen. Von der Höhe des Bergwaldes, in welchem
der heilige Tempel steht, kommt der Chor der βουκόλοι zu dem
durch Pasiphaes Verbrechen entweihten Hause des Minos — offenbar
um zu sühnen, die καθαρμοί zu bringen. Rein und keusch müssen
sie leben, fern von der Menschen Geschlecht, im weissen Gewand
einherwandeln, vor jeder Befleckung sich hüten, und ausser bei
der Weihe durch das rohe Opfermahl darf kein Fleisch ihre Lippe
berühren. Das ist zugleich orphische Vorschrift. Wir wissen es
ja aus dem Hippolyt, wo Theseus höhnend dem Sohne sagt (945):

---

[1]) Diels, Deutsche Lit. Zeit. 1889, 1081: βροτὰς oder βροντὰς Codd.
[2]) Daher erklärt sich das Vorkommen des βουκόλος gerade in
dem Kureten-Hymnos.
[3]) In die Kreise der Μήτηρ Ὀρείη und damit auch der βουκόλοι
gehört natürlich auch Pan, vgl. Pindar Pyth. III, 78 und vor allem
fr. 95 B. Wie er dort zum Tanz der Nymphen aber auch zum
Tanz der Jungfrauen bei ihren Nachtfeiern spielt, so beschreibt
ihn noch Alkaios in dem wundervollen Epigramm XVI, 226.

σὺ δὴ θεοῖσιν, ὡ ς π ε ρ ι σ σ ὸ ς ὢ ν ἀ ν ή ρ,
ξύνει; σὺ σώφρων καὶ κακῶν ἀκήρατος;[1]
οὐκ ἂν πιθοίμην τοῖσι σοῖς κόμποις ἐγὼ
θεοῖσι προσθεὶς ἀμαθίαν φρονεῖν κακῶς.
ἤδη νυν αὔχει καὶ δι’ ἀ ψ ύ χ ο υ β ο ρ ᾶ ς
σίτοις † καπήλευ, Ὀ ρ φ ε ά τ’ ἄ ν α κ τ’ ἔ χ ω ν
β ά κ χ ε υ ε[2] πολλῶν γραμμάτων τιμῶν καπνούς.

Ein eigentümlicher Zug, den Euripides hier seinem Helden beilegt,
und scheinbar ausser allem Zusammenhang mit der übrigen
Schilderung! Eigentümlicher noch, dass er so ganz zu dem Bilde
des βουκόλος passt! ἁγνός, rein und keusch, ist Hippolytos,
auf Bergeshöhen, fern dem Verkehr der Menschen, schweift er
und bringt von dort von unberührter Wiese den Kranz, das einzige
reine Opfer; er ist der Göttin Genoss, er spricht mit ihr und hört
ihre Stimme, göttliches Licht und Hauch umweht ihn noch im
Sterben. Da wir nun aus den Theokrit-Scholien entnehmen, dass
das Altertum religiöse βουκόλοι auch in Verbindung mit Artemis
kannte, so werden wir Hippolytos als βουκόλος bezeichnen.
Einen direkten Hinweis darauf sehe ich noch in V. 1035, wo
Theseus höhnend sagt: „Wie der Zaubrer Blut bespricht" —
ἆ ρ’ ο ὐ κ ἐ π ῳ δ ὸ ς κ α ὶ γ ό η ς π έ φ υ χ’ ὅ δ ε,
ὃς τὴν ἐμὴν πέποιθεν εὐοργησίᾳ
ψυχὴν κρατήσειν τὸν τεκόντ’ ἀτιμάσας;
ἐπῳδὸς καὶ γόης heisst ja auch Dionysos als βουκόλος der Mänaden
Bakch. 226 und βουκολῶν· σοφιζόμενος kennt Hesych.[3]

Wenn Euripides den jungfräulichen Jäger Hippolytos zum
βουκόλος machte, so konnte dieser Zug nicht aus dem alten
Cult des Hippolytos stammen; ebenso wenig aber lag er in dem
Novellenstoff vom keuschen Jüngling und dem buhlerischen Weib.
Im Gegenteil, näher ausgeführt schädigt dieser Zug mehr als er

---

[1]) Vgl. in den orphischen Formeln ἔφυγον κακόν.

[2]) Vgl. oben καὶ κουρήτων βάκχος ἐκλήθην ὁσιωθείς. Das Wort
kann hier nicht übertragene Bedeutung haben; an orphischen
Dionysos-Mysterien nimmt Hippolyt Teil. Die vielen Bücher der
orphischen ἀγύρται verspottet auch Plato.

[3]) V. 478 erklärt die Amme, zu ἐπῳδαί ihre Zuflucht neh men
zu wollen, denn in diesen ist stets das Weib dem Mann überlegen. Auch hier bekommen die überflüssig scheinenden Verse
Bedeutung, wenn Hippolyt ursprünglich selbst ἐπῳδός ist.

14

nützt, indem er die Reinheit des Hippolytos nicht zum naturgemässen Ausdruck seines Charakters, sondern zur erzwungenen macht. Der Dichter hat sich wohl gehütet, in unserm Stück die Consequenzen daraus zu ziehen. Aber was in diesem zwecklos oder störend scheint, ist aus dem ersten Hippolyt zu erklären — das hat schon Valckenaer geahnt und Wilamowitz ausgeführt. Das Eigentümliche des ersten Stückes ist ausser der unverhüllten und unbekämpften Leidenschaft der Phaidra, dass Hippolyt zu einem anderen Leben eingeht und der Chor statt der Klagen um des Jünglings Loos mit den Worten schliessen kann:

$$\tilde{\omega} \; \mu\acute{\alpha}\varkappa\alpha\varrho, \; o\acute{\iota}\alpha\varsigma \; \acute{\epsilon}\lambda\alpha\chi\epsilon\varsigma \; \tau\iota\mu\acute{\alpha}\varsigma,$$
$$\text{'}I\pi\pi\acute{o}\lambda\upsilon\vartheta\text{'} \; \tilde{\eta}\varrho\omega\varsigma, \; \delta\iota\grave{\alpha} \; \sigma\omega\varphi\varrho\sigma\sigma\acute{\upsilon}\nu\eta\nu\cdot$$
$$o\breve{\upsilon}\pi\sigma\tau\epsilon \; \vartheta\nu\eta\tau\sigma\tilde{\iota}\varsigma$$
$$\grave{\alpha}\varrho\epsilon\tau\tilde{\eta}\varsigma \; \breve{\alpha}\lambda\lambda\eta \; \delta\acute{\upsilon}\nu\alpha\mu\iota\varsigma \; \mu\epsilon\tilde{\iota}\zeta\omega\nu\cdot$$
$$\tilde{\eta}\lambda\vartheta\epsilon \; \gamma\grave{\alpha}\varrho \; \tilde{\eta} \; \pi\varrho\acute{o}\sigma\vartheta\text{'} \; \tilde{\eta} \; \mu\epsilon\tau\acute{o}\pi\iota\sigma\vartheta\epsilon\nu$$
$$\tau\tilde{\eta}\varsigma \; \epsilon\grave{\upsilon}\sigma\epsilon\beta\acute{\iota}\alpha\varsigma \; \chi\acute{\alpha}\varrho\iota\varsigma \; \acute{\epsilon}\sigma\vartheta\lambda\acute{\eta}.$$

Streng entspricht ihnen bekanntlich in dem erhaltenen Stück die Rede der Artemis (1416 ff.), welche auch die Ehren des Hippolyt, Rache an der feindlichen Göttin und Heroencult, schildert; man vergleiche die Worte: $o\grave{\upsilon} \; \gamma\grave{\alpha}\varrho \; o\grave{\upsilon}\delta\grave{\epsilon} \; \gamma\tilde{\eta}\varsigma \; \grave{\upsilon}\pi\grave{o} \; \zeta\acute{o}\varphi\sigma\nu$ .... $\breve{\alpha}\tau\iota\mu\sigma\iota \; \grave{o}\varrho\gamma\alpha\grave{\iota} \; \varkappa\alpha\tau\alpha\sigma\varkappa\acute{\eta}\psi\sigma\upsilon\sigma\iota\nu$ .... $\sigma\tilde{\eta}\varsigma \; \epsilon\grave{\upsilon}\sigma\epsilon\beta\epsilon\acute{\iota}\alpha\varsigma \; \varkappa\grave{\alpha}\gamma\alpha\vartheta\tilde{\eta}\varsigma$ $\varphi\varrho\epsilon\nu\grave{o}\varsigma \; \chi\acute{\alpha}\varrho\iota\nu$ .... $\sigma\sigma\grave{\iota} \; \delta\text{'} \; \grave{\alpha}\nu\tau\grave{\iota} \; \tau\tilde{\omega}\nu\delta\epsilon \; \tau\tilde{\omega}\nu \; \varkappa\alpha\varkappa\tilde{\omega}\nu \; \tau\iota\mu\grave{\alpha}\varsigma$ $\mu\epsilon\gamma\acute{\iota}\sigma\tau\alpha\varsigma \; \delta\acute{\omega}\sigma\omega$. Aber wenig Gewicht legt Hippolyt, der Chor, der Dichter selbst auf diese Heroenehren; mit dem bittern Weh um den Toten schliesst das Stück. Vergleichen wir nun die Selig-Preisung des ersten Hippolyt, die Schlussworte, dass die $\grave{\alpha}\varrho\epsilon\tau\acute{\eta}$ die höchste Allmacht ist, so muss ein Wunder, die Wiedererweckung des Jünglings, vorausgelegen haben. Artemis selbst hat es nicht vollzogen — so gross ist die Macht der Göttin nicht. Natürlich konnte Asklepios eintreten, in andern Recensionen der Sage ist er es nachweislich; für Euripides wäre es ein Notbehelf gewesen; der Dichter hat ihn nicht verwendet. Asklepios hätte wohl das irdische Leben erneuern können; dass es sich darum nicht handelt, zeigen die Worte $o\acute{\iota}\alpha\varsigma \; \tau\iota\mu\acute{\alpha}\varsigma$ und $\tilde{\eta}\varrho\omega\varsigma$. Das göttliche, ewige Leben durch die Zauber-Kraft der $\grave{\alpha}\varrho\epsilon\tau\acute{\eta}$ kann nicht von Asklepios ausgehen. Dass die Worte auch nicht einfach bedeuten „du bist Heros geworden," beweist mir besonders der Vergleich mit dem erhaltenen Stück. Hippolyt ist zu einem neuen Leben eingegangen $\delta\iota\grave{\alpha} \; \sigma\omega\varphi\varrho\sigma\sigma\acute{\upsilon}\nu\eta\nu$ zufolge seiner Keuschheit, aber dies neue Leben ist zugleich εὐσεβίας χάρις ἐσθλή, der Lohn erfüllter religiöser Pflicht. Seine ἁγνότης ist nicht Willkür, sondern sacrales Gebot und begründet seinen Anspruch auf ewigen Lohn. Das ist im zweiten Hippolyt zwar verdunkelt, aber doch noch zu empfinden. Es erklärt sich, wenn im ersten breiter ausgeführt war, was hier nur andeutungsweise sich findet, Hippolyt also näher als βουκόλος geschildert war. Der βουκόλος hofft, wie sein καθηγεμών und Vorbild, Dionysos selbst, nach dem Tod in ein neues Leben einzugehen; eine neue Sonne wird ihm scheinen, ὁ κάτω ἥλιος. Den Treuerfundenen und Bewährten belohnt der Mysten seliges Loos. Ähnlich wie in den Kretern der Pasiphae, an welcher Eros auch seine ganze Gewalt zeigt, der Chor der βουκόλοι, stand im ersten Hippolyt der Phaidra der βουκόλος Hippolyt gegenüber.

Was mich zu diesen Vermutungen treibt, hat der Leser längst empfunden: die schon von Klausen und C. Fr. Müller bemerkte, weitgehende Ähnlichkeit des Hippolyt mit den Hauptfiguren des sogenannten bukolischen Liedes. Zwar von dem spröden Jäger Menalkas, dem Eriphanis von Liebe entflammt durch Berg und Wälder nacheilt (wie Phaidra es sich wünscht), wissen wir zu wenig. Aber Daphnis, der spröde Jäger und Hirt, der βουκόλος κατ' ἐξοχήν,[1] der Liebling und Jagdgenosse der Ἄρτεμις,[2] der Gegner der Aphrodite, deren Macht er leugnet und deren Zorn ihn vernichtet, zeigt sich in allem dem Hippolyt verwandt. Daphnis aber ist der βουκόλος im religiösen Sinn und geht eben darum ein zu einem neuen, seligen Leben. Das zeigen einstimmig und doch aus verschiedenen Quellen Theokrit und Vergil.

Von Vergil ist dies bekannt. Schon Maass hat auf die entscheidenden Verse V, 29—31 verwiesen:

Daphnis et Armenias curru subiungere tigris
Instituit, Daphnis thiasos inducere Bacchi
Et foliis lentas intexere mollibus hastas.[3]

---

[1]) Diodor IV, 84: ἀφ' ἧς αἰτίας βουκόλον αὐτὸν ὀνομασθῆναι.

[2]) Ebenda: μυθολογοῦσι δὲ τὸν Δάφνιν μετὰ τῆς Ἀρτέμιδος κυνηγεῖν ὑπηρετοῦντα τῇ θεῷ κεχαρισμένως καὶ διὰ τῆς σύριγγος καὶ βουκολικῆς μελῳδίας τέρπειν αὐτὴν διαφερόντως. Hippol. 1397: οὐκ ἔστι σοι κυναγὸς οὐδ' ὑπηρέτης.

[3]) Aus Theokrit sind die Verse nicht zu erklären, aber ebensowenig mit dem blöden Scholiasten aus Anspielungen auf Iulius

Dass dies die Pflicht des βουχόλος ist, zeigt Eurip. fr. 203:

ἔνδον δὲ θαλάμοις βουχόλον . . . . .

κομῶντα κισσῷ στῦλον εὐΐου θεοῦ.

Als der erste βουχόλος des Gottes wird Daphnis also deutlich bezeichnet. Dann ist es aber auch nicht zufällig, dass in derselben Ekloge sein Eingang zu einem neuen Leben gepriesen wird; er kommt dazu eben als der βουχόλος. Wer glauben will, dass Vergil dies aus sich erfinden konnte, möge später in den Andeutungen Theokrits die nämlichen Züge verfolgen. Ich betrachte schon jetzt als sicher, dass der Mantuaner ein uns verlorenes „bukolisches" Lied benutzt hat. [1]

Wie schwierig oder unmöglich es ist, ohne die Heranziehung neuen Materials den Daphnis des ersten Idylls zu verstehen, hat die reiche Literatur seit Welckers erstem Versuch gelehrt. Da soll nach den Einen Daphnis verheiratet sein, aber seine Gemahlin nicht lieben, sondern eine Fremde, welche ihn auch wiederliebt; aber um die eheliche Treue nicht zu verletzen, stirbt er. Der Dichter hat nicht nur vergessen, uns gerade das Wichtigste, jene Ehe, anzudeuten, sondern lässt im Gegenteil Aphrodite so auftreten und von dem Bekämpfen des Eros reden, als ob von der Liebe allgemein, von aller Liebe die Rede sei. Wieder Andere wandeln des Scholiasten Wege, lassen den Daphnis ohne Erhörung lieben und helfen sich über die Verse des Priap: „deine Geliebte eilt zu allen Quellen und zu jedem Hain, dich suchend, so wage doch nur das rechte Mittel für deine Liebe zu finden" mit der billigen

---

Cäsar. Auch die Unsterblichkeit des Daphnis kann nicht aus Cäsars Unsterblichkeit gefolgert sein. Nur wenn ein Lied von Daphnis Ähnliches berichtete, war eine Anspielung möglich. Wohl aber kann das Eingehen zum seligen Fortleben der Mysten auf Grund derselben zur eigentlichen Apotheose umgebildet sein.

[1]) Allem Anschein nach das Antwortslied auf Theokrits erstes Idyll vom Tode des Daphnis. Das Lied vom Tode und das von der Auferstehung werden sich bei Vergil entgegengestellt; im ersteren ist hauptsächlich Theokrit benutzt. Dass aus der Vorlage des zweiten ein Zug hineingenommen wird, lässt sich bei Vergil mit mancherlei Beispielen belegen. Ich verweise jetzt darauf, dass die mythologische Quelle des Pseudo-Servius auch eine Erhebung des Daphnis zum Himmel kennt, allerdings durch seinen Vater Hermes. Das ist also aus einer anderen Quelle, aber doch noch aus ähnlicher Tradition.

Aushilfe, das sei Ironie oder eine plumpe, aber gut gemeinte Erfindung des Priap. Der Sachverhalt sei der umgekehrte. Nur schade, dass der Dichter das nirgends andeutet und die „Ironie" des Priap einen Sinn so wenig wie die gut gemeinte Täuschung orgeben will. [1] Folgen wir einfach dem Gedicht selbst, so ergiebt sich Folgendes: Daphnis hat sich gerühmt, der Aphrodite fern zu bleiben, er weigert ihr, wie Hippolyt, die göttliche Ehre, den Eros will er niederkämpfen. Darum zürnt die Göttin und sendet ihm verzehrende Liebe, welcher sein Leben erliegt, nicht er selbst. Bis zum Tode leistet er dem Trieb der Göttin Widerstand, noch im Hades wird er der Feind des Eros, wird er $\dot{\alpha}\gamma\nu\acute{o}\varsigma$ und von Eros unüberwunden bleiben. Das passt, wenn die $\varkappa\acute{\omega}\varrho\alpha$, von welcher Priap spricht und welche notwendig eben die Geliebte sein muss, ihn auch liebt, ihn voll Sehnsucht an jedem Quell, in allen Wäldern sucht, wie Eriphanis den Menalkas, Daphnis aber $\dot{\alpha}\gamma\nu\acute{o}\varsigma$ bleiben will, aus freien Stücken darauf verzichtet $\dot{\epsilon}\varsigma$ $\pi\acute{o}\vartheta o\nu$ $\dot{\epsilon}\lambda\vartheta\epsilon\tilde{\iota}\nu$. In jedem anderen Fall ist es lächerlich. Einen solchen Vorsatz versteht Priap nicht, sondern fordert auf, die $\dot{\alpha}\gamma\nu\epsilon\acute{\iota}\alpha$ zu brechen. Töricht ist es zu weinen um etwas, das man ja haben kann und nur sich selbst versagt oder nicht zu thun wagt. [2] Aber Daphnis entgegnet dem Versucher kein Wort, sondern vollendet sein bitteres Geschick, das ist seine Liebe. Freilich eine solche $\dot{\alpha}\gamma\nu\acute{o}\tau\eta\varsigma$ darf nicht Marotte sein; eine solche hätte der antike Dichter nie erfunden und besungen. Sie hat religiösen Grund. Der $\beta o\nu\varkappa\acute{o}\lambda o\varsigma$ des Gottes muss rein und keusch bleiben; dadurch erzürnt er wohl

---

[1]) Diese mit grösster Siegesgewissheit vorgetragene Erklärung Brinkers wurde als abschliessend und einzig möglich auch von Neueren angenommen. Aber auch abgesehen von der „Ironie", von welcher es vielleicht verschiedene Begriffe geben mag, — wenn Daphnis der Aphrodite nur zu gern huldigen möchte, warum zürnt sie dann ihm? Was sollen ferner dann die Worte des sterbenden Daphnis an Aphrodite, dass er ihr doch nicht weicht und unbezwungen als $\varkappa\alpha\varkappa\grave{o}\nu$ $\mathring{\alpha}\lambda\gamma o\varsigma\,$'$E\varrho\omega\tau\iota$ in den Hades geht, wenn die Geliebte ihn nicht mag? Ist das wieder Ironie?

[2]) Das ist seine $\dot{\alpha}\mu\eta\chi\alpha\nu\acute{\iota}\alpha$, befremdlich an dem, welcher als $\dot{\epsilon}\pi\omega\delta\acute{o}\varsigma$ und $\gamma\acute{o}\eta\varsigma$ zum Finden von $\mu\eta\chi\alpha\nu\alpha\acute{\iota}$ verpflichtet wäre (Hippol. 478, vgl. S. 209, A. 3). Darin gleicht er dem blöden $\alpha\mathring{\iota}\pi\acute{o}\lambda o\varsigma$, der bei seinen Ziegen allein sich abhärmt um etwas, was er doch haben könnte, ebenso gut wie Pan auch; Daphnis könnte ja zu den Mädchen gehen und weint doch, dass er es nicht darf und nicht thut.

Aphrodite und sie kann ihn ihre volle, furchtbare Macht erproben lassen; aber auch dann darf er nicht nachgeben, rein und keusch geht er in den Tod.[1] Dann aber erwartet ihn der Lohn des Mysten. Auch ihn hat Theokrit kurz angedeutet. Als Aphrodite höhnend sagt „nun hat dich Eros niedergerungen", antwortet Daphnis die vielbesprochenen Worte:

ἤδη γὰρ φράσδη πάνθ' ἄλιον ἄμμι δεδύκειν;
Δάφνις κἠν Ἀίδα κακὸν ἔσσεται ἄλγος Ἔρωτι.

Der zweite Vers wird offenbar dem ersten entgegengesetzt; dann muss aber dieser eine Frage enthalten, eine Frage, die im Folgenden verneint wird, und so verstand es Eustathios zur Il. 22, 213. Meinekes Erklärung *postremum mihi solem illuxisse dicis; accipio, sed ut etiam apud inferos dolor sim Amori* ist viel zu gewunden, und wenn Hiller bemerkt, die Wahrheit der Behauptung, dass er keine Sonne mehr sehen werde, könne doch Daphnis nicht in Abrede stellen, so zeigt dies nur, dass ein anderer Sinn den Worten Theokrits zu Grunde liegen muss: „noch ist mir nicht jede Sonne gesunken, auch im Hades werde ich sie schauen, unbesiegt von Eros und darum ihm zum Leid". ὁ κάτω ἥλιος, das neue, selige Leben der μύσται im Hades, erwartet ihn. Es ist die einzige Anspielung auf den Lohn der ἁγνότης, denn das Lied ist nur der Klage um den Tod des Daphnis gewidmet. Wir begreifen leicht, wie als Gegenstück die Apotheose des Daphnis gedichtet werden konnte.[2]

Es ist charakteristisch, dass besonders stark in unserm Idyll die den Daphnis als Jäger schildernden Züge sind (V. 115—17. 71. 72). Dass man sich ganz allgemein darüber mit der Bemerkung hinweghilft, jeder Hirt sei natürlich auch Jäger, und damit sogar den Wurfspiess als Amts-Abzeichen des βουκόλος erklärt, ist

---

[1] So verstehen wir auch, warum Daphnis dies sein Unterliegen als im Gegensatz zu aller Weltordnung betrachtet. Dass er gerade durch seine εὐσέβεια zu Grunde geht, das ist das Ungerechte, Verwunderliche. Das klingt nicht so scharf und hart durch, wie im zweiten Hippolyt, aber zu empfinden ist es doch und schon von den̦ älteren Philologen empfunden, wenn auch nicht erklärt worden.

[2] Natürlich ist Hermes auch in diesem Gedicht nicht Vater des Daphnis. Er müsste ganz anders sonst reden. Aber als älter kennt Theokrit schon (aus Timaios?) ein Verhältnis des Hermes zu Daphnis.

ein Zeichen arger Gedankenlosigkeit. Selbst wenn der wirkliche Hirt einmal mit einem Wolf kämpft, oder einen Hasen schlägt, ja selbst wenn er Waffen trägt, bleibt darum für das Ideal des Hirtensängers, den Schäfer der Dichtung, Jagdspiess und Jagdhund ebenso befremdlich, wie für den Waidgenossen der Artemis Hirtenstab und Heerde. Der βουχόλος bei Euripides hat mit ihnen auch nichts zu thun; er ist nur Jäger. Wohl aber zeigen die sicilischen βουχόλοι der Artemis, welche Theon schildert und Timaios voraussetzt, und ihr ideales Vorbild Daphnis schon beide Züge. Den Anlass dazu wird eine Betrachtung des ursprünglichen Charakters des Daphnis später erklären. Bei der fortschreitenden Verweltlichung treten die auf das Hirtenleben weisenden Züge immer stärker hervor. Züge, welche auf das Jägerleben deuten, sind eben darum älter. Ein anderer unserem Gedicht eigentümlicher Zug, die Anrufung des arkadischen Pans und das Vermächtnis der Syrinx an ihn, stammt ebenfalls aus der weltlichen Bukolik und ist später zu erörtern. Denn bevor ich auf dieselbe näher eingehe, muss ich zu den sacralen βουχόλοι und ihrer Wirksamkeit in Kos zurückkehren.

Dass Daphnis in einem „bukolischen‟ Liede Myste des Dionysos war, steht durch Vergil vollkommen sicher. Die Namen der Sänger bei Theokrit weisen, wie Maass bemerkte, auf die Mysterien dieses Gottes, so Tityros (vgl. Strabo X, 468 ff.: Διονύσου δὲ Σειληνοί τε χαὶ Σάτυροι χαὶ Τίτυροι χαὶ Βάχχαι Λῆναί τε χαὶ Θυῖαι χαὶ Μιμαλλόνες χαὶ Ναΐδες χαὶ Νύμφαι προσαγορευόμεναι) und Thyrsis, die Abkürzung von Θυρσοφόρος (oder Θυρσοχόμος d. h. βουχόλος, vgl. S. 207, A. 2). Auch die Geliebten des Daphnis kehren in diesem Kreis wieder, die Nais (vgl. auch Anyte IX, 745), die Nymphe, Thaleia (als Name einer Mänade auf zwei Vasen zu Neapel, vgl. Heydemann No. 2419. 3235); wenn Pimplea zufällig nicht nachweisbar ist, so begegnen dafür häufig Namen der Musen bei den Mänaden. Endlich zeigt eine Erinnerung hieran wieder das schon besprochene zweite Epigramm Theokrits, welches dem Daphnis neben der übrigen Ausrüstung des idealen βουχόλος und Hymnensängers auch die νεβρίς giebt. Die Beziehung zu Dionysos ist dadurch sicher, nicht minder· freilich auch durch Theon und Timaios eine sacrale Beziehung zu Artemis. Ebenso ist Hippolyt der Diener und Genoss der Artemis und zugleich der orphische βάχχος — der Myste des Dionysos, wie wir nach den Parallelstellen nun annehmen müssen. Die Verbindung beider Gottheiten ist bezeugt, nicht etwa durch Conjekturen von uns erschlossen. Befremdlich ist sie nicht. Wohl kann ich hier nur andeuten, was ein Anderer, in griechischer Mythologie und Kunst Erfahrenerer leicht ausführen wird: ein Zusammenhang zwischen dem Dionysos Ὠμηστής, dem schrecklichen, im Bergwald mit den Mänaden jagenden Gott, auf welchen gerade Euripides, wo er die βουκόλοι erwähnt, uns hinweist, mit der Artemis Ταυροπόλος,[1] welche in bildlichen Darstellungen noch die Stierhörner trägt oder (wie Dionysos) auf dem Stier reitet, ist notwendig und auch ohne das späte Zeugnis des Nonnos Dionys. XLIV, 197:

Ἄρτεμις, εἰ σὺ πέλεις ἐλαφηβόλος, ἐν δὲ κολώναις
νεβροφόνῳ σπεύδουσα συναγρώσσεις Διονύσῳ.

sicher. νεβροφόνος ist gerade der Dionysos Ὠμηστής, vgl. Eurip. Bakch. 133: ἀγρεύων αἷμα τραγοκτόνον, ὠμοφάγον χάριν· ὁ δ' ἔξαρχος Βρόμιος. εὐοῖ. Das schreckliche Menschenopfer ist beiden gemein, und zu dem Zerreissen der Kinder im Cult des furchtbaren Dionysos bietet der Artemis-Cult die Parallelen. So erscheint die Ταυροπόλος auch örtlich, in Magnesia z. B. und Ikaria mit dem verwandten Gott verbunden; in Kyzikos hat Artemis einen θίασος von heiligen Weibern (Suidas u. d. W. Δόλων aus Ailian) und nicht willkürliche Flunkerei, sondern sacrale Tradition muss daher den Grammatiker Istros bewogen haben, gerade die Ταυροπόλος mit dem Hippolyt zu verbinden (Suidas Ταυροπόλον). Auch sie ist ja die Herrin der jungfräulichen ἁγνεία, auch ihr wird, wie dem Hippolytos, vor der Hochzeit das Opfer gebracht. Eng verwandt ist mit ihr, wie Jeder weiss und auch Pausan. III, 16, 6 ff. beweist, die Ὀρθία und Λυγοδέσμα oder Φακελῖτις.[2] Es ist daher nicht gleichgiltig, dass Theons bester Bericht die sacralen βουκόλοι gerade mit Letzterer verbindet und ihr Bild von den Taurern stammen lässt.[3] Der junge Cult der Artemis Ἀναία zu Syrakus (vgl. Ἄναιος, daher Liber und Libera) hat seinen Brauch von älteren Heiligtümern übernommen.

---

[1] Vgl. über sie Robert Archäol. Zeitung 1875 S. 134.
[2] Vgl. das pompejanische Wandgemälde, Helbig 1333. Preller-Robert, Gr. Myth. 309. 313.
[3] Dass auch die Chöre der spartanischen Καρυᾶτις βουκόλοι gehabt haben, beweist nun wieder Theon. Sollte hieraus der merkwürdige Schluss der sechsten Ekloge Vergils sein Licht

Die verbindenden Glieder sind noch nicht klar, die Verbindung der Artemis *Ταυροπόλος* mit dem Dionysos selbst ist sicher. Aber welche Brücke führt uns von diesem Cult zu dem koischen Dichterkreis?

Zunächst eine rein persönliche. Theokrit, der bukolische Dichter *κατ' ἐξοχήν*, ist sacraler *βουκόλος*. Das hat Maass im Hermes XXVI, 178 ff. aus dem Hymnos *Λῆναι ἢ Βάκχαι* erwiesen. Es ist das Cultlied für die (aus Theben übertragene) Dionysos-Feier am Drakanon zu Kos. Der Dichter selbst tritt als der priesterliche Sänger auf — wie ja auch für die Bakchen in Magnesia ein Priester gewählt wird, *ἱερῆα τίθει δ' εὐάρτιον ἁγνόν* — er erzählt die düstere heilige Sage von der schrecklichen Rache des Gottes durch die ersten Mänaden und schliesst mit der Mahnung *μήδ' ἄλλος ἀπεχθέσθαι* (Codd. *ἀπεχθέμεναι*) *Διονύσῳ φροντίζοι, μήδ' εἰ χαλεπώτερα τῶνδ' ἐμόγησεν*. Das kann in der Verbindung mit *οὐκ ἀλέγω* nur heissen: auch jeder Andere *φροντίζοι μὴ ἀπεχθέσθαι Διονύσῳ*, auch jeder Andere hüte sich gegen Dionysos zu grollen, [1] auch wenn er noch Grässlicheres an sich erfahren hätte. Der folgende Vers *εἴη δ' ἐνναέτης ἢ καὶ δεκάτῳ ἐπιβαίνοι* kann weder hier anschliessen, noch für ein törichtes Spiel mit einer sinnlosen Formel oder gar für interpoliert erklärt werden. [2] Also ist ein Vers ausgefallen; da im Folgenden von einem Knaben die Rede ist, so bietet sich als einfachste Deutung und Ergänzung „auch wenn er noch Grässlicheres als dies erfahren hätte [und durch den Gott und seine Mänaden ein Kind verloren hätte, welches noch in zartem Alter steht und ohne Schuld ist] *εἴη δ' ἐνναέτης ἢ καὶ δεκάτῳ ἐπιβαίνοι*." Die Altersangabe mag zugleich in irgend welchem Bezug zur Ennaeteris stehen. Der Gedanke selbst würde hier gut passen, denn derselbe Dionysos, welcher ja auch dem Pentheus den Tod brachte, hat in Argos die Weiber entflammt, das Fleisch der eigenen Kinder zu essen (Apollod. III, 5, 2); das Agrionien-Fest war nach Hesych

---

empfangen? Dass mit dem sacralen *βουκόλος* Daphnis auch Apollo zusammenhängt, ist später zu erweisen. Auf die religiöse Verbindung auch des Pan mit den Mysterien des Dionysos und der Rhea habe ich früher hingewiesen.

[1]) Vgl. Od. 16, 114 *οὔτε τί μοι πᾶς δῆμος ἀπεχθόμενος χαλεπαίνει,* möglich wäre vielleicht auch *ἀπεχθέμεναι Διόννυσον*.

[2]) Weder Anlass noch Sinn einer Interpolation wären klar.

der Erinnerung daran geweiht. Die schon dem Hesiod bekannte Cult-Sage knüpfte dasselbe an das Gedächtnis der Proitiden zu Tirynth (Apollodor II, 2, 2; Paus. VIII, 18, 3). Die Töchter des Minyas in Orchomenos töten den Sohn der Leukippe ἔτι ἀπαλὸν καὶ νεαρόν. Das Fest der Agrionien ist wie in ganz Böotien so auch in Theben bezeugt (Hesych, Plutarch *Quaest. Symp.* VIII *Prooem.*), für Kos also nach Maass' Ausführungen wahrscheinlich; es gilt dem Dionysos Ὠμηστής und ihm gilt unser Lied.

In leicht durchsichtigem Anschluss bringt nun der Dichter sacrale Formeln, welche im Munde des ἁγνὸς βουκόλος noch besondere Bedeutung haben: αὐτὸς δ' εὐαγέοιμι καὶ εὐαγέεσσιν ἅδοιμι, εὐσεβέων παίδεσσι τὰ λώϊα δυσσεβέων δ' οὔ, zugleich den Segensspruch des Priesters enthaltend. Aber selbst in dem üblichen Hymnenschluss χαίροι μὲν Διόνυσος . . . . . χαίροι δ' εὐειδὴς Σεμέλα καὶ ἀδελφεαὶ αὐτῶν (sie werden also wie in Magnesia die ersten Mänaden selbst mit verehrt) wird wieder erinnert, dass der Mord nach des Gottes Willen geschehen ist, und gewaltig klingt der Schluss μηδεὶς τὰ θεῶν ὀνόσαιτο. Wir empfinden, dass das Lied für einen düstern, orgiastischen Cult gedichtet ist, welcher zu dem Empfinden des Dichters selbst schon im Widerspruch steht. Und doch hat derselbe Dichter denselben Stoff noch einmal behandelt in den für die Agrionien von Argos bestimmten Προιτίδες. Man vergleiche mit der Notiz in der Theokrit-*Vita* bei Suidas die Glossen des Hesych: Ἀγριώνια (Cod. ἀγράνια)· ἑορτὴ ἐν Ἄργει ἐπὶ μιᾷ τῶν Προίτου θυγατέρων und Ἀγριάνια· νεκύσια παρὰ Ἀργείοις, καὶ ἀγῶνες ἐν Θήβαις.

Wieder sei es erlaubt, von der geraden Bahn der Untersuchung in das luftige Bereich ungesicherter Conjecturen abzuschweifen, um ein neues Mitglied der koischen Dichter- und βουκόλος-Gesellschaft nachzuweisen. In Alexandria hat ein sacrales Collegium der βουκόλοι wenigstens zu den Zeiten des Philadelphos nicht bestanden; sonst hätte es Kallixenos in seinem Festbericht (Athen. V, 196 ff.) notwendig erwähnen müssen.[1] Wohl aber bekleidete

---

[1] Ihre Stelle nehmen die Σάτυροι ein, welche, wie die βουκόλοι, unter Silenen stehen (Hermes VII, 39, in Pergamon je neun unter einem) und wie jene Chorlieder singen. Der dithyrambische Chor Arions bestand aus Σάτυροι (daher der Dith. selbst als Satyr dargestellt, Annal. del Inst. I, 400), der Pindars aus βουκόλοι, vgl. S. 207. Kos empfing mit dem Dionysos-Cult die βουκόλοι aus Böotien.

ein Dichter, Philiskos, das Amt des Dionysos-Priesters. Unter den koischen Inschriften ist neuerdings ein sehr stolzes Epigramm eines Dichters Philiskos auf seinen verstorbenen Sklaven Inachos (Paton-Hicks 218) gefunden worden, welches der Zeit nach dem Tragiker Philiskos gehören könnte. Da der Druck ein genaues Urteil über das Alter der Schriftzeichen nicht gestattet, bat ich Herrn Euemeros S. Pantelides zu Kos, welchem ich auch an dieser Stelle verbindlichsten Dank sage, um einen Abklatsch. Derselbe zeigt, dass zwar die übrigen Buchstaben in dem Druck richtig angegeben sind, *O Θ Ω* aber in der Regel nicht die volle Höhe der eckigen Buchstaben erreichen. Herr Professor Dittenberger bestätigte mir nach Prüfung des Abklatsches gütigst, dass diese Datierung der Schrift nach unbedenklich ist.

Ich gebe die Inschrift, welche von den englischen Herausgebern trotz der starken Verwitterung vorzüglich gelesen und bis auf zwei Versehen scharfsinnig ergänzt ist, nach meiner Revision:

[Π]ρὶν μὲν Ὁμήρειο[ι γραφί]δες φιλ[οδέσποτ]ον ἦθος [1]
Εὐμαίου χρυσέαις ἔκλαγον ἐν σελίσιν, [2]
σεῦ δὲ καὶ εἰν Ἀΐδαο σαόφρονα μῆτιν ἀείσει
Ἴναχ᾽ ἀείμνηστον γράμ[μ]α λαλεῦσα πέτρη, [3]

[1]) Den Anfang glaube ich deutlich zu erkennen; γραφίδες scheint notwendig; ob in dem Θ von ἦθος der Punkt vergessen oder undeutlich geworden ist, entscheide ich nicht, O ist zwar ungeschickt gemacht, aber zu erkennen.

[2]) In χρυσέαις ἔκλαγον ist das zweite Σ und E, wenn auch undeutlich, noch zu erkennen, von Γ ist wenigstens der Grundstrich erhalten; in σελίσιν ist der untere Teil des ersten Σ und E kenntlich.

[3]) In dem Namen sind die beiden Grundstriche des N erhalten und X für mich ganz erkennbar; mindestens kann ich versichern, dass die deutlichere rechte Hälfte des Buchstabens zu einem K nicht ergänzt werden kann, da dessen Querstriche einen spitzeren Winkel bilden... Im Folgenden ist, was die Herausgeber bieten, ἀείμνηστος πέτρη γράμμα λαλεῦσα ganz unmöglich; Jeder verbessert wohl, wie auch ich von Anfang an, ἀείμνηστον γράμμα, ein Ausdruck, der, wenn auch ähnlich geziert wie der entsprechende γραφίδες Εὐμαίου ἦθος ἔκλαγον ἐν σελίσιν (Buchgedicht und Steinaufschrift stellt einander auch Arat XII, 129 entgegen), doch möglich ist. Von dem erforderlichen N sind auf dem Stein noch die beiden senkrechten Striche erhalten; wohl ist der erste nicht ganz gerade, aber lange nicht so stark gebrochen, dass man an Σ denken kann. λαλεῦσα lese ich deutlich, λαλοῦσα ist unmöglich; in πέτρη ist von dem E noch der oberste und unterste Querstrich zu erkennen.

καί σε πρὸς εὐσεβέων δόμον ἄξεται ἐσθλὰ Φιλίσκος
δῶρα καὶ ἐν ζωοῖς κάμ φθιμένοισι τίνων, [1]
σήν τ' ἄλοχον Κλειοῦν ταὐτόν σοι παῖδα τίουσαν,
πηγῆς ἧς μαστῶν εἵλκυσε νηπίαχος.
[ὦ] δυσάλ(υ)κτ', Ἀΐδη [2] τί τὸ τηλίκον ἔσχες ὄνειαρ
κλεινὸν Κλευμαχίδος κοῦρον ἀειράμενος;

Natürlich ist der Sohn der Kleomachis nicht, wie die Herausgeber meinen, der Herr, nicht Philiskos, sondern Inachos. Ihm verspricht Philiskos, ihn später in den δόμος εὐσεβέων einzuführen, ihn und seine Gattin — ihr Name muss angegeben werden — Kleio, seine einstige Amme. Man denke sich Inachos etwa als den früheren Pädagogen des offenbar noch jugendlichen Dichters. In Vers 3 und 4 ist natürlich Anyte, deren Einwirkung auf die koischen Dichter ich früher erwiesen habe, nachgeahmt ἀλλὰ καλόν τοι ὕπερθεν ἔπος τόδε πέτρος ἀείδει (VII, 724, 3 vgl. Meleager VII, 428, 19). Näher berührt sich unser Gedicht, wie auch die Herausgeber sahen, mit Euphorion VII, 651, 2 οὐδ' ἡ κυάνεον γράμμα λαλοῦσα (Cod. λαβοῦσα, der Stein spricht in den Buchstaben) πέτρη, doch glaube ich in dem barocken Ausdruck desselben eher die Nachahmung zu empfinden. Mit Vers 1 und 2 könnte man etwa Poseidipp bei Athen. XIII, 596 D Σαπφῷαι φθεγγόμεναι σελίδες vergleichen. [3] Ganz eigenartig ist der Gedankenkreis unseres Dichters; mit Homer vergleicht er sich selbst, wie dessen Odyssee dem wackern Eumaios, so wird sein Lied dem guten Inachos, welcher eben darum im Schluss κλεινός genannt wird, die Unsterblichkeit sichern. Man erinnert sich unwillkürlich an den Hieron des Theokrit (vgl. 54 ἐσιγάθη δ' ἂν ὑφορβὸς Εὔμαιος) und möchte für Büchelers treffliche Conjectur

---

[1]) Von dem letzten N sind die Grundstriche noch zu erkennen.

[2]) δυσαλικταιδ ist deutlich, wahrscheinlich wollte Philiskos Ἀΐδα schreiben, aber ich erkenne nur drei senkrechte Striche, die ersten beiden verbunden, also αιδηι.

[3]) Auf literarische Verbreitung unseres Gedichtes möchte man schliessen, wenn man das dem ersten oder zweiten Jahrhundert v. Chr. gehörige Epigramm aus Kleonai, Kaibel 471, vergleicht: Ἰκαρίου μὲν παῖδα πολυ[ζ]ήλωτον Ὅμη[ρος ὕμ]ν[η]σ' ἐν δέλτοις ἔξοχα Πηνελόπην· σὴ[ν δ'] ἀρετὴν καὶ κῦδος ὑπέρτατον οὔτις ἐπα[ρκῶς] ἱσ-[χύει] λιγυρῶν ἆσαι ἀπὸ στο[μάτων]. Gerade dass die Nachahmung einfacher und bescheidener geworden ist, rückt die Eigentümlichkeit des koischen Epigramms in das rechte Licht.

ιί μ᾽ σφεας φώνησαν Ἰάονος ἀνδρὸς ἀοιδαί unser ἔκλαγον als Beleg anführen. Ja es ist vielleicht nicht zufällig, dass die Worte καὶ εἰν Ἀΐδαο in einem rhythmisch ganz gleich gebauten Vers (30) des Hieron an derselben Stelle wiederkehren ὄφρα καὶ εἰν Ἀΐδαο κεκρυμμένος ἐσθλὸς ἀκούσῃς, und wenn Theokrit in jenem Liede mit den grossen dorischen Lyrikern wetteifert, so empfinden wir ein ähnliches Streben in den kühnen Bildern des jugendlichen Philiskos.

Die koische Dichtung knüpft an die alte Lyrik, nicht nur in der Wahl der Bilder und Worte, [1] vor Allem in der grossartigen Auffassung des Dichterberufes an. Der Sänger ist des Königs ebenbürtiger Genoss, er allein begabt mit der wunderbaren Macht, den Namen des tapferen und hochgesinnten Herrschers der Vergessenheit zu entrücken und zu ewigem Glanz zu erheben, er der einzige Mittler zwischen Mit- und Nachwelt. Des Gottes Diener allein, und darum heimatlos, wandert er über die Erde, wohin ihn milder, echt adliger Sinn und das Verständnis eines Fürsten ruft. — Gerade die Art, in welcher Theokrit Sicilien erwähnt und zu

---

[1]) Gerade dieser Anschluss an die ältere Lyrik, welcher für die neue Dichtung so ungemein charakteristisch ist, braucht freilich nicht in Kos zuerst aufgekommen zu sein. Bei den peloponnesischen Dichtern zeigt sich uns neben dem Fortwirken der dorischen Lyrik, welche dort nie ganz verklungen ist, bei Mnasalkas und vielleicht bei Anyte schon genau wie bei Kallimachos und Arat Zurückgreifen auf Archilochos, welches sich nur aus gelehrten Studien und einem festen Kunstprincip erklären lässt. Wenn bei den koischen Dichtern auch die äolische Lyrik in weitestem Umfang mit berücksichtigt wird, so ist dies nur planmässige Fortführung der gleichen Bewegung. Selbst in dem so stark von Pindar, Bakchylides (und sicher auch Simonides) beeinflussten Hieron Theokrits finden sich Stellen, welche an die Lieder der Sappho und des Alkaios erinnern, vgl. Alkaios fr. 142 B und vor Ailem Sappho fr. 68: Κατθάνοισα δὲ κείσεαι πότα, κωὐ μναμοσύνα σέθεν ἔσσετ᾽ οὔτε τότ᾽ οὔτ᾽ ὕστερον. οὐ γὰρ πεδέχεις βρόδων τῶν ἐκ Πιερίας, ἀλλ᾽ ἀφάνης κἠν Ἀΐδα δόμοις φοιτάσεις πεδ᾽ ἀμαύρων νεκύων ἐκπεποταμένα mit Theokrit V. 42: ἄμναστοι δὲ τὰ πολλὰ καὶ ὄλβια τῆνα λιπόντες δειλοῖς ἐν νεκύεσσι μακροὺς αἰῶνας ἔκειντο (allerdings wirken homerische Erinnerungen, wie sie bei dem Philetas-Schüler nur natürlich sind, und das von Bücheler mit Unrecht bezweifelte Fragment des Choirilos mit ein). Die peloponnesische Schule scheint auch hierin der neuen Dichtung in Kos den Weg gewiesen zu haben; hierin liegt ihre Bedeutung.

preisen verspricht, er einer unter den Vielen, ohne im Geringsten der eigenen Abstammung aus Syrakus zu gedenken, ist für die Gesammtauffassung ungemein charakteristisch. [1] — Der Dichter aber kann, wie den Fürsten, so auch dessen Mannen, auch den kleinsten und geringsten, zur Unsterblichkeit erheben. Sein Hass und seine Liebe sind das Entscheidende für die späteste Zeit.

Dass eine solche Auffassung mit der gesammten Culturentwicklung nicht mehr in Einklang stand, dass gerade, wo das ersehnte Entgegenkommen des Fürsten sich fand, aus den stolzen, höfischen Sängern die recht spiessbürgerliche Gesellschaft eines $\mu o v \sigma \varepsilon \tilde{\iota} o v$ mit Jahr- und Monatsgehalt werden musste, darf unsere Freude an dem gewaltigen Lied und dem Einblick, welchen es uns in die Anschauungen des koischen Dichterbundes gewährt, nicht beeinträchtigen. Nur wenn man dies Jugendideal der neuen Dichtung auf sich wirken lässt, begreift man annähernd die gewaltige Einwirkung des koischen Bundes.

Als selbstbewusster Dichter, welcher den nämlichen Anschauungen huldigt, spricht Philiskos zu uns. Aber auch dann berührt uns befremdlich, dass er nicht nur selbst gewiss und offenbar berechtigt ist, in den $\tau \acute{o} \pi o \varsigma$ $\varepsilon \dot{v} \sigma \varepsilon \beta \acute{\varepsilon} \omega v$ einzugehen, sondern auch mitnehmen und hineinversetzen kann, wen er irgend will. Wer die äusserst geringen Spuren des Unsterblichkeitsglaubens in Inschrift und Epigramm überschaut, muss zugeben, dass Philiskos für diese ganz eigenartige Vorstellung einen bestimmten Anhalt und Anlass haben muss. Myste des Dionysos oder gar $\beta o v x \acute{o} \lambda o \varsigma$ muss er sein, und wenn wir einen Priester des Dionysos, den Dichter Philiskos, in Alexandria kennen und einen Dichter und Mysten des Dionysos, Philiskos, in Kos finden, wenn wir ferner bedenken, wie viele der ersten alexandrinischen Dichter dem koischen Bunde entstammen, und dass der Alexandriner Philiskos in seinen metrischen Spielereien nächste Verwandtschaft mit Simias, dem Orphiker und Mitglied des koischen Bundes, zeigt, so ist der Schluss kaum abzuweisen, dass auch der Tragiker Philiskos in seiner Jugend in Kos war und dass uns durch den Stein das einzige vollständige Gedicht von ihm erhalten ist. Da Hephaistion

---

[1] Dass das Lied nicht in Sicilien, sondern in weiter Ferne, wahrscheinlich in Kos, gedichtet ist, beweist mir zwingend sein Schluss. Dies ist das Einzige, worin ich von Vahlens schönen Auseinandersetzungen abweichen möchte.

(p. 58) ihn jünger als Simias sein lässt und doch zwischen beiden über einen metrischen Fund ein Prioritätsstreit herrscht, so spräche kaum etwas dagegen, seinen Aufenthalt in Kos um 275—270 anzusetzen. Zurück zu Theokrit!

Vielleicht haben die mancherlei auffälligen Übereinstimmungen der Tradition über die religiösen βουκόλοι mit den Dichtungen Theokrits dem Leser allmählig die Überzeugung gegeben, dass wir hier auf einem richtigen, wenn auch noch nicht ebenen Wege sind. Aber nun klafft wieder eine Lücke: keine Verbindung scheint von dem sacralen βουκόλος-Sang, etwa dem 26. oder selbst dem ersten Idyll, zu der weltlichen „Bukolik", dem sogenannten „Hirtenlied" Theokrits, zu führen. Freilich ein eigentliches Hirtenlied schlechthin ist es ja nicht, immer ein Wettgesang zwei „sogenannter" Hirten, oder das einzelne aus einem solchen herausgelöste Glied (so Idyll I, vgl. V. 24). βουκολιάζεσθαι heisst bei Theokrit durchaus nicht „ein Hirtenlied singen", sondern nur „in Liedern streiten". Ein Überblick über die wenigen, aber entscheidenden Stellen, an denen das Wort begegnet, wird dies leicht darthun.

Im Gedicht V (Βουκολιασταί), in welchem der Schafhirt und Ziegenhirt mit einander streiten und sich die schärfsten Hohnworte zuschleudern, antwortet Lakon auf den ehrenrührigsten Vorwurf des Komatas: ἀλλὰ γὰρ ἔρφ' ὧδ', ἕρπε, καὶ ὕστατα βουκολιαξῇ. Der Sinn kann nicht sein „und du wirst das letzte Hirtenlied singen", sondern nur „du wirst zum letzten mal schmähen, höhnen, ein Streitlied singen". So verstand es ganz richtig Vergil (3, 51): *efficiam, posthac ne quemquam voce lacessas* — nicht ohne gelehrten Anhalt; βουκολία· κακολογία sagt Hesych. Die Vorliebe für homerische Versausgänge zeigt sich auch hier; denn vorschwebt dem Dichter Il. I, 232: ἦ γὰρ ἄν, Ἀτρείδη, ν ῦ ν ὕ σ τ α τ α λ ω β ή σ α ι ο. Dann nur ist der Vers als Antwort klar und schön. Danach ist natürlich dann zu deuten V. 60: αὐτόθε μοι ποτέριζε καὶ αὐτόθε βουκολιάσδευ und V. 68: ἄμμες γὰρ ἐρίσδομες, ὅστις ἀρείων βουκολιαστάς ἐστι. Nicht wer am besten Hirtenlieder singt, sondern wer am besten den Rivalen im Sang zu höhnen versteht (κνίζειν, vgl. V. 120. 122), wird im Wesentlichen erprobt. Klarer ist Gedicht VII: Theokrit selbst geht hinaus zum Fest; ihm begegnet nicht ein Hirt, sondern ein befreundeter Dichter, aber in Hirtenkleidern. βουκολιασδώμεσθα fordert ihn Theokrit auf; schon gelte ich Allen für den besten Dichter; zwar besieg ich noch nicht Männer wie Philetas und Asklepiades im Wettkampf, wohl aber dich. Der „Hirt" Lykidas nimmt das auf und sagt nach kurzem Vorwort: ἀλλ' ἄγε βουκολικᾶς ταχέως ἀρχώμεθ' ἀοιδᾶς. Aber an Stelle einer βουκολικὴ ἀοιδή, oder vielmehr als solche, folgt nun ein mit aller alexandrinischen Kunst gefertigtes erotisches Lied, zunächst Propemptikon für den geliebten Knaben, dann das Fest, welches der Dichter nach erfülltem Wunsch und glücklicher Fahrt desselben feiern will, beschreibend, endlich kunstvoll in den Preis zweier mythischen Hirten Daphnis und Komatas überlenkend. Und Theokrit? Selbst in der Liebe glücklich, besingt er in anmutigen Wendungen die noch unerhörte Liebe seines nächsten Freundes, des Dichters Arat, wünscht ihm Glück und rät mit neckendem Schluss dann doch zur stoischen ἀταραξία. Von Volkstümlichem, von Hirtenlied keine Spur. Dann aber kann auch die Aufforderung βουκολιασδώμεσθα nicht heissen, singen wir ein Hirtenlied, sondern singen wir ein Lied im Wettstreit. Auf Letzterem, nicht auf der Hirtenmaske, liegt eigentlich der Ton. [1]

Dass die sacralen βουκόλοι, welche Theon schildert, in beständigem Wettstreit mit einander sind, dass sie um bestimmten

---

[1]) Etwas anders gebraucht das Wort der Dichter der untergeschobenen Einleitung von Idyll IX (1 und 5), doch ist die Bedeutung des Wettstreits noch gewahrt. VIII Vers 32 halte auch ich für Interpolation. Wäre er auch echt, so stammte er nicht von Theokrit. Bei Bion freilich (5, 5) ist der Begriff von βουκολιάζομαι völlig verblasst; Lieder wie ὡς εὗρε πλαγίαυλον ὁ Πάν, ὡς αὐλὸν Ἀθάνα, ὡς χέλυν Ἑρμάων, κιθαρὶν ὡς ἁδὺς Ἀπόλλων sind ihm bukolisch. Dem entsprechen die Reste seiner βουκολικά. — Das Wort βουκολιάζεσθαι hat zunächst technische Bedeutung. Wo hat es dieselbe erlangt? Das Volk spricht nicht von Volksliedern, der Schiffer nicht vom Schifferlied, der Hirt nicht vom Hirtenlied. Der Ausdruck selbst schon weist uns in andere Kreise. — Gedichte wie die, welche Theokrit seinen Sängern in den Mund legt, singt nie das Volk; auch nicht ähnliche. Wohl aber können wir sie bei den Kunstdichtern der Zeit nachweisen. Bei den Sängern selbst lugt überall unter dem Kleid des Hirten ein Kunst-Dichter hervor, selbst bei den scheinbar echtesten Hirten Theokrits im vierten Liede. So wenig wie die spätere Schäferpoesie, so wenig ist ihr Urbild in Schäferkreisen entstanden; aber die „Schäfer an der Pegnitz" sind vielleicht nicht ganz den „Hirten" in Kos unähnlich.

E.nsatz kämpfen, giebt sofort einen auffallenden Vergleichspunkt. Dass diese „Hirten-Kämpfe" an die Dichterwettkämpfe beim Gelage in den Hohnliedern wie in den rein epideiktischen Liedern erinnern, oder besser, deren getreustes Spiegelbild sind, habe ich nach drei langen Kapiteln wohl nicht mehr nötig auszuführen. Aber es bieten sich uns hierfür noch stärkere Belege.

Mehrfach schon hat sich bei Vergil die Benutzung uns verlorener alter bukolischer Lieder gezeigt; wir dürfen daher auch ihn zu der Untersuchung heranziehen. Der Dichterstreit der dritten Ecloge schliesst damit, dass sich Menalkas und Damoetas gegenseitig Rätsel aufgeben (104—108):

Dic quibus in terris — et eris mihi magnus Apollo —
tris pateat Caeli spatium non amplius ulnas.
Dic quibus in terris inscripti nomina regum
nascantur flores; et Phyllida solus habeto.

In den wenigen bukolischen Gedichten Theokrits finden wir dies ganz auf das Gelage verweisende Spiel nicht, wohl aber kennen wir von Theokrit einen bukolischen $\gamma\varrho\tilde\iota\varphi o\varsigma$, die Syrinx. Dass sie im Wettstreit mit des Dosiades Altar gedichtet ist, haben Wilamowitz und Häberlin erwiesen. Gelagescherze sind es und zugleich Epigramme, epideiktische Weihaufschriften, wie wir sie im vorigen Kapitel genügend kennen lernten, abhängig von der $\dot\varrho\tilde\eta\sigma\iota\varsigma$ des Lykophron. Auf vorausliegende Kämpfe deutet wenigstens Dosiades hin, wenn er seinen Philoktet den Mörder, den Überwinder, des Theokrit nennt, um den Genossen neckend an eine Niederlage zu erinnern, Grund genug für Theokrit, ihn in immer künstlicheren $\gamma\varrho\tilde\iota\varphi o\iota$ zu überbieten. Wo diese Kämpfe vor sich gingen, zeigt vielleicht noch die Überschrift des Altars: $\varDelta\omega\sigma\iota\dot\alpha\delta\alpha$ $\beta\omega\mu\grave{o}\varsigma\ \varDelta\omega\varrho\iota\acute\varepsilon\omega\varsigma\ \ddot{o}\nu\ \ddot\varepsilon\sigma\tau\alpha\sigma\varepsilon\ Mo\acute\upsilon\sigma\alpha\iota\varsigma\ \dot\varepsilon\nu\ \gamma\tilde\alpha$, welche Hecker mit leichter Änderung in den Vers brachte: $\varDelta\omega\sigma\iota\dot\alpha\delta\alpha\ \varDelta\omega\varrho\iota\acute\varepsilon\omega\varsigma\ \beta\omega\mu\grave{o}\varsigma$ $\ddot{o}\nu\ \ddot\varepsilon\sigma\tau\alpha\sigma'\ \dot\varepsilon\nu\grave\iota\ \gamma\tilde\alpha\ Mo\acute\upsilon\sigma\alpha\iota\varsigma$. Sinnlos ist hier allerdings $\dot\varepsilon\nu\grave\iota\ \gamma\tilde\alpha$, aber an einer Erklärung fehlt es nicht; denn $M\acute\varepsilon\varrho o\pi\varepsilon\varsigma$ sind ja die Koer und die Menschen insgesamt, $M\varepsilon\varrho o\pi\acute\iota\varsigma$ Kos und — die $\gamma\tilde\eta$. Das bliebe gleich wichtig, ob die Überschrift von Dosiades selbst oder einem alten Grammatiker herrührt. Doch wie dem sei, die Möglichkeit, derartige fingierte Aufschriften oder $\gamma\varrho\tilde\iota\varphi o\iota$ in das Streitlied selbst hineinzuziehen, wird Niemand nach dem Vorhergehenden leugnen. Also folgt Vergil auch hier einer alten Quelle; er erläutert zugleich die Bestimmung derartiger „Spielereien".

Vergleichen wir hiermit, was wir von den Agrionien, den Festen des Dionysos Ὠμηστής, wissen. Die Nachricht des Hesych, dass in Theben bei ihnen ἀγῶνες stattfanden, hilft nicht viel. Um so wichtiger ist Plutarchs Beschreibung *quaest. conv.* VIII, *prooem.*: οὐ φαύλως οὖν καὶ παρ᾿ ἡμῖν ἐν τοῖς Ἀγριωνίοις τὸν Διόνυσον αἱ γυναῖκες ὡς ἀποδεδρακότα ζητοῦσιν· εἶτα παύονται καὶ λέγουσιν, ὅτι πρὸς τὰς Μούσας καταπέφευγε καὶ κέκρυπται παρ᾿ ἐκείναις. μετ᾿ ὀλίγον δέ, τοῦ δείπνου τέλος ἔχοντος, α ἰ ν ί γ μ α τ α κ α ὶ γ ρ ί φ ο υ ς ἀ λ λ ή λ ο ι ς π ρ ο β ά λ λ ο υ σ ι. Auch die ersten Teile der Unterhaltung, die Trauer um Dionysos und der Trost, dass er bei den Musen weilt, werden wohl in metrischer Form zum Ausdruck gebracht sein.[1] Aber auch bei dem Mahl an dem Fest des schrecklichen Gottes bildet den Schluss dieselbe heitere Gelage - Unterhaltung wie bei den weltlichen Zusammenkünften. Was für die heiligen Weiber des Dionysos bezeugt ist, dürfen wir nun auf die Gesellschaft der βουκόλοι übertragen.

Eine Dichtergesellschaft zu Kos hat anfänglich unter sacraler Einwirkung die Maske der Hirten, der βουκόλοι, angenommen und in derselben beim Gelage, zunächst bei dem durch den Cult gebotenen, später wohl auch ohne sacralen Anlass unter der Einwirkung der allgemeinen Sehnsucht nach dem Leben in der Natur und einfachen, schlichten Verhältnissen, poetischen Wettstreit gepflegt. Das Spiegelbild dieses Wettstreits geben die βουκόλος-Lieder.

Eine Kunde von dem Fortleben und Wirken derselben hat uns das berühmte, von Usener (Rhein. Mus. 29, 25 ff.) erklärte Epigramm aus dem benachbarten Knidos (Kaibel 781) erhalten. An den wandernden Sänger richtet es sich, welcher in den Hain des Antigonos Gonatas und der Phila einzugehen ermahnt wird. Dort soll er, wenn die Musen ihm ihre Gunst geschenkt haben, Lieder als Proben den beiden Gottheiten weihen — dass es nur Hymnen auf Antigonos und Phila sein sollen, · ist durchaus nicht nötig — natürlich nicht allein, so wenig wie die Jünglinge allein um die Rennbahn laufen oder in der Palaistra sich üben sollen,

---

[1]) Eine gewisse Ähnlickeit mit den Klagen der sacralen βουκόλοι um den Tod ihres mythischen καθηγεμών Daphnis (bei dessen Verschwinden die Νύμφαι abwesend waren) und dem Trostlied, dass Daphnis eingegangen ist zu dem seligen Loos der Mysten, oder gar, dass er an den Himmel versetzt ist, fällt wohl Jedem in die Augen. Das ἀφανίζεσθαι in den Mythen und ζητεῖν für θρηνεῖν ist bekannt.

sondern im Wettkampf mit Anderen. Auch die Bedingung für
(en Wettkampf ist genannt; die Lieder sollen nicht improvisiert,
sondern vorher ausgearbeitet sein, wie die Lieder des Theokrit
und Lykidas im Idyll VII, oder der Sang des Thyrsis im Idyll I.
Schon das deutet auf einen Kampf mit Lied und Antwort. Im
Waldthal ist für die Sänger die ϑυμέλη und davor der heilige
σηκός erbaut; man erinnert sich unwillkürlich der Schilderung
bei Theokrit I, 21—23 „wo gegenüber dem Priapbild und dem
Platz der Nymphen der Sitz für den Hirten ist". Hoch auf der
Felsplatte steht darüber das Bild des Pan — darin liegt, wie
Usener sah, allerdings eine politische Anspielung — aber nicht
des Pan, wie er dahereilt, die Keltenschaaren zu vernichten, sondern
Πὰν ὁ μελιζόμενος, der Gott, wie er im Liede der βουκόλοι lebt
und wie er auch die Lieder der hier Streitenden beeinflussen oder
beurteilen wird und soll (man denke an das vierte attische Skolion).
Dass er als der arkadische Gott empfunden wird, erhellt daraus,
dass auch Hermes, welcher dem Sänger den Weg weist, der
Hermes aus dem arkadischen Pheneos ist. Mag auch hierin eine
uns verlorene politische Beziehung liegen, die Einwirkung Arkadiens
auf Kos und die Umgegend wird zugleich auch hierdurch bezeugt.
Auch dass der Hermes die Spiele der Rennbahn und Palaistra
nur nebenbei erwähnt, mit den Dichter-Wettkämpfen sich hauptsächlich beschäftigt, ist für Zeit und Ort charakteristisch. —

Das bukolische Lied ist nicht das Hirtenlied, sondern das
Lied von dem βουκόλος κατ᾽ ἐξοχήν, so hat uns Timaios gelehrt.
Ich denke, die bukolischen Lieder bestätigen das. Das zeigt das
erste Idyll, dessen Refrain ἄρχετε βουκολικᾶς, Μοῖσαι φίλαι,
ἄρχετ᾽ ἀοιδᾶς jetzt für uns an Wichtigkeit gewinnt. Das zeigt
sein nur durch Vergil für uns angedeutetes Gegenstück. Das
zeigt Idylll VI, in welchem die mythischen Hirten Daphnis und
Damoitas mit einander kämpfen. Das zeigt Idyll VIII und IX,
in welchen Daphnis und Menalkas zusammengebracht werden. Das
zeigt die wunderliche Entwicklung der Daphnis-Fabel, welche in
jedem Idyll verschieden ist und ihren Helden von Sicilien nach
Arkadien, Euböa, Kreta, ja bis nach Phrygien führt, je nachdem
der singende βουκόλος einen Anhalt oder Anlass dazu sieht. [1]

---

[1]) Denn nicht das Geringste spricht dafür, in Daphnis eine in
all diesen Ländern heimische mythologische Figur zu sehen; das

Das empfindet noch der späte Dichter der Ὀαριστύς, welcher für das galante Hirtenabentcuer der mythischen Figuren Daphnis und Menalkas nicht entraten kann. Freilich kann auch der Dichter, selbst ja βουκόλος, eintreten. Statt Daphnis und Damoitas können Theokrit und Nikias selbst den Stoff von Polyphem und Galateia behandeln; sie können sich dabei eventuell auch mit Dichternamen, welche durch γρῖφος-Spiel gebildet sind, bezeichnen. Ist ja doch Theokrit offenbar der Θύρσις ἐξ Αἴτνης im ersten Idyll, der Simichidas im siebenten und in der Syrinx, Lykidas, d. h. Dosiades, sein Gegenpart. Auch dann ist die ursprüngliche Bedeutung des βουκολικὸν ποίημα als Lied des βουκόλος oder Lied von dem βουκόλος noch gewahrt. Aber eins kann Theokrit und sein Kreis offenbar nicht: beliebige Hirten mit beliebigen Namen handelnd und singend auftreten lassen. Seine βουκόλοι sind eben nicht Hirten schlechthin. Die Idylle IV. V. X verraten deutlich, dass nicht wirkliche Hirten und Schnitter, sondern Dichter in der Maske derselben auftreten. [1] Wohl mögen die γρῖφοι, in welchen ihre Namen sich bergen, uns bei unserer geringen Kenntnis der alexandrinischen Literatur unklar geworden sein und vielleicht immer unklar bleiben. Der Versuch, sie zu erraten, muss immer wieder von neuem gemacht werden; er ist kein müssiges Spiel des Scharfsinns. Auch wenn er scheitert, lehrt er Natur und Anlage der Gedichte besser durchschauen.

§ 2.

Die Deutung eines dieser γρῖφοι, der Namen im vierten Idyll, habe ich im Rostocker Index 1891/92 versucht; da ich überall Widerspruch gefunden habe, meine frühere Ansicht aber durch

---

zeigen diese Sagen selbst mit ihrer kecken, leicht zu durchschauenden Erfindung. So gewiss aus dem Apollo Νόμιος, dem Sohne Silens (Clemens Protr. 8 S.), in Arkadien leicht ein Daphnis werden konnte, gerade die arkadische Daphnis·Fabel zeigt, dass sie mit allem Cult und aller Tradition nichts zu schaffen hat. Der Vertreter des βουκόλος·Liedes wandert, wie in einer naiveren Zeit der Vertreter der Epik gewandert ist.

[1] Nicht so freilich die Ἁλιεῖς. Eben dadurch verraten sie sich wieder als Werk eines anderen Dichters und unter anderem Bildungsgesetz enstanden. Ihr nächster Verwandter ist der letzte Mimiambos des Herondas, das Ἐνύπνιον.

weitere Gründe belegen zu können glaube, sei es gestattet, auch
darauf zurückzukommen.

Der *βουκόλος* Korydon, welcher des Aigon Syrinx über-
kommen hat, rühmt von sich:

ἐγὼ δέ τίς εἰμι μελικτάς
κῆν μὲν τὰ Γλαύκας ἀγκρούομαι εὖ δὲ τὰ Πύρρω.
αἰνέω τάν τε Κρότωνα, καλὰ πόλις, ἅ τε Ζάκυνθος
καὶ τὸ ποταῷον τὸ Λακίνιον, ᾆπερ ὁ πύκτας
Αἴγων ὀγδώκοντα μόνος κατεδαίσατο μάζας.
τηνεῖ καὶ τὸν ταῦρον ἀπ' ὤρεος ἆγε πιάξας
τᾶς ὁπλᾶς κἤδωκ' Ἀμαρυλλίδι, ταὶ δὲ γυναῖκες
μακρὸν ἀνάυσαν, χὠ βουκόλος ἐξεγέλασσεν.

Dass hier nicht von einem wirklichen Hirten die Rede ist, empfindet
Jeder, der dem Theokrit nicht die Albernheit zutraut, die Hirten
Krotons die *μεμεθυσμένα παίγνια Μουσέων* [1] der Glauke oder
die „ionischen Lieder" des Pyrres von Milet singen zu lassen,
und weiss, dass wir mit dieser Erwähnung der in Alexandria
gefeierten Hetäre des greisen Ptolemaios Soter in den Kreis der
alexandrinischen Dichter gewiesen werden. Unmöglich dann, dass
die Worte Theokrits bedeuten sollen: „ich trage hübsch die Lieder
der Glauke und des Pyrres vor" — sie müssen vielmehr bedeuten:
„ich ahme dieselben nach". [2] Es ist in der That keine echte

---

[1]) Hedylos bei Athenaios IV, 176 D: ηὕλει δὴ Γλαύκης μεμεθυσμένα παίγνια Μουσέων.

[2]) Vor Allem beweist dies die folgende Angabe des Stoffes
eines eigenen Liedes des Korydon. Denn ein einheitliches Lied
ist es; von der allgemeinen Inhaltsangabe αἰνέω τάν τε Κρότωνα
geht er zur Angabe des Anfangs über ⟨ἅ τε Κρότων⟩ καλὰ πόλις,
die Stadt der starken Athleten, auch ihre Umgebung ist schön
nach Westen ἅ τε Ζάκυνθος (?) und nach Osten τὸ Λακίνιον. Dort
hat der Krotoniat Aigon dereinst beim Festschmauss 80 Brote
verzehrt, dort an dem Stier folgendes Meisterstück ausgeführt.
Korydon will dadurch beweisen, dass er zwar nicht der echte
bukolische Sänger, aber doch noch in einem gewissen Zusammenhang mit der Bukolik *μελικτάς τις* sei. Fehlt doch wenigstens
auch seinem Liede die Heerde und der lachende Hirt nicht. Dies
aber ist weder ein Lied der Glauke, noch direct eines des Pyrres,
nur einem solchen nachgeahmt. Wie ein Hirt die Erbschaft der
Syrinx damit erklären soll, dass er die Lieder der Glauke gut
vortragen kann, begreife ich nicht; nur als Symbol der Dichtung
vermag ich sie zu verstehen. Wenn von mehreren Seiten dagegen

„bukolische" Poesie, welche hier beschrieben wird, mit anmutigem
Spott über den μελικτάς; das zeigt ja klar der Schluss ὁ βουκόλος
(Aigon selbst) ἐξεγέλασσεν. Wie nahe mit der Erwähnung des
Milesiers Pyrres die Erzählung von dem Kraftstück des Aigon zusammenhängt, sah schon der Scholiast, welcher aus Pyrres (wie Knaack
Hermes 25, 84 richtig vermutet) eine ähnliche Erzählung über den
Milesier Astyanax anführt: εἰς Αἴγωνα μετήνεγκε τὰ περὶ τοῦ
Μιλησίου Ἀστυάνακτος ἱστορούμενα. φασὶ γὰρ τοῦτον Ἴσθμια
νικήσαντα καὶ οἴκοι παραγενόμενον ἐκ τῆς ἰδίας ἀγέλης τοῦ
μεγίστου λαβέσθαι βοὸς τῆς χηλῆς καὶ μὴ ἀνεῖναι ἕως ὁ
ταῦρος ἐλευθερῶν τὸ σῶμα ἀπέβη βίᾳ, κατέλιπε δὲ τὴν ὁπλὴν
ἐν τῇ χειρὶ αὐτοῦ. Nun kennen wir einen alexandrinischen Dichter,
von welchem Suidas und Athenaios (XIV, 620 E) ausdrücklich
berichten, dass er in der Art des Pyrres gedichtet habe, Alexander den Aitoler, den Verfasser von Ἰωνικὰ ποιήματα. Er erwähnte den Krotoniaten Milon und beschrieb in einem Gedicht die
Gefrässigkeit seines Landsmanns, des starken Titormos. Wenn sich
ferner bei Ailian Var. hist. 12, 22 von Titormos die Erzählung findet:
(Τίτορμος) ἐπὶ τὴν ἀγέλην ἦλθε καὶ στὰς ἐν μέσῳ τὸν μέγιστον
ταῦρον ἄγριον ὄντα λαμβάνει τοῦ ποδός· καὶ ὁ μὲν ἀποδρᾶναι
ἔσπευδεν, οὐ μὴν ἐδύνατο. παριόντα δὲ ἕτερον τῇ ἑτέρᾳ
χειρὶ συναρπάσας τοῦ ποδὸς ὁμοίως εἶχε, so haben wir beide
unabhängig diese Geschichte auf ein Gedicht des Alexander Aitolos
zurückgeführt, da das Vorkommen der Kraftstücke des Titormos in
einem Gedicht uns auch durch Hesych u. d. W. Τίτορμος verbürgt

---

behauptet ist, τὰ Πύρρω ᾄδειν könne gar nicht heissen „Lieder
wie die des Pyrres singen, dem Pyrres nachahmen", so darf ich
wohl zur Verteidigung anführen, dass die *cantores Euphorionis* bei
Cicero doch auch nicht für Virtuosen, welche Euphorions Lieder vortragen, sondern für Nachahmer desselben gelten müssen und unter
dem Rivalen des Horaz, von welchem er sagt *nil praeter Calvum et
doctus cantare Catullum*, des Gedankenganges halber notwendig ein
Nachahmer der genannten Dichter zu verstehen ist. Von griechischen Beispielen genügt vielleicht das Sprichwort: ἄειδε τὰ Τέλλη-
νος· ἐπὶ τῶν σκωπτικῶν τίθεται ἡ παροιμία. Τέλλην γὰρ αὐλητὴς
ἐγένετο καὶ μελῶν ποιητὴς κτλ. (Zenob. I, 14. II, 15). Die Weisen
des Tellen singen heisst wie Tellen singen. Höchstens das kann
ich zugeben, dass überall an den genannten Stellen eine besonders
enge Nachahmung bezeichnet wird, und gerade dies würde auch
für die Theokrit-Stelle trefflich passen.

schien. ¹ Dass Theokrit, um Amaryllis hineinzuziehen, dasselbe leicht umgestaltet und dass er den Namen und das Lokal ändert, kann nicht befremden. Anlass genug zu prüfen, ob alle weiteren Angaben auf Alexander den Aitoler passen können.

In dem fünften Gedicht höhnt Komatas den Lakon τὺ γὰρ πόκα, δῶλε Σιβύρτα, ἐκτάσα σύριγγα; τί δ' οὐκέτι σὺν Κορύδωνι ἀρκεῖ τοι καλάμας αὐλὸν ποππύσδεν ἔχοντι; Also der Syrinx, dem Instrument der höheren βουκολικὴ μοῦσα, wird der einfache αὐλὸς καλάμας entgegengestellt, mit dem ja auch Korydon sich begnüge, der demnach nur ein μελικτάς τις, der Vertreter einer niederen Gattung, nicht ein Dichter des eigentlichen Hirtenliedes ist. Sind nun die παίγνια der Glauke, die Vorbilder unseres Dichters, vom μόναυλος begleitet worden (dass Glauke auch κιθαρίστρια genannt wird, besagt natürlich nichts) und hat er Stoffe des ionischen Liedes mit der Bukolik vermischt, so ist der Spott über diese niedere Art derselben leicht erklärlich. Er hat aber vielleicht auch noch einen äusseren Anlass: im Argument zu Idyll VIII lesen wir: Ἀλέξανδρος δέ φησιν ὁ Αἰτωλὸς ὑπὸ Δάφνιδος μαθεῖν Μαρσύαν τὴν αὐλητικήν (Codd. ἁλιευτικήν). Die wunderliche Erfindung verlangt später eine eingehende Betrachtung. Wir werden sehen, dass einem Teil der Dichter Pan als der Erfinder der Syrinx gilt, dass Theokrit mit Absicht Daphnis vor ihn rückt, und Daphnis als Meister auf der Syrinx ist allbekannt. Hiervon weicht

---

¹) Natürlich hat dann Alexander den Pyrres benutzt und überboten und darum aus einem zwei Stiere gemacht; genau wie Pyrres ist er für seinen Landsmann eingetreten, wie dies noch Athenaios X, 412F durch die Stellung der Worte Τίτορμός τε ὁ Αἰτωλός . . . . ὡς ἱστορεῖ ὁ Αἰτωλὸς Ἀλέξανδρος andeutet. Die eigene Heimat loben dabei beide, wie Korydon seine Vaterstadt Kroton. Ist es nun nur ein Zufall, dass auch Pyrres und Alexander eine Art Hirtenabenteuer besingen? Zu seiner Heerde geht Titormos wie Astyanax und Titormos heisst ὁ βουκόλος; von Aigon selbst sagt daher Theokrit χὠ βουκόλος ἐξεγέλασσεν. Das ganze Kapitel Ailians ist offenbar Paraphrase eines auch von Athenaios benutzten Liedes Alexanders. Dasselbe verband Titormos mit Milon, wie Theokrit seinen Aigon (daher die Lokalisierung in Kroton), und wenn Alexander schloss, von Titormos sei zuerst gesagt ἄλλος οὗτος Ἡρακλῆς, so rühmt Korydon von Aigon φαντί νιν Ἡρακλῆι βίην καὶ κάρτος ἐρίσδειν. Anmutig ist wie das neu gefundene Lied Alexanders so dessen zweifach gewendete Benutzung durch Theokrit.

Alexander ab und macht, mit Benutzung des Dramas des Sositheos, wie wir später sehen werden, den nach Phrygien versetzten Daphnis zum Lehrer des Marsyas, d. h. wenn wir die früher besprochenen Stellen des Theophrast, des Dioskorides und des *Marmor Parium* berücksichtigen, zum Erfinder der Flöte. Wer also dem idealen βουκόλος nicht die Syrinx sondern die Flöte giebt, dessen Dichtung kann selbst durch den αὐλὸς καλάμης an Stelle der Syrinx bezeichnet werden, und umgekehrt, wer für Flötenbegleitung eine niedere Gattung halb „ionischer", halb bukolischer [1] Lieder dichtete, konnte am leichtesten die Sage vom Daphnis so gestalten, dass sie seine Art der Poesie wiederspiegelte und rechtfertigte.

Auch wenn man den bisher vorgebrachten Argumenten weniger Kraft zuschreibt, so beweisen sie wohl, dass hinter dem Korydon der aitolische Dichter verborgen sein k a n n. Dass er es sein m u s s, glaube ich aus dem Schluss des vierten Gedichts folgern zu dürfen:

εὖ γ᾽, ἄνθρωπε φιλοῖφα · τό τοι γένος ἢ Σατυρίσκοις
ἐγγύθεν, ἢ Πάνεσσι κακοκνήμοισιν ἐρίσδεις.

Wohl bezieht die Mehrzahl der Erklärer die Verse noch jetzt auf das abwesende γερόντιον. Dies scheint mir aber schon aus ästhetischen Gründen unmöglich, weil das Gedicht, in welchem Battos beständig den Korydon reizt und angreift, im Sande kläglich verläuft, wenn beide Sänger zum Schluss die abwesende, nur bei-

---

[1] Wohl vermögen wir uns von den ionischen halb mimischen φλύακες, deren erste Einwirkung auf das Mutterland wir in Tellen, dem Zeitgenossen des Epaminondas, sehen (vgl. Leonidas VII, 719: τὸν πρῶτον γνόντα γελοιομελεῖν. Die Nachwirkungen in Athen und am Hofe des Königs Philipp, wo die μῖμοι γελοίων καὶ ποιηταὶ αἰσχρῶν ᾀσμάτων nach Demosthenes *Olynth.* II, 19 bei den Gelagen auftraten, erklären uns das literarische Urteil des Epaminondas, welcher an dem ganzen γένος, wie alle feiner Gebildeten, keinen Geschmack gewinnt), ein klares Bild nicht mehr zu gestalten. Aber eine gewisse inhaltliche Verwandtschaft müssen mit ihnen die oben angeführten Erzählungen des Pyrres und Alexander Aitolos gehabt haben. Ich habe ihnen daher auch früher schon den Titel ionischer Lieder gelassen, wenn sie auch in Wahrheit wohl zwischen der Poesie des Sotades und dem bukolischen Gelagelied eine Art Mittelglied gebildet haben mögen. Als eine Art Ἰωνικολόγος bezeichnet sich auch Herondas im Vorwort (Ξουθίδαις) trotz der Nachahmung des Hipponax.

läufig erwähnte Person des Greises an re d e n, während doch der
unbefangene Leser die höhnenden und scheltenden Schlussworte
stets auf die Gegenwärtigen und Sprechenden beziehen möchte. [1]
Vor allem aber verlangen dies die vorausgehenden Worte des
Korydon. Schon die Anrede ὦ δειλαῖε passt nur gezwungen
(denn zwischen ἐρᾶν und μύλλειν ist ein Unterschied) zu dem,
was Korydon von dem γερόντιον erzählt hat, wohl aber auf den
eben verletzten, in der Liebe unglücklichen, neidischen Battos.
Bezieht sich aber ὦ δειλαῖε auf diesen, so geht notwendig
ὤνϑρωπε φιλοῖφα auf Korydon. Aber die allgemein beliebte
Deutung ist auch grammatisch unmöglich. Man vergleiche die
vorausliegende Anrede einer Abwesenden:

ὦ χαρίεσσ᾽ Ἀμαρυλλί, μόνας σέϑεν οὐδὲ ϑανοίσας
λασεύμεσϑ᾽. ὅσον αἶγες ἐμὶν φίλαι, ὅσσον ἀπέσβης.

man vergleiche alle ähnlichen Stellen der griechischen Literatur:
der Dichter hätte notwendig einmal dem ὦ δειλαῖε ein erklären-
des Wort, welches das Missverständnis ausschloss, ὦ δειλαῖε
γέρον beifügen, sodann aber in der zweiten Person fortfahren
müssen: προάν γέ σε αὐτὸς ἐπενϑὼν . . κατελάμβανον ἇμος
ἐνήργεις. An und für sich schon unerlässlich wird dies um
so notwendiger, weil ja dann Battos in zweiter Person antwortet:
τό τοι γίνος . . . . ἐρίσδεις. Die jetzt herrschende Auffassung
würde bestenfalls nur mit zwei einschneidenden Änderungen aufrecht
zu erhalten und auch dann unschön sein. Die Worte, wie sie in
der Überlieferung sind, verlangen die Deutung: ἀκμάν, ὦ δειλαῖε
Βάττε, προάν γε μὲν αὐτὸς ἐκεῖνον κατελάμβανον. Dann
befremdet allerdings, dass Korydon gescholten wird ὤνϑρωπε
φιλοῖφα. Denn, wenn er auch drastische Worte gebraucht hat,
damit ist ihm Battos vorgegangen. Die Geschichte des γερόντιον
muss mit Korydon selbst in irgend einer Verbindung stehen, auf
ihn und seine Art Licht werfen. Wenn wir in einem derartig
beziehungsreichen Gedicht noch nicht alles ganz durchschauen, ist
das aber an sich kein Grund, zu ändern. Unterhalten sich hier
zwei maskierte Dichter, so ist die Verbindung wenigstens zu ahnen.
Ähnlich wie Aigon wird das γερόντιον Person eines Liedes sein.

Battos, welcher mit seinem Versuch den Hirten zu spielen
sofort sehr unglücklich ist, wird unmittelbar vorher ermahnt: εἰς

---

[1]) Mit dem schärfsten Angriff schliesst ja auch die Unterhaltung
der beiden Dichter im zehnten Idyll.

ὄρος ὄχχ' ἔρπης, μὴ νήλιπος ἔρχεο, das heisst, da die bukolische Muse bei Theokrit wie bei Vergil und Mnasalkas (IX, 324, 4) ἐν ὄρει wohnt: wenn du ländliche Gedichte singen willst, bedarf es derben kräftigen Auftretens und Tons; mit zartem Fuss und Empfindsamkeit kommst du nicht weit. Ärgerlich giebt er zurück „besingst du, der Dichter einer derben, niedrigen Bukolik, der μελικτάς τις, noch immer jenes γερόντιον". „Freilich", ist die Antwort, und der Inhalt eines neuen derartigen Liedes wird angegeben. Einen solchen Stoff, die Verbindung lasciver ionischer Dichtung mit dem Hirtenlied, zeigt uns ja noch die spätere Nachahmung, die Ὀαριστύς, welcher zum λόγος Ἰωνικός nur das Versmass fehlt. Damit hat dann freilich Battos den Anlass zu seiner letzten, derbsten Erwiderung ὤνθρωπε φιλοῖφα. Korydon ist das als Kinaidendichter, genau wie Dorieus, welcher die Fressereien der Athleten besingt, für Leonidas selbst der Fresser ist.

Doch mag alles Einzelne hier unklar bleiben — beziehen sich die Schlussworte auf Korydon, so ist dieser sicher Alexander der Aitoler. Man hat das Befremdliche der letzten Worte bisher viel zu wenig betont. Den Tadel „du bist geil wie ein Satyr" konnte der Dichter passender und klarer in die Worte Σατυρίσκος εἶ τὸν τρόπον oder τὰ ἤθη kleiden, oder kurz Σατυρίσκος εἶ (vgl. 27, 47). Dagegen hat die Wendung τό τοι γένος Σατυ-ρίσκοις ἐγγύθεν Sinn nur, wenn der Gescholtene wirklich von einem Σάτυρος abstammt, und gesagt werden soll, das merke man ihm auch an, das zeige er auch und sei es wirklich. Dann aber passt Alles auf den Aitoler, dessen Vater Satyros heisst, welcher als Ἰωνικολόγος natürlich ἄνθρωπε φιλοῖφα genannt wird und welcher von Pan, dem Hirtengott, nachweislich wenigstens die eine Körpereigenschaft übernommen hat. Dass Battos den Battiaden Kallimachos bedeuten soll, ist zwar noch nicht bewiesen, aber immer wieder als einzig naheliegend und möglich behauptet worden, wenn Battos wirklich einen Dichter bezeichnen soll. Nun haben wir von dem Battiaden einen Vers (fr. 472) voll Hohn auf δημεχθέα Χέλλωνα κακόκνη-μόν τε Κόμητα. Dass die Namen als γρῖφοι zu fassen sind, ist längst erkannt und zugegeben und Meineke hat zur Erklärung mit glänzendem Scharfblick die Hesychglosse herangezogen κόμιτα· ἕνα τῶν ἑπτά. Komes ist ein Dichter der tragischen Pleias. Der γρῖφος ist nunmehr leicht zu lösen. In dem berühmten Vers der Ilias XI, 385, welchem Theokrit für die Syrinx den γρῖφος

Κεράστας entnahm, wird Alexandros, des Priamos Sohn, angeredet: *τοξότα, λωβητήρ, κέρᾳ ἀγλαέ, παρθενοπῖπα*, d. h. *τῇ τριχὶ ἀγλαέ* und dies ist *Κόμης*. Es ist eine Umformung des theokriteischen *γρῖφος*, mit welchem für damalige Zeit durchsichtig genug der neue Alexandros bezeichnet wird — er freilich ein *Ἀλέξανδρος κακόκνημος*. [1]

Also: die Worte, welche Battos dem Korydon sagt, sind ähnlich in einem Streit des Kallimachos gegen Alexander den Aitoler gebraucht worden, Theokrit hat den *γρῖφος* des Kallimachos durchschaut und giebt das Wort *Κόμης* in lustiger Weiterbildung wieder. Die Deutung beider Namen bei ihm ist damit sicher. [2] Denn der *κορυδός* ist ja auch *κόμης* und *κακόκνημος*, *κορυδεύς* oder *κορυδός* als Name des Hässlichen im Sprichwort oft verwendet. Es ist zugleich der Spottname des berühmten Witzbolds und Erzählers lächerlicher Geschichten beim Mahl, Eukrates von Alexandrien, offenbar von dessen Körperform entnommen, zugleich aber auch eine Bezeichnung für den Sänger einer nicht allzu erhabenen Dichtart; eine Beziehung auf die Erotik zeigt uns Antiphilos (Anth. V, 307; a. a. O. S. 6). So fügen sich alle Züge zu einem Bild und bestätigen eine Vermutung, welche für Battos im Grunde selbstverständlich war. Die Frage Susemiehls, warum Theokrit das Wort *Κόμης* nicht direct übernommen habe — er hat vielmehr aus einem *γρῖφος* den zweiten gebildet, um den Scharfsinn der Hörer neckend zu erproben und erst im Schluss durch die deutlichste Anspielung zu befriedigen — lässt sich natürlich nicht beantworten.

---

[1]) Ein Gegensatz zwischen der Elegieendichtung des Alexander und Kallimachos ist auch für uns noch erkenntlich.

[2]) Aus anderen Worten des Battos ist nicht viel zu gewinnen. Wenn er V. 15 sagt: *αὐτὰ λέλειπται τὠστία*, Kallimachos aber XII, 71, 3: *ὀστία σοὶ καὶ μοῦνον ἔτι τρίχες*, oder Battos V. 38: *σέθεν οὐδὲ θανοίσας λασεύμεσθα* und Kallimachos fr. 131: *πολλάκι σεῦ (ἀποφθιμένης) μνησόμεθα* (natürlich sprechen hier, wie ich beiläufig gegen Näke und Schneider bemerke, die umwohnenden *δημόται*, welche den Cult der Hekale einführen, nicht Theseus, welcher *ξυνὸν γὰρ ἐπαύλιον ἔσχεν ἄπασιν* nie sagen konnte), so sind derartige Züge zu allgemein, um etwas zu beweisen. Wichtiger ist in V. 51 die Glosse *ἁρμοῖ*, welche aus den Tragikern von Lykophron ans Licht gezogen ist und welche Kallimachos in den wenigen Fragmenten zwei mal (44 und 230) verwendet. Wichtig auch der selbstgewisse und überlegene Ton, in welchem unser Battos immer spricht.

Vielleicht lag Gedicht V voraus und er wollte eine Verwechslung mit dem ganz anderen Komatas vermeiden.

Aber — wendet der Leser ein — Alexander der Aitoler heisst nach Meinekes schöner, allgemein angenommener Vermutung im Idyll VII Tityros; den Grund hat Häberlin angegeben. Wie kann er dann zugleich Korydon sein? Freilich die Vermutung ist — wie ich, um den Leser gegen mich misstrauisch zu machen, gleich hinzufüge — äusserst unsicher. Gewiss ist es ein Dichter, welcher VII, 72 erwähnt wird und welcher singt, wie Daphnis, der βουκόλος, von verzehrender Liebe zur Xenea entflammt im sicilischen Bergwald umherirrt, so dass die Eichen selbst ihn beweinen (genau wie die Eriphanis), und wie er dann zufolge seiner Liebe verging. Aber den Daphnis haben alle bukolischen Dichter besungen; eine Fülle von Versionen wird uns noch begegnen, aber keine von der genannten so himmelweit verschieden, wie die für den Aitoler Alexander bezeugte Erzählung, dass in Phrygien Daphnis das Flötenspiel erfunden und dem Marsyas gelehrt habe. Da hätten Hermesianax, Dosiades und ein halbes Dutzend für uns namenloser Dichter eher Anspruch auf den Namen Tityros. Gewiss kann Alexander ja auch noch ein zweites Daphnis-Lied gedichtet oder dies eine in verwunderlicher Weise ausgestaltet haben, aber jedes Zeugnis dafür fehlt. Dass vorher zwei Hirten genannt sind, εἶς μὲν Ἀχαρνεὺς εἶς δὲ Λυκωπίτας, kann ebenfalls nicht gut als Beweis für einen aitolischen Dichter gelten. So bleibt für die Gleichsetzung des Alexander und Tityros nur noch Häberlins Bemerkung, τίτυρος sei gleich σάτυρος, Satyros sei Vater des Alexander, also sei Tityros der Sohn; man habe so oft Ἀλέξανδρος Σατύρου gesagt, dass daraus Σάτυρος und hieraus wieder Τίτυρος geworden sei. Allein sicher oder wahrscheinlich ist auch dies durchaus nicht. Nach Strabon X, 466. 468. 470, Ailian var. hist. III, 40, Schol. Theokr. III, 2 sind ja wie die σάτυροι so die τίτυροι ganz allgemein die Begleiter des Dionysos und später sacrale Genossenschaften entsprechend den βουκόλοι. Der Name weist wie Thyrsis nur allgemein auf den Cult. [1]

---

[1] Noch weniger zu gewinnen ist aus dem zweiten Liede des Tityros, welches ich nur der Vollständigkeit halber, und um auch meine Stellung zu Häberlins Buch möglichst klar anzugeben, anführe. Den Verlauf der Verse VII, 73—89 hat Wilamowitz zwingend so erläutert, dass zwei Lieder des Tityros erwähnt werden, jedes

Aber selbst wenn Meinekes Vermutung richtig ist, so folgt daraus für unsern Korydon gar nichts. Die Forderung, dass der Dichter dieselbe Person in allen seinen Gedichten stets durch ein und denselben γρῖφος bezeichnen soll, ist durch nichts zu begründen und dürfte wenigstens von denen nicht erhoben werden,

n 5 Versen, das Gedicht vom Tode des Daphnis und das von der wunderbaren Errettung eines von Theokrit nicht genannten Ziegenhirten, letzteres ganz nach der in den Scholien gegebenen Erzählung des Lykos von Rhegion. Wie Häberlin in den *Epilegomena* an Lucius Tarraeus denken kann, welcher in unseren Scholien nicht vorkommt und nicht vorkommen kann, da doch offenbar die Quelle Theokrits angegeben werden soll, verstehe ich nicht. In eigener Person fährt nunmehr Lykidas fort: aber das ist ja ganz das Loos des Komatas; auch er wurde im Cedernsarg verschlossen, auch er von den Bienen ein volles Jahr ernährt. Des Lykidas Erfindung ist, wie auch Wilamowitz betont, offenbar der Name; er hat die Geschichte auf Komatas übertragen. Wer Komatas ist, hat Meineke erkannt: der kretische Sänger und Seher Κομήτης, dessen Clemens von Alexandrien (Strom. I, 144 S.) gedenkt. Wer an die Zusammenhänge der Bukolik mit der Orphik, den Zauberschlaf aller Sühnpriester und Orakelverkünder, den Silen bei Vergil sich erinnert und in unserem Gedicht die Worte ϑεῖε Κομάτα wägt, wird als wahrscheinlich zugeben, dass der Kreter Lykidas (Dosiades) das Geschichtchen des Lykos auf einen kretischen Sänger und Seher übertrug, wie er ja auch einen kretischen Daphnis schuf. Dass von einem solchen Loos des Komatas in der älteren Poesie nichts bekannt war (πέπλασται ... παρὰ τοῖς ἀρχαίοις οὐ παραλαμβανόμενα), glauben wir dem Scholiasten nun gern. Dass er das Lied des Dosiades selbst nicht kannte, liegt zwar nicht notwendig in seinen Worten, ist aber so leicht erklärlich, dass wir es gern annehmen, ohne daraus die geringste Folgerung zu ziehen. So bleibt die Frage, auf wen Tityros die Erzählung des Lykos übertragen hat. Die alten Scholiasten faseln an zwei Stellen von Daphnis, offenbar, weil sie die beiden Lieder des Tityros nicht scheiden. Aber zum Beleg wissen sie nur anzuführen zu V. 78, dass Daphnis von seiner Mutter nach der Geburt ausgesetzt wurde, was mit unserem Liede gar nichts zu thun hat, zu V. 83 allerdings, dass er von Bienen ernährt wurde, aber mit Hinweis auf den Vers des Syrinx οὐχὶ Κεράσταν, ὅν ποτ' ἐθρέψατο ταυροπάτωρ. Also haben sie diese Worte auf Daphnis bezogen und aus ihnen die Sache erfunden. Das ist für mich so zwingend, dass ich nicht begreife, wie Traut *quaest. Theocriteae* III, 9 und Häberlin Philolog. 49, 651 den Zug als altbezeugt behandeln können. Die jungen Scholien (zu V. 78) scheinen allerdings auf Menalkas zu

welche sowohl den auf Kos dichtenden Θύρσις, den βουκόλος oder ϑυρσοκόμος vom Ätna, wie den Simichidas auf Theokrit beziehen. Warum soll der Dichter nicht nach Willkür und Laune auch einen neuen γρῖφος bilden?[1] Nur das Eine können wir von ihm verlangen, dass er den einmal gebildeten Namen nicht

deuten; aber vergleichen wir sie näher mit den alten, so sind alle Worte der Erzählung des Lykos entlehnt, bis auf die Notiz, dass Thurii in Sicilien liege, und bis auf die Zufügung des Namens Κομάτας — ταὐτὸν δέ ἐστιν εἰπεῖν Μενάλκας. Das ist doch offenbar byzantinische Weisheit. Gerade Komatas ist ja sicher ausgeschlossen, und die Bemerkung, man könne mit demselben Recht Menalkas sagen, stammt aus Idyll VIII und IX, in welchen Menalkas von seinen Ziegen spricht, und beweist den Wert dieser ganzen Zuthat. Da sich nun die Menalkasfabel des Hermesianax und die uns bekannten Versionen der Daphnissage in gar nichts mit dem Lied des Tityros berühren, ist es ein durchaus unberechtigtes Spiel, zu vermuten, Lykidas habe von Komatas, Tityros von Daphnis, Hermesianax von Menalkas das Gleiche berichtet. Nicht einmal das wissen wir, ob Tityros überhaupt dem Hirten einen bestimmten Namen gegeben hat; Lykos scheint es nicht gethan zu haben. Und ist denn ferner die Gleichsetzung von Hermesianax und Ageanax auch nur wahrscheinlich? Ein schöner Knabe muss Ageanax sein, nicht ein gleichstehender, allbekannter und gleichaltriger Mann; einen Dichter darf in ihm nur suchen, wer auch Philinos für einen Dichter hält. Was Lykidas von seinem Ageanax will, wird so offenherzig bezeichnet, dass selbst des Kallimachos Gedicht an den „bräunlichen Theokrit" auf den Dichter bezogen noch zart erscheinen und Hermesianax oder irgend ein namhafter Mann sich schwerlich für das Compliment bedankt haben würde. Auch ist die Gleichsetzung von Hermes und Ἀγός nicht so zwingend, und die sicheren γρῖφοι sind anders gebildet. Nur wo Dichter notwendig gemeint sein müssen, haben wir das Recht an γρῖφοι zu denken, und nur wo noch irgend anderweitige Anhaltspunkte sich bieten, dürfen wir zur Synonymen-Vertauschung und ähnlichen Mitteln greifen. Vermutungen, wie die über Amyntas und Eukritos, sind eben darum bedeutungslos.

[1]) So fest ich meinerseits an die Identität des Battos und Kallimachos glaube, so wahrscheinlich ist mir auch die schöne Vermutung von E. Schwartz, dass der VII, 99 erwähnte Aristis ebenfalls Kallimachos ist, nicht weil Aristaios Sohn der Kyrene ist, sondern vor Allem, weil Battos selbst, der Gründer der Stadt, vorher Aristoteles geheissen hat, das ist abgekürzt Aristis. Battos und Aristis sind der Gleiche! Dass der Name Aristis ein wirklicher sein muss, weil Arat ja auch mit dem wirklichen Namen

später auf eine andere Person überträgt; er würde dadurch auch
dem Leser der eigenen Zeit unklar geworden sein. Also muss
der Battos des zehnten Gedichtes wieder Kallimachos sein, denn
auch dort ist sein Name durch die jüngeren Handschriften und
mehr noch durch die Scholien schon für die älteste Tradition
genügend gesichert. Aber wäre er es nicht, wir würden doch
auf diese Vermutung kommen.

Der Battos des vierten Gedichts spielt, wie schon Welcker
sah, nicht eben die beste Rolle; kaum dass er einen Versuch

bezeichnet wird, kann ich wegen V. 40 nicht glauben; nur das
Eine gebe ich zu, dass der Name nicht völlig willkürlich bloss des
Wortspiels halber gebildet sein darf. Aber bezeichnen muss er
einen Mann, welcher nicht bloss mit Arat befreundet ist, sondern
auch als der grösste der Dichter, ἔξοχ᾽ ἄριστος, dem Theokrit erscheint. Die glänzende Conjectur in dem schönen Buch der Aratea,
es sei der Mathematiker Aristotheros gemeint, dessen die vierte
Arat-vita mit den Worten gedenkt: ἔνιοι δέ φασι τὸν Ἄρατον Μνα-
σέου πατρὸς γεγονέναι, Ἀριστοθήρου δέ τινος μαθηματικοῦ διακοῦσαι und
gegen den Autolykos eine Streitschrift veröffentlichte; er sei danach
ebenfalls in Kos und zugleich als Dichter thätig gewesen — diese
an sich bestechende Conjectur hält bei näherer Prüfung kaum
Stich. So völlig kann das Andenken an die Gesänge eines Mannes,
welchen Theokrit noch lange nachher als den weitaus grössten
der gleichzeitigen Dichter bezeichnete, nicht verloren sein. Sehen
wir näher zu, so setzen die Verse einen berühmten Hymnos an
Apollo voraus, an welchem dieser selbst sein Wohlgefallen hat
(allerdings wird der Zeit halber zunächst nur gesagt, Aristis könnte
wohl einen solchen so dichten, dass selbst Apollo befriedigt wäre).
Kurz vorher hat Theokrit selbst in einem alexandrinischen Streit
über grosse Dichtung und Homernachahmung ganz die Partei
des Kallimachos ergriffen und sich ähnlich wie dieser eben im
Apollo-Hymnos ausgesprochen. Dieser Apollo-Hymnos schliesst
damit, dass der Gott selbst sich mit seinem Sänger zufrieden
erklärt; er beginnt damit, dass den Gott nur der schaut, ὅτις ἐσθλός,
wer ihn schaut: μέγας οὗτος. Ich werde ihn schauen, sagt Kallimachos, καὶ ἐσσόμεθ᾽ οὔποτε λιτοί. Dem entspricht so genau Theokrits ἐσθλὸς ἀνήρ, μέγ᾽ ἄριστος, dem Φθόνος so gut μεγαίροι,
dass mir die Beziehung auf Kallimachos sicher erscheint. Das
passt doppelt gut, weil der Battiade ja selbst in der Schrift πρὸς
Πραξιφάνην bezeugt hat, dass ihn mit Arat gemeinsame Studienzeit und Freundschaft verband (vgl. oben 174, A. 177). Ist aber —
so möchte ich hinzufügen — Kallimachos der Aristis, so ist er
auch Battos, denn nur weil er dies ist, kann er Aristoteles, bezw.
Aristis, heissen. Eine Conjectur stützt hier die andere.

macht, sich als Hirt zu geben, tritt er sich einen Dorn in den
Fuss und ein bischen höhnisch mahnt ihn der derbe, selbstzufriedene
Korydon:

εἰς ὄρος ὄκχ' ἕρπης μὴ νήλιπος ἕρχεο, Βάττε ·
ἐν γὰρ ὄρει ῥάμνοι τε καὶ ἀσπάλαθοι κομέοντι.

Die spitzig entgegnende Frage habe ich früher besprochen. Nur
einmal finde ich in den Personen einen ähnlichen Gegensatz, im
zehnten Idyll, in welchem dem derben Milon der feinere, zarte
Battos recht anmutig entgegengestellt wird. Gleich zu Anfang
muss Battos das höhnische Wort hören:

ἀλλ' ἀπολείπῃ
ὥσπερ ὄις ποίμνας, ἃς τὸν πόδα κάκτος ἔτυψεν.

Der nächste Vers schon bringt, ähnlich wie der Schluss von IV,
die bedauernde Anrede δειλαῖε. Allein ich lege auf diese Einzelheiten keinen Wert. Sie können ebensowohl auch dem Zufall zuzuschreiben sein.

Entscheiden muss das Lied des Battos. Es beginnt:

Μῶσαι Πιερίδες, συναείσατε τὰν ῥαδινάν μοι
παῖδ' · ὧν γὰρ χ' ἅψησθε, θεαί, καλὰ πάντα ποιεῖτε.

Ein grosstönender Eingang, welcher den Spott des Gegners sicher
mit veranlasst. Die Αἴτια des Kallimachos enthielten bekanntlich
im Vorwort die Bitte an die Musen (fr. 121):

Ἕλλατε νῦν, ἐλέγοισι δ' ἐνιψήσασθε λιπώσας
χεῖρας ἐμοῖς, ἵνα μοι πουλὺ μενοῦσιν ἔτος.

Dem entspricht genau bei Theokrit das ἅπτεσθαι. Auf den Erfinder metrischer Feinheiten würde der Spott des Milon trefflich
passen:

Ἦ καλὰς ἄμμι ποίων ἐλελήθει βοῦκος ἀοιδάς.
ὡς εὖ τὰν ἰδέαν τᾶς ἁρμονίας ἐμέτρησεν.

In den höhnischen Schlussworten desselben:

τὸν δὲ τεόν, βουκαῖε, πρέπει λιμηρὸν ἔρωτα
μυθίσδεν τᾷ ματρὶ κατ' εὐνὰν ὀρθρευοίσᾳ.

befremdet zunächst, trotz aller Erklärungskünste der Herausgeber,
der ἔρως λιμηρός (Alkiphr. 1, 9 stammt, wenn richtig, aus
Theokrit). Nichts ist von ihm vorher gesagt; worauf sind bei
dem Battos die Worte zu beziehen? Setzt man für ihn Kallimachos, so ist alles klar, denn der hat ja zwei Mittel gegen die
Liebe, den Gesang und den Hunger (XII, 150), und hat dies
in einem Liede, welches auf Theokrits Kyklops Bezug nimmt,

gesagt. Auf das erste Mittel, auf das Lied, hat Milon schon
früher verwiesen:

καί τι κόρας φιλικὸν μέλος ἀμβάλευ· ἄδιον οὕτως
ἐργαξῇ· καὶ μὰν πρότερόν ποκα μουσικὸς ἦσθα.

Wer die Schilderungen der unseligen Verliebten bei Kallimachos,
z. B. in der Kydippe, berücksichtigt, wird manches in dem Spott
des Milon nicht unberechtigt finden. Auf einen gewissen Gegensatz des Kallimachos zu den Nachahmern der volkstümlichen
Weisen des *Λιτυέρσης, ἱμαῖος* u. dergl. scheint ja auch der Vers
der Hekale zu deuten (fr. 42):

ἀείδει καί πού τις ἀνὴρ ὑδατηγὸς ἱμαῖον.

Wenn in Idyll IV dem Kallimachos der Vertreter des ionischen
Liedes entgegengestellt ist, so in X einem Dichter zarter, künst-
licher erotischer Lieder ein kräftiger Nachahmer volkstümlicher
Weisen. In Ersterem den Kallimachos zu sehen, ist an sich
möglich, wegen der Anspielungen und des Namens wahrscheinlich.
Wer ist sein Gegner?

Schon lange, bevor ich mit diesem gefährlichen Rätselraten
begann, hatte ich stets beim Lesen die Empfindung, dass es nur
der Verfasser des berühmten Lityerses-Dramas, in welchem ein
Mäherlied ja eben die Entscheidung bringt, gewesen sein kann.
Ihm, welcher „archaische Derbheit und männlichen Rhythmos dem
Satyrspiel zurückgab" (Dioskorides Anth. VII, 707) und dessen
studierte Naturwüchsigkeit noch die Fragmente erkennen lassen,
dem Wettkampffrohen (*φιλοκίνδυνος*) würde der Spott über die
affectierte Zartheit und die metrische Feinheit des Kallimachos
wohl anstehen. Als Verfasser von *ποιήματα* nennt ihn Suidas.
Ob die Schilderung der ungefügen Kraft und der Fressgier des
Unhold Lityerses ihm den Beinamen Milon eintrug,[1] oder was in
demselben für eine Beziehung verborgen ist, weiss ich nicht zu
sagen. Wohl aber möchte ich das Eine noch hervorheben, dass ein
Milon im vierten Gedicht in einer gewissen Verbindung mit Korydon,
wenigstens durch dessen Meister, Aigon, erscheint. Dass Alexander
der Aitoler seine Daphnis-Fabel gerade dem Drama des Sositheos
entnommen hat, werde ich sofort ausführen müssen. Mannigfache
Berührungen zwischen den Athleten-Schilderungen des Ersteren

---

[1] Vgl. auch aus dem *Ἄεθλιος* die Sentenz *εἰς μυρίους ὄρνιθας*
αἰετὸς σοβεῖ λαῶν τε δειλῶν πλῆθος εὖ τραφεὶς ἀνήρ.

und der Beschreibung des Lityerses bei Letzterem können kaum gefehlt haben. Eine Opposition gegenüber den „marmorglatten", sentimental-leidenschaftlichen und der wahren Kraft entbehrenden Gedichten des Kallimachos, schon zur gleichen Zeit in Alexandria selbst, verraten die beiden besprochenen Idylle und geben, wenn auch ohne Entscheidung für oder gegen sie, einer Kunstrichtung Ausdruck, welche etwa den Dioskorides beeinflusst haben mag und aus den ἰωνικὰ ποιήματα und volkstümlichen alten Liedern schöpfte, wie Poseidipp und Asklepiades, und wie diese nach der στιβαρότης strebte.

Kürzer kann ich mich in der Besprechung des fünften Idylls fassen. Dass ein Dichterstreit, ein bitterböser Wettkampf zwischen dem Lehrer und dem früheren Schüler ausgefochten wird, empfindet wohl Jeder. Auf Kallimachos und Apollonios, deren Streit uns einzig bekannt ist, verweist nichts; wohl werden auch sonst derartige Gegensätze in Kos oder Alexandrien nicht gefehlt haben; aber bisher sind mir und Anderen alle Versuche, wenigstens einen der beiden Gegner zu identificieren, gescheitert. [1]

Ich habe geglaubt, meine Conjectur zum vierten Gedicht bis in ihre letzten Consequenzen verfolgen zu müssen, da nur, wenn er alles erklärt oder doch nirgends widerspricht, ein Versuch der Lösung derartiger γρῖφοι einen, wenn auch immer noch bescheidenen Grad von Wahrscheinlichkeit und damit Wert erhält. Aber nein — Zweck und Wert solcher Versuche liegt überhaupt nicht darin, dass der Einzelne zusammenfassend endlich sagen kann „Korydon ist w a h r s c h e i n l i c h Alexander der Aitoler"; er liegt darin, dass wir auf verschiedenen Wegen ein und dieselbe, von Meineke gefundene Grundanschauung uns zu eigen zu machen suchen, dass wir empfinden, wie kunstvoll Theokrit einen Dichterstreit unter einer für sein Publikum leicht zu durchschauenden Hülle birgt, indem er ihn zum Genrebild aus dem Hirtenleben umgestaltet, und welches die wahren Elemente dieses Teils seiner Bukolik und weiter aller „Bukolik" sind. Nicht nur in der Wahl der Namen, in den ganzen Liedern herrscht eine Art γρῖφος-Spiel. Aber der Dichter strebt, auch der äusseren Einkleidung, der

---

[1] Dass der Komatas des Theokrit nicht mit dem Komes des Kallimachos identisch zu sein braucht, zeigt schon die verschiedene Form der Namen. Von dem mythischen Hirten Komatas ist er natürlich auch verschieden.

Fiction an sich, poetische Gestaltung, Anschaulichkeit und Leben zu geben. Dass er damit so lange getäuscht hat, ist der beste Beweis der hohen, echt alexandrinischen Kunst. Aber seit am siebenten Idyll das Verfahren Theokrits einmal durchschaut ist, ist auch für die Gedichte IV, V und X die alte, naive Auffassung für uns ausgeschlossen, ja selbst ein Paktieren mit ihr, wie es hin und wieder freilich noch versucht zu werden scheint, ist unmöglich. Der Reiz, in die Werkstatt des Dichters hineinzuschauen, wird immer wieder, auch wenn dieser bescheidene Versuch den Leser nicht wie den Verfasser überzeugt hat, zu neuen Vermutungen verlocken und die Gesamtauffassung bestehen bleiben, auch wenn Korydon wirklich ein Anderer wäre.

§ 3.

Die Gestaltung der Daphnis-Sage bei Timaios habe ich im Eingang dieses Kapitels ausführlich besprochen; in allen einzelnen Zügen erinnert sie an die Novelle von Rhoikos und der Hamadryade, welche Theon in den Commentaren zu Theokrit und zu Apollonios (Schol. Theokr. 3, 13, Schol. Apoll. II, 477) aus Charon von Lampsakos berichtet hat, nur dass das Motiv der Blendung bei Timaios etwas besser gewählt ist. Directe Abhängigkeit beider Geschichten von einander wäre nur denkbar, wenn Timaios die sicilische Localsage fälschend umgedichtet, oder wenn Stesichoros Quelle für ihn und zugleich Vorbild für Charon gewesen wäre. Beides ist unwahrscheinlich und wohl eher die Einwirkung eines und desselben Novellen- oder Mährchenmotives auf verschiedenen Gebieten anzunehmen. Um zu der ältesten Gestalt der Daphnis-Sage durchzudringen, ist es zunächst nötig, den einzelnen Dichtungen nachzugehen. Sie sind für uns die kostbaren Reste einer reichen, bis auf wenige Proben verlorenen Dichtungsgattung, und spiegeln literarische Kämpfe, von welchen uns sonst keinerlei Kunde bewahrt ist. Die verschiedensten anderen Sagen und Novellenformen greifen ein; nach freiem Belieben formt jeder Dichter seinen Daphnis, lässt ihn glücklich oder unglücklich werden, versetzt ihn, wohin er will, verbindet ihn, mit wem er will. Es ist eben nur der Held der Hirtendichtung, nicht mehr eine feste mythische Person. Es hilft darum nichts, wie man früher wollte, aus allen einzelnen Zügen ein Gesamtbild, eine Art „Vulgata", herzustellen; noch verkehrter freilich wäre es, diese Vulgata dann dem Stesichoros zuzuschreiben. Vielmehr ist jedes Gedicht rein für sich zu betrachten und aus sich zu erklären. Nicht auf eine Vereinigung der verschiedenen Züge, auf möglichst scharfe Trennung kommt es dabei an.

In dem ersten Idyll Theokrits ist ein Zug bisher noch unerklärt. Nachdem Daphnis schon vom Leben Abschied genommen hat, unmittelbar vor den letzten Worten der Verzweiflung ruft er Pan herbei, um ihm seine Syrinx zu hinterlassen:

ὦ Πάν, Πάν, εἴτ' ἐσσὶ κατ' ὤρεα μακρὰ Λυκαίω,
εἴτε τύγ' ἀμφιπολεῖς μέγα Μαίναλον, ἔνθ' ἐπὶ νᾶσον
τὰν Σικελὰν Ἑλίκας δὲ λίπ' ἠρίον αἰπύ τε σᾶμα
τῆνο Λυκαονίδαο, τὸ καὶ μακάρεσσιν ἀγητόν.
ἔνθ' ὦναξ καὶ τάνδε φέρευ πακτοῖο μελίπνουν
ἐκ κηρῶ σύριγγα καλάν, περὶ χεῖλος ἑλικτάν ·
ἦ γὰρ ἐγὼν ὑπ' ἔρωτος ἐς Ἄιδαν ἕλκομαι ἤδη.

Dass es eine müssige Erfindung, zum Zweck, das Gedicht etwas auszudehnen, sei, ist durch Stellung und Ton ausgeschlossen; als bedeutsam muss ihn auch das Altertum empfunden haben; von Theokrit an, welcher im zweiten Epigramm den Stoff noch einmal benutzt (wieder hört Daphnis auf βουκόλος zu sein), haben eine ganze Reihe von Dichtern dasselbe Thema in Epigrammen behandelt; noch bei Longus kehrt die Weihe der Syrinx an Pan wieder. Daphnis ist bei Timaios der Erfinder des „bukolischen Liedes und der bukolischen Musik", genau wie das für die arkadische Tradition Pan ist. Man vergleiche Vergils früher behandelte Verse (*Ecl.* VIII, 21):

Incipe Maenalios mecum mea tibia versus.
Maenalus argutumque nemus pinosque loquentes
Semper habet, semper pastorum ille audit amores
Panaque, qui primus calamos non passus inertes.

und die, allerdings vom Lykaios erzählte, bei der uralten Stadt Lykosura lokalisierte arkadische Erzählung bei Pausanias VIII, 38, 11: Τῆς Λυκοσούρας δέ ἐστιν ἐν δεξιᾷ Νόμια ὄρη καλούμενα, καὶ Πανός τε ἱερὸν ἐν αὐτοῖς ἐστι Νομίου, καὶ τὸ χωρίον ὀνομάζουσι Μέλπειαν, τὸ ἀπὸ τῆς σύριγγος μέλος ἐνταῦθα ⟨ὑπὸ⟩ Πανὸς εὑρεθῆναι λέγοντες (vgl. Timaios bei Diodor IV, 84 von Daphnis: ἐξευρεῖν τὸ βουκολικὸν ποίημα καὶ μέλος).

Pan und Daphnis sind Rivalen, in ihnen Arkadien und Sicilien. Wenn nun der Dichter so sorglich beiden verschiedene Reiche anweist und durch das wiederholte ἐνθὲ ausschliesst, dass Pan etwa in Sicilien sein könnte, so genau beschreibt, verlass Arkadien, verlass den Mainalos u. s. w., so wendet er sich hier gegen eine andere Tradition. Unabhängig von Pan hat Daphnis zuerst die Syrinx erfunden, erst durch das Vermächtnis des Daphnis empfängt Pan dieselbe, dadurch erst wird dieser der unbestrittene Meister aller Bukolik, als den ihn die Einleitung schildert; Sicilien hat doch noch die Priorität vor Arkadien, wenigstens durch seinen mythischen βουκόλος, Daphnis.

Wir kennen das Gegenstück zu dieser Erfindung und aus ihm will sie beurteilt und verstanden sein. Pseudo-Servius zu *Ecl.* V, 20 schiebt in den Bericht des Timaios aus anderer Quelle ein *quem Pan musicen docuisse dicitur* — hiernach hat also umgekehrt erst Daphnis von Pan die Syrinx spielen gelernt. Was er dann ist, oder bei alexandrinischen Dichtern dann notwendig werden musste, ist klar: der ἐρώμενος des Pan. In der That ist diese Erfindung ja allbekannt. Wie ein unter dem Namen Theokrits erhaltenes Epigramm (3) darauf Bezug nimmt, so finde ich sie in der älteren Epigrammatik vier mal vorausgesetzt, bei Glaukos (IX, 341), also vor Meleager, bei diesem selbst (VII, 535. XII, 128), bei Diodoros Zonas (IX, 556). Man vergleiche die Gedichte selbst:

IX, 341: Νύμφαι, πευθομένῳ φράσατ᾽ ἀτρεκές, εἰ παροδεύων
Δάφνις τὰς λευκὰς ὧδ᾽ ἀνέπαυσ᾽ ἐρίφους. —
Ναὶ ναί, Πάν συρικτά, καὶ εἰς αἴγιρον ἐκείναν
σοί τι κατὰ φλοιοῦ γράμμ᾽ ἐκολάψε λέγειν.
„Πὰν Πάν, πρὸς Μαλέαν, πρὸς ὄρος Ψωφίδιον,
ἔρχευ“. —
ἰξοῦμαι. Νύμφαι, χαίρετ᾽· ἐγὼ δ᾽ ὑπάγω.

Das Stelldichein soll auf dem Hügel bei der arkadischen Stadt Psophis (vgl. Paus. VIII, 24, 7) stattfinden, d. h. da uns für Psophis alter Cult des Pan durch Münzen bezeugt ist (vgl. Immerwahr die Culte und Mythen Arkadiens 199), an einem dem Pan geheiligten Ort; nicht allzuweit liegt der ganz dem Pan heilige Lampeia genannte Gipfel des Erymanthos. Natürlich muss Daphnis selbst in Arkadien sein; dies ist ja Grundbedingung für die ganze Fiction. Aber das Stelldichein wird doppelt bezeichnet πρὸς Μαλέαν, πρὸς ὄρος Ψωφίδιον. Zu ändern ist unmöglich; man versuche, wie ich zuerst wollte, *ἐκ Μαλέας* einzusetzen; die Worte wären nicht nur überflüssig, da es für Daphnis ganz gleichgiltig sein kann, woher der bergdurchschweifende Gott kommen soll, sie würden die ganze Fiction zerstören. Wie könnte Pan, wenn er z. B. am lakonischen Vorgebirge Malea weilt, dies Briefchen am Baum überhaupt zu Gesicht bekommen? Oder ist Daphnis selbst in Lakonien und macht sich den törichten Scherz, den ebenda weilenden Pan zum Stelldichein nach Psophis zu entbieten? Am Erymanthos müssen beide weilen, *Μαλέα* muss ein dem Pan heiliger Ort oder Berg in nächster Nähe von Psophis sein, oder vielmehr *Μαλέα* ist der Name des *ὄρος Ψωφίδιον* selbst. Weil er wenig bekannt und eine Verwechslung mit dem berühmten lakonischen Vorgebirge möglich war, braucht der Dichter die nähere Bestimmung *πρὸς Μαλέαν, πρὸς ὄρος Ψωφίδιον.* An die Stadt *Μάλαια* (Paus. VIII, 27, 4), deren Einwohner nach Megalopolis übersiedelten, kann schon der geographischen Verhältnisse und des Sinnes halber Niemand denken. Ein weiteres Zeugnis für die Existenz eines arkadischen, dem Pan heiligen Berges *Μαλέα* werde ich später anführen, ich wende mich zunächst zu den übrigen Epigrammen, welche ein Liebesverhältnis zwischen Pan und Daphnis voraussetzen:

VII, 535: *Οὐκέθ᾽ ὁμοῦ χιμάροισιν ἔχειν βίον, οὐκέτι ναίειν*
ὁ τραγόπους ὀρέων Πὰν ἐθέλω κορυφάς.
τί γλυκύ μοι, τί ποθεινὸν ἐν οὔρεσι; ὤλετο Δάφνις,
Δάφνις, ὃς ἡμετέρῃ πῦρ ἔτεκε κραδίῃ.
ἄστυ τόδ᾽ οἰκήσω· θηρῶν δέ τις ἄλλος ἐπ᾽ ἄγρην
στελλέσθω. τὰ πάροιθ᾽ οὐκέτι Πανὶ φίλα.

XII, 128: *Αἰπολικαὶ σύριγγες, ἐν οὔρεσι μηκέτι Δάφνιν*
φωνεῖτ᾽ αἰγιβάτῃ Πανὶ χαριζόμεναι,[1]
μηδὲ σὺ τὸν στεφθέντα, λύρη, Φοίβοιο προφῆτι,
δάφνῃ παρθενίῃ μέλφ᾽ Ὑάκινθον ἔτι.
ἦν γὰρ ὅτ᾽ ἦν Δάφνις μὲν ἐν οὔρεσι, σοὶ δ᾽ Ὑάκινθος
τερπνός. νῦν δὲ Πόθων σκῆπτρα Δίων ἐχέτω.

---

[1]) Das stammt aus Kallimachos VII, 518: *οὐκέτι Δικταίῃσιν ὑπὸ δρυσὶν οὐκέτι Δάφνιν, ποιμένες, Ἀστακίδην δ᾽ αἰὲν ἀεισόμεθα,* dessen Anrede natürlich nicht an echte Hirten, sondern an die Sänger sich wendet. Man darf daher nicht mit Welcker aus dem Gedicht des Meleager auf allgemeinen Hirtengesang schliessen.

IX, 556: *Νύμφαι ἐποχθίδιαι, Νηρηΐδες, εἴδετε Δάφνιν*
χθιζόν, ἐπαχνιδίαν ὡς ἀπέλουσε κόνιν,
ὑμετέραις λιβάδεσσιν ὅτ' ἔνθορε σειριόκαυτος,
ἠρέμα φοινιχθεὶς μᾶλα παρηΐδια;
εἴπατέ μοι, καλὸς ἦν; ἢ ἐγὼ τράγος οὐκ ἄρα κνάμαν
μοῦνον ἐγυιώθην, ἀλλ' ἔτι καὶ κραδίαν; [1]

Dass diese Epigramme nicht freie Erfindung bieten können,
leuchtet ein. Auf ein Kunstwerk unmittelbar könnte höchstens
das unter Theokrits Namen überlieferte (Ep. 3) von den angeführten
weit verschiedene zurückgehen. Die übrigen setzen den Fabel-
stoff als bekannt voraus und spielen mit ihm. Sie stimmen zu
Pseudo-Servius; aber dass ein mythologisches Lehrbuch aus Andeutungen in Epigrammen schöpft, ist undenkbar. So bleibt nur
übrig, dass die gemeinsame Quelle eine alte Dichtung ist, welche
für die Priorität Arkadiens im Hirtenlied eintrat.

Eine bildliche Darstellung dieses Gegenstandes besitzen wir
in einer schönen Marmorgruppe, welche uns in einer grossen Zahl
von Repliken in Neapel, Rom, Florenz u. a. erhalten ist. [2] Sie stellt
Pan dar, wie er einem lieblichen Knaben das Syrinx-Spiel lehrt;
das Verhältnis des *ἐρώμενος* und *ἐραστής* tritt dabei trotz moderner
Verhüllungsversuche recht augenfällig hervor. Man deutete die
Gruppe früher auf Pan und Olympos, weil Plinius (36, 29) in den
Saepta zu Rom zwei Gruppen von unbekannten Meistern sah,
Pan den Olympos und Chiron den Achill lehrend. Derselbe Plinius
erwähnt später (36, 35): *Pana et Olympum luctantis eodem loco*
Heliodorus, quod est alterum in terris symplegma nobile. Allein
schon K. O. Müller (Denkm. zu II, 541) hat die Unmöglichkeit dieser
Deutung empfunden. Wir haben eine ganze Reihe von Wandgemälden
aus Pompeji (Helbig N. 225 ff.), welche einen bärtigen Mann —
mitunter mit den Abzeichen des Satyrs und allerdings auch des
Pan, mit den kurzen Hörnern in dem kraus zu Berg stehenden
Haar — zeigen, zwischen dessen Knieen ein schöner Knabe steht,
die phrygische Doppelflöte blasend. Der in allen wiederkehrende
Typus hat mit der Marmorgruppe nichts gemein, entspricht aber
genau dem herrlichen Wandgemälde, welches Chiron und Achill
darstellt. Dass der Knabe Olympos ist, deutet hin und wieder

---

[1] Hierzu bietet Longus bekanntlich eine Parallele.
[2] Vgl. Excurs IV.

die phrygische Mütze in seinen Locken an; einmal zieht auch der
Lehrer den widerstrebenden Knaben an sich. — Es bieten sich
nun folgende Möglichkeiten: 1) Plinius hat mit der Deutung der
beiden ihm bekannten Gruppen Recht; dann sind die Wandgemälde
alle auf Pan zu beziehen und geben die Gruppe in den *Saepta*
wieder. Die neapolitanische Gruppe stellt Pan mit einem anderen
Jüngling dar, in dessen Benennung wir völlig frei sind. Denn
dass sie nicht einen anderen Typus derselben Sage bietet, zeigt
zur Genüge die in verschiedenen Repliken unverletzt erhaltene
Syrinx; mit ihr hat Olympos gar nichts zu thun, sie passt nur
für Daphnis. 2) Plinius hat sich in der Benennung des Kunst-
werks in den *Saepta* geirrt; sie stellte wie die Wandgemälde vielmehr Marsyas und Olympos vor. Die satyrhafte Darstellung des
Ersteren hat bei dem ohne Künstlernamen und feste Tradition
erhaltenen Werk den leicht erklärlichen Irrtum verschuldet. Er
war um so möglicher, wenn gerade von Pan eine Sage wie die
in den Epigrammen behandelte bekannt war. Da der Knabe durch
die phrygische Mütze genügend kenntlich sein mochte, ergab sich
alles Andere von selbst. [1]

Wie dem sei, für die Deutung der von uns behandelten
Gruppe ergiebt sich ohne jeden Zwang Pan und Daphnis und
diese Deutung ist ja auch seit Stephani allgemein angenommen.
Wird uns doch Daphnis als eben dem Knabenalter entwachsen,
als Inbegriff aller Schönheit, als Liebling des Pan, welcher für
die bukolischen Dichter bocksfüssig ist, dargestellt; er lernt nach
Pseudo-Servius von Pan die Syrinx spielen. Das Alter des Kunst-
werks steht wenigstens so weit sicher, dass es nicht vor der
alexandrinischen Zeit, innerhalb derselben freilich auch kaum all-
zuspät fallen wird.

---

[1]) So wenig für meinen Zweck darauf ankommt, zwischen
den beiden, schon von K. O. Müller angedeuteten Möglichkeiten
zu entscheiden, so unbedingt scheint mir letztere vorzuziehen.
Die Verbindung des Olympos und Marsyas ist leicht und auch
auf den Darstellungen des Wettkampfs mit Apollo nicht selten.
Für eine Verbindung des Olympos und Pan spricht nichts, nur
unter völliger Beseitigung des Marsyas wäre sie denkbar. Allerdings müsste dann Plinius zweimal sich irren; aber dies erscheint
mir — so lange nicht sonst eine Verbindung des Olympos und
Pan erwiesen wird — noch immer die leichteste Annahme.

Dass nicht die Dichtung aus dem Kunstwerk, sondern umgekehrt dies aus der Dichtung entstanden ist, kann hier einmal
wirklich erwiesen werden. Denn die Dichtung hat einen bestimmten
Zweck; den Streit der beiden Rivalen, Daphnis und Pan, um die
Erfindung des Hirtenliedes löst sie in einem für Pan und Arkadien
günstigen Sinn; das konnte das Kunstwerk allein nur ganz unvollkommen thun, es ist eben darum das spätere.

Den Versuch freilich hat dazu auch der Künstler gemacht.
Das zeigen die in zwei Repliken an dem Fuss des Felsens noch
erhaltenen weidenden oder ruhenden Kühe. Gewiss könnte ihre
Bestimmung auch sein, eine der beiden Figuren ganz allgemein
als Hirten zu bezeichnen, wie sie ja z. B. mit Paris, dem schönen
Hirten, als kennzeichnende Attribute verbunden werden. Bezieht
sich aber das ganze Kunstwerk auf die Erfindung der bukolischen Poesie, wie man wohl nach den Parallelen bei Pseudo-
Servius und in den Epigrammen nicht bestreiten wird, so sollten
die βόες dies vor Allem bezeichnen. Die Deutung der Gruppe
wird damit völlig gesichert.

Wir können eine dem Kunstwerk gerade in diesem Zuge
entsprechende Dichtung nachweisen und damit die Kette der Einzel-
beweise schliessen. Ein Epigramm der Arkadierin Anyte (XVI,
231), mit welchem Benndorf (S. 31) offenbar wenig anzufangen
wusste, hat eine ähnliche Bestimmung und giebt uns daher den
Schlüssel:

Τίπτε κατ᾿ οἰόβατον, Πὰν ἀγρότα, δάσκιον ὕλαν
ἥμενος ἀδυβόᾳ τῷδε κρέκεις δόνακι;
ὄφρα μοι ἐρσήεντα κατ᾿ οὔρεα ταῦτα νέμοιντο
πόρτιες ἠυκόμων δρεπτόμεναι σταχύων.

Dass eine bildliche Darstellung in der Phantasie des Hörers
vorausgesetzt wird, ist nach den Wörtern τῷδε und ταῦτα klar;
als Kunstwerk braucht sie trotzdem nicht existiert zu haben. Aber
ein Rinder weidender Pan ist unbekannt und befremdlich. Wenn
Pan ὁ μελιζόμενος, wie ihn der Dichter des knidischen Epigramms
nennt, so ausdrücklich als Rinderhirt bezeichnet wird, so kann er
dies nur als Erfinder der bukolischen Poesie. Der Name derselben und die bei Vergil nach arkadischer Tradition wiederkehrende
Vorstellung, dass Pan ihr Erfinder, der erste Verbreiter dieser
ἀγρία Μοῦσα, welche *montibus et silvis* ertönt, ist, werden in
unserem Epigramm vorausgesetzt. Mit diesem Pan musste,

sobald durch Timaios und vielleicht auch Theokrit Daphnis als Erfinder des Hirtenliedes bekannt wurde, der sicilische Prätendent verbunden werden.

Steht uns ein altes Lied nunmehr sicher, in welchem dies geschah, so gilt es, die Spuren desselben möglichst zu verfolgen. Den besten Anhalt wird zunächst natürlich wieder das Epigramm des Glaukos, des ältesten literarischen Zeugen, bieten. Lokalisiert es die Liebe des Pan und Daphnis in der Umgegend von Psophis und besonders am Berge Malea, wo eine alte Cultstätte des Pan (vielleicht auch des jugendlichen Apollo *Νόμιος* oder *Μαλεάτας*) gewesen sein muss, so ist dasselbe für das alte Lied mehr als wahrscheinlich. ˙Dann aber müssen wir auf denselben Berg Malea oder Maleia den in den Scholien zu Theokrit VII, 103 und bei Stephanos von Byzanz u. d. W. *Αἴγινα* [1] erhaltenen Pentameter des Kallimachos beziehen (fr. 412): *Πᾶν ὁ Μαλειήτης, τρύπανον αἰπολικόν.* Es war Willkür, wenn Meineke an das lakonische Vorgebirge dachte, für welches nur ein alter Cult des Dionysos, nicht aber des Pan bezeugt ist. Den Sinn des dunkelen Fragmentes erklärt zum Glück Eustathios 1471, 9 (aus Ailios Dionysios, vgl. 1517, 8): *τρύπανον* ist mit obscönem Witz für *κίναιδος* gesagt (vgl. Eustath. 827, 33), dann ist also der Pan von Malea entweder *αἰπόλος* und *κίναιδος*, oder der *ἐραστής* eines *αἰπόλος*. Man vergleiche nun das Epigramm des Glaukos, welches die Liebe des *αἰπόλος* Daphnis und des Pan auf dem Malea-Berge lokalisiert, um sofort zu empfinden, dass beide von derselben Sache sprechen und dass Glaukos wirklich das alte Lied getreu wiederspiegelt. Aber nicht von Kallimachos kann dasselbe sein; die zotigen Worte des Battiaden können nur neckend oder spottend auf ein Allen bekanntes, **älteres** Lied hindeuten.

Eine dritte Erwähnung dieses Pan hat Meineke durch eine kühne Conjectur, deren Begründung er sich freilich durch die falsche Beziehung auf *Μαλέα* in Lakonien unmöglich machte, in Theokrit VII, 103 hereingebracht. Erst bei unserer Auffassung wird sie sicher. Wohl weisen die Handschriften und die eine Hälfte des alten Scholions einstimmig auf einen thessalischen Berg *τόν μοι, Πάν, Ὁμόλας ἐρατὸν πέδον ὅστε λέλογχας* (vgl. Nikias Anth. XVI, 188), aber das alte Reich des Pan ist Thessalien nicht,

---

[1]) Natürlich ist bei ihm zu schreiben: *Αἰγινήτης Μαλειήτης˙ ἔστι δὲ ⟨παρὰ Καλλιμάχῳ˙ Πᾶν ὁ Μαλειήτης⟩ τρύπανον αἰπολικόν.*

und der Gedanke, dass den t h e s s a l i s c h e n Pan, wenn er die
Bitte erfüllt, die a r k a d i s c h e n Knaben nicht mehr geisseln sollen,
ist mehr als lächerlich; auch die folgende Schilderung der Verbannung des Gottes setzt voraus, dass vorher von seinem eigentlichen Heimatland die Rede war. [1]

Ein arkadischer Cultort des Pan muss genannt sein; wenige
nur bieten sich, welche metrisch passen, keiner, welcher paläo-
graphisch näher kommt, als *Μαλέας*. Nun citiert der alte Scholiast

---

[1]) Der lieblichen arkadischen Heimat des Gottes werden im
Folgenden die öden Länder der Edonen und fernen Aithiopen
entgegengestellt, natürlich mit Benutzung von Pindar Isthm. VI, 23,
aber zugleich mit anmutigem Scherz. Denn der Aufenthalt bei
den Blemmyern, wo die dem Pan ganz ähnlich gebildeten Aigipane
leben, und der Nil, welcher nur Menschen schauen will, unter der
Erde dahingleitet (vgl. Plinius, *Nat. Hist.* V, 44—52; Strabon XVII,
786. Wie die Erklärer noch immer auf die verborgenen Quellen des
Nil verweisen können, verstehe ich nicht), soll mit lustiger Benutzung
einer eben durch Theokrit als alt erwiesenen geographischen Tradition den Hörer an den homerischen Aufenthalt der Götter bei den
frommen Aithiopen erinnern (wie die Edonen an die Hyperboreer).
Aber freilich, nicht zu ihnen reisen soll Pan, wie nach Meineke noch
Kaibel, Hermes 15, 452, will, sondern dort statt in Arkadien wohnen
und weiden. Nur so gewinnen wir einen richtigen Gegensatz: erfüllt
der Gott des Dichters Bitte, so soll er in der Heimat besser behandelt werden, versagt er sie, so soll er aus dieser verbannt bei
den Edonen oder gar als armer Aigipan bei den Blemmyern sein
Wesen treiben. Das sind alexandrinische Scherze. — Es sei gestattet, beiläufig eine weitere Änderung im Theokrit hier zu begründen. Seit Bücheler in dem schönen Aufsatz im Rhein. Mus.
30, 59 gezeigt hat, dass in Vers 70 des Ptolemaios weder das
überlieferte *ἴσον καὶ 'Ρήναιαν ἄναξ ἐφίλησεν Ἀπόλλων* noch die bisher
vorgebrachten Conjecturen einen erträglichen Sinn ergeben, gilt
dieser Vers allgemein als unecht. Ein später Interpolator, welcher
von der Quantität der Endsilbe in *'Ρηναίαν* keine Ahnung, wohl
aber achtungswerte geographische Kenntnisse hatte, soll ihn eingefügt haben. Bücheler sucht dies sogar aus der Verszahl des
Archetypus (welcher wegen der Wiederholung von V. 90 nach 110
in der That zwanzig Zeilen auf der Seite oder Columne gehabt
haben muss) weiter zu beweisen. Genau an der gleichen Stelle
des Randes, wie der sinnlos nach 110 wiederholte Vers, oder
besser, am unteren Rand der Seite wie dieser soll auch V. 70, das
törichte Machwerk eines Halbgelehrten, gestanden haben. Es
scheint fast, als ob Bücheler jede Verbindung von V. 70 mit dem

gerade zu dieser Stelle das besprochene Kallimachos - Citat: ἐπι-
καλεῖται τὸν Πᾶνα, ἐπεὶ καὶ αὐτὸς τοιοῦτός ἐστιν. καὶ
Καλλίμαχος „Πὰν ὁ Μαλειήτης (ὁμαλιήτην Codd. Die alte
Verschreibung erklärt offenbar die Entstehung der Lesart Ὁμόλας
im Text) τρύπανον αἰπολικόν. Gewiss ist es nicht unbedingt
nötig, dass er Μαλέας im Text las; er konnte lediglich meinen,
Theokrit rufe bei der Knabenliebe den Pan an, weil dieser selbst
der Knabenliebe ergeben sei. Aber sehr möglich, oder vielmehr
wahrscheinlich ist es doch, dass gerade die Erwähnung von Malea

Vorhergehenden bestreiten und ihn für z u f ä l l i g an diese Stelle
gekommen erklären wollte. Denn die Einfügung ihm notwendig
scheinender Verse oder Bemerkungen bindet kein Schreiber an bestimmte Stellen der Seiten. Gerade hierin aber liegt m. E. der erste
Trugschluss. Die sinnlose Wiederholung von V. 90 hat nichts mit
V. 70 zu thun. Denn ohne V. 70 ist die Rede der Insel Kos matt
und ohne Abschluss, nur durch ihn erhält sie denselben. Man lese
nur: Ὄλβιε κοῦρε γένοιο, τίοις δέ με τόσσον, ὅσον περ Δᾶλον ἐτίμησεν
κυανάμπυκα Φοῖβος Ἀπόλλων· ἐν δὲ μιᾷ τιμᾷ Τρίοπον καταθεῖο
κολώναν ἴσον Δωριέεσσι νέμων γέρας ἐγγὺς ἐοῦσιν. Bringt der Dichter
hier offenbar etwas dem ursprünglichen Gedanken ganz fremdes
hinein, so erwarten wir, dass er wenigstens in einem Schlussvers
zu dem Hauptgedanken zurückkehrt. Nur durch einen erneuten
Vergleich des göttlichen Ptolemaios mit dem Gott Apollo kann
dies geschehen; noch einmal muss betont werden, dass jede Ehre
an das Triopion eine Ehre für Kos ist. Dies gewinnen wir, wenn
wir mit leichter Änderung lesen: Δᾶλον καὶ Ῥήνειαν ἄναξ ἐφίλησεν
Ἀπόλλων. Irrtümlich hat für Δᾶλον ein Schreiber den Anfang des
vorausgehenden Verses wiederholt. Dass Rheneia, weil es zu
Strabons Zeit traurig verödet war, von Theokrit nicht erwähnt
werden konnte, ist eine viel zu starke Behauptung. Da es nach
dem älteren Namen die Insel der Artemis ist, da es von Polykrates
von Samos ganz dem Apollo geweiht wurde (vgl. die Paroimiographen zu ταὐτά σοι καὶ Πύθια καὶ Δήλια), da es endlich in dem
homerischen Apollo-Hymnos, V. 44, gleichberechtigt mit andern
Inseln genannt wird und nichts dafür spricht, dass es je in der Dichtung einen Ruf wie Pholegandros besass, konnte Theokrit die Insel
passend ihre Rede schliessen lassen: Δᾶλον καὶ Ῥήνειαν ἄναξ ἐφίλησεν Ἀπόλλων. Ein directer Vergleich der Bedeutung Rheneias
und des Triopion liegt darin nicht, wohl aber ein Hinweis auf
den delischen Bund, welcher wie der dorische unter dem Schutz
des Ptolemaios stand. Für einen Interpolator wäre der Vers viel
zu fein; wer doch ihn als Urheber annehmen will, muss wenigstens
behaupten, dass durch seine Fälschung uns der echte Schluss
verloren ist. Wird dies Jemand thun? —

im Text das Citat veranlasst hat. Wie dem sei: wollte Theokrit Pan als den Herren eines arkadischen Cultortes bitten, den schönen Knaben Philinos dem Arat in die Arme zu führen, und hat der Pan von Malea nach einem allbekannten Gedicht die Liebe des schönen Knaben Daphnis auf dem Malea genossen, so war nur eine Wendung für den Dichter passend und beziehungsreich: τόν μοι, Πάν, Μαλέας ἐρατὸν πέδον ὄστε λέλογχας. Die überlieferte Lesung müssen wir corrigieren; nur diese Correctur giebt einen schönen Sinn; also ist sie sicher.

Wie in Vers 103, so nimmt in der ganzen Anrufung des Pan Theokrit auf dieses Lied Rücksicht. Denn wenn eben der Pan von Malea bedroht wird, er solle bei den Aithiopen im Hochsommer weiden oder im kalten Winter bei den Edonen an den Hebros-Fluss- zum Stelldichein entboten werden, [1] so empfängt dies volle Beziehung, wenn in der Vorlage Theokrits etwas Ähnliches von der arkadischen Heimat des Gottes erzählt war. Auch der wunderliche Wunsch, dass der Gott auf Nesseln schlafen solle (ähnlich vom Verliebten Poseidipp XII, 98, 1), und manch anderer Zug erklärt sich leicht, wenn in jenem Liede zunächst die Unrast und Qual des verliebten Gottes geschildert war (vgl. oben IX, 556). Dann kann freilich dies Lied, welches Kallimachos und Theokrit voraussetzen, nur von Arat selbst herrühren, nur dann empfängt das Gedicht Theokrits vollen Sinn. Wohl nimmt man seit Hauler allgemein an, dass Theokrit hier auf den berühmten Pan-Hymnos des Freundes Bezug nehme, mit welchem dieser den Sieg des Antigonos Gonatas über die Kelten gefeiert habe. Aber von dem Siegeslied zu den Neckereien des Theokrit führt kaum eine Brücke, und wer wirklich Idyll VII auf jenen officiellen Hymnos Bezug nehmen lässt, kann ja immer noch annehmen, dass in demselben die von uns reconstruierte erotische Erzählung mit eingefügt war. Da Arat in Kos mit Theokrit zusammen weilte, so kann und wird er dort auch der bukolischen Muse gehuldigt haben, und auch unabhängig von jenem Siegeslied wäre ein Gedicht εἰς Πᾶνα, welches Suidas ja neben den Hymnen nennt, möglich. —

---

[1]) Dies scheint in dem schwerverdorbenen Vers 112 zu liegen und in der That κεκλιμένος, wie auch Kaibel, aber mit unglücklicher Motivierung, wollte, aus κεκλημένος verdorben zu sein. Die Erklärung des Wortes κεκλημένος giebt das Epigramm des Glaukos.

Bis hierher, meine ich, hat ein zwar vielfach gewundener, aber sicherer und fester Weg geführt. Weiter hinaus tragen nur unsichere Vermutungen. Mir scheint schon im ersten (in Kos gedichteten) Idyll dieses Lied Arats vorausgesetzt. Dass Vers 123 ff. die Herleitung des Hirtenliedes des Daphnis von Pan und Arkadien gerade bestreiten will, habe ich früher auszuführen versucht. Man beachte, wie der Dichter als Pans Heimat nur den Mainalos und Lykaios nennt; den Erymanthos oder gar den Berg bei Psophis, Malea, durfte er natürlich gar nicht erwähnen. Einen neuen Sinn scheinen mir nun die Worte des Priap V. 86 ff. zu erhalten: βούτας μὰν ἐλέγευ, νῦν δ' αἰπόλῳ ἀνδρὶ ἔοικας. ᾠπόλος, ὄκκ' ἐσορῇ τὰς μηκάδας οἷα βατεῦνται, τάκεται ὀφθαλμώς, ὅτι οὐ τράγος αὐτὸς ἔγεντο. Was Priap mit ihnen meint, ist früher angedeutet; für den Dichter haben sie aber Zweck nur dann, wenn in ihnen eine Neckerei gegen einen anderen Dichter, welcher den Daphnis zum αἰπόλος gemacht und recht Zweideutiges von ihm erzählt hat, liegt; denn dass sie sich nicht auf den αἰπόλος unseres Idylls beziehen, ist klar. Ob Longus den Andeutungen Theokrits, oder dem Gedicht, auf welches dieser anspielt, seine pikante Erzählung von dem unerfahrenen Daphnis entnahm, ist unklar. Theokrit könnte auch hiermit den Arat necken, dessen Lied sich dann freilich einer genaueren Reconstruction entzieht. Die Beeinflussung eines Kunstwerkes durch Arat wird Niemand befremden, und wenn dieser schon in Kos ein derartiges Lied (vor der Abfassungszeit des ersten theokriteischen Idylls) dichten konnte, so ist eben damit das frühere Bestehen einer arkadischen Bukolik, von welcher ja auch Nikias abhängig ist, erwiesen.

Aber auch Kreta hat alten βουκόλος - Dienst; das lehrte des Euripides grosses Fragment; es hat einen Vertreter in der koischen Dichtergesellschaft, den „Hirt Lykidas". Es kann nicht befremden, dass auch Kreta den Daphnis für sich in Anspruch nimmt. Ein kretisches Lied vom Daphnis erwähnt bekanntlich als allgemein bekannt Ovid *Metam.* IV, 276:

> *Vulgatos taceo, dixit, pastoris amores*
> *Daphnidis I d a e i, quem nympha pelicis ira*
> *Contulit in saxum. tantus dolor urit amantes.*

An das asiatische Ida-Gebirge zu denken, hindert uns die unklare Erinnerung, welche noch der Theokrit-Scholiast von einer kretischen Liebesgeschichte hat, wenn er zu VII, 73 zu Xenea bemerkt:

ἀπέδοσαν δέ τινες τῆς ἐκ Κρήτης ξένης, vor Allem aber des Kallimachos bekanntes Epigramm VII, 518:

Ἀσταχίδην τὸν Κρῆτα, τὸν αἰπόλον, ἥρπασε νύμφη
ἐξ ὄρεος καὶ νῦν ἱερὸς Ἀσταχίδης.
οὐκέτι Δικταίῃσιν ὑπὸ δρυσὶν οὐκέτι Δάφνιν,
ποιμένες, Ἀσταχίδην δ᾽ αἰὲν ἀεισόμεθα.

Sinn hat es nur, wenn wirklich, einer Fiction nach, die Hirten Kretas den Daphnis besangen und wenn in diesem kretischen Hirtenlied Daphnis durch einer Nymphe Einwirkung aus dem Leben schwand. Der Astakides selbst braucht durchaus nicht Dosiadas, bezw. Lykidas, gewesen zu sein; er kann frei erdacht sein, um dem Dichter ein neues Spiel mit der Form des Grab-gedichtes und ein Compliment an den kretischen Dichter zu ge-statten.[1] Die Daphnis-Fabel des einzigen uns bekannten Kreters, des Dosiades, gestattet Ovid mit einiger Wahrscheinlichkeit zu reconstruieren. Eng schliesst sie an Timaios an; die Novelle von dem eifersüchtigen Zorn der Nymphe, welche früher Gattin des Daphnis war, ist ganz übernommen. Nur der Schluss ist anders, nicht der Augen beraubt, in Fels verwandelt wird Daphnis.[2] Dies hat Dosiades einer zweiten Quelle entlehnt, deren Alter er damit bezeugt; wieder müssen wir zu Pseudo-Servius zurückkehren (VIII, 68): *hunc igitur cum nympha Nomia amaret et ille eam sperneret et Chimaeram potius sequeretur, ab irata nympha amatrice luminibus orbatus est; deinde in lapidem versus: nam apud Cepha-loeditanum oppidum saxum dicitur esse, quod formam hominis ostendat.* Von einem früheren Verhältnis des Daphnis zur Nomia ist nichts

---

[1] Man vergleiche oben (S. 170 A.) das Compliment des Nikainetos an Apollonios. Nur das Eine glaube ich bestimmt aus den Worten des Kallimachos schliessen zu dürfen, dass der Astakide nicht, wie Häberlin Philol. 49, 654 will, eine mythologische Persönlichkeit ist. In ἀεισόμεθα liegt doch fühlbar: „eben jetzt ist der Astakide gestorben; von nun an wollen wir ihn besingen". Aus dem Munde eines der alten Genossen des „mythischen" Astakides könnte der Dichter im Epigramm nicht sprechen, ohne dies an-zudeuten. Und wie wäre dann der Sinn? Sollte etwa so erklärt werden, dass in Kreta ein uraltes Daphnislied durch ein Astakides-lied verdrängt wurde? Oder sollte der mythische Hirt eine Auf-forderung, der Niemand gefolgt ist, vortragen? — Auch bei Dosiades wie bei Arat wird danach Daphnis αἰπόλος gewesen sein, dazu stimmt, dass Lykidas als αἰπόλος geschildert wird.

[2] Oder er wird nach der Blendung verwandelt.

gesagt; wir müssen uns hüten, dasselbe ohne Grund hineinzutragen. Mit Kephaloidion bringt auch der Scholiast zum ersten Idyll (V. 118) die Sage in Verbindung, wenn er in dem Thymbris ein Flüsschen bei dieser Stadt erkennen will. Die Sage von Kreta nach Kephaloidion zurückzuversetzen, lag gar kein Anlass vor; weit leichter war das Umgekehrte. [1]

Von dem Lied des Tityros ist schon gesprochen. Daphnis, der unglücklich Liebende, durchirrt nach der Xenea suchend den Bergwald, die Eichen selbst beweinen ihn, aber die Eichen am Himera; endlich vergeht er durch seine unglückliche Liebe. Das erinnert allerdings an das erste Gedicht, nur dass gerade der „bukolische" Zug, dass Daphnis nicht lieben will und das Mädchen nach ihm umherirrt, fehlt oder vielmehr in sein Gegenteil verwandelt ist. [2] Eher stimmt dazu die Erzählung des Pseudo-Servius: *et Chimaeram potius sequeretur.* Gerade dadurch wird Daphnis das Gegenbild zu Menalkas, mit welchem er später verbunden wird. Erzählt Athenaios doch (XIV, 619 C) nach Klearch, dass Eriphanis dem schönen Jäger, welcher sie verschmäht nacheilt: ἐθήρευεν μεταθέουσα ταῖς ἐπιθυμίαις. φοιτῶσα γὰρ καὶ πλανωμένη πάντας τοὺς ὀρείους ἐπεξῄει δρυμούς . . . . ὥστε καὶ τῶν θηρῶν τοὺς ἀνημερωτάτους συνδακρῦσαι τῷ πάθει. Ähnlich könnte des Stesichoros Gedicht von der Kalyke gewesen sein; zu der Empfindungs- und Erzählungsweise dieses

---

[1]) Eine unklare Vorstellung hat noch der Dichter der Ὀαριστύς, welcher seinen Hirten (V. 41) sagen lässt: Δάφνις ἐγώ, Λυκίδας τε πατήρ, μήτηρ δὲ Νομαία. Die eine Quelle des Lykidas verbindet Nomia mit Daphnis. Man vergleiche oben die Einführung des Aigon und beachte den Gegensatz der Göttinnen Aphrodite und Artemis. Einen analogen Schluss hat bei Hermesianax (vgl. Antoninus Lib. 39) die Dichtung von Arsinoë und Arkeophon. Aphrodite verwandelt die verschmähende Spröde in Stein.

[2]) Dieselbe Gestalt des Liedes kennt Nonnos und bezeugt eben damit, dass sie in einem alten Gedicht gegeben war, Dionys. XV, 305 ff:

ἡδὺς ὁ συρίζων Παφίης μέλος ὑμέτερος Πάν,
πολλάκι μέλψεν ἔρωτα καὶ οὐ πέλε νυμφίος Ἠχοῦς.
ἃ πόσα Δάφνις ἄειδεν ὁ βουκόλος· ἀμφὶ δὲ μολπῇ
παρθένος ἀστιβέεσσιν ἐκεύθετο μᾶλλον ἐρίπναις

(vgl. Theokrit: ὥς ποκα τᾶς Ξενέας ἠράσσατο Δάφνις ὁ βούτας, χὼς ὄρος ἀμφ' ἐπολεῖτο καὶ ὡς δρύες αὐτὸν ἐθρήνευν)

ποιμενίης φεύγουσα βοῆς μέλος. ἃ πόσα Φοίβου
ἔκλυε μελπομένοιο καὶ οὐ φρένα θέλγετο Δάφνη.

Dichters würde eine derartige Sage am nächsten passen. Alles was an die sacrale Bukolik anklingt werden wir bis auf Weiteres von ihm fernzuhalten haben.

Menalkas und Daphnis erscheinen zuerst verbunden bei Hermesianax; ob er sie in dem Gedicht Leontion erwähnte, oder selbst ein „bukolisches“ Lied gedicht hat, ist nicht zu sagen. Zwei Notizen haben wir hier: Hypothesis zu Idyll IX: οὐδὲν δὲ ἔχει πρὸς τὸν Μενάλκαν τοῦτον ὄντα Σικελὸν τὰ ὑπὲρ Μενάλκου Χαλκιδέως, ὃν φησιν Ἑρμησιάναξ ἐρασθῆναι τῆς Κηραίας (Codd. κρηραίας, corr. Wilamowitz) Εὐίππης καὶ διὰ τὸ μὴ τυγχάνειν αὐτῆς κατακρημνισθῆναι. Das Gedicht schliesst direkt an die alte Menalkas-Sage. Hat der spröde Jäger einst die Liebe der Eriphanis verschmäht, so muss er nun selbst unglücklich lieben. Der Schluss der alten Sage ist bei Athenaios nicht miterzählt. Nach den daneben stehenden Geschichten von Kalyke und Harpalyke kann er nur dahin gelautet haben, dass Eriphanis, verschmäht, sich selbst getötet hat, wahrscheinlich sogar: ἐπεὶ δὲ ὑπερεῖδεν ὁ νεανίσκος, κατεκρήμνισεν ἑαυτήν. Genau dem entspricht die von Hermesianax geschilderte von der beleidigten Aphrodite verhängte Strafe:[1] Menalkas selbst liebt unglücklich und stürzt sich endlich vom Felsen — eine gute Paralle dafür, wie mit dem Daphnis, welcher selbst das liebende Mädchen nicht erhört (Idyll I), der Daphnis, welcher ohne Erhörung das Mädchen liebt (Idyll VII), zusammenhängt. Auch Daphnis soll „nach Anderen“ vom Fels gestürzt sein (Schol. VIII, 93: οἱ δὲ λοιποί φασι τυφλωθῆναι αὐτὸν καὶ ἀλώμενον κατακρημνισθῆραι). Nun haben wir über Menalkas von Hermesianax eine zweite Angabe, Schol. VIII, 55: καὶ Ἑρμησιάναξ λέγει τὸν Δάφνιν ἐρωτικῶς ἔχειν τοῦ Μενάλκα. ἀλλ᾽ ὁ μὲν ἐπ᾽ Εὐβοίας τὰ περὶ αὐτοῦ διατίθεται, οὗτος δὲ ἐπὶ Σικελίας.[2] H. kennt also ein euböischen Menalkas (offenbar in Chalkis eine alte mythische Figur und daher, vielleicht von Stesichoros, in dem Lied von der

---

[1] Dass Hermesianax das traurige Loos des Menalkas durch ein vorhergehendes Verschulden desselben motivierte, scheint mir sicher, denn es ist eine Forderung der poetischen Gerechtigkeit.

[2] Dass beide Angaben gegen einander polemisieren, ist eine willkürliche Behauptung E. Rohdes, welcher sie damit begründet, dass ja auch in Idyll VIII Menalkas von Daphnis geliebt werde. (Roman 78, A. 1). Hiervon finde ich keine Spur.

Jungfrau Morgenröte besungen), ebenso aber einen euböischen Daphnis und verbindet beide. Nach den Worten der Scholien kann dies nur in demselben Lied geschehen sein; ebenso nach inneren Gründen. Nur weil Menalkas Euböer ist, musste Daphnis dahin wandern; beide Angaben stehen in engstem Zusammenhang. Das alte Lied und nach ihm Klearch führen die Erfindung des νόμιος auf Eriphanis; für den von Kos beeinflussten Dichter ist der Erfinder des βουκολικὸν μέλος Daphnis. Auch er liebte unglücklich, auch er erlitt ein ähnlich trauriges Loos. Es lag nahe, ihn für die Eriphanis einzusetzen; dann entstand eine echt alexandrinische Composition. Daphnis liebt den schönen Menalkas, er verfolgt ihn vergeblich, er singt ihm sein Lied, er stirbt an seiner Liebe; aber die Rache der Göttin trifft später auch den spröden Knaben. Weil ein altes Lied die Erfindung des νόμιος für Euböa in Anspruch nahm, konnte Hermesianax das Entstehen der Bukolik hierher versetzen.

Doch das sind vielleicht nur Möglichkeiten; mir genügt zunächst, dass Hermesianax der älteste Dichter ist, welcher Menalkas und Daphnis verbunden hat.[1] Diese Verbindung kennt und setzt voraus Sositheos, über dessen Drama Lityerses wir zwei alte Berichte haben. Schol. VIII, 1: Σωσίθεος δὲ Δάφνιν . . . . γενόμενον, ὑφ' οὗ νικηθῆναι Μενάλκαν ᾄδοντα Πανὸς [(καὶ νυμφῶν)][2] κρίναντος, γαμηθῆναι δὲ αὐτῷ Θάλειαν[3] und Servius

---

[1] Schon aus inneren Gründen muss ja auch diejenige Version, welche beide vereinigt, ohne noch den Menalkas zum Hirtensänger zu machen, wozu er an sich gar kein Recht hat, den anderen vorausliegen. Die Einführung des Menalkas kann nur durch ein Lied, welches ihn zum Hauptgegenstand hat und den Daphnis nur nebenbei hineinzieht, geschehen sein; erst danach kann Menalkas auch umgekehrt als Folie für Daphnis benutzt sein.

[2] Die Worte καὶ νυμφῶν tilgt Bücheler Rhein. Mus. 39, 275.

[3] Vgl. Schol. zu VIII, 93: ἱστοροῦσι γὰρ αὐτὸν ὑπό τινος ἀγαπηθῆναι νύμφης, ἣν Σωσίθεος Θάλειαν καλεῖ. παρακελευσαμένης δὲ αὐτῆς ἄλλῃ γυναικὶ μὴ ὁμιλεῖν μὴ τηρήσας τὴν παραίνεσιν αὐτῆς ἐμισήθη αὐτῇ. Es folgen reine Vermutungen des Scholiasten. Unser Stück entspricht genau der Fassung bei Pseudo-Servius und verbürgt noch zum Überfluss, dass die beiden Scholien desselben zusammengehören; einerseits giebt es die auch bei ihm an erster Stelle stehende Timaios-Version, andrerseits schiebt es eine Bemerkung aus dem zweiten Scholion ein: ἣν Σωσίθεος Θάλειαν καλεῖ: quam alii Thaliam dicunt.

zu *Ecl.* VIII, 68: ..... *alii hunc Daphnin Pimpleam amasse*
dicunt. quam cum a praedonibus raptam Daphnis per totum orbem
quaesisset, invenit in Phrygia apud Lityersem regem servientem, qui
hic lege in advenas saeviebat, ut cum multas segetes haberet, pere-
grinos advenientes secum metere faceret victosque iuberet occidi. sed
Hercules miseratus Daphnidis venit ad regiam et audita condicione
certaminis falcem ad metendum accepit atque ea regi ferali sopito
metendi carmine caput amputavit. ita Daphnin a periculo liberavit
et ei Pimpleam, quam alii Thaliam dicunt, reddidit. quibus dotis
nomine aulam quoque regiam condonavit. — Dass beide Berichte
sich gegenseitig ergänzen, ist seit O. Jahn (Hermes III, 180 ff.)
allgemein anerkannt und wird durch das grosse Fragment bestätigt.
Die Mittelquelle entnahm den Namen Pimplea irgend einem ähnlichen Lied. Gerade die Vorgeschichte nun, dass Daphnis die
geliebte Thaleia durch einen Liederstreit mit Menalkas sich gewann,
ist für das Drama völlig gleichgiltig. Wir dürfen annehmen,
dass Sositheos hier zunächst ein älteres Lied benutzt, mit welchem
er dann die romanartige Dichtung vom Raub der Thaleia und
der Treue des zarten Daphnis verbindet. Der Inhalt des ersteren
Liedes muss etwa unserem achten Idyll entsprochen haben; den
Pan selbst für einen beliebigen αἰπόλος kann auch Sositheos
eingesetzt haben. Es steht nichts im Wege, Idyll VIII, welches
ja auch Kallimachos zu kennen scheint, vgl. oben S. 190, selbst
als Vorlage des Sositheos anzunehmen. Die Verbindung des
Menalkas und Daphnis ist in ihr weiter benutzt, aus dem Liebesverhältnis das der Rivalität gemacht, das Paar wieder nach Sicilien
zurückversetzt, endlich aus Timaios nur das eine Motiv, dass
der schöne sangeskundige Jüngling die Liebe und die Ehe der
Nymphe gewinnt, herausgehoben. Die kecke Erfindung des Sositheos
knüpft hieran allein, ohne jede Rücksicht auf anderweitige Daphnis-
Lieder, den Roman oder besser das Mährchen. Dennoch fehlt
nicht jede Spur dafür, dass Daphnis als der βουκόλος, der ἐπῳδός
auch von ihm noch empfunden wird. Die endlich gefundene Geliebte kann Daphnis nicht selbst befreien; Herakles kommt ihm
zu Hilfe. Aber auch er kann, wie es scheint, den Unhold
Lityerses nicht durch seine Kraft überwinden, „*ferali metendi
carmine sopitum*" tötet er ihn. Gerade dies zauberhafte Schnitter-
lied kann nicht Herakles singen; ihm liegt alle γοητεία fremd.
Daphnis muss es gesungen und so durch seine Kunst zum zweiten

17*

mal die Geliebte errungen haben. Er bleibt nun offenbar mit Thaleia vereint im Palast des besiegten Gegners, welchen ihm ja Herakles schenkt; er wird König. Das ist der naturgemässe Schluss für solch ein Mährchen. Von Sicilien hin nach Kelainai in Phrygien (Schol. Theokr. X, 42) zieht der βουκόλος (etwa wie die Lydiasten, von welchen Ähnliches Diomedes erzählt) und erwirbt hier ein Königreich.[1] Aber in Kelainai hat auch der Erfinder des Flötenspiels, der Satyr Marsyas, gelebt; so lag die Fortsetzung nahe, dass dieser erst von Daphnis gelernt hat und Daphnis der wahre Erfinder des Flötenspiels ist. Das hat schon der Verfasser der Hypothesis zu Idyll VIII empfunden, wenn er verbindet: Σωσίθεος δὲ Δάφνιν . . . . γενόμενον, ὑφ' οὗ νικηθῆναι Μενάλκαν ἄδοντα Πανὸς [(καὶ νυμφῶν)] κρίναντος. γαμηθῆναι δὲ αὐτῷ Θάλειαν. Ἀλέξανδρος δέ φησιν ὁ Αἰτωλὸς ὑπὸ Δάφνιδος μαθεῖν Μαρσύαν τὴν αὐλητικήν (Codd. ἁλιευτικήν). Sinn hatte der Zusatz nur, wenn die ganze Fabel des Sositheos angegeben war. Ein eigentliches Lied auf Daphnis braucht darum Alexander der Aitoler, welcher ja öfters literarhistorische Fragen behandelt hat,[2] durchaus nicht gedichtet zu haben. — Für die Kenntnis der älteren Daphnis-Sage sind alle Lieder, welche ihn mit Menalkas verbinden oder von solchen abhängen, völlig bedeutungslos.

Wenig gewinnen wir durch die Citate aus Nymphodor (Ailian hist. an. XI, 13 = Schol. zu Id. I, 65): die fünf Jagdhunde des Daphnis haben den Leichenzug ihres Herrn begleitet und sind bei seinem Grabmal gestorben; daher haben auch sie ein Denkmal mit den Namen. Wo Nymphodor dasselbe gesehen haben will, ist nicht angegeben,[3] mit welcher Form der Daphnis-Fabel wir den Zug vereinigen können, nicht klar. Gewiss ist es möglich, dass Stesichoros die Namen angegeben hatte (vgl. fr. 1) und

---

[1]) Auffällig viele Züge aus dieser Sositheos-Fabel kehren bei Longus wieder, welcher überhaupt von der uns verlorenen koischen Bukolik stark beeinflusst sein muss, da er Philetas als ältesten und weisesten aller Hirten einführt.

[2]) So erzählt er ja auch, anschliessend an Moiro von Byzanz, dass von den sterblichen Amphion zuerst die Lyra gespielt habe; ihm schenkte und lehrte sie Hermes (vgl. Pausan. IX, 5, 4; Probus zu Eclog. II, 24). Moiro benutzte dabei Herakleides Pontikos, vgl. Plut. de mus. 3.

[3]) Nur dass es in Sicilien gewesen sein muss, ist hier wie im folgenden Fragment klar.

irgend eine locale Tradition nun das μνῆμα der Hunde erbaute
oler erfand; nötig ist es nicht. Das zweite Fragment (Schol. zu
I, 69) ist bis zur Unkenntlichkeit verstümmelt. — Eine Version,
nach welcher Daphnis der Geliebte des Hermes war, erwähnte
Ailian *var. hist.* X, 18; als alt bestätigt wird sie durch den
Scholiast zu I, 77; von der Erhebung des Daphnis zum Himmel
durch Hermes ist schon früher gehandelt.

Es bleibt nur noch Silius Italicus XIV, 462 ff.:

> *Hos inter Daphnis, deductum ab origine nomen*
> *antiqua, fuit infelix, cui linquere saltus*
> *et mutare casas infido marmore visum.*
> *at princeps generis quanto maiora paravit*
> *inter pastores sibi nomina : Daphnin amarunt.*
> *Sicelides Musae; dexter donavit avena*
> *Phoebus Castalia et iussit, proiectus in herba*
> *si quando caneret, laetos per prata, per arva*
> *ad Daphnin properare greges rivosque silere.*

Dass auch Silius die Timaios-Novelle kennt, ist nach dem Eingang
klar. Die folgenden Züge können freie Erfindung sein. Der
Apollo Νόμιος, welcher bei Admet die Heerden weidet, vor
welchem die buntgefleckte Hirschkuh tanzt, der den Heerden den
Hymenaios spielt, kann auch dem Römer vorgeschwebt haben.
Die *Sicelides Musae*, welche den Daphnis lieben, erinnern an die
Thaleia des Sositheos und die Pimplea in dem parallelen Servius-
Bericht; dass eine Muse die Geliebte des Daphnis ist, ahnt noch
der Scholiast zu VII, 73 mit seiner Erfindung μοῦσα ἦν ἡ Ξενέα,
und empfindet Parthenios in seiner Wiedergabe des Timaios-Berichts.
Selbst in den Worten Vergils *nostra neque erubuit silvas habitare
Thalea* kann eine Beziehung liegen.

Was ist Daphnis nun selbst? Localgottheit, wie Hippolytos
oder Skephros, nur umgebildet von den orphischen oder dionysischen
βουκόλοι, oder Abstraktion, wie der ja auch in den Cult gelangte
Linos, Musaios oder gar Orpheus, welcher von Dionysos seine
Schicksale entlehnt hat? Der Name selbst ist verräterisch genug;
er verweist auf Δαφναῖος oder Δαφνηφόρος, beides Epitheta des
Apollo (in Syrakus auch Δαφνίτης). Mit ihm muss der alte sicilische
Vertreter sacralen Sanges, der δαφνηφόρος, frühzeitig verbunden
sein; denn zu ihm stimmen alle älteren Züge des Liedes. Seine Verbindung mit Artemis oder Dionysos erklärt dies leicht; verehrt doch derselbe
attische Demos den Apollo Δαφνηφόρος und Διονυσόδοτος. Euripides

nennt fr. 477 den Apollo φιλόδαφνε βάκχε, wie Aischylos fr. 341 βακ-χεύς; Dionysosdiener (nicht wie Nauck nach Macrobius will, Dionysos selbst) ist er für sie also. Er ist Ἀγραῖος und Νόμιος, er Νυμφηγέτης und der Musen Liebling, er der Erfinder der Syrinx wie der Flöte (Plut. *de mus.* 14), welcher gleich dem Dionysos den Seinen entschwindet und wiederkehrt, der ewig jugendliche Gott. Seine Wohnung ist nach Stesichoros (fr. 8, 5) der heilige Lorbeerhain, welchen auch Timaios noch mit Daphnis verbindet; sein sind die Rinderheerden in der Odyssee, wie des Daphnis bei Ailian (Timaios?) die den Helios-Rindern verwandten βόες. Ihn flieht die Nymphe Daphne, wie ja auch Xenea den schönen Hirten im Liede des Tityros. [1]

Es ist allerdings unmöglich, dass Stesichoros noch den Daphnis als Apollo besungen hat; die Weiterbildungen der Erzählung bei Timaios und den Dichtern wären ganz unerklärlich. Aber diejenige Sagengestaltung werden wir für ihn annehmen müssen, welche die meisten ursprünglichen Züge bewahrt, am leichtesten die älteren Umbildungen erklärt, endlich dem von Stesichoros viel gefeierten Himera-Fluss am nächsten localisiert ist. In der mythographischen Quelle des Servius und Ailian ist Stesichoros benutzt. Es ist vielleicht nicht zufällig, dass Servius unmittelbar nach der (aus anderen Berichten erweiterten) Timaios-Novelle den Bericht fand: *hunc igitur cum nympha Nomia amaret et ille eam sperneret et Chimaeram potius sequeretur, ab irata nympha amatrice luminibus orbatus, deinde in lapidem versus est; nam apud Cephaloeditanum oppidum saxum dicitur esse, quod formam hominis ostendat.* — Das könnte z. T. mit Ergänzungen aus Timaios Reste der Stesichoros-Dichtung in sich enthalten und würde am leichtesten die weitere Entwicklung erklären. Denn bei Timaios wäre dann lediglich das Eine hinzugetreten, dass Daphnis früher der Gemahl der nunmehr von ihm verschmähten Nymphe gewesen ist. Ein allbekannter Novellen- oder Mährchenzug, wie er in jedem Volk zu finden ist und in

---

[1] Aufmerksam machen möchte ich noch auf Lykurgos, welcher, wie Crusius richtig betont, auch in der Ilias VI, 130 als eine Art βουκόλος, freilich im Kampf gegen Dionysos, geschildert wird. Auch er scheint in einem gewissen Zusammenhang mit Apollo. Auch bei ihm finden wir die beiden entscheidenden Züge: καί μιν τυφλὸν ἔθηκε Κρόνου πάϊς· οὐδ' ἄρ' ἔτι δὴν ἦν. Den βουκόλος nicht als βοηλάτης sondern als βουφόνος kennen wie der Verfasser des pseudo-simonideischen γρῖφος (Athen. X, 456 C), so dessen alte Erklärer, vgl. S. 118.

der Rhoikos-Novelle rein wiederkehrt, dass wohl der Sterbliche die höchste Gunst der unheimlichen, verführerischen Halbgöttinnen erwerben kann, aber sobald er dieselben irgend verletzt, von ihnen vernichtet wird, hätte sich eingedrängt. Auch die sacrale Fiction (Idyll I) würde sich hieraus erklären lassen. Dass Daphnis von einem Mädchen, welches er zurückweist, geliebt wird, wäre ebenso festgehalten, wie dass er selbst ein Mädchen unglücklich liebt; nur sind die beiden Personen in eine zusammengeflossen und der Schluss dem Wesen der βουκόλοι gemäss umgestaltet. Das Lied des Tityros würde nur das Eine hervorheben, dass Daphnis unglücklich liebt; ebenso Hermesianax, nur dass dieser aus dem geliebten Mädchen einen Knaben macht, in der Hauptsache aber dann den Menalkas für Daphnis einsetzt. Das „kretische" Lied des Dosiades würde nur Timaios aus Stesichoros interpolieren. Man versuche eine andere der uns bekannten Versionen ähnlich in den Mittelpunkt zu stellen, um die Schwierigkeiten zu empfinden. Ich selbst bin dadurch zu meiner Vermutung gekommen, dass ich aus Timaios und dem ersten Idyll ein gemeinsames älteres Vorbild zu reconstruieren versuchte und mit Erstaunen gewahrte, dass, was ich gewann, der an Kephaloidion anknüpfenden Überlieferung entsprach. Dass die älteren bukolischen Gedichte wenigstens in den Hauptzügen an Stesichoros anknüpfen, scheint mir wahrscheinlich, dass es Timaios thut, geradezu notwendig. Ist die vorgetragene Vermutung richtig, so hätte bei dem Historiker oder seiner Quelle, der von Dichtern beeinflussten Volkstradition, nur eine leicht erklärliche Umbildung zum Mährchen stattgefunden, das Gedicht des Stesichoros aber wäre auf's Engste verwandt mit dem alten Lied von Menalkas und Eriphanis und dem Lied von der Kalyke. Freilich, das Höchste, was eine derartige Conjectur erreichen kann, ist als möglich zu gelten.

Ich habe sie trotzdem ausgesprochen, sie und manche andere gleicher Art; so wenig ich auf anderen Gebieten unserer Wissenschaft leichter und unbeweisbarer Conjectur das Wort reden möchte, auf manchem darf der Philologe sich nicht beschränken auf das ἀμάρτυρον οὐδὲν ἀείδειν. Eine unbewiesene, nach meinem Erachten sogar verfehlte Conjectur Meinekes hat die richtige Auffassung der Bukolik hervorgerufen und zur allgemeinen Anerkennung geführt; wer auf solchem Gebiete den Mut des Irrens nicht hat, wird auch der Wahrheit nicht näher kommen oder Andere dazu veranlassen.

Excurs I.
(Zu S. 56).

Auf die viel behandelten Verse Theogn. 19—27 einzugehen, zwingt mich weniger der leicht abzuweisende Angriff Sitzlers als die eigentümliche Deutung, welche denselben Immisch „Xenophon über Theognis" in den *Commentationes philologae, quibus Ottoni Ribbeckio .. congratulantur discipuli Lipsienses* gegeben hat. Die Widerlegung, welche Letzterer durch Crusius, Rhein. Mus. 43, 623 gefunden hat, ist für mich bei der Wichtigkeit der Sache zu kurz, meine Auffassung in manchen Punkten stark abweichend.

Sitzler wie Immisch stimmen überein, dass V. 23—26 nicht von dem Verfasser der vorausgehenden vier Verse sind. Auch nicht aus einem anderen Dichter sind sie eingesetzt, wie etwa die Zuthaten aus Tyrtaios, Solon, Mimnermos, sondern ein Fälscher hat den Theognis (nach Immisch Xenophon!) weiter gedichtet, so plump und dumm als möglich, und ist dabei noch so gutmütig, sich durch Einführung eines neuen Namens, Polypaides, hier wie auch sonst selbst zu verraten. Die „echten" oder nach Immisch „relativ echten" vier Verse deutet Sitzler: „die Anrede $K\acute{v}\varrho\varepsilon$ („O Adliger") werde ich als Kennwort, als Siegel in jedem meiner Sprüche gebrauchen, daran wird alle Welt den Theognis erkennen", ohne doch deshalb diejenigen Sprüche und Lieder, welche das Siegel nicht tragen, dem Theognis absprechen zu wollen oder uns darüber zu belehren, warum Niemand einen Spruch, welcher die Anrede „O Adliger" trägt, als sein Gut ausgeben oder durch Änderungen verschlechtern könne. Dass Xenophon im Folgenden auf zwei Verse hinweist, welche jetzt das Kennwort Polypaides tragen, erwähnt er nicht, obwohl er S. 18 den Xenophon benutzt, die Anlage der echten Theognis-Sammlung zu beweisen. Anders Immisch, welchem das Siegel nur die Bedeutung des Geheimhaltens haben kann. Er deutet nach Lucian Anthol. X, 42: „Das Siegel des Stillschweigens soll mir auf diesen Versen liegen", aber dies soll nicht heissen „geheim sollen sie bleiben", sondern — „meinen wahren Verfassernamen will ich nicht nennen"; den kennt freilich wieder Stobaios! Ich will nicht darauf eingehen, wie schief dann die folgenden Gegensätze werden. Die Echtheit und den Sinn der Worte bezeugt uns Kritias in seiner berühmten Elegie auf Alkibiades, welcher, nachdem er sich als Verfasser deutlich bezeichnet hat, γνώμη δ' ἣ σε κατήγαγ' ἐγὼ ταύτην ἐν ἅπασιν εἶπον καὶ γράψας τοὖργον ἔδρασα τόδε zufügt σφραγὶς δ' ἡμετέρης γλώσσης ἐπὶ τοῖσδεσι κεῖται. Eine hübsche Bestätigung dafür, dass Theognis in den Kreisen der athenischen Aristokraten bekannt war. Nach den Worten des Kritias sind die des Theognis zu deuten; um ein Erkennungszeichen muss es sich handeln. Freilich Kritias scheint sagen zu wollen „der Stempel meiner Sprache" liegt auf ihnen, ihr Gepräge verrät sich Jedem; er ist das Kennzeichen des Verfassers. Die Theognisverse vertragen diese Deutung ebenfalls zur Not, aber auch nur zur Not; denn Kritias sagt κεῖται, unser Dichter κείσθω und σφρηγὶς ἐπικείσθω τοῖσδ' ἔπεσιν kann streng interpretiert nur heissen „hiermit sei auf das Werk ἐμοῦ τοῦ σοφιζομένου das Siegel gedrückt". Woher das Bild entnommen ist, scheint klar: wenn die Urkunde (in Attika nachweislich sehr früh) aufgestellt ist, dann wird sie gerollt und auf die geschlossene Rolle wird das Siegel der Parteien darauf gedrückt. Den Zweck verraten die Redner an zahlreichen Stellen: damit keine der Parteien etwas herausnehmen oder ändern kann, sondern der ursprüngliche Wortlaut, welchen der Soundso ihr gegeben hat, als der von ihm gewollte und angenommene urkundlich feststeht. Das Siegel bezeugt zweierlei: die Person des Abschliessenden und die Echtheit des von ihm gegebenen Wortlauts. Finden wir dies in den Worten des Dichters wieder, so hat er das Bild zu diesem Zweck geprägt und Kritias bildet die einmal geprägte Redewendung nur weiter. „Kyrnos, mir, dem Dichter, soll ein Siegel auf diesen Versen liegen; wer meine Verse stiehlt (was das heisst, sagt Martial ja oft genug: als die seinen vorträgt) wird damit nicht unbemerkt bleiben, sondern so wird dann ein jeder Hörer zufolge meines Siegels sagen: „das sind ja Verse des Theognis"." Der an sich einfache Gedanke erfährt eben zu Folge des Bildes noch eine Erweiterung und Umgestaltung. Der Gedanke, „Niemand wird meine Verse als die seinen ausgeben können", zieht nach sich die Fortführung οὐδέ τις ἀλλάξει κάκιον, niemand wird sie ändernd schlechter machen wollen (vgl. Eur. Bakch. 1329 ἀλλάξαι ὄφεως τύπον u. dergl.), während das Tadellose Allen vorliegt. Auch dann würde Jedermann sagen: das sind Verse des Theognis, aber bei ihm $\dot{\epsilon}\sigma\vartheta\lambda\dot{\alpha}$ und hier $\varkappa\alpha\varkappa\acute{\iota}o\nu\alpha$.[1] Das ist einerseits möglich, wenn der Dichter schon allgemein bekannt ist $\pi\acute{\alpha}\nu\tau\alpha\varsigma\ \varkappa\alpha\tau'\ \dot{\alpha}\nu\vartheta\varrho\acute{\omega}\pi o\nu\varsigma\ \dot{o}\nu o\mu\alpha\sigma\tau\acute{o}\varsigma$, aber dann verliert das Wort $\sigma\varphi\varrho\eta\gamma\acute{\iota}\varsigma$ seine Bedeutung und der Imperativ bleibt unerklärt — oder es ist möglich, dadurch, dass der Dichter dem Leser hier das Siegel giebt und das ganze Werk mit den Worten $\Theta\epsilon\acute{v}\gamma\nu\iota\delta\acute{o}\varsigma\ \dot{\epsilon}\sigma\tau\iota\nu\ \ddot{\epsilon}\pi\eta$ besiegeln will. Dass er diese ihm notwendig scheinende Namensnennung in den Satz hineinzieht und nicht sagt „weil ich meinen Namen hier nenne — ich heisse Theognis und stamme aus Megara — wird Niemand mir etwas stehlen und niemand etwas verderben können, denn das mit meinem Namen bezeichnete Gute liegt Allen vor", scheint mir echt dichterisch und gewandt. Die vier Verse in der kunstmässigen Verschränkung der Gedanken bilden dadurch ein Ganzes; die Partikel $\mu\acute{\epsilon}\nu$ verlangt, dass nunmehr ein Gegensatz folgt. Doch ehe ich auf denselben eingehe, habe ich ein Bedenken zu beseitigen. Wenn' ein Phokylides oder Demodokos ihre Sprüche bezeichnen $\varkappa\alpha\grave{\iota}\ \tau\acute{o}\delta\epsilon\ \Delta\eta\mu o\delta\acute{o}\varkappa o\nu$, $\varkappa\alpha\grave{\iota}\ \tau\acute{o}\delta\epsilon\ \Phi\omega\varkappa\nu\lambda\acute{\iota}\delta o\nu$, so ist der Zweck natürlich derselbe $\lambda\acute{\eta}\sigma\epsilon\iota\ o\ddot{v}\pi o\tau\epsilon\ \varkappa\lambda\epsilon\pi\tau\acute{o}\mu\epsilon\nu o\nu$. Der kurzen Sentenz ist durch metrischen Zwang der Name unlösbar angeheftet; wer sie vorträgt und verbreitet, verbreitet damit den Namen des Dichters; in Buchform hätte ihre Wiederholung nur abscheulich wirken können. Eine Umbildung freilich zum $\varkappa\acute{\alpha}\varkappa\iota o\nu$ war auch so nicht ausgeschlossen. Wer dagegen an die Spitze einer längeren Sammlung verschiedener gnomischer Lieder einmal als Siegel setzt $\Theta\epsilon\acute{v}\gamma\nu\iota\delta\acute{o}\varsigma\ \dot{\epsilon}\sigma\tau\iota\nu\ \ddot{\epsilon}\pi\eta$, kann den angegebenen doppelten Zweck nur erreichen, wenn die Gedichte, abgesehen von dem Vortrag, auch in Buchform verbreitet wurden, wenn das $\dot{\epsilon}\sigma\vartheta\lambda\acute{o}\nu$ mit seinem Namen versehen „Allen vorliegt". Der Umschwung, welchen die buchmässige Verbreitung brachte, kann

---

[1] An dieser Deutung, dass der eigentliche Gegensatz zu $\ddot{\omega}\delta\epsilon$ $\delta\grave{\epsilon}\ \pi\tilde{\alpha}\varsigma\ \tau\iota\varsigma\ \dot{\epsilon}\varrho\epsilon\tilde{\iota}$ in den Worten $\lambda\acute{\eta}\sigma\epsilon\iota\ o\ddot{v}\pi o\tau\epsilon\ \varkappa\lambda\epsilon\pi\tau\acute{o}\mu\epsilon\nu\alpha$ liegt, glaube ich trotz der abweichenden Erklärung von Crusius festhalten zu müssen, da auch Crusius' Deutung von V. 3 nicht einen klaren Gegensatz zu V. 4 ergiebt; $\pi\acute{\alpha}\nu\tau\alpha\varsigma\ \varkappa\alpha\tau'\ \dot{\alpha}\nu\vartheta\varrho\omega\pi o\grave{v}\varsigma\ \dot{o}\nu o\mu\alpha\sigma\tau\acute{o}\varsigma$, kann ich nur mit dem Folgenden verbinden. Als Bemerkung des $\pi\tilde{\alpha}\varsigma$ $\tau\iota\varsigma$ ist es matt, und der nächste Satz dann unvermittelt angefügt. Dass $\pi\tilde{\alpha}\varsigma\ \tau\iota\varsigma$ für einen Megarer aus der ersten Hälfte des fünften Jahrhunderts unmöglich und durch $\ddot{\epsilon}\varkappa\alpha\sigma\tau o\varsigma$ zu ersetzen sein muss, ist bisher nicht bewiesen.

nicht besser illustriert werden als in der Benutzung des „Siegels"
bei Phokylides und Theognis, und dies „Siegel" des Theognis
bezeugt noch für uns d a s ä l t e s t e n a c h w e i s b a r v o m
A u t o r s e l b s t e d i e r t e B u c h.

Betrachten wir jetzt V. 23—26, deren Stimmung nach Sitzler
„himmelweit" von derjenigen der vorausgehenden Verse verschieden
sein soll „*altera laeta gaudiique plena, tristis solaciique plena altera*".
Immisch, welcher dies nicht betont, kann wenigstens mit den
Worten schwach, matt, schief, widersinnig sich kaum genugthun.
Die Worte $\tau o\tilde{v}$ $M\varepsilon\gamma\alpha\varrho\acute{\varepsilon}\omega\varsigma$ sind beiden „handgreifliche Interpolation",
weil Phokylides und Demodokos in der Bezeichnung eines Einzel-
spruches kein Ethnikon verwenden — als ob hier eine Vergleichung
möglich wäre — ja sogar weil in den Pentametern des Hipparch
auf attischen Hermen der Herrscher sich nicht $A\vartheta\eta\nu\alpha\tilde{\iota}o\varsigma$ nenne
und in der Einleitung der Theogonie die Verse $\alpha\H{\iota}$ $\nu\acute{v}$ $\pi o\vartheta'$
$H\sigma\acute{\iota}o\delta o\nu$ $\varkappa\alpha\lambda\grave{\eta}\nu$ $\grave{\varepsilon}\delta\acute{\iota}\delta\alpha\xi\alpha\nu$ $\grave{\alpha}o\iota\delta\grave{\eta}\nu$ $\H{\alpha}\varrho\nu\alpha\varsigma$ $\pi o\iota\mu\alpha\acute{\iota}\nu o\nu\vartheta'$ $E\lambda\iota\varkappa\tilde{\omega}\nu o\varsigma$
$\grave{v}\pi\grave{o}$ $\zeta\alpha\vartheta\acute{\varepsilon}o\iota o$ keine Heimatsangabe enthalten! Ein weiterer Ver-
dachtsgrund, dass nämlich die Angabe, der Dichter stehe zu seinen
$\grave{\alpha}\sigma\tau o\acute{\iota}$ nicht allzugut, öfters wiederkehrt und dass einmal in einem
nicht an Kyrnos gerichteten Gedicht unserer Sammlung gesagt
wird „kein Mensch kann sein Leben lang Allen gefallen; auch
Zeus macht's nicht immer allen Menschen recht", ist ebenso wenig
zwingend wie der Hinweis auf die Verderbnis in V. 23/24: $\pi\acute{\alpha}\nu\tau\alpha\varsigma$
$\delta\grave{\varepsilon}$ $\varkappa\alpha\tau'$ $\grave{\alpha}\nu\vartheta\varrho\acute{\omega}\pi o\upsilon\varsigma$ $\grave{o}\nu o\mu\alpha\sigma\tau\grave{o}\varsigma$ $\grave{\alpha}\sigma\tau o\tilde{\iota}\sigma\iota\nu$ δ' $o\H{v}\pi\omega$ $\pi\tilde{\alpha}\sigma\iota\nu$ $\grave{\alpha}\delta\varepsilon\tilde{\iota}\nu$
$\delta\acute{v}\nu\alpha\mu\alpha\iota,$ wo die Syntax und Logik zur Änderung zwingen, ob
die Verse echt sind oder nicht.

Prüfen wir nun Stimmung und Gedankenzusammenhang in
dem nicht traurigen, sondern im Gegenteil vom höchsten Stolz
erfüllten Wort „wenn ich, der ich bei allen Menschen berühmt
bin, meinen Mitbürgern noch nicht allen gefallen kann, so ist's
nicht wunderbar; auch Zeus gefällt mit Regen oder Sonnenschein
nicht allen Menschen". Die starke Hervorhebung des Gedankens
„an mir liegt's nicht, wenn ich nicht Allen gefalle und ich kümmere
mich so wenig darum als Zeus" verlangt, dass von den Gedichten
vorher die Rede war, streng genommen aber auch, dass der Dichter
vorher gesagt hat, dass seine $\H{\varepsilon}\pi\eta$ wahrhaft $\grave{\varepsilon}\sigma\vartheta\lambda\alpha$ sind und er
deswegen bei Allen berühmt ist. Das aber finden wir in den
vorhergehenden Versen. In stolzer Freude fügt dem vollendeten
Werk der Dichter sein Siegel, seinen Namen, bei; kein Fremder

wird nun die trefflichen Verse als eigenes Gut bieten können,
keiner sie ändernd entstellen, denn das Tadellose liegt Allen vor,
und Jeder sagt, das sind Gedichte des Theognis von Megara.
So kann der ganze Satz, dass Jedermann nun ihn kennt und
schätzt, den Theognis von Megara, sich wohl zusammenschliessen
in das πάντας κατ' ἀνθρώπους ὀνομαστός. Freilich mit einer
Freiheit: was der Dichter erhofft und was wohl schon begonnen
hatte, wird als gegenwärtig vorausgenommen. Gesteht man ihm
diese zu, so zieht der Gedanke an den gehofften Erfolg des Buches
und den eigenen Wert „alle Welt kennt mich und Jedermann erkennt bei mir das Untadelige" fast notwendig den Zweifel und
die bittere Erinnerung nach sich „aber die ἀστοί, welche dich
ja jetzt schon alle kennen, billigen dich doch noch nicht alle".
Die stolze Antwort auf den Selbsteinwurf, welche natürlich auch
auf „alle Menschen" mit zu beziehen ist, schliesst schön und
passend das Vorwort der Ausgabe ab. — Die Angabe τοῦ
Μεγαρέως ist notwendig schon wegen des folgenden ἀστοῖς, und
οὔπω πᾶσιν erklärt sich leicht, da der Dichter von den Lesern,
von seinem auswärtigen Publikum, erhofft, dass ihn Jedermann
billige (πᾶς τις, πάντας). Dem μὲν in V. 19 entspricht das δὲ
in V. 23, wo der Dichter durch die Zusammenfassung schon andeutet, dass das zweite Glied des Gedankens beginnt. Der
gnomische Schluss dieses zweiten Gliedes ist es, welcher die Aufnahme des Gedichtes in unsere Sammlung veranlasst hat; noch
ist kein genügender Grund erbracht, es dem Dichter des ersten
Teiles abzusprechen.

In Bau und Gedankengang ganz ähnlich ist das Gedicht
237—254, in welchem ebenfalls der Partikel μὲν nicht das unmittelbar folgende δὲ entspricht, wo ebenfalls der erhoffte Erfolg
den Verhältnissen in der Heimat entgegengestellt wird, in welchen
dieselbe „Ruhmredigkeit" allzustrengen Kritikern auffällt (vgl. πᾶς
τις ἐρεῖ — πάντας κατ' ἀνθρώπους ὀνομαστός — θοίνῃς δὲ
καὶ εἰλαπίνῃσι παρέσσῃ ἐν πάσαις — ἄφθιτον ἀνθρώποις
αἰὲν ἔχων ὄνομα). Die Gedichte erklären sich in gewisser Weise
durch einander wechselseitig. Gerade wenn die buchmässig verbreitete γνωμολογία πρὸς Κύρνον bestimmt ist, bei allen Gelagen,
soweit hellenische Zunge klingt, von den Jünglingen vorgetragen
zu werden, dann konnte es geschehen, dass Jemand als eigenes
ausgeben wollte, was doch fremdes Gut war; aber das Siegel

liegt auf dem Buch und wird mit ihm bekannt und Jeder wird sagen Θεύγνιδός ἐστιν ἔπη τοῦ Μεγαρέως und nicht so leicht Einer verschlechternde Entstellung wagen, denn das Gute liegt vor und aller Welt bekannt ist Theognis der Megarer und mit ihm Kyrnos. Umgekehrt, weil die Gedichte nun vor jeder Änderung geschützt sind, wird auch des Kyrnos Name in ihnen bleiben und die ἀγλαὰ Μουσάων δῶρα (die Lieder und das sie wahrende Buch wie bei Catull *munera Musarum* 69, 10. 32. 39) werden ihn tragen καθ᾽ Ἑλλάδα γῆν ἠδ᾽ ἀνὰ νήσους. [1] Dass der weissagende Wunsch des Dichters, welchem man die helle, lichte Freude über das wohl noch neue Wagnis einer Buchedition für „alle Menschen" abfühlt, nur zum kleinsten Teil sich erfüllt hat, darf unsere Interpretation so wenig als unsere Freude, eine Beglaubigung für eine der ältesten Buchausgaben zu haben, beeinträchtigen. Ein Zeitgenosse des Phokylides spricht zwar hier nicht; aber ein Zeitgenosse des Aischylos kann es sein, und in der Nachbarschaft von Athen erschien sein Buch.

---

[1] Freilich darf man auch in diesem zweiten Gedicht, welches von der dorischen Lyrik die Sentenzen entlehnt (vgl. z. B. Antigenes Anthol. XIII, 28) mit einzelnen Incongruenzen und zwecklosen Wiederholungen nicht zu scharf ins Gericht gehen und die Grundsätze der Bentley'schen Horazkritik nicht auf den megarischen Dichter übertragen, sondern muss es sich gefallen lassen, dass mit den Worten καθ᾽ Ἑλλάδα γῆν στρωφώμενος sich verbindet οὐχ ἵππων νώτοις ἐφήμενος (vgl. Hesiod *scut.* 286 νῶθ᾽ ἵππων ἐπιβάντες ἰθύνεον), während doch zwischen beiden ἠδ᾽ ἀνὰ νήσους ἰχθυόεντα περῶν πόντον ἐπ᾽ ἀτρύγετον eingeschoben ist. Wollte der Dichter, wie Crusius meint, an mythische Wunderpferde erinnern, so hätte er diese klarer bezeichnen müssen.

Über die berühmte Stelle der Gesetze, in welcher Plato seine
Ansicht über die Heimat des Dichters ausspricht, ist nach dem
Scholion schon im Altertum viel gestritten. Die Worte lauten
bekanntlich I, 630 A: ποιητὴν δὲ καὶ ἡμεῖς μάρτυρα ἔχομεν
Θέογνιν πολίτην τῶν ἐν Σικελίᾳ Μεγαρέων. Hierzu bemerkt
der Scholiast: περὶ Θεόγνιδος καὶ τῆς κατ᾿ αὐτὸν ταύτης
ἱστορίας ἀμφιβολία πολλὴ ἐγένετο τοῖς παλαιοῖς· καὶ οἱ μέν
φασιν αὐτὸν ἐκ Μεγάρων γεγενῆσθαι τῆς Ἀττικῆς· οὕτως ὁ
Δίδυμος ἐπιφυόμενος τῷ Πλάτωνι ὡς παριστοροῦντι· οἱ δὲ
ὅτι ἐκ Σικελίας. So weit reicht der erste Teil; der Scholiast
wendet sich nunmehr gegen Didymos mit der Erklärung, Plato
habe nicht geirrt, selbst wenn Theognis wirklich aus dem attischen
Megara herstamme; derselbe könne ja in dem sicilischen Megara
das Bürgerrecht erlangt haben, da er doch nachweislich dahin
gekommen sei. Für Plato komme es aber an unserer Stelle eher
darauf an, in ihm den ξένος als den Ἀττικός zu sehen, damit
sein Ἀθηναῖος ganz unbefangen zu richten und dem „fremden"
Theognis aus rein objectiven Gründen den Vorrang vor dem
„Athener" Tyrtaios zu geben scheine. Dies ist offenbar der Sinn
der unklaren Worte; sie lehren uns, was Didymos gesagt hatte;
aus den Worten ἀπελθόντα δὲ εἰς Σικελίαν, ὡς ἡ ἱστορία ἔχει,
verglichen mit ἐπιφυόμενος τῷ Πλάτωνι ὡς παριστοροῦντι,
folgt notwendig, dass Harpokration unter dem Wort Θέογνις den
Didymos ausschreibt: οὗτος δ᾿ ἦν Μεγαρεὺς ἀπὸ τῶν πρὸς τῇ
Ἀττικῇ Μεγάρων· αὐτὸς γάρ φησιν ὁ ποιητὴς „ἦλθον μὲν
γὰρ ἔγωγε καὶ εἰς Σικελήν ποτε γαῖαν". ᾧ μὴ ἐπιστήσας
Πλάτων ἐν α΄ Νόμων τῶν ἐν Σικελίᾳ Μεγαρέων πολίτην
ἔφασκεν. κατηκολούθησαν δὲ τῷ Πλάτωνι οὐκ ὀλίγοι.

Mit dem Vermittlungsversuch des biedern Scholiasten geben
sich, wie mit einer Offenbarung, die meisten Neueren zufrieden
und kennen nur eine Aufgabe, ihn nun auch in Platos Worte
hineinzuinterpretieren. So folgert dies (nach Welckers Vorgang)
z. B. Sitzler „verba philosophi accuratius (!) legens" aus Platos

ἡμεῖς „wir Attiker", als ob der Philosoph nicht ausdrücklich sage, dass dies ἡμεῖς seinen Athener und Kreter, welche gegen Tyrtaios kämpfen, bedeute. Oder man folgert dies aus der Gegenüberstellung des Theognis und Tyrtaios, da ja Plato von diesem ausdrücklich sage τὸν φύσει μὲν Ἀθηναῖον τῶνδε (τῶν Λακεδαιμονίων) δὲ πολίτην γενόμενον. Aber wollte Plato wirklich hierauf anspielen, so hat er dies so unverständlich wie möglich gethan; wir erwarten mindestens Θέογνιν καὶ αὐτὸν φύσει Ἀττικόν oder besser καὶ αὐτὸν νόμῳ πολίτην τῶν ἐν Σικελίᾳ Μεγαρέων γενόμενον. Bei Tyrtaios ist ferner der Zweck dieser Worte klar: als Vertreter der spartanischen Lebensanschauung wird er genannt, der zwar von Geburt Athener, durch Gesetz aber und nach der Gesinnung Spartiat gewesen sei. Was hat eine derartige Erwähnung bei Theognis für einen Sinn, zumal wenn die Mahnsprüche und Lieder auf den Bürgerkrieg für das nisäische Megara gedichtet sind und Plato dies noch wusste? Die einfache Angabe der wahren Heimat war dann einzig passend. Ich kann in dem Zusatz Platos, πολίτην τῶν ἐν Σικελίᾳ Μεγαρέων, nur einen Zweck finden: der Philosoph will zu einer schon zu seiner Zeit verhandelten Streitfrage seine Ansicht aussprechen. Schon damals streiten über die Heimat des berühmten Dichters, welcher sich selbst nur Θέογνις ὁ Μεγαρεύς genannt hat, die beiden Städte, genau wie über die Komödie. Doch selbst wer dies bestreitet, muss zugeben, dass die Vermittlungstheorie des biedern Scholiasten den Worten Platos nicht gerecht wird.

Noch weniger freilich dem von Didymos citierten Lied, V. 783—788:

Ἦλθον μὲν κἀγὼ καὶ εἰς Σικελήν ποτε γαῖαν,
ἦλθον δ' Εὐβοίης ἀμπελόεν πεδίον
Σπάρτην τ' Εὐρώτα δονακοτρόφου ἀγλαὸν ἄστυ
καί μ' ἐφίλευν προφρόνως πάντες ἐπερχόμενον.
ἀλλ' οὔτις μοι τέρψις ἐπὶ φρένας ἦλθεν ἐκείνων.
οὕτως οὐδὲν ἄρ' ἦν φίλτερον ἄλλο πάτρης.

Völlig gleich werden Sicilien, Euböa, Sparta, wo der Dichter als Fremder freundlich begrüsst wurde, doch keine Ruhe und Freude fand, der Heimat entgegengestellt. Die Ausdrücke sind für den Bürger einer sicilischen Stadt, gleichviel ob er es θέσει oder φύσει war, wunderlich, und der ganze Vermittlungsversuch ist damit abzuweisen.

Der Verweis auf V. 783 ff. giebt sich selbst als einen neuen Grund, welchen Didymos aufbringt und mit dem er den alten Streit entscheiden will. In der That: citiert Didymos dies Lied aus der echten Sammlung, so ist Alles entschieden und man kann gar nicht begreifen, wie Plato und ausser ihm gar noch Viele den Dichter für einen Sikelioten erklären konnten. Eben darum aber scheint mir dies unwahrscheinlich und die Annahme näher liegend, dass Didymos die uns erhaltene Sammlung für den echten Theognis gehalten und citiert hat. Dann ist sein Argument natürlich wertlos. Dennoch, in der Hauptsache hatte er allerdings Recht. Denn Aristoteles oder Eudem, welcher den echten Theognis benutzen muss, da er Sprüche unserer Sammlung als nicht-theognideisch citiert, schreibt Eth. Eudem. VII, 10 dem Theognis V. 14 zu; V. 11—14 aber wenden sich an die Schutzgöttin des nisäischen Megara, welcher Agamemnon vor der Abfahrt den ersten Tempel gebaut hat. Dazu passt, dass der Dichter von V. 237—254 im eigentlichen Hellas schreibt ($\varkappa\alpha\vartheta$' Ἑλλάδα γῆν στρωφώμενος ἠδ' ἀνὰ νήσους) und dass ein Sikeliot, wenn er „für Hellas und die Inseln" sein Buch herausgeben wollte, die eigene Heimat anders angeben musste, als dies V. 23 geschieht, endlich dass V. 1—189, in welchen wir überwiegend theognideische Lieder erwarten dürfen, öfters starke Beeinflussung durch Solon zeigt. — Was Plato und die πολλοὶ zu ihrem Irrtum brachte, können wir annähernd erraten, wenn wir die Angaben des mit Plato übereinstimmenden Suidas einsehen; dass Letzterer die Heimatsangabe aus Plato entnommen habe, ist eine völlig grundlose und abenteuerliche Behauptung. Die von Suidas aus alter, alexandrinischer Quelle erwähnte sicilische Elegie, deren historische Beziehungen uns leider unergründlich sind, hat Plato in Sicilien kennen gelernt und eine Namens- und Heimatsangabe des Dichters in ihr hat ihn beeinflusst, alle ἐλεγεῖα des Theognis dem Dichter dieser Elegie zuzuweisen. [1] Wir aber haben die Wahl, entweder jene verlorene Angabe für eine leicht verständliche Fälschung der sicilischen Megarer zu halten, oder anzunehmen, dass der Name eines für uns fast spurlos verschollenen, berühmten sicilischen Dichters Theognis von einem nisäischen

---

[1]) Sie mit Flach dem Tragiker Theognis zuzusprechen, vermag ich nicht, weil dann zugleich die Worte in der Angabe stark geändert werden müssen, der Tragiker nichts gewinnt, für den Streit um die Heimat des Theognis aber jede Erklärung verloren wird.

Megarer angenommen und dass unter diesem Namen das auch in unserer Sammlung benutzte Theognis-Buch erschien, dass aber schon im 5. Jahrhundert zu Athen zwischen dem echten Theognis und dem *Theognis personatus* nicht mehr unterschieden wurde. Beide Annahmen führen zwar im Grunde zu dem gleichen Resultat und beide setzen einen Irrtum Platos voraus; aber weit glaublicher und einfacher wird Jedem wohl die Erste erscheinen.

Stammt ferner der in unserer Sammlung benutzte Theognis aus dem nisäischen Megara und haben wir V. 773 ff. ein Lied eines nisäischen Megarers aus der Zeit des Xerxeszuges, so ist zunächst zu prüfen, ob V. 19—26 für diese Zeit passt.[1] Dies scheint mir wegen der buchmässigen Verbreitung und des Unterschiedes zwischen der Poesie des Theognis und Phokylides, auf welchen ich in Excurs I verwiesen habe, durchaus der Fall. Für dieselbe Zeit würde die Benutzung der dorischen Lyrik in V. 237 ff. passen. Also müssen wir den nisäischen Megarer Theognis in den Anfang des 5. Jahrhunderts setzen.

Die abweichende Angabe des Suidas und Eusebios, welche als Zeit seiner ἀχμή die 59. Olympiade nennen, kann hiergegen bei der Willkürlichkeit der meisten dieser Angaben überhaupt nicht angeführt werden, um so weniger, als sie bei Suidas in Verbindung mit der sicilischen Tradition steht. Die Vermutung liegt sehr nahe, das eben die für uns nicht mehr datierbare sicilische Elegie den Anlass zu dieser Feststellung bot. Natürlich mussten die Siciler, um glaubhaft zu erscheinen, ihren Theognis älter als den Dichter aus dem nisäischen Megara machen. Die Geschichte Megaras aber, welche uns fast gar nicht bekannt ist, kann auf keinen Fall dagegen benutzt werden, weil wir aus dem Theognis-Buch nichts Geschichtliches erfahren.

---

[1] Mit dem Proömium (V. 5) stimmt V. 773 bekanntlich gerade in dem von Hartel getadelten Hiat überein.

Die Epigramme Theokrits sind bekanntlich sowohl in einzelnen
Theokrit-Handschriften als auch in der Anthologie, und zwar hier
wiederum in doppelter Weise, überliefert. Innerhalb der Meleagerreihen
stehen nur VII, 262 und VII, 658—664; nach Weisshäuptl allerdings
auch noch IX, 338, doch steht dies nach ihm am Ende einer Reihe;
wir werden es besser, oder doch mit demselben Recht, als ausserhalb
derselben bezeichnen. [1] Ausserhalb aller Reihen sind also VI, 177.
336—340. VII, 534. IX, 338. 432—437. 598—600. XIII, 3. Den
Ursprung verrät am besten die Reihe IX, 432 ff.: die den ersten
Gedichten beigefügten Bemerkungen, vor allem aber die Aufnahme
des Epigrammes Ἄλλος ὁ Χῖος zeigt, dass eine Theokrit-Handschrift,
ähnlich dem Ambrosianus k, von einem der jüngsten Redactoren
der Kephalas-Sammlung excerpiert ist, vielleicht dieselbe, welcher
die Figuren-Gedichte entstammen. [2] Auffällig ist dabei nur, dass
Epigr. IX, 435 (= Ziegler 14) von Planudes dem Leonidas zugeschrieben wird. Die anderen ausser den Reihen stehenden Gedichte
verraten sich leicht als derselben Quelle entnommen. Epigr. VII, 534,
welches im Palatinus Αὐτομέδοντος Αἰτωλοῦ überschrieben ist,
kann, weil es in unserer Sammlung fehlt, daher nur durch Irrtum
bei Planudes den Titel Θεοκρίτου tragen. Dass VI, 177 (= Ziegler 2)
im Cod. ohne Verfassernamen steht, ist aus dem umgekehrten
Grunde rein zufällig; Kephalas las es als theokriteisch. Das

---

[1] In den Resultaten des Folgenden würde auch bei Weiss-
häuptls Ansatz nichts geändert. Wir hätten nur den Ausfall der
Worte ἢ Λεωνίδου anzunehmen, vgl. unten. Vorausgeht ein Epigramm des Leonidas.

[2] Ebendaher stammt natürlich auch IX, 205 (auch ausser den
Reihen) Βουκολικαὶ Μοῖσαι mit der Aufschrift Ἀρτεμιδώρου γραμματικοῦ
ἐπὶ τῇ ἀθροίσει τῶν βουκολικῶν ποιημάτων (wie in den Theokrit-
Scholien), welche also schon in der ältesten Theokrit-Handschrift
mit diesem Gedicht verbunden war. Wenn dies in einem oder
dem anderen jungen Codex verdunkelt ist, so ist das für uns ohne
jedes Gewicht. Die Mehrzahl trennt übrigens beide Epigramme
durch längere Ausführungen und giebt IX, 205 auch dem Artemidor.

Fragment IX, 436 (ohne Aufschrift) ist nachträglich mit dem vorausgehenden Theokritgedicht verbunden; dass das Excerpt aus unserer Sammlung weiter geht, beweist die Überschrift von 437: *τοῦ αὐτοῦ.* Die Reihenfolge der Gedichte in den Theokrit-Handschriften ist einmal noch streng gewahrt (VI, 336—340 = Ziegler 1. 8. 10. 12. 13), einmal wenig geändert (IX, 598—600 = Ziegler 22. 17. 18), einmal ganz zerstört (IX, 432—437 = Ziegler 6. 5. Prooemium. 14. 4).

Von den Gedichten in Meleager-Reihen fehlt das alleinstehende und einzig mit Sicherheit von ihm dem Theokrit zugeschriebene Epigramm auf Glauke (VII, 262) in der Sammlung; der Ton des dürftigen Gedichts weicht von dem aller anderen ab. Es ist gleichgiltig, ob Meleager selbst, ob ein älterer Grammatiker oder ein jüngerer Schreiber das Gedicht wegen der Erwähnung der berühmten Hetäre im vierten Idyll dem Theokrit zugesprochen hat; in der theokriteischen Sammlung hat es nie gestanden; **die dieser entnommenen Gedichte werden auch von Meleager nicht dem Theokrit schlechthin beigelegt.** Dies zeigt die Reihe VII, 658—664. Vorausgehen (VII, 654—657) vier sicher echte Epigramme des Leonidas von Tarent; es folgt mit der Überschrift *Θεοκρίτου οἱ δὲ Λεωνίδα Ταραντίνου* 658 (= Ziegler 15), dann mit dem Lemma *τοῦ αὐτοῦ*, welches nur irrtümlich in die vorhergehende Aufschrift mit hinaufgezogen ist, 659 (= Ziegler 7), hierauf nochmals *Λεωνίδου Ταραντίνου* zu 660 (= Ziegler 9); aber Planudes überschreibt das Gedicht *Ἄλλο Θεοκρίτου*, ebenso wie er 661 (= Ziegler 11), welches im Palatinus *τοῦ αὐτοῦ* (also *Λεωνίδου*) betitelt ist, dem Theokrit zuweist. Es folgen 662. 663 (= Ziegler 16. 20), *Λεωνίδου* und *τοῦ αὐτοῦ Λεωνίδου* bezeichnet, endlich 664 (= Ziegler 21) ohne Dichterangabe. Dass dies aber nur Zufall ist und ursprünglich *Λεωνίδου* hier stand, beweist das folgende Epigramm VII, 665 *τοῦ αὐτοῦ Λεωνίδου.* Es fehlt in der Theokrit-Sammlung, gehört sicher dem Tarentiner und schliesst die Reihe. Dass die Theokrit-Sammlung benutzt ist, zeigt wohl Zusammenhang und Abfolge der Nummern: 15. 7. 9. 11. 16. 20. 21. Dass diese 7 Gedichte in die Meleager-Reihe von einem jüngeren Sammler eingeflickt sind, darf schon an sich ohne die zwingendsten Gründe nicht angenommen werden; hier wäre ausserdem dann die Beziehung aller auf Leonidas unerklärlich. Meleager selbst hat die uns erhaltene Sammlung ebenfalls benutzt. Es ist das einzige Beispiel, an welchem wir sein Verfahren gegenüber den Quellen und die Art, wie seine Sammlung uns erhalten ist, beurteilen können.[1]

Nun bieten sich zwei Möglichkeiten: entweder hat Meleager diese Epigramme ganz dem Leonidas zugeschrieben und der Schreiber C zu VII, 658 und Planudes zu VII, 660 und 661 haben beide den Namen Theokrits aus ihrer eigenen Kenntnis unserer Sammlung zugefügt (bezw. eingesetzt). Aber die übereinstimmende Kritik, welche beide zu v e r s c h i e d e n e n E p i g r a m m e n an der Überlieferung geübt haben müssten, ist befremdlich und die Differenz der Angaben zu IX, 435 bliebe unerklärlich. So bleibt nur die zweite Möglichkeit: schon Meleager konnte unsere Sammlung, welche er als Ganzes benutzt und betrachtet, als zwischen Theokrit und Leonidas strittig bezeichnen. Dann ist die Überschrift d e s e r s t e n G e d i c h t e s derselben Θεοκρίτου οἱ δὲ Λεωνίδου Ταραντίνου echt und alt und sollte bei allen folgenden auch stehen. So erklärt sich für VII, 659 die Aufschrift τοῦ αὐτοῦ, für VII, 660, dass der Palatinus nur den einen, Planudes den andern Namen bewahrt hat u. s. f. Denn ganz unmöglich ist ein drittes, dass nämlich Meleager selbst alle diese Gedichte dem Theokrit zugesprochen haben sollte. Hatte er eine Theokrit-Sammlung vor sich und hielt sie für echt, so musste er des berühmten Dichters in seinem Proömium gedenken. Hierzu stimmt, dass nach der Angabe des Suidas die Epigramme Theokrits nicht von Allen für echt gehalten wurden. Meleager hat unter sicher leonidäisches Gut Auszüge aus einem zwischen diesem und Theokrit strittigen Heft eingefügt.

Dann erklärt sich auch das Schwanken bei IX, 435 (= Ziegler 14), welches im Palatinus τοῦ αὐτοῦ (also Θεοκρίτου), bei Planudes Λεωνίδου überschrieben ist. Freilich steht es im Palatinus unter den jungen Zuthaten aus dem Theokrit - Codex; aber nichts hindert, anzunehmen, dass es ursprünglich auch in einer Meleager - Reihe und hier mit doppeltem Lemma gestanden

---

[1]) Die willkürliche Behauptung, Meleager habe, wie sein Nachahmer Philippos, alle Gedichte alphabetisch geordnet, ist hierdurch sowie durch die früher besprochenen Reihen aus Asklepiades und Poseidipp und Leonidas (VII, 472) widerlegt.

hat; noch jetzt finden sich ja genug doppelt geschriebene Epigramme, welche der Aufmerksamkeit der Schreiber entschlüpft sind.[1]

Die Sammlung will als Ganzes betrachtet sein, darauf weist auch die planmässige Ordnung. Den Anfang bilden sechs bukolische Gedichte (zu Anfang zwei Weihegedichte), alle in Distichen; den Schluss bilden sechs Epigramme in lyrischen Versmassen; zwischen beiden stehen die eigentlichen Aufschriften in elegischer Form. Das Alter dieser Anordnung bezeugt uns nun die Anthologie. Was Meleager oder vielmehr die früheren Alexandriner veranlasst hat, auf Leonidas zu raten, wissen wir nicht. Keinen der drei Teile kann der Tarentiner verfasst haben; alle widersprechen seinem Stil. Wohl aber kann Theokrit oder ein wenig jüngerer Nachahmer desselben der Autor sein. Sicher ist, dass 1—6 einem Verfasser gehören, dass ferner idyllische Epigramme schon zur Zeit der theokriteischen Idylle möglich sind, dass endlich die Anklänge an grössere theokriteische Gedichte bei der Neigung dieses Autors, sich selbst zu wiederholen, nichts entscheiden.[2] Ebenso sicher bilden die letzten sechs Epigramme eine Einheit. Auch sie können wohl dem Theokrit, nimmermehr dem Leonidas gehören. Man vergleiche VII, 408 mit der Antwort XIII, 3 (= Ep. 19); auch IX, 599 (= Ep. 17) steht mit seiner ostentativen Knappheit in fühlbarem Gegensatz zu Leonidas XVI, 306; 307. Dem γραφεῖον des Kallimachos mag der Preis des Archilochos VII, 664 (= Ep. 21) entgegengestellt sein. In dem Mittelteil endlich spricht für Theokrit und gegen Leonidas VI, 337 (= Ep. 8). Eine volle Entscheidung darüber, ob Theokrit selbst der Verfasser der ganzen Sammlung ist, lässt sich freilich nicht geben. Sicher

---

[1]) Auch für diejenigen, welchen obige Folgerungen zu kühn sind und welche lieber annehmen, dass VII, 658—664 jüngerer Zusatz zu einer Meleager-Reihe sind, ändert sich das Resultat nicht wesentlich. Vergleicht man die Reihe mit der handschriftlichen Sammlung, so würde sie allein die Annahme erzwingen, dass die älteste Theokrit-Handschrift die Epigramme unter dem Titel bot Θεοκρίτου Συρακοσίου, οἱ δὲ Λεωνίδα Ταραντίνου, ἐπιγράμματα. In einem wie dem anderen Fall ist für die ganze Sammlung der Ursprung zweifelhaft. Dass die hier angedeutete Annahme zu grösseren Schwierigkeiten führt und an sich sehr viel unwahrscheinlicher ist, leuchtet ein.

[2]) Mit dem vierten Gedicht ist zu vergleichen das berühmte Epigramm von Knidos, Kaibel 781.

ist nur, dass das eigentlich ionische, sympotische Epigramm auf diesen Dichter keinen Einfluss geübt hat.

Aber dennoch — die einzige aus dem gesammten Altertum gesondert und in ihrem ursprünglichen Bestand überlieferte Sammlung griechischer Epigramme verrät ihre ursprüngliche Bestimmung noch jetzt. Wenn ein Choliambengedicht des Kallimachos, oder vielleicht die ganze Sammlung, beginnt (fr. 83 c) Μοῖσαι καλαὶ κἄπολλον, οἷς ἐγὼ σπένδω, so empfinden wir, dass beim Gelage mit der σπονδή an die Musen und Apollo der Dichter seinen Vortrag beginnt. Hieraus erklärt sich das erste Epigramm unserer Sammlung, welches die Weihegabe an die Musen und Apollo beschreibt. Die Aufschrift ist an die Stelle der Anrufung getreten und wird als ihr gleichartig empfunden. So entspricht der Anfang dieser Epigramm-Sammlung dem des sogenannten Theognis, welcher ja auch mit zwei Liedern an Apollo (dann einem auf Artemis), endlich dem auf die Musen und Charitinnen beginnt. Ähnlich ist der Anfang der „attischen" Skolia; sondern wir in ihnen die beiden Lieder auf die Hauptgottheiten von Athen und Eleusis ab, so bleibt das Lied auf Apollo und das Lied auf den allen heiteren Sanges frohen Pan. Auch er kehrt in der Epigramm-Sammlung wieder; auch er wird in der umschreibenden Form der Aufschrift angerufen. Daphnis, „der Sänger der bukolischen Hymnen", welcher wieder für den bukolischen Sänger überhaupt eintritt, macht ihm eine Weihegabe. Zum Vortrag in einem βουκόλος-Kreis ist das Buch verfasst. Man kann Zweck und Bedeutung der alexandrinischen Epigrammatik nirgends klarer als an diesen zwei „Aufschriften", oder vielmehr an dem einzigen erhaltenen Epigramm-Heft erweisen.

Excurs IV.

(Zu S. 247).

Der Güte meines Freundes Dr. Bruno Sauer, welchem ich meine Vermutungen mitteilte, danke ich das nachfolgende Verzeichnis der Repliken und Herstellung des Originals der Pan-Daphnis-Gruppe.

„Die vor Jahren von Jahn[1] aufgestellte Liste der Pan-Daphnisgruppen bedarf jetzt einiger Berichtigungen und Erweiterungen. Ich benutze die Gelegenheit, sie strenger zu ordnen, nicht freilich nach der Güte der Arbeit, da ich ebenso wenig wie Andere sämtliche Exemplare aus eigener Anschauung kenne, sondern nach dem Massstab und nach der grösseren oder geringeren Ausführlichkeit der Wiedergabe. Ergänzungen führe ich im Einzelnen nur da an, wo sie für die Frage nach der Gestalt des Originals entscheidende Bedeutung haben. Ich berufe mich teils auf Autopsie, teils auf Mitteilungen der Herren Petersen (1. 14), Sogliano (3), Milani (4), Herrmann (5), Héron de Villefosse und Michon (6), denen ich für ihre Freundlichkeit zu lebhaftem Dank verpflichtet bin. Für die umständlichen Ausdrücke: „Fell eines katzenartigen Tieres, Fell eines Wiederkäuers", habe ich ohne weiteres die hier allein passenden „Panther- und Ziegenfell" eingesetzt.

I. Kopien im Massstab des Originals.

Das Schwanken der Höhenmasse ist zumeist auf die verschiedenen Ergänzungen des Felsensitzes zurückzuführen.

1. (Jahn b) Museo Torlonia aus V. Albani. Schreiber, Arch. Zeit. 1879, S. 64, N. 266. Abgeb. Clarac IV, 716 D, 1736 G. — Zwei Kühe, Ziegenfell, Hirtenstab. — H. 1,70.

2. (Jahn e) Petworth House. Michaelis, Anc. Marbles in Gr. Britain, S. 603, N. 12. Abgeb. Clarac IV, 726 B, 1736 E. — Zwei Kühe, Pantherfell, Hirtenstab. — H. 1,50.

3. (Jahn d) Neapel, Museo Nazionale. Gerhard-Panofka, Neapels ant. Bildw. S. 456. — Pantherfell, Hirtenstab; die

---

[1]) Jahn-Michaelis, Griech. Bilderchroniken S. 41, Anm. 272.

antike Syrinx mit Relief (Pan und Eros stehen zum Ring-
kampf bereit einander gegenüber, zwischen ihnen am Boden
ein Palmzweig, rechts eine Priapherme). — H. 1,70.

4. (Jahn c). F l o r e n z , Uffizien. Dütschke, Ant. Bildw. in
Oberitalien III, 130. Abgeb. Clarac IV, 726 B, 1736 D. —
Ziegenfell. — H. 1,33.

5. (Jahn h). D r e s d e n. Hettner, Bildw. d. Antikensamm-
lung [4], No. 34. Abgeb. Clarac IV, 726, 1743. Die Figur
der Nymphe ist als nicht zugehörig jetzt entfernt, alt nur
Fels, Ziegenfell und Beine des Pan. — H. 1,26.

6. P a r i s , Louvre. Froehner, Notice 287; vgl. Heydemann,
Pariser Antiken S. 13. Abgeb. Clarac III, 325, 1775.
Erhalten ist nur der Pan, doch weisen die Drehung der
Figur, sowie die Spur einer Stütze am linken Schenkel auf
Gruppirung hin. — Pantherfell. — H. 1,60.

7. (Jahn a f) R o m , M u s e o B o n c o m p a g n i aus Villa
Ludovisi. Schreiber, Ant. Bildw. d. V. Ludovisi 4. Abgeb.
Clarac IV, 726 C, 1736 H. — H. c. 1,32.

8. T u r i n , Museo di antichità. Dütschke, Ant. Bildw. in Oberitalien IV, 56. — H. 1,42.

9. S c h l o s s T e r s a t t o bei Fiume. Arch.-epigr. Mitteil. aus
Öst. V, S. 162 (R. v. Schneider). — Nur bis zur Nabel-
höhe der Figuren erhalten: H. 0,65.

10. B e r l i n , Kgl. Museum. Beschreibung der antiken Skulp-
turen 231. Daphnis allein, anscheinend als Einzelfigur
gearbeitet. — H. (Kopf fehlt) 1,33.

11. (Jahn g) F l o r e n z , Uffizien. Dütschke, Ant. Bildw. in
Oberitalien VII, 232. Daphnis allein. — H. 1,29.

12. Früher V i l l a L u d o v i s i . Schreiber, ant. Bildw. 175.
Daphnis allein. — H. c. 1,34.

II. V e r k l e i n e r u n g e n.

13. R o m , Pal. Corvisieri. Matz - Duhn, Ant. Bildw. in Rom
I, 500. — Fell, Hirtenstab. — 0,49.

14. R o m , Museo Torlonia 284. Schreiber, Arch. Zeit. 1879,
S. 64. — Pantherfell, Keule. — H. 0,70. — Vermutlich
modern.

15. (Jahn k) A r o l s e n . Bronze. Gädechens, Beschreibung
120. Friederichs-Wolters 1510. — Fell. — H. 0,25.

16. (Jahn i) S a m m l u n g P a t i n. Bronze. Näheres nicht
bekannt. [1]

Eine freie Wiederholung der Gruppe bietet das bakchische
Relief Zoëga, Bassirilievi 72. Jahn a. a. O.

Will man aus diesen Wiederholungen das Original ermitteln,
so ist zunächst die Frage zu beantworten, ob die ausführlicheren
oder die knapperen Darstellungen jenem näherkommen, ob also
das Beiwerk ganz oder zum Teil interpoliert ist. Da das
stilistisch beste Exemplar, das Neapler (3), reichliches Beiwerk
in sorgsamer Behandlung darstellt und mehrere stilistisch und der
Auffassung nach verwandte Werke, wie die Gruppe eines Satyrs
und Hermaphroditen (Beispiel Berlin 195), der capitolinische
Satyr von Rosso antico (Clarac IV, 706, 1685) und der Satyr
mit dem Knaben auf den Schultern (Clarac IV, 704 B, 1628 A),
dieselbe Vorliebe für Häufung der Attribute bekunden, so ist es
das Wahrscheinliche, dass die Exemplare 1, 2 und 3 das Original
am vollständigsten wiedergeben. Höchstens könnte man zweifeln,
ob auch die Kühe dem Original gehören; doch muss betont werden,
dass diese bei dem viel geflickten Neapler Exemplar genau in
derselben Verteilung wie am Torlonia'schen ursprünglich vorhanden
sein konnten. Ungeschickt sind sie bei 2 angebracht, sodass
schliesslich nur 1 und 3 für die Rekonstruktion des Originals
bestimmend scheinen. Es bleibt dann nur noch zu beantworten,
ob das Originalwerk ein Panther- oder ein Ziegenfell zeigte. Das
eine kommt in den Wiederholungen so oft wie das andere vor;
da beide als bakchische Attribute geläufig waren, haben die Kopisten
gerade darauf wenig Wert gelegt; sie haben jedenfalls das Fell
nicht auf Daphnis, sondern auf Pan bezogen. Am besten wird
es sein, auch hier sich auf das treffliche Neapler Exemplar
zu verlassen und dem Original das Pantherfell zuzuschreiben.
Dieses Original, eine lebensgrosse Marmorgruppe, stellte also
dar, wie Pan zu dem jungen Rinderhirten Daphnis kommt und
sich erbietet, ihn im Syrinxspiel zu unterweisen. Er breitet sein
Fell über den Felsensitz, lehnt an diesen seinen Krummstab, heisst
den Knaben niedersitzen und beginnt mit Eifer den Unterricht,

---

[1]) Ein durch Ergänzung entstellter Pan aus dieser Gruppe ist
vielleicht Museum Disneianum 28. Mit Unrecht hat Heydemann
(Mitteil. aus Ob.- u. Mittel-Italien S. 74 und Pariser Antiken S. 14)
die Knabenfigur Monumenta Matthaeiana I, 17 hierhergezogen.

während die Rinderherde, die durch zwei Kühe angedeutet ist,
sich selbst überlassen bleibt. Der Unterricht im Syrinxspiel ist
das ursprüngliche Thema der Gruppe, und wer sich den syrinx-
spielenden Knaben allein kopieren liess, verstand ihn noch. Der
Gedanke, musikalischen Unterricht durch mythische Figuren zu
veranschaulichen, war nicht neu. Marsyas, der Olympos im
Flötenspiel unterrichtet, war schon von Polygnot, von diesem wohl
zuerst, dargestellt worden, [1] und dass dieses Thema auch in
hellenistischer Zeit beliebt war, beweisen am sichersten die campanischen Wandbilder. [2] Als Gegenstück zu dieser Darstellung
erscheint in Pompeji [3] und war gewiss ursprünglich als solches
erfunden Chiron, der den Achill im Leierspiel unterweist. [4] Es
ist eine etwas mattere Variation des alten Themas ohne die innere
Notwendigkeit, die sich dort aus dem Mythos ergab, möglich erst,
als man sich gewöhnt hatte, in dem Kentauren den Lehrer aller
edlen Künste zu sehen, was er bei Pindar und Xenophon noch
nicht ist; eine äusserliche Ähnlichkeit zeigen die beiden Werke
darin, dass der Lehrer ein halbtierisches Wesen ist. Die Pan-
Daphnisgruppe hat mehr als diese Äusserlichkeit mit der Marsyas-
Olymposgruppe gemein; sie stellt genau wie jene die erste
Unterweisung in einer musischen Kunst dar. Eine erotische Auffassung konnte sich in allen drei Fällen leicht einschleichen, aber
es ist bemerkenswert, dass unter den campanischen Marsyas-
Olymposbildern kein einziges [5] so zu verstehen ist. Mehr noch
als Marsyas oder gar Chiron war Pan dieser frivoleren Auffassung
unterworfen, und in der That findet das eben genannte Gemälde
ein treffendes Analogon in der von Welcker richtig gedeuteten
Gruppe des Heliodor. [6] Auch ist es kaum zu bezweifeln, dass
die grosse Beliebtheit, deren unser Werk in römischer Zeit
sich erfreute, erst aus der Verkennung ihres ursprünglichen
Gedankens sich ergab. Aus dem Gesagten folgt ohne weiteres,

---

[1] Paus. X, 30, 9.
[2] Helbig 225 ff.
[3] Helbig 226.
[4] Helbig 1291 ff. 1297; vgl. Kroker a. a. O.
[5] Helbig 230 enthält keine Andeutung des Musikunterrichts;
die Beziehung auf Marsyas und Olympos wird vollends fraglich
durch das allgemein gehaltene Gegenstück 556 (Satyr und Maenade).
[6] Plin. N. H. 36, 35; Welcker, A. D. I, S. 317 ff.

warum ich den Gedanken Kroker's,[1] dass die Gruppe durch
Einsetzen des Pan aus der edler aufgefassten des Marsyas und
Olympos entstanden sei, für verfehlt halten muss. Richtig
erscheint mir dagegen seine Behauptung, dass unsere Gruppe
sich nicht zum Gegenstück der Chiron-Achillgruppe eigne, weil
diese aus den Nachbildungen genügend bekannte Gruppe eine
völlig verschiedene Linienführung aufweist. Die beiden Marmor-
gruppen in den Saepta stellten nach Plinius Olympos und Pan,
Chiron und Achill dar. Verbessert man, wie jetzt meist als richtig
gilt, Olympos in Daphnis, so bildeten die Gruppen schlechte
Gegenstücke, setzt man für Pan Marsyas ein,[2] so erhält man
passende Gegenstücke, aber man begreift nicht, wie Pan mit
Marsyas verwechselt werden konnte.[3] Jedenfalls aber besteht
zwischen diesen in hellenistischer Zeit erfundenen Gruppen eine
innere Beziehung: mögen jene beiden, die den Unterricht in apolli-
nischer und bakchischer Musik darstellen, früher enstanden sein
und zu einer ähnlichen Verherrlichung der Bukolik erst nachträglich angeregt haben oder mag ein gemeinsames Programm
allen dreien zu Grunde liegen, der scheinbar spröde Gedanke,
Literaturgattungen plastisch darzustellen, hat in ihnen, weil der
Künstler sich vor frostigem Allegorisieren weislich hütete, lebens-
fähige Gestalt gewonnen".

Einzuwenden habe ich nur, dass das Pantherfell ebensowohl
dem Daphnis (an Stelle der ihm von Theokrit Ep. 2 zugeschriebenen
νεβρίς) wie dem Pan gehören kann. Die Verbindung auch des Daphnis
mit den Begleitern des Dionysos zeigt besonders der eben erwähnte
Marmorkrater der Villa Albani. „Der jugendliche Dionysos ist
gelagert, neben ihm einerseits eine Mainade in ruhiger Haltung,
andererseits ein Satyr mit einer Mainade, die ihm begeistert zu-
jauchzen. Ein alter Satyr, der die Leier spielt, sieht sich nach
einem jugendlichen Satyr mit Krotalen um, während Pan einen
jugendlichen Syrinxbläser, den man Daphnis benennen kann
[richtiger: muss], Unterweisung giebt. Darauf folgt die in dieser

[1] Ann. d. Inst. 1884, S. 74: Un' epoca artistica moralmente
decaduta profanò poi il gruppo di Marsia e Olimpo trasforman-
dolo in quello di Pane e Dafni.
[2] So Stephani und Kroker.
[3] Vgl. Friederichs-Wolters 1510.

Umgebung nicht seltene Scene eines Satyrs, der vor zwei über-
rascht zuschauenden Genossen einen schlafenden Hermaphroditen
aufdeckt" (Jahn-Michaelis, Griech. Bilderchroniken S. 41). Einen
gewissen Zusammenhang auch der arkadischen Bukolik mit Dionysos,
dessen Cult in Tegea ja alt ist (Paus. VIII, 53, 7), meinte ich
früher auch in dem Epigramm der Anyte IX, 745 ($\Theta\acute{a}\varepsilon o$ $\tau\grave{o}\nu$
$B\varrho o\mu\acute{\iota}o\nu$ $\varkappa\varepsilon\varrho\alpha\grave{o}\nu$ $\tau\varrho\acute{a}\gamma o\nu$) zu finden; doch kann dasselbe auch
einfach auf ein Kunstwerk Bezug nehmen, welches den Dionysos-
Knaben auf dem stolzen, langbärtigen Bock reitend darstellte, und
die $Na\acute{\iota}\varsigma$ daher die Pflegerin, nicht, wie ich früher meinte, die
Geliebte des „Hirten" Dionysos sein (vgl. Theokr. 20, 33, oben
S. 204 A.). Es wäre leicht, eine ganze Reihe von Darstellungen
aufzuzählen, welche bukolische Figuren als Satyrn (die ja nach
S. 218 A. den $\beta o v \varkappa\acute{o}\lambda o\iota$ entsprechen) und als Genossen des Dionysos, oder umgekehrt, Figuren aus dem Dionysos-Kreis als Hirten
zeigen. Die Kunst hat hier nicht willkürlich gehandelt, sondern
ursprüngliche Zusammenhänge bewahrt.

I. Sachregister.

Seite

Ageanax 238 A.
Agrionien 217. 226
Ailian, *var. hist.* X, 18 197 ff.
— *var. hist.* XII, 22
  ganz aus Alexander
  Aitolos 230
Ailios Dionysios, Quelle
  für Eustath. 1471, 9 250
Aischines βουκόλος 205
Alexander Aitolos 230. 231 A. 260
Alexarchos 36 A.
Alkaios v. Messenien 90. 169. 187
— v. Mytilene 149 A. 169 A.
Ameipsias fr. 22 41
Anakreon 20
— Epigramme 1c7. 135 A.
Anakreontea 93 A.
Anthologie, Doppeltitel 97 ff.
— ἄδηλα 101 A.
Antigenes oder Antimenes
  v. Kos 108. 109 A.
Antimachos, Epigramme
  nicht bezeugt 131 A.
Antiphanes fr. 85 41
Anyte 123 ff. 132 ff. 249
Arat 163 A. 171 ff.
— ἐλεγεῖα 171 A.
— εἰς Πᾶνα 253
Archelaos 176 A.
Archilochos, Elegie 49
— Epigramme 106
Aristipp περὶ παλαιᾶς
  τρυφῆς 111. 182. 183 A.
Aristis 238 A.
Aristophanes, Wespen
  1217 ff. 24 ff.
— Wolken 1354 ff. 30 ff.
Aristoteles 13
— Skolion · 42
— Peplos 95. 166 A. 184 A.
Aristotheros 239 A.
Aristoxenos, über σχόλιον 10 ff.
Arkadien, siehe Bukolik.
Artemis Ταυροπόλος 216
— Αυαία (Urbild der
  römischen *Libera*) 216

Seite

Artemon v. Kassandreia 3 ff.
— Epigrammatiker 99
Asklepiades v. Samos 90 ff. 96 ff.
  159 ff. 173. 175 A. 180. 187
— benutzt von Anti-
  pater 95. 183. 184
Athenaios, XIV, 630 F 45
— benutzt unser Theog-
  nisbuch 67 A.

Battos 234 ff.
Buchwesen 2. 32 A. 266. 267
Bukolik, arkadische 131. 249
βουκολεῖν 206
βουκολιάζεσθαι 223 ff.
βουκόλοι in der älteren Poesie 207
— Chor des Dithy-
  rambos 218 A.
βουκόλος-βουφόνος 262 A.

Catull, Epigrammbegriff 103
  c. 50 103 A.
  c. 63 165 A.
  c. 66 47 A.
  c. 68b 47 A.
  c. 85 70
Chamaileon 116 ff.
Clemens von Alexandrien
  benutzt Plutarch 5 A.
— benutzt unser Theog-
  nisbuch 69 A.

Damagetos 164 A.
Demosthenes *pro cor.*
  259. 260 205
Didymos, über σχόλιον 8 ff.
— einziger Gewährs-
  mann für Skolien
  der Praxilla 17. 18
— Quelle für Harpo-
  kration Θέογνις 270
Dikaiarch, über σχόλιον 3 ff.
Diodor IV, 84 197 ff.
Diomedes III, 486 194 ff.
Dionysios Chalkus 31 A. 51

	Seite
Dioskorides	164 ff. 186
Diotimos	171 A.
Dorieus	122. 150 A.
Dosiades, Altar	225
— Daphnis-Lied	254
Elegie, Disposition	46 A.
Empedokles, Epigramme	
	111. 119 A.
Epigramm und Rhetorik	115
ἐπίγραμμα, Wortgebrauch	118
Epigramme:	
Kaibel 21	110
Kaibel 781	226
Paton-Hicks 218	219 ff.
Preger 153	113
Preger 260	119
Erinna	142
Erykios	131 A.
Euenos	57
Euripides, Hippolyt	208 ff.
erster Hippolyt	210
Iphig. Taur.	204 A.
Kreter	207
Epigramm	110
Florilegien	38
Glaukos, Anth. IX, 341	245
Hedylos	89. 92. 101
— Grammatiker	101
Hegesipp	148 A.
Hermesianax 135 A. 238 A. 257 ff.
Herondas	38 A. 232 A.
— Gedicht 2	88 A.
Hippolyt βουκόλος	209
Hybrias	23
Hypereides, gegen Philippides II, 33	27
Kallimachos	87. 102
benutzt unser Theognisbuch	69
Nachahmer des Mnasalkas	128
Nachahmer des Asklepiades	159 ff.
Nachahmer des Arat	177
ist Battos	234
ist Aristis	238 A.
Epigr. VII, 89	89
Epigr. VII, 415	87

	Seite
Epigr. VII, 518	255 A.
Epigr. XII, 43	69
Fr. 83c	278
Fr. 131	235 A.
Fr. 412	250
Fr. 472	234 ff.
Kallistratos	22
Killaktor	140 A.
Kleanthes, Hymnos	75 A.
Klearch (Ath. XIV, 639 A.)	138
Kleitagora	29
Komatas	237 A.
Korydon	229 ff.
Leonidas v. Tarent	
137 A. 144 ff. 189. 191
— Epigr. V, 188	153 A.
Leonidas v. Alexandrien	93 A.
Lessing	103
Liber pater und Libera	216
Lokrische Lieder	139 A.
Longus	260 A.
Lucilius, Epigrammatiker	93 A.
Lykophron	35
Lykophronides	133. 191 A.
Lykurgos	262 A.
Lysipp, Komiker	207 A.
Malea in Arkadien	245 ff.
Marmor Parium	166 A.
Martial, Definition des Epigramms	104
Meleager, Definition des Epigramms	103
— Anordnung des Kranzes	276 A.
— Buchschlüsse	139 A.
Menalkas	257
Milon	241
Mnasalkas	125 ff.
Moiro	135 A.
Moretum, Original	151 A. ff.
Mucius Scaevola, Epigrammatiker	182
Nero, literarische Einwirkung	93 A.
Nikainetos	161. 169. 170 A.
Nikias	123 ff.
Nikomachos	176 A.
Nonnos Dionys. XV, 30	5256 A.
Nossis	137 ff.
Nymphodor	260

	Seite
Oppian	147 A.
Orion	200 A.
Orphik	203. 205 A.
παίγνιον	87 A.
Pan-Daphnis-Gruppe	247 ff. 279ff.
Parthenios c. 29	197 ff.
Phaidimos	171 A.
Phalaikos	157 A.
Pherekrates fr. 153	58 A.
Philargyrius zu Ecl. 5, 20	201
Philetas	178
Philinos-Philokles	174 A.
Philippos v. Thessalonike, Definition des Epigramms	104
Philiskos, Tragiker	219 ff.
Philodem	185
Philostephanos	166 A.
Philoxenos	146 A.
Phrynichos, Tragiker	20
Pindar, Ol. XIII, 18	207. 218 A.
Nem. VII, 27	16
fr. 43	65
fr. 72	200 A.
fr. 95	16
Plato Symposion	39 ff.
— Epigramme	181 ff.
Plato νεώτερος	184
Plin. nat. hist. V, 52 aus alter Quelle	251 A.
Plutarch über σκόλιον (aus Didymos)	5 ff.
Poseidipp	89. 163
Nachahmer des Asklepiades	96 ff.
Praxilla	17. 18
Priapea	102. 142 A.
Probus zu Vergil S. 2, 8 ff.	193 ff.
Properz III, 13, 25	191
Ptolemaios Euergetes	177 A.
Pyrres v. Milet	230
ῥήσεις	34 ff.
Rhian	81. 157 ff.
Σαβάζια	205
Sappho, Epigramme	107
σάτυροι gleich βουκόλοι	218 A. 283
Scholien zu Aristoph. Wespen 1222	12. 29
Scholien zu Plato de leg. I, 630 A.	270
Scholien zu Theokrit S. 1 ff.	193 ff.
Servius zu Vergil Ecl. 5, 20 und 8, 68	200 ff. 258 A.

	Seite
Silius Italicus XIV, 462	261
Simonides, Epigramme	106 ff.
Peloponnesische Recension	135. 136
Alexandrinische Fälschung	166 ff.
γρῖφοι	116 ff. 119 ff.
Ep. VII, 249	112
Fp. VII, 258	109
Ep. VII, 296	114
Ep. VII, 348	116
Ep. 90 B.	113
Simias	129 ff. 135 A. 222
Skolien, sikyonische	18
Solon	23
Σωρός	94 ff.
Sositheos	241. 258 ff.
Stesichoros, Daphnis-Lied	262
Stesimbrotos (Quelle für Plutarch)	33
Theaitet	161. 172 A.
Theognis, ἔπη	54 A.
sicilische Elegie	272
benutzt von Kritias	265
benutzt v. Kallimachos	69
benutzt von Diotimos	70
benutzt von Poseidipp	70
bei Clemens v. Alexandrien	69 A.
bei Athenaios	67 A.
bei Theophrast	66
Buch II	81 ff.
Gesamtauffassung	85. 86
V. 19—27	264
V. 39—42	61
V. 53—60	62
V. 215—218	65
V. 237—254	268
V. 595—598	76 A.
V. 699—728	77. 78
V. 731—752	77
V. 773—782	58
V. 783—788	271
V. 903—932	78. 79
V. 933—938	64 A.
V. 1081 a—d	61
V. 1109—1114	63
V. 1116. 1117	82
V. 1179—1182	61 A.
V. 1278 c. d.	81
V. 1283—1294	84 A.
V. 1361. 1362	83 A.
V. 1365	82
Theognis, Tragiker	272 A.
Theokrit, Id. I	202. 212ff. 244ff. 254

	Seite			Seite
Theokrit, Id. III	2		Tibull, Sulpicia-Lieder	92
Id. IV	228 ff.		Buch IV (III)	102
Id. VII, 73 ff.	236 A.		Timaios über die Bukolik	
Id. VII, 103 ff.	250 ff.			197 ff. 202 ff.
Id. VIII	189. 259		Tityros	236. 256
Id. X	240 ff.		Tyrannion	9
Id. XVI	220 ff.		Tyrtaios	46
Id. XXI 152 A.	228 A.			
Id. XXVI	217		Varro bei Nonius 483, 12	165 A.
Id. XXVII 234. 256 A.			Sat. Men. fr. 257 B.	206 A.
Προιτίδες	218		Vergil	104. 131 A.
Epigramme 170. 274 ff.			Ecl. III	225
Epigr. 2	196		Ecl. V	211
Theon, über die Bukolik 194 ff.			Ecl. VII	191

II. Verzeichnis
der gebesserten oder gedeuteten Stellen.

	Seite			Seite
Alkaios v. Messenien			Leonidas von Tarent	
IX, 519, 1	90		VII, 295, 6	146
— VII, 247, 3. 4	91 A.		VI, 44, 2	151 A.
Anonymes Epigramm			VII, 472, 3. 5	154
XII, 111	173		VII, 472, 11	155
Anyte VII, 208, 4 134 u. A.			VII, 715, 5	157 A.
Arat Ep. XII, 129	172 ff.		Lucius Tarraeus (Cram.	
Aristophanes Wespen 1222	26		An. Ox. IV, 314, 4)	9 A.
— Wolken 1366	30		Nossis VII, 718, 2	137
Artemon (bei Athen. XV,			V, 170, 4	140, A.
694 A)	4		VI, 275, 4	142
Asklepiades XII, 50, 6	90			
— XII, 135, 2	91		Plutarch Quaest. Symp. I, 1, 5	5
Athenaios XIV, 639 A	138		Poseidipp Anth. III, Kap. 3,84,3	163
— III, 98 E	36		Scholien zu Aristophan.	
Bakchylides fr. 25	190		Wesp. 1239	6
			Scholien zu Plato Gorgias	
Dioskorides VI, 220, 10	165 A.		451 E	3. 4. 12
— V, 138, 3	166 A.		Schol. zu Theokr. S. 2,9 Ziegl.	194
— IX, 340, 6	166 A.		Simonides fr. 196 B	154 A.
			Stephanos v. Byzanz u. d. W.	
Etymol. magn. 718, 55	8		Αἴγιναι	250 A.
Euripides fr. 477	261			
			Theognis 1040	64 A.
Hedylos V, 199, 5	91		Theokr. VII, 103	250 ff.
			XVII, 70	251 A.
Inschrift von Kos Paton-			VII, 112	253 A.
Hicks 218	219		XXVI, 28 29	217
			XX, 33	204 A.
Kallimachos fr. 70	177		II, 124 ff.	175 A.
— fr. 150	152 A.			

W. Keller'sche Druckerei (R. Petermann u. L. Preisag) Giessen.